KB079511

소크라테스 익스프레스

SOCRATES EXPRESS

철학이 우리 인생에 스며드는 순간

소크리테스 익스프레스

에릭 와이너 지음 | 김하현 옮김

어크로스

차례

3부　황혼

출발

배가 고프다. 먹고 먹고 또 먹지만, 그래도 배가 고프다. 더 많이 먹을수록 더욱더 배고파진다.

스마트폰에 손을 뻗는다. 얼마나 경이로운 기기인지! 손가락으로 화면을 한 번만 밀면 고대 이집트에서부터 양자물리학에 이르기까지 인간사의 모든 지식을 접할 수 있다. 우리는 그 지식을 게걸스럽게 먹어치우지만, 그럼에도 여전히 배가 고프다. 충족되지 않는 이 배고픔은 도대체 무엇일까?

우리는 우리가 원한다고 생각하는 것을 원하지 않는다. 우리는 우리가 정보와 지식을 원한다고 생각한다. 하지만 그렇지 않다. 우리는 지혜를 원한다. 여기에는 차이가 있다. 정보는 사실이 뒤죽박죽 섞여 있는 것이고, 지식은 뒤죽박죽 섞인 사실을 좀 더 체계적으로 정리한 것이다. 지혜는 뒤얽힌 사실들을 풀어내어 이해하고, 결정적으로 그 사실들을 최대한 활용할 수 있는 방법을 제시한다. 영국의 음악가 마일스 킹턴Miles Kington은 이렇게 말했다. "지식은 토마토가 과일임을 아는 것이다. 지혜는 과일 샐러드에 토마토를 넣지 않는 것이다."[1] 지식은 안다. 지혜는 이해한다.

지식과 지혜의 차이는 종류의 차이이지 정도의 차이가 아니다. 지식이 늘어난다고 해서 반드시 지혜가 늘어나는 것은 아니며, 실제로 지식이 늘면 오히려 덜 지혜로워질 수도 있다. 앎이 지나칠 수도 있고, 잘못 알 수도 있다.

지식은 소유하는 것이다. 지혜는 실천하는 것이다. 지혜는 기술이며, 다른 기술과 마찬가지로 습득할 수 있다. 하지만 그러려면 노력이 필요하다. 지혜를 운으로 얻으려는 것은 바이올린을 운으로 배우려는 것과 마찬가지다.

하지만 그게 바로 우리의 모습이다. 우리는 여기저기서 지혜의 부스러기를 줍기를 바라면서 비틀비틀 인생을 살아나간다. 그러면서 혼동한다. 시급한 것을 중요한 것으로 착각하고, 말이 많은 것을 생각이 깊은 것으로 착각하며, 인기가 많은 것을 좋은 것으로 착각한다. 한 현대 철학자의 말마따나, 우리는 "잘못된 삶"[2]을 살고 있다.

◆

나도 거의 언제나 배가 고프다. 내 생각엔, 기억 내내 나를 끈질기게 따라다닌 우울 때문인 것 같다. 지난 몇 년간 다양한 방법으로 그 허기를 채워보려 했다. 종교, 심리상담, 자기계발서, 여행,

그리고 짧았지만 끝이 영 좋지 않았던 환각버섯 체험까지. 전부 어느 정도 효과가 있었지만 배고픔이 완전히 해소되지도, 효과가 오래 지속되지도 않았다.

그러던 어느 토요일 아침, 지하 세계, 즉 우리 집 지하실로 모험을 떠났다. 지하실은 내가 거실에 놓을 수 없다고 판단한 책들을 격리해두는 곳이다. 그곳에서 《왜 방귀가 나올까》와 《바보들을 위한 자산 관리》 사이에 낀 윌 듀런트의 1926년 책, 《철학이야기》를 발견했다. 책은 엄청나게 무거웠고, 책장을 펼치자 먼지 구름이 일었다. 나는 먼지를 깨끗이 닦아내고 책을 읽기 시작했다.

듀런트의 글은 우레와 같은 깨달음을 주거나 나를 180도 변화시키진 못했다. 하지만 계속 읽었다. 글의 내용보다는 글에서 느껴지는 열정 때문이었다. 듀런트는 누가 봐도 사랑에 빠져 있었다. 하지만 누구에게? 무엇에게?

영어의 '철학자philosopher'라는 단어는 '지혜를 사랑하는 사람'을 뜻하는 그리스어 필로소포스philosophos에서 왔다. 하지만 미국 독립선언문이 행복을 손에 넣는 것에 관한 글이 아니듯이, 지혜를 사랑하는 사람이라는 뜻 역시 지혜를 소유하는 것과는 관련이 없다. 내가 소유하지 않은 것, 영원히 소유할 수 없는 것도 사랑할 수 있다. 중요한 것은 추구하는 행위 그 자체다.

◆

나는 지금 기차에서 이 글을 쓰고 있다. 노스캐롤라이나의 어디쯤이다. 아니 사우스캐롤라이나인가, 잘 모르겠다. 기차에 타고 있으면 여기가 어디인지, 또 지금이 몇 시인지 모르기 쉽다.

나는 기차를 좋아한다. 더 정확히 말하면, 기차 타는 것을 좋아한다. 나는 SD45 디젤 전기기관차를 보고 침을 줄줄 흘리는 철도광은 아니다. 용적 톤수나 레일의 폭에도 전혀 관심이 없다. 내가 좋아하는 것은 경험이다. 오로지 기차로 이동할 때만 느낄 수 있는 광활함과 아늑함의 희귀한 조합.

기차 내부는 태아를 감싸는 양막의 내부와 비슷한 면이 있다. 훈훈한 온도, 따뜻한 햇살. 기차는 나를 자의식이 생기기 전의 더 행복했던 시절로 데려다준다. 세금 신고 양식과 대학 등록금을 위한 저축과 치과 치료와 교통체증을 몰랐던 시절, 카다시안 일가(2007년부터 현재까지 방영 중인 리얼리티 프로그램 〈4차원 가족 카다시안 따라잡기〉에 출연하는 가족-옮긴이)를 몰랐던 시절로.

내 장모님은 파킨슨병 말기 환자다. 파킨슨병은 여러 능력과 기억을 앗아가는 잔인한 질병이다. 장모님은 이미 많은 것을 잊어버렸다. 하지만 어린 시절 뉴욕 북부에서 기차를 탔던 경험만은 지금도 생생하게 기억한다. 올버니에서 코닝을 거쳐 로체스터로 갔다가 다시 올버니로 돌아오는 여정이었다. 그때의 풍경과 소리 그리고 냄새는 지금도 마치 어제 있었던 일처럼 물밀듯 밀려든다. 기차에는 사라지지 않고 계속 우리 안에 머무는 무언가가 있다.

철학과 기차는 서로 잘 어울린다. 기차 안에서 나는 생각을 할 수 있다. 버스에서는 생각할 수 없다. 아주 조금도 불가능하다. 느껴지는 감각이 다르기 때문이거나, 어쩌면 연상 작용 때문일 수도 있겠다. 버스는 어린 시절에 갔던 수학여행이나 캠프처럼 내가 가기 싫었던 장소를 떠올리게 한다. 기차는 내가 가고 싶은 곳으로 나를 데려다준다. 그것도 생각의 속도로.

하지만 철학과 기차에는 퀴퀴한 느낌이 있다. 둘 다 한때는 우리 삶의 중요한 일부였으나 이제는 시대에 뒤떨어진 낡은 유물이 되었다. 오늘날 다른 선택지가 있는데도 일부러 기차를 타는 사람은 별로 없으며, 부모님이 말리는데도 일부러 철학을 공부하는 사람은 아무도 없다. 철학은 기차 타기와 마찬가지로 사람들이 뭘 모르던 시절에나 하던 것이다.

나는 '필로소피 나우Philosophy Now'라는 제목의 잡지를 구독한다. 이 잡지는 두 달에 한 번씩 무슨 포르노 잡지처럼 갈색 각봉투에 담겨 배달된다. 얼마 전의 표제는 "세계는 환상인가?"였다. 또 다른 표제는 이거였다. "참과 진리는 같은 것인가?" 내가 이 표제들을 읽어주면 아내는 눈알을 굴린다. 다른 많은 사람들처럼 아내도 이런 글들이 철학의 모든 문제를 보여주는 정확한 사례라고 생각한다. 철학은 어처구니없고 답을 알 수 없는 질문을 던진다. '철학philosophy'이라는 단어와 '실용적인practical'이라는 단어는 오직 사전에서나 가까이 붙어 있다.

기술은 우리를 꾀어내어 철학은 더 이상 중요하지 않다고 믿게 한다. 알고리즘이 있는데 왜 아리스토텔레스가 필요하겠는가? 디지털 기술은 삶의 작은 질문(보이시에서 가장 맛있는 부리토 가게가 어디지? 사무실까지 가는 가장 빠른 길이 뭐지?)에 답하는 능력이 무척 탁월해서, 우리는 이 기술이 삶의 커다란 질문에도 쉽게 답해줄 거라고 생각한다. 하지만 그렇지 않다. 시리Siri가 맛있는 부리토 가게를 찾는 데는 뛰어날지 모른다. 하지만 그 부리토를 가장 맛있게 즐길 수 있는 방법을 물어보면 시리는 아무 대답도 내놓지 못할 것이다.

아니면 기차 여행에 대해 생각해보자. 기술과 그 지배자인 과학은 기차의 속도, 무게, 질량은 물론, 기차 내부에서 와이파이가 계속 끊기는 이유까지 설명해줄 수 있다. 하지만 그 기차를 타고 고등학교 동창회에 참석할지 말지, 늘 사람을 짜증나게 하지만 현재 중병을 앓고 계신 칼 삼촌을 찾아뵐지 말지는 알려주지 않는다. 과학은 뒷좌석에서 괴성을 지르며 내 등받이를 발로 차는 아이에게 육체적 위해를 가하는 것이 윤리적으로 용인되는지 아닌지도 알려주지 않는다. 창밖의 풍경이 아름다운 건지 흔한 건지도 알려주지 않는다. 확실하진 않지만, 철학도 답을 내놓지 못하는 것은 마찬가지다. 하지만 철학은 새로운 렌즈를 통해 세상을 바라보게 도와주고, 바로 거기에 큰 가치가 있다.

우리 동네 서점에는 '철학' 섹션과 '자기계발' 섹션이 붙어 있다. 고대 아테네의 '반스앤노블'에서는 이 두 섹션이 하나였을 것이다. 그때는 철학이 곧 자기계발이었다. 그때는 철학이 실용적이었고, 철학이 곧 심리 치료였다. 영혼을 치료하는 약이었다.

철학은 치유 효과가 있지만 핫스톤 마사지의 치유 효과와는 그 방식이 다르다. 철학은 쉽지 않다. 철학은 멋지지 않고, 일시적이지 않다. 철학은 스파보다는 헬스장에 더 가깝다.

프랑스 철학자 모리스 메를로퐁티는 철학을 "근본적 반성"[3]이라고 불렀다. 메를로퐁티가 철학이 마땅히 누려야 할 약간의 통렬함과 위기의식을 불어넣었다는 점이 마음에 든다. 한때 철학자들은 전 세계의 상상력을 사로잡았다. 철학자들은 영웅이었다. 그들은 자기 철학을 위해 죽을 의향이 있었고, 소크라테스 같은 몇몇 철학자들은 실제로 그렇게 했다. 이제 철학의 영웅적인 면은 대학의 종신 재직권을 따내려는 투쟁에서나 찾아볼 수 있다.

오늘날 대부분의 학교에서는 철학을 가르치지 않는다. 철학에 대해 가르친다. 학생들에게 철학적으로 사색하는 법을 가르치지 않는다. 철학은 다른 과목과는 다르다. 철학은 지식 체계가 아니라 하나의 사고방식, 이 세상에 존재하는 방식이다. '무엇을'이나 '왜'가 아니라 '어떻게'다.

어떻게. 요즘 제대로 존중받지 못하는 단어다. 어떻게를 알려주는 실용서는 출판계의 망신거리로, 마치 크게 성공했지만 무례한 사촌과 비슷하다. 진지한 작가들은 실용서를 쓰지 않고, 진지한 독자들은 실용서를 읽지 않는다(적어도 자신이 실용서를 읽는다는 사실을 시인하지 않는다). 하지만 우리 대부분은 '실재의 본질은 무엇일까'나 '왜 무無가 아니고 무언가가 존재할까'를 고민하며 밤 늦게까지 잠 못 들지 않는다. 우리를 붙들고 놔주지 않는 것은 '인생을 어떻게 살아야 할까'처럼 어떻게를 묻는 질문이다.

과학과 달리 철학은 규범적이다. 철학은 세상이 현재 어떤 모습인지뿐만 아니라 어떤 모습일 수 있는지까지 말해준다. 작가 대니얼 클라인은 고대 그리스의 철학자 에피쿠로스에게 다음과 같은 최고의 찬사를 던졌다. 에피쿠로스를 철학이라기보단 "삶을 고양시키는 시"[4]라고 생각하고 읽을 것.

나는 지난 몇 년간 그 시를 흡수했다. 아주 천천히, 생각의 속도로, 기차의 창가 자리에 푹 파묻혀서. 언제 어디서든 가능할 때마다 기차를 탔다. 역사상 가장 위대한 사상가들이 사색에 빠진 곳을 여행했다. 와이오밍에 있는 스토아 캠프와 델리에 있는 인도 철도부에 용감히 맞섰다. 뉴욕시 지하철의 F 노선을 그 누구보다도 오래 탔다. 이 여행들은 철학의 막간에 있는 인터미션, 내 다리와 정신을 스트레칭할 수 있는 기회였다. 여행은 좋은 의미에서 나를 멈춰 서게 했다.

◆

구글에서 '철학자'를 검색하면 수백, 수천 명의 이름이 뜬다. 나는 그중 열네 명을 선택했다. 어떻게? 신중하게. 이 열네 명은 저마다의 방식으로 지혜롭다. 각기 다른 맛의 지혜. 이들의 삶은 방대한 시간대(소크라테스는 기원전 5세기를, 시몬 드 보부아르는 20세기를 살았다)와 공간대(그리스에서 중국, 독일, 인도까지)에 자리한다. 열네 명 모두 죽었지만 훌륭한 철학자들은 사실 죽지 않고 다른 이들의 마음속에 살아 있다. 지혜는 쉽게 이동한다. 시간과 공간을 초월하며, 절대 시대에 뒤처지지 않는다.

이 목록에는 유럽인이 많지만 유럽인만 있는 것은 아니다. 서양이 지혜를 독점하는 건 아니니까. 또한 목록에 있는 철학자 중에는 니체처럼 상당히 다작한 사람도 있지만 소크라테스나 에픽테토스처럼 단 한 자도 쓰지 않은 사람도 있다(다행히 제자들이 기록을 남겼다). 살아생전에 대단한 명성을 얻은 사람도 있고, 무명으로 죽은 사람도 있다. 철학자로 알려진 사람도 있고, 간디처럼 철학자로 간주되지 않는 사람도 있다(실제로 간디는 철학자였다). 일본의 궁녀이자 작가였던 세이 쇼나곤처럼 처음 듣는 이름도 있을 수 있다. 그래도 괜찮다. 요약하면 내 선택 기준은 다음과 같다. 이 사상가들이 지혜를 사랑했고, 그 사랑에 전염성이 있는가?

우리는 대개 철학자들을 육체 없는 영혼으로 여긴다. 내가 고른 철학자들은 그렇지 않았다. 그들은 신체를 가진, 활동적인 존재였다. 트레킹을 하고 말을 탔다. 전쟁터에서 싸우고 와인을 마셨으며 사랑을 나누었다. 그리고 한 명도 빠짐없이 전부 실용적인 철학자였다. 그들의 관심은 삶의 의미가 아닌 의미 있는 삶을 사는 데 있었다.

그들은 완벽하지 않았다. 여러 자잘한 결점이 있었다. 소크라테스는 때때로 몇 시간 동안이나 무아지경에 빠졌다. 루소는 사람들 앞에서 몇 번이나 엉덩이를 깠다. 쇼펜하우어는 자기 푸들과 대화를 했다. (니체 이야기는 꺼내지도 말자.) 어쩌겠는가. 지혜는 고급 양복을 입는 일이 드물다. 뭐, 모르는 일이긴 하지만.

우리에겐 늘 지혜가 필요하지만 삶의 단계마다 필요한 지혜가 다르다. 열다섯 살에게 중요한 '어떻게' 질문과 서른다섯 살, 또는 일흔다섯 살에게 중요한 질문은 같지 않다. 철학은 각 단계에 반드시 필요한 이야기를 들려준다.

나도 지금 배우고 있는 중이지만, 그 단계들은 쏜살같이 지나간다. 너무 많은 사람들이 마치 이 세상의 시간을 전부 가진 양 콧노래를 흥얼거리면서 하찮고 바보 같은 것들로 머릿속을 채운다. 하지만 그렇지 않다. 나는 아니다. 나는 내가 중년이라고 생각한다. 하지만 최근에 수학 천재인 내 10대 딸아이가 지적해주었듯이, 내가 110세까지 살지 않는 한, 엄밀히 말하면 나는 중년이 아니다.

그렇기에, 이 글을 쓰고 있는 지금 굼벵이처럼 느린 기차에 타고 있긴 하지만, 어떤 절박함이 내 펜을 움직인다. 삶을 살아내지 않고서는 죽고 싶지 않은 자의 절박함이다. 특정 위기를 꼽을 순 없다. 건강에 대한 불안도 없고, 경제적으로 천벌을 받지도 않았다. 할리우드 영화에 나올 법한 위기가 있다기보다는, 짜증과 실망이 은은하게 흐르고 내가 잘못된 삶을 살고 있다는 의심이 사라지지 않을 뿐이다. 내게 아직 삶은 골칫거리가 아니다. 하지만 턱밑에서 시간이 내뱉는 뜨거운 숨이 느껴진다. 매일 조금 더 강하게. 나는 무엇이 중요하고 무엇이 중요하지 않은지 알고 싶다. 아니, 알아야 한다. 그것도 너무 늦기 전에.

"결국 인생은 우리 모두를 철학자로 만든다."[5] 프랑스 사상가 모리스 리즐링이 말했다.

나는 그 말을 보고 생각한다. "왜 기다려야 하지?" 왜 삶이 골칫거리가 될 때까지 기다리지? 오늘, 바로 지금, 아직 시간이 있을 때 인생이 이끄는 대로 나도 철학자가 되면 안 되나?

1부

새벽

1

마르쿠스 아우렐리우스처럼
침대에서 나오는 법

*How to Get Out of Bed Like
Marcus Aurelius*

"나는 이불 아래 파묻힌 채 나를 때려눕히려고 마음먹은
적대적인 세상을 떠올린다."

오전 7:07. 노스다코타의 어디쯤.
철도회사 암트랙의 엠파이어빌더 열차를 타고 시카고에서
오리건주 포틀랜드로 향하는 중.

　내가 타고 있는 객실 창문으로 아침 햇살이 비스듬히 쏟아져 내린다. 햇살이 나를 부드럽게 깨워주었다고 말하고 싶지만, 사실 나는 잠들어 있지 않았다. 머리를 통돌이 건조기에 넣고 바싹 말린 것 같은 기분이다. 은근한 통증이 관자놀이에서부터 온몸으로 퍼져나간다. 뇌에 짙고 유독한 안개가 끼어 있다. 내 몸은 쉬고 있는 몸이지, 잘 쉰 몸은 아니다.

　잠에 관해 사람들은 두 부류로 나뉜다. 첫 번째 부류는 잠을 인생의 성가신 방해물로 여기고 귀찮아한다. 두 번째 부류에게 잠은 인생의 순수한 쾌락 중 하나다. 나는 두 번째에 속한다. 내 얼마 없는 철칙 중 하나는 이거다. 내 수면을 방해하지 말 것. 암트랙 철도는 내 수면을 방해했고, 지금 나는 썩 기분이 좋지 않다.

기차 여행과 수면의 관계는 다른 대부분의 관계와 마찬가지로 복잡하다. 기차의 흔들림이 나를 편안하게 재워준 것은 사실이지만 곧 다른 감각, 몇 개만 예로 들면 좌우로의 떨림, 급작스러운 덜컹거림, 위아래로의 요동침(다른 이름으로는 파동)이 밤새도록 나를 깨워댔다.

태양이 훈련 교관 같은 다정함으로 내게 침대에서 나오라고 지시한다. 악마는 밤에 나타나지 않는다. 아침에 공격한다. 우리는 잠에서 깨어났을 때 가장 취약하다. 바로 그때가 내가 누구인지, 어떻게 여기 있는지에 대한 기억이 돌아오는 때이기 때문이다.

몸 위로 연파란색 암트랙 담요를 끌어당기며 옆으로 돌아눕는다. 물론 나는 침대에서 나올 수 있다. 정말이다. 하지만 굳이 왜 그래야 하지?

◆

"좋은 아침입니다, 여러분!"

꾸벅 잠들었다가 다시 깨어났다. 좌우로의 떨림이나 위아래로의 요동침 때문이 아니라 누군가의 목소리 때문에. 목소리는 상쾌하고 활기차다.

누구지?

"저는 여러분의 식당 칸 안내원, 미스 올리버입니다. 이제 식당 칸을 이용하실 수 있습니다. 하지만 미스 올리버에게 서비스를 받으려면 꼭 챙겨야 할 게 있어요. 바로 신발과 셔츠, 그리고 친절입니다!"

이런. 이제 다시 잠들기는 글렀다. 담요가 흘러내리지 않게 조심하며 가방에 손을 뻗어 더듬더듬 책 한 권을 찾는다. 찾았다. 《명상록》. 얇다. 150쪽이 안 되고, 여백도 넓다. 표지에는 턱수염을 기른 근육질의 남자가 말에 타고 있는 조형물 사진이 있다. 두 눈에는 그 무엇도 증명할 필요가 없는 사람의 차분한 힘이 서려 있다.

로마 황제 마르쿠스 아우렐리우스는 거의 50만 명에 달하는 군대를 지휘했다. 또한 전 세계 인구의 5분의 1이 거주하고 영토가 잉글랜드에서 이집트까지, 대서양 해안에서 티그리스 강까지 이어지는 대제국을 지배했다. 하지만 마르쿠스(우리는 서로 이름을 부르는 사이다)는 아침형 인간이 아니었다. 침대에서 미적거렸고, 낮잠을 잔 뒤 오후에 대부분의 일을 처리했다. 이런 일상은 보통 새벽 동이 트기 전에 자리에서 일어났던 다른 로마인의 삶과는 달랐다. 로마 거리에서는 아직 해도 뜨지 않은 어두운 새벽에 눈을 게슴츠레하게 뜨고 등교하는 어린이들을 볼 수 있었다. 반면 마르쿠스는 엘리트 가정에서 태어난 덕분에 집에서 교육을 받았다. 마르쿠스는 늦잠을 잘 수 있었다. 그리고 정말로 평생 늦잠을 잤다.

마르쿠스와 나는 비슷한 점이 그리 많지 않다. 수백 년의 시간이 우리를 갈라놓고 있고, 전혀 사소하지 않은 권력 차이는 말할 것도 없다. 마르쿠스는 미국 대륙 거의 절반에 맞먹는 크기의 제국을 지배했다. 나는 내 책상의 대략 절반 정도를 지배하며, 솔직히 말하자면 그것조차도 힘에 부친다. 나는 평생 명함, 잡지 구독 알림, 고양이털, 3일 된 참치 샌드위치, 고양이, 자질구레한 불교 장신구, 커피 머그잔, 〈필로소피 나우〉 과월호, 개, 세금 보고 서류, 다시 고양이, 그리고 내가 가장 가까운 바다에서 250킬로미터 떨어진 곳에 산다는 점을 고려하면 왜 내 책상 위에 있는지 알 수 없는 모래의 반란을 물리치는 중이다.

하지만 마르쿠스를 읽으면 이런 차이는 사라진다. 마르쿠스와 나는 형제다. 마르쿠스는 제국을 통치하며 자신의 악마와 씨름을 했고, 나는 고양이에게 밥을 주며 나의 악마와 씨름을 한다. 우리에겐 공통의 적이 있다. 바로 아침이다.[1]

아침은 그날의 느낌을 결정한다. 아침이 나쁘면 하루가 나쁘다. 항상 그런 건 아니지만, 대개는 그렇다. 춥고 칙칙한 월요일 아침에는 지위와 특권이 아무 쓸모가 없다. 삶의 다른 측면에서는 너무나 큰 도움이 되는 재산마저도 소용이 없다. 오히려 부유함은 푹신한 이불과 한패가 되어 몸을 일으키지 못하게 만든다.

아침은 강렬하고 모순적인 감정을 불러일으킨다. 한편으로 아침은 희망의 냄새를 풍긴다. 모든 새벽은 곧 재탄생이다. 로널드 레이건은 '미국의 늦은 오후'라는 슬로건으로 캠페인을 벌이지 않았다. 레이건을 백악관에 앉힌 것은 '미국의 아침'을 불러오겠다는 약속이었다. 마찬가지로 훌륭한 생각은 우리 머릿속에 떠오르는 것이지, 내려앉는 것이 아니다.

하지만 어떤 이들에게 아침은 뭉근한 절망의 냄새를 풍긴다. 자기 삶을 싫어하는 사람은 아침을 싫어할 가능성이 크다. 불행한 삶에 아침은 영화 〈행오버3〉의 오프닝 장면과도 같다. 다가올 끔찍함의 맛보기랄까.

아침은 변화의 시간이며, 변화는 결코 쉽지 않다. 우리는 의식이 있는 상태를 떠나 잠이 들었다가 다시 각성 상태로 진입한다. 지리학적 용어로 말해보자면 아침은 의식의 국경 도시다. 정신의 티후아나(미국에 접한 멕시코의 국경 도시-옮긴이)다. 어렴풋한 위험의 기미가 서린 혼란스러운 장소다.

철학자들은 다른 모든 것에 대해 그러하듯 아침에 대해서도 둘로 나뉘었다. 니체는 동틀 무렵에 일어나 얼굴에 차가운 물을 끼얹고 따뜻한 우유 한 잔을 마신 다음 오전 11시까지 일했다. 이마누엘 칸트는 이런 니체를 게으름뱅이로 보이게 한다. 칸트는 쾨니히스베르크의 하늘이 아직 잉크처럼 새까만 오전 5시에 일어나 묽은 차를 한 잔 마시고 파이프 담배를 더도 덜도 아닌 딱 한 대 피운 다음 일에 착수했다. 시몬 드 보부아르는 오전 10시가 다 되어서야 일어나(그녀에게 축복을) 에스프레소 한 잔을 마시며 느긋한 시간을 보냈다. 아아, 커피가 발명되기 약 1200년 전에 태어난 마르쿠스는 그러한 사치를 누리지 못했다.

프랑스의 실존주의자 알베르 카뮈는 자살이 "유일하게 참으로 진지한 철학적 문제"라고 말했다.[2] 삶은 살 만한 가치가 있는 것인가? 그 밖의 문제는 형이상학적 수사에 지나지 않는다. 간단히 말해서, 철학자가 없다면 철학도 없다.

카뮈의 명제는 타당해 보이지만, 내가 보기엔 불완전하다. 카뮈의 자살 문제와 씨름한 뒤, 그래, 삶은 살 만한 가치가 있다는 결론을 내렸다면(지금 그렇다는 얘기다. 실존주의적 판단은 늘 임시적이다) 그 후엔 더욱더 성가신 질문과 마주하게 된다. 침대에서 나가야 하나? 내가 보기엔 이것이 유일하게 참으로 진지한 철학적 문제다. 우리를 이불 속에서 끌어내주지 못한다면 철학이 다 무슨 소용이란 말인가?

다른 중요한 문제와 마찬가지로 이 중요한 침대 문제는 한 가지인 척하지만 사실은 여러 가지다. 이불을 끌어올리고 한번 찬찬히 살펴보자. 한편으로 우리는 자신이 침대에서 나가는 것이 가능한지를 묻는다. 장애가 없다면 그 답은 '그렇다, 가능하다'일 것이다. 다른 한편으로 우리는 침대에서 나가는 것이 유익한지 아닌지, 결정적으로 침대에서 반드시 나가야 하는지를 묻는다. 문제가 까다로워지는 지점이 바로 여기다.

영국의 철학자 데이비드 흄은 이런 종류의 문제에 대해 (침대 위에서는 아니었겠지만) 깊이 고민했다.[3] 흄은 모든 질문을 두 부류, 즉 '존재'와 '당위'로 나누었다. '존재'를 다룬 사실이 늘 도덕과 관련된 '당위'로 이어지는 것은 결코 아니다. (그래서 '존재-당위 문제'는 '흄의 기요틴'이라고 불리기도 한다. 흄은 '당위'에서 '존재'를 분리하고 둘을 떨어뜨려야 한다고 주장하기 때문이다.) 회삿돈을 횡령하면 부정적인 결과로 이어질 수 있다는 것은 '사실'이다. 그러므로 횡령을 안 하는 것이 '마땅한 의무'다.

흄은 꼭 그렇지는 않다고 말한다. 사실 명제에서 윤리 명제로 넘어가선 안 된다. 침대에서 나가는 것이 건강에도 좋고 수익 창출에도 도움이 될지 모르지만, 그렇다고 '마땅히' 그래야 하는 것은 아니다. 어쩌면 혈액 순환이 좋아지거나 수익 창출 가능성이 커지길 바라지 않을 수도 있다. 어쩌면 지금 이대로 이불 속에 있는 게 만족스러울 수도 있다. 내 생각엔 바로 이 성가신 '마땅히'가 우리가 겪는 고충의 원인이다. 우리는 마땅히 침대에서 나와야 한다고 생각하고, 침대에서 나오지 못하면 분명 자신에게 문제가 있는 거라고 생각한다.

일어나느냐 마느냐? 따뜻하게 몸을 누인 이불 속에서 서로 상반된 이 두 가지 충동이 소크라테스식 대화나 케이블 텔레비전의 뉴스쇼처럼 박력 있게 맞붙는다. 침대에 남아야 한다는 진영은 강력한 논거를 제시한다. 침대 안은 따뜻하고 안전하다. 어머니의 자궁만큼은 아니지만 거의 근접하다. 삶은 좋은 것이고, 철학자 아리스토텔레스 역시 가장 중요한 것은 좋은 삶을 사는 것이라고 말했다. 침대 안과 달리 저 밖은 춥다. 밖에서는 나쁜 일들이 벌어진다. 전쟁. 역병. 이지리스닝 음악.

침대에 남아야 한다는 진영이 확실한 승리를 거둔 것으로 보인다. 하지만 철학에서 명백한 것은 없다. 철학에는 늘 '하지만'이 있다. 모든 철학 체계와 인지적 상부구조, 우뚝 솟은 사상 체제는 '하지만'이라는 이 짧은 단어 위에 세워졌다.

하지만 저 밖에 있는 삶이 손짓하며 우리를 유혹한다. 우리가 지구에서 보내는 시간은 짧고 귀하다. 정말 그 시간을 가로로 누워서 보내고 싶은가? 아니, 그렇지 않다. 우리의 지친 정맥에 흐르는 생명력은 약간 과체중이지만 비만은 아닌 중년 남성을 침대에서 끌어낼 만큼 확실히 강력하다. 그렇지 않은가?

이러한 대화는 이불과 그 밑에 숨을 사람들이 생겨난 후부터 어떤 형태로든 쭉 이어졌다. 로마 시대 이후 엄청난 발전이 이루어졌지만 이 중요한 침대 문제는 본질적으로 변함없이 남아 있다. 그 누구도 이 질문을 피할 수 없다. 대통령이든 농민이든, 스타 셰프든 스타벅스의 바리스타든, 로마제국 황제든 노이로제에 걸린 작가든, 우리 모두 똑같은 관성의 법칙에 영향을 받는다. 우리 모두 외부의 힘이 작용하길 기다리며 가만히 멈춰 있는 물체다.

◆

두 눈을 감으면 마르쿠스가 눈앞에 나타난다. 어제부터 내 작은 침대 가장자리에 놓여 있는 스티로폼 커피 컵처럼 생생하다. 마르쿠스가 다뉴브강의 지류인 그란 강가의 로마군 야영지에서 개인 텐트 안에 웅크리고 있는 모습이 떠오른다. 날씨는 춥고 눅눅하며, 마르쿠스는 영 기운이 없다. 전쟁은 잘 풀리지 않는다. 게

르만족이 로마군의 보급로를 습격했다. 마르쿠스가 이끄는 병력의 사기는 뚝 떨어졌다. 누가 그들을 비난할 수 있겠는가? 5만 명이 넘는 로마군이 목숨을 잃었는데.

마르쿠스는 분명히 로마가 그리웠을 것이다. 특히, 변함없이 신의를 지키진 않았지만 자애로웠던 아내 파우스티나가 그리웠을 것이다. 지난 10여 년은 결코 쉽지 않았다. 골치 아픈 게르만족의 공격으로 피해를 입었고 교활한 카시우스가 반란을 꾀했다. 그리고 아이들이 있었다. 파우스티나는 최소 열세 명의 아이를 낳았으나 유년기까지 살아남은 아이는 그중 절반도 되지 않았다.

마르쿠스는 철학자이자 왕인 보기 드문 인물이었다. 세계에서 가장 힘 있는 사람이 철학을 공부하게 만든 원인은 무엇이었을까? 마르쿠스는 황제로서 자기 마음대로 뭔가를 하거나 하지 않을 수 있었다. 왜 바쁜 일정 속에서 굳이 시간을 내어 고전을 읽고 삶의 난제를 고민했을까?

마르쿠스의 어린 시절이 몇 가지 단서를 제공한다. 마르쿠스는 진짜 드물게도, 행복한 어린 시절을 보냈다. 책벌레였던 그는 서커스를 보러 가는 대신 책을 읽었다. 이런 성향은 마르쿠스를 로마의 다른 학생들과 확연히 다른 소수자로 만들었다.

이후 그리스식 생활방식에 마음을 뺏긴 마르쿠스는 어머니가 "이 허튼 짓"을 당장 멈추고 제대로 된 침대에서 자라고 야단을 칠 때까지 철학자의 남루한 외투인 팔리움Pallium만 걸치고 딱딱한 바닥에서 잠들기도 했다.[4]

당시 로마인이 생각하는 그리스 철학은 현재 우리 대부분이 생각하는 오페라와 비슷했다. 가치 있고 아름다우며 더 자주 접해야 한다고 생각하지만 짜증날 만큼 이해하기 어려운 것. 게다가 그러고 있을 시간이 어디 있단 말인가? 로마인은 진짜 철학보다는 철학이라는 개념을 더 좋아했다. 그래서 진짜 철학자였던 마르쿠스는 대단히 의심스러운 사람이 되었다. 무려 황제였는데도 사람들은 마르쿠스 뒤에서 숨죽여 킬킬 웃곤 했다.

마르쿠스는 우연히 황제가 되었다. 본인이 원한 것이 아니었다. 이런저런 명령을 내려 서기 161년 마르쿠스를 황제의 자리에 앉힌 것은 전前 황제 하드리아누스였다.

마르쿠스는 허니문 기간을 즐겼다. 6개월 동안. 그러다 심각한 홍수와 전염병이 찾아왔고 침략이 이어졌다. 전쟁 때를 제외하면 마르쿠스는 비교적 손에 피를 묻히지 않았다. 절대 권력이 늘 절대적으로 부패하는 건 아니라는 살아 있는 증거다. 마르쿠스는 탈영병과 다른 범법자들에게 늘 관대한 형량을 내렸다. 로마제국에 경제 위기가 발생하자 마르쿠스는 세금을 올리는 대신 예복과 술잔, 조각상, 그림 같은 황실의 귀한 물건들을 경매로 팔았다. 그중에서도 내가 특히 감동한 조치가 있다. 마르쿠스는 대부분이 어린 남자아이였던 줄타기 곡예사들이 반드시 두툼하고 부드러운 매트리스 위에서 공연을 펼치게 하라고 명했다.

마르쿠스는 전쟁터에서 불굴의 용기를 보여주었지만 전기 작가 프랭크 매클린의 말처럼 마르쿠스의 가장 용기 있는 행동은 "타고난 비관주의를 억누르려고 부단히 노력한 것"[5]이었다. 나도 이해할 수 있다. 나 역시 나를 자기편으로 끌어들이려고 늘 책략

을 꾸미는 비관적 힘과 씨름한다. 우리 낙천주의자 꿈나무들에게
물이 반만 차 있는 유리잔은 물이 하나도 없는 유리잔보다 낫거
나, 또는 수백 개의 유리 조각으로 산산이 깨져 대동맥을 관통하
는 유리잔보다 낫다. 모든 것은 관점의 문제다.

마르쿠스는 쉽게 잠들지 못했다. 이유를 알 수 없는 가슴 통증
과 복통으로 고생했다. 거만하지만 유능한 의사였던 갈레노스는
마르쿠스가 잠들 수 있도록 (아편이 들어 있었을 것으로 추정되는)[6] 테
리아카theriaca라는 이름의 약을 처방해주었다.

나처럼 마르쿠스도 아침형 인간이 되기를 열망했다. 하지만 진
짜 아침형 인간과 아침형 인간이 되기를 열망하는 사람 사이에는
크나큰 차이가 있다. 여기 이렇게 누워 기차가 부드럽게 흔들리
는 것을 느끼며 따뜻한 암트랙의 담요를 덮고 있자니, 그 격차는
절대 넘어설 수 없는 것처럼 느껴진다.

뭐가 그리 어렵냐고 생각할 수도 있다. 먼저 한 발을 바닥에 딛
고 다른 한 발을 내딛는다. 몸을 수직으로 일으킨다. 하지만 나는
수직으로 일어서는 데 실패한다. 대각선도 불가능하다. 나는 도
대체 왜 이럴까? 도와줘요, 마르쿠스.

◆

《명상록》은 내가 그동안 읽은 그 어떤 책과도 다르다. 사실 책
이 아니다. 훈계다. 독촉과 격려 모음집이다. 로마 시대의 냉장고
메모다. 마르쿠스 아우렐리우스가 가장 두려워한 것은 죽음이 아

니라 망각이었다. 그는 온전한 삶을 살라고 끊임없이 스스로를 독촉했다. 마르쿠스는 자신의 냉장고 메모를 출판할 생각이 없었다.[7] 혼자 보려고 쓴 것이었다. 이 책을 읽는 독자는 마르쿠스의 생각을 읽는다기보다는 엿보게 된다.

나는 그렇게 엿본 내용이 좋다. 마르쿠스의 솔직함이 좋다. 마르쿠스가 자신의 두려움과 취약함을 드러내며 종이 위에 스스로를 벌거벗겨놓은 방식이 좋다. 세상에서 가장 힘 있는 남자가 여기서는 자신의 불면증과 공황발작, 좋게 말해 형식적인 애인으로서의 모습을 털어놓는다(마르쿠스는 성교에 대해 "남자는 자신의 정자를 내어놓고 떠난다"라고 묘사한다). 마르쿠스는 모든 철학이 스스로의 유약함을 깨닫는 데서 시작한다는 스토아철학의 교훈을 절대로 잊지 않았다.

마르쿠스는 여러 세대의 성실한 대학원생들이 조목조목 분석할 만한 거창한 철학 체계를 세우지 않았다. 마르쿠스의 철학은 마르쿠스가 상담가 역할도 하고 환자 역할도 하는 심리 상담이다. 번역가 그레고리 헤이스가 말하듯,《명상록》은 "말 그대로 자기계발서"[8]다.

마르쿠스는 스스로에게 생각을 그만두고 행동에 나서라고 누차 촉구한다. 좋은 사람에 대해 설명하는 것은 관둬라. 좋은 사람이 되어라. 철학과 철학을 논하는 것의 차이는 와인을 마시는 것과 와인을 논하는 것의 차이와 같다. 수년에 걸쳐 철저하게 연구하는 것보다 좋은 피노누아를 한 모금 마시는 것이 와인의 생산 연도별 특징에 대해 더 많은 것을 말해준다.

마르쿠스의 사상은 어느 날 갑자기 나타난 것이 아니었다. 그런 철학자는 없다. 마르쿠스는 스토아학파였지만 거기에 국한되지는 않았다. 헤라클레이토스, 소크라테스, 플라톤, 견유학파, 에피쿠로스학파 등 여러 다양한 지혜를 흡수했다. 다른 모든 훌륭한 철학자와 마찬가지로 마르쿠스 역시 지혜를 찾아 헤맸다. 중요한 것은 생각의 가치이지, 생각의 출처가 아니었다.

《명상록》을 읽는 것은 곧 철학하는 행위를 실시간으로 목격하는 것과 같다. 마르쿠스는 자신의 생각을 검열 없이 실시간으로 내보냈다. 고대 철학 연구자인 피에르 아도의 말처럼, 지금 나는 "인간이 되고자 단련 중인 사람"[9]을 지켜보고 있다.

《명상록》에는 "침대에서 나오기가 힘들면……"이라는 문구로 시작하는 글이 많다. 책을 읽으면 읽을수록 많은 부분이 중요한 침대 문제를 다룬 비밀 논문이라는 생각이 든다. 침대에서 나오는 방법뿐만 아니라 굳이 왜 그래야 하는가를 다룬 논문. 카뮈의 자살 문제를 폭신한 새털 이불로 감싼 버전이다. 마르쿠스는 상반된 두 견해 사이를 오가며 홀로 토론을 벌인다.

"내가 세상에 나온 목적, 내가 태어난 이유를 실행하려 하는데 왜 불평을 해야 한단 말인가?"

"아니면 이게 내가 세상에 태어난 이유인가? 이불 안에서 따뜻하게 몸을 웅크리는 게?"

"하지만 이 안에 있는 게 좋은데……."

"그럼 너는 '좋은 기분'을 느끼려고 태어난 것인가? 여러 가지 일들을 실행하고 경험하려고 태어난 것이 아니라?"

마르쿠스는 두 진영 사이를 왔다 갔다 한다. 이불을 덮은 햄릿이다. 마르쿠스는 해야 할 중요한 일들과 생각해봐야 할 중요한 사상들이 이불 밖에 있음을 안다.

침대 밖으로 나갈 수만 있다면야.

◆

"승객 여러분, 조오오오오은 아침입니다. 까꿍, 거기 있는 거다 알아요. 식당 문은 지금도 열려 있답니다!"

미스 올리버가 지나치게 발랄해져서 돌아왔다.

이제 됐다. 나는 지금 침대에서 나가는 걸 진지하게 고려 중이다. 지금 당장이라도 나갈 것이다. 스티로폼 커피 컵을 보다가 암트랙이 전하는 작은 지혜를 발견한다. "세상을 보는 관점을 바꾸세요." 반대쪽에는 "더 나은 세상의 맛을 경험하세요"라고 쓰여 있다. 박식해 보이지는 않지만 어린애 같은 단순함이 사랑스럽다.

열세 살 난 내 딸 소냐는 나만큼 자는 걸 좋아한다. 어느 날 딸은 이렇게 말했다. "나 자신을 게으른 인간으로 규정하겠어." 주중 아침에 소냐를 침대 밖으로 끌어내려면 노르망디 상륙 작전 이후로 보지 못한 자원의 집결이 필요하다. 하지만 주말이나 눈오는 날이면 소냐는 아무 도움 없이 벌떡 일어나 삶 속으로 튀어나간다. 주중과 주말이 왜 그렇게 다르냐고 물어보니 소냐는 이런 철학적인 설명을 내놓았다. "우릴 침대 밖으로 끌어내는 건 활동이지, 알람시계가 아냐."

소녀의 말이 맞다. 내가 침대에서 나오지 못할 때 나의 숙적은 침대도, 심지어 바깥세상도 아닌 나의 예상이다. 나는 이불 아래 파묻힌 채 나를 때려눕히려고 마음먹은 적대적인 세상을 떠올린다. 꼭 마르쿠스처럼. 마르쿠스의 세상에는 실제로 공격적인 야만인과 역병과 반란이 있었다. 하지만 장애물은 상대적인 것이다. 어떤 사람에겐 지저분한 책상이 흉포한 침략일 수 있다.

어쩌면 가장 큰 장애물은 타인이다. "타인은 지옥이다"라는 유명한 말을 남긴 프랑스 철학자 장 폴 사르트르만큼은 아니었지만 마르쿠스도 얼추 비슷했다. "아침에 잠에서 깨면 스스로에게 이렇게 말할 것. 오늘 네가 만날 사람들은 주제넘고 배은망덕하고 오만하고 시샘이 많고 무례할 것이다." 지금도 마르쿠스가 살던 시기와 별반 다를 게 없다.

마르쿠스는 골치 아픈 사람에게서 영향력을 빼앗으라고 제안한다. 나의 삶에 영향을 미칠 자격을 빼앗을 것. 다른 사람은 나를 해칠 수 없다. "다른 사람의 머릿속에 있는 것은 나를 해칠 수 없기 때문"이다. 옳은 말씀이다. 왜 나는 다른 사람의 생각을 신경 쓰는 걸까? 생각은 당연히 내 머리가 아니라 그들의 머릿속에서 일어나는 일인데.

침대 밖으로 나가지 못하는 내 무능력의 핵심에는 교활한 자기혐오가 있을 거라고 늘 의심해왔지만, 나는 그 사실을 온전히 인정하지 못했다. 나보다 용감한 마르쿠스는 그 사실을 온전히 인정하며 말한다. "너는 너 자신을 충분히 사랑하지 않는다." 이렇게 자신을 연민하려다가, 몇 페이지 뒤에서 다시 공격에 나선다. "이런 끔찍한 불평불만과 원숭이 같은 삶은 이걸로 충분하다……. 너는 오늘 좋은 사람이 될 수 있다. 하지만 너는 그러는 대신 내일을 택한다." 마르쿠스는 가장 날카로운 비판을 남겨두었다가 자신의 이기심에 내리꽂는다. "지금처럼 침대에서 빈둥거리는 것은 오로지 나 자신만 생각하는 것이다." 이불 아래 남아 있는 것은 결국 이기적인 행동이다.

이러한 깨달음이 마르쿠스를 움직이게 한다. 마르쿠스에게는 침대 밖으로 나갈 사명이 있다. '사명'이지, '의무'가 아니다. 두 개는 서로 다르다. 사명은 내부에서, 의무는 외부에서 온다. 사명감에서 나온 행동은 자신과 타인을 드높이기 위한 자발적 행동이다. 의무감에서 나온 행동은 부정적인 결과에서 스스로를, 오로지 스스로만을 보호하려는 행동이다.

마르쿠스는 이러한 차이를 알았지만, 늘 그렇듯 스스로에게 그 차이를 다시 상기시켰다. "새벽에 침대에서 나오기가 힘들면 스스로에게 이렇게 말하라. '나는 한 인간으로서 반드시 일해야만 한다.'" 스토아학파나 황제, 심지어 로마인으로서가 아닌, 한 인간으로서.

◆

"디-다, 디-다. 다시 미스 올리버예요. 식당칸이 열렸다는 거, 제가 말씀드렸나요? 여러분 모두를 뵐 수 있길 고대하고 있습니다! 디-다."

더 이상은 안 된다. 침대에서 나갈 거다.

암트랙 담요를 끌어내린다. 담요는 별 저항을 하지 않는다. 상체를 일으킨다. 나는 생각한다. 그 모든 징징거림과 무자비한 자기반성은 다 뭐였지? 별것도 아니구먼.

중력을 무찌른 나의 작지만 결단력 있는 승리를 자축하려는데, 좌우로의 떨림이(아니, 급작스러운 덜컹거림인가, 나도 잘 모르겠다) 나를 다시 침대로 넘어뜨린다.

이래서 중요한 침대 문제가 이토록 골치 아픈 것이다. 한 번 답하는 걸로는 충분하지 않다. 헬스장에 가거나 아이를 키우는 것과 비슷하다. 끊임없이 반복해서 노력을 기울여야 한다.

"디-다, 디-다. 신사 숙녀 여러분, 다시 미스 올리버예요!"

담요를 바짝 끌어올린다. 그리고 스스로에게 말한다. 5분. 딱 5분만 더.

2

소크라테스처럼
궁금해하는 법

How to Wonder Like Socrates

"명백해 보이는 문제일수록
더 시급하게 물어야 한다."

오전 10:47.

1311번 열차를 타고 키아토에서 아테네로 향하는 중.

꼬리에 꼬리를 무는 생각의 열차.[1] 모두가 아무렇지 않게 던지는 진부한 말이지만 사실 좋은 표현이다. 우리의 생각은 화물열차의 화물 칸처럼 하나하나 앞뒤로 연결되어 있다. 생각은 서로 의지하며 앞으로 나아간다. 선디 아이스크림에 대한 것이든 핵융합에 관한 것이든, 모든 생각은 이전 생각에 끌려가고 다음 생각을 끌어당긴다.

감정도 열차처럼 꼬리를 물고 이어진다. 주기적으로 한바탕 찾아오는 나의 우울은 난데없이 나타난 것처럼 보이지만 가만히 멈춰 서서 그 근원을 잘 살펴보면 숨은 원인을 찾게 된다. 나의 슬픔은 바로 앞의 생각이나 감정에 원인이 있고, 이 생각이나 감정은 그 이전의 것에, 그 이전의 것은 1982년에 어머니가 한 말에 원인이 있다. 생각이 그렇듯이 감정도 결코 느닷없이 나타나지 않는다. 열차처럼 앞에서 감정을 끌어당기는 힘이 늘 존재한다.

페이스트리와 커피를 주문하고, 내 생각의 열차는 속도를 낮춘다. 아무 생각도 없고 아무 감정도 느끼지 않는다. 그렇다고 마비된 것은 아니다. 행복도 슬픔도, 그 사이에 있는 방대한 스펙트럼도 경험하지 않는다. 나는 좋은 의미에서 텅비어 있다. 거칠게 우당탕거리는 암트랙과는 달리 부드럽게 흔들리는 열차 안에서 마음이 차분해진 나는 커피를 음미한다. 커피의 맛뿐만 아니라, 따뜻하고 무게도 적당한 머그컵이 내 손안에 머무는 느낌까지 감상한다. 나의 불안은 휴가를 떠난다. 빨간색 지붕과 파란색 이오니아해海가 미끄러지듯 지나가는 모습을 지켜본다. 마치 내가 아니라 지붕과 바다가 움직이는 것 같다. 창문 밖을 응시하지만 딱히 뭔가를 쳐다보지는 않는다. 그리고 궁금해한다.

나는 궁금하다. 짧은 두 마디 말이지만 그 안에 모든 철학의 씨앗이, 그 이상이 담겨 있다. 모든 위대한 발견과 돌파구는 이 두 마디 말에서부터 시작된다. 나는 궁금하다.

◆

아주 드물게, 운이 좋으면 평생 한두 번 정도 우리는 예상치 못한 문장, 의미가 너무 깊어서 사람을 얼어버리게 만드는 문장을 만나게 된다. 나는 제이컵 니들먼의 《철학의 마음》이라는 작고 이상한 책에서 그런 문장을 발견했다. 내가 이상한 책이라고 한 이유는, 그때 나는 철학에 마음이 있다는 걸 몰랐기 때문이다. 나는 철학에 오로지 머리만 있다고 생각했다.

그 문장은 바로 이것이다. "우리 문화는 일반적으로 질문을 경험하기보다는 문제를 해결하려는 경향이 있다."[2]

나는 책을 내려놓고 머릿속으로 이 말을 곰곰이 생각해보았다. 여기에 중요한 진실이 담겨 있다는 것은 알았지만 그게 무엇인지는 몰랐다. 혼란스러웠다. 질문을 어떻게 경험하지? 그리고 문제를 해결하는 게 뭐가 어때서?

몇 주 후, 나는 이 심오하고 당혹스러운 문장을 쓴 사람과 마주 앉았다. 제이컵 니들먼은 샌프란시스코 주립대의 철학 교수다. 노화가 그의 걸음 속도를 늦추었다. 목소리가 가늘어졌고 피부는 크레이프지처럼 얇아졌지만 정신은 여전히 민첩하다. 제이컵은 말하기 전에 생각하는 사람이며, 다른 대부분의 철학 교수와는 달리 평범한 사람들이 쓰는 단어를 사용한다. '질문'이나 '경험' 같은 단어들. 하지만 제이컵이 단어를 조합하는 방식은 결코 평범하지 않다.

우리는 오클랜드힐스가 내려다보이는 제이컵의 마당에 앉아 얼그레이 티와 레몬 넣은 물을 홀짝거리고 있다. 제이컵에게 대놓고 묻는다. 당신 제정신 맞아요? 사람들은 질문을 물어봅니다. 가끔은 질문을 제기하기도 합니다. 질문과 씨름할 수도 있습니다. 하지만 질문을 경험하지는 않습니다. 아무리 캘리포니아라도 그러진 않는다고요.

제이컵은 아무 말이 없다. 아주 오랫동안. 너무 오랜 시간이 흘러서 나는 그가 깜박 잠이 든 건 아닌지 걱정한다. 마침내 제이컵이 입을 열고 말을 시작한다. 내가 더 가까이 다가가야만 들을 수 있는 작은 목소리다.

"흔한 일은 아니지만 가능합니다. 소크라테스는 질문을 경험했어요."

물론 그렇겠지. 불가해하고 불가피한 소크라테스. 철학의 수호성인. 질문의 왕. 소크라테스는 질문을 발명하진 않았지만 질문하는 방식을 바꾸었고, 결과적으로 질문이 끌어내는 대답을 바꾸었다. 우리는 소크라테스 덕분에 전과 다르게 사고하고 행동한다. 그에 대해 아는 바가 전혀 없을지라도 마찬가지다.

소크라테스는 알기 쉬운 사람이 아니다. 우리가 그를 앉혀놓은 대좌가 너무나도 높아서 소크라테스의 모습은 거의 보이지도 않는다. 보이는 것은 티끌뿐이다. 관념, 그것도 아주 애매한 관념만 보인다.

안타까운 일이다. 소크라테스는 티끌이 아니었다. 관념이 아니었다. 소크라테스는 사람이었다. 숨을 쉬고, 걷고, 똥을 싸고, 섹스를 하고, 코를 후비고, 와인을 마시고, 농담을 하는 사람.

못생긴 남자이기도 했다. 전해지는 말에 따르면 아테네에서 가장 못생긴 남자였다. 코가 납작하고 넙데데하다. 입술은 크고 두꺼웠으며, 뱃살이 두툼했다. 소크라테스는 대머리였다. 게처럼 눈이 옆으로 쭉 찢어져서 주변 시야가 아주 좋았다. 소크라테스는 다른 아테네인보다 아는 게 더 많았을 수도 있고 그렇지 않았을 수도 있지만(본인은 자신이 아는 게 하나도 없다고 주장했다), 그가 더 많은 것을 봤다는 것만큼은 분명하다.

소크라테스는 잘 먹지 않았고 목욕도 자주 하지 않았으며 매일 똑같은 추레한 옷만 걸치고 다녔다. 어디든 맨발로 걸어갔는데 그건 한겨울에도 마찬가지였고, 뒤뚱거리는 걸음과 으스대는 걸음 사이 어디쯤에 있는 이상한 걸음걸이로 걸었다. 며칠 동안이나 자지 않을 수 있었고, 취하지 않고 술을 마실 수 있었다. 소크라테스는 머릿속에서 여러 목소리, 아니 하나의 목소리를 들었다. 소크라테스는 그 소리를 다이몬이라고 불렀다. 신을 섬기지 않고 아테네 젊은이들을 타락시켰다는 혐의로 재판을 받으며 소크라테스는 이렇게 말한다. "나는 어려서부터 이것을 들었습니다. 이것은 하나의 목소리로, 그 목소리가 말을 할 때에는 언제나 내가 하려는 일을 막아 세웠지, 무슨 일을 하라고 권하는 일은 결코 없었습니다."

이렇듯 소크라테스의 기이한 외모와 독특한 성격은 그를 다른 세상 사람처럼 만들었다. "소크라테스는 마치 다른 행성 같은 외부에서 인류의 '위대한 대화'에 참여한 것처럼 보인다."[3] 현대 철학자 피터 크리프트는 말한다.

나는 다른 철학자들도 마찬가지라고 생각한다. 철학자들은 거의 외계인에 가까운 이질성이 있다. 로마 황제였던 마르쿠스조차도 자신을 부적응자로 여겼다. 견유학파의 창시자인 디오게네스는 괴짜 중의 괴짜였다. 그는 커다란 통 안에서 살았고 사람들 앞에서 자위를 했으며 고대 아테네의 선한 사람들에게 큰 충격을 주었다.

공공장소에서의 자위까지는 잘 모르겠지만, 이런 이질성은 철학자의 타당한 특성이다. 철학은 결국 가정에 의문을 제기하고 보트를 뒤흔드는 것이다. 선장은 보통 자기 보트를 뒤흔들지 않는다. 잃을 것이 너무 많기 때문이다. 하지만 철학자는 아니다. 철학자는 열외자다. 외계인이다.

소크라테스는 "미친 지혜"를 실천했다.[4] 티베트 불교와 기독교 같은 이질적인 전통에서도 나타나는 이 미친 지혜는 지혜로 향하는 길이 구불구불하다는 전제를 따른다. 재그^{zag}로 가려면 먼저 지그^{zig}로 가야 한다.

미친 지혜는 사람들을 뒤흔들어 깨달음을 주기 위해 사회 규범을 내던지고 배척될 위험(또는 그보다 더 큰 위험)을 감수하는 것을 의미한다. 충격 요법의 원조다. 충격받기를 좋아하는 사람은 아무도 없으며, 미친 지혜를 실천하는 사람은 지혜롭다기보단 오히려 미친 사람으로 여겨지는 경우가 많다. 소크라테스의 제자였던 알키비아데스는 그를 이렇게 묘사한다. "소크라테스는 짐 나르는 노새와 대장장이, 구두 수선공, 무두장이에 대해 이야기할 것이다. 그는 늘 같은 말을 반복해서, 그의 스타일에 익숙하지 않거나 이해력이 빠르지 못한 사람은 당연히 그의 말을 터무니없는 헛소리로 받아들이게 된다." 하지만 알키비아데스는 시간을 들여 소크라테스의 말에 진심으로 귀를 기울이면 그 말이 헛소리가 전혀 아님을 깨닫게 된다고 말한다. "소크라테스의 말은 거의 신의 말에 가깝다."

◆

제이컵 니들먼은 얼그레이 티를 또 한 잔 따르면서 자신이 경험한 첫 번째 질문을 들려준다. 그는 그때를 생생하게 기억한다. 제이컵은 열한 살이었다. 제이컵과 그의 친구 일라이어스 바코디언은 당시 살던 필라델피아 지역의 낮은 돌벽에 앉아 있었다. 두 사람은 1주일에 몇 번씩 꼭 이렇게 함께 있었고, 그건 돌벽이 눈과 얼음으로 뒤덮인 겨울날에도 마찬가지였다.

제이컵보다 한 살 많았던 일라이어스는 나이에 비해 키가 컸고, "커다랗고 동그란 얼굴과 눈부신 검은 눈동자"[5]를 갖고 있었다. 두 사람은 전자의 운동에서 꿈의 본질까지 온갖 심오한 과학적 질문을 곱씹는 걸 좋아했다. 이 질문들 역시 제이컵의 흥미를 돋우었지만, 어느 날 일라이어스는 진짜로 제이컵의 말문을 막히게 하는 질문 하나를 던졌다. "누가 신을 만들었을까?"

제이컵은 자신이 "마치 일라이어스의 뇌를 들여다보고 싶다는 듯이 그의 넓고 매끈한 이마"[6]를 쳐다봤던 것을 기억한다. 그리고 다음과 같은 깨달음을 얻었다. "일라이어스가 그 질문을 던졌을 때 단지 나에게만 의문을 제기한 게 아니라 온 우주에 의문을 제기한 거였어요. 그게 엄청난 해방감을 줬습니다. 제가 이렇게 혼잣말을 했던 게 기억나요. 이 친구는 내 베스트프렌드다."

제이컵 니들먼은 커다란 질문을 던지고 경험하는 데서 오는 뜻밖의 즐거움에 매혹되었다.

소크라테스의 이야기도 제이컵의 이야기와 유사하다. 물론 배경은 다르다. 이번에는 필라델피아가 아니라 아테네의 빈민가가 배경이지만, 이야기의 궤적은 비슷하다. 예상치 못한 쪽으로 방향이 전환되는 것도 같고, 이번에도 친구에게 그 원인이 있다. 소크라테스의 경우 그 친구는 카이레폰이라는 이름의 젊은 남성이다. 어느 날 카이레폰은 델포이 신전에 찾아가서 여사제에게 이렇게 물었다. 아테네에 소크라테스보다 더 지혜로운 사람이 있습니까?

대답이 돌아왔다. "없다. 한 명도 없다."

카이레폰이 신탁의 내용을 소크라테스에게 전하자 소크라테스는 당황한다. 나보다 더 지혜로운 사람이 없다고? 어떻게 그럴 수가? 소크라테스는 한낱 석공의 아들이며 아는 게 하나도 없는데. 하지만 신탁은 틀리는 법이 없었으므로 소크라테스는 직접 알아보기로 했다. 그리고 시인에서 장군에 이르기까지 모든 존경받는 아테네인을 붙잡고 말을 걸었다. 곧 소크라테스는 이 사람들이 그들 생각만큼 지혜롭지 않다는 것을 알게 되었다. 장군은 용기가 무엇인지 몰랐고, 시인은 시를 정의하지 못했다. 소크라테스는 가는 곳마다 "자신이 모른다는 것을 알지 못하는" 사람들과 마주쳤다.

어쩌면 신탁이 옳을지 모른다고, 소크라테스는 결론 내렸다. 어쩌면 정말로 소크라테스는 일종의 지혜, 자신이 모른다는 것을 아는 지혜를 지녔는지도 몰랐다. 소크라테스에게 가장 최악의 무지는 지식의 가면을 쓴 무지였다. 편협하고 수상쩍은 지식보다는 폭넓고 솔직한 무지가 더 나았다.

소크라테스가 인간 탐구에 가장 크게 기여한 것, 오늘날에도 여전히 철학적 자극을 불러일으키는 바로 그것은 이 순진한 무지, 철학자 칼 야스퍼스의 표현에 따르면 이 "놀랍고 새로운 천진난만함"[7]을 도입한 것이다.

소크라테스는 첫 번째 철학자가 아니었다. 피타고라스, 파르메니데스, 데모크리토스, 탈레스 등 소크라테스 이전에도 많은 철학자가 있었다. 이들의 시선은 하늘을 향했다. 우주를 설명하고 자연의 신비를 꿰뚫어보려는 노력에 매진했다. 결과는 다양했다. 여러 방면에서 뛰어났던 탈레스는 우주의 모든 물질이 물로 이루어져 있다고 확신했다. 소크라테스처럼 이 철학자들도 질문을 던졌지만 이들의 질문은 주로 '무엇을'과 '왜'에 관한 것이었다. 만물은 무엇으로 이루어져 있지? 왜 낮에는 별들이 보이지 않지?

소크라테스는 이런 종류의 질문에 관심이 없었다. 소크라테스가 보기엔 답이 나오지 않는, 그러므로 중요치 않은 질문이었다. 우주가 매우 흥미로운 대상일진 몰라도 그리 대단한 대화 상대는 아니다. 그리고 대화는 소크라테스가 가장 간절히 원하는 것이었다.

우주학자 칼 세이건은 "모든 질문은 세상을 이해하려는 외침"[8]이라고 말했다. 소크라테스도 이 말에 동의했을 것이다. 어느 정도까지는. 모든 질문은 스스로를 이해하려는 외침이다. 소크라테스는 '어떻게'라는 질문에 관심이 있었다. 어떻게 하면 더 행복하고 의미 있는 삶을 살 수 있지? 어떻게 하면 정의를 실천할 수 있을까? 어떻게 하면 나 자신을 알 수 있지?

소크라테스는 아테네의 동료 시민들이 조각상의 제작이나 민주주의의 실천 같은 면에서는 더 나아지려는 의지가 대단하면서, 왜 이런 종류의 질문에는 더 관심을 기울이지 않는지 이해할 수 없었다. 소크라테스가 보기에 아테네인들은 모든 것을 개선하려고 부단히 노력했지만, 그 모든 것에 자기 자신은 포함되지 않았다. 소크라테스는 바로 그 점을 바꿔야 한다고 생각했고, 그 변화를 이끌어내는 것을 평생의 사명으로 삼았다.

이 결심이 철학에 커다란 변화를 불러왔다. 이제 철학은 우주에 대해 불확실한 추측을 하는 학문이 아니다. 철학은 삶, 우리 자신의 삶에 관한 것이고, 어떻게 하면 이 삶을 최대한 잘 살아내느냐에 관한 것이다. 철학은 실용적이다. 필수적이다. 로마의 정치가이자 철학자였던 키케로는 이렇게 말했다. "소크라테스는 처음으로 철학을 하늘에서 끌어내려 마을에 정착시켰고, 철학을 사람들의 집 안으로 불러들였다."⁹

소크라테스는 사람들이 생각하는 철학자처럼 행동하지 않았다. 그는 추종자를 모으는 데 관심이 없었다(제자들이 다른 철학자에 대해 물으면 소크라테스는 기꺼이 알려주었다). 그 어떤 지식이나 이론 또는 신조도 남기지 않았다. 두꺼운 책을 출판하지도 않았다. 사실 단 한 글자도 쓴 적이 없다. 오늘날 우리가 소크라테스를 아는 것은 주로 그의 제자 플라톤이 남긴 얼마 안 되는 고대의 자료 덕분이다.

이 세상에 '소크라테스의 사상' 같은 것은 없다. 소크라테스의 사고방식만이 있을 뿐이다. 소크라테스에게는 수단만 있을 뿐, 그 끝은 없었다. 오늘날 우리가 아테네의 잔소리꾼을 기억하는 것은 그가 알았던 지식 때문이 아니라 그가 그 지식을 알게 된 방식 때문이다. 소크라테스는 지식보다 방법을 더 중요하게 생각했다. 지식은 곱게 늙지 못한다. 하지만 방법은 그럴 수 있다.

학자들은 변증법, 엘렌쿠스elenchus, 귀납적 추론 등 여러 멋진 용어를 이용해서 소크라테스의 방법론을 설명한다. 나는 더 단순한 용어를 선호한다. 바로 대화다. 이 단어가 그리 고급스럽게 들리지 않는다는 것, 내게 노벨상을 낚아채주지도 않으리라는 것은 알지만, 그래도 이건 맞는 말이다. 소크라테스는 사람들과 대화를 나누었다. 현대 철학자 로버트 솔로몬은 이를 "현명한 훈수질"[10]이라고 부른다. 마음에 든다. 이 표현은 철학을 현실로 끌어내리는 동시에 더 높은 수준으로 올려놓는다.

삶을 성찰하려면 거리를 둬야 한다. 자기 자신을 더 명확하게 들여다보려면 자신에게서 몇 발짝 물러나야 한다. 이렇게 거리를 둘 수 있는 가장 좋은 방법은 대화를 나누는 것이다. 소크라테스에게 철학과 대화는 사실상 동의어였다.

소크라테스는 온갖 사람들과 대화를 나누었다. 정치인과 장군, 공예가뿐만 아니라 여성과 노예, 어린아이들에게도 말을 걸었다. 온갖 주제로 대화를 나누었지만 주제는 반드시 중요한 것이어야 했다. 소크라테스는 잡담에는 관심이 없었다. 그는 인생은 짧다는 것, 자신에게 주어진 단 1초의 시간도 사소한 문제에 낭비하고 싶지 않다는 것을 잘 알았다. 소크라테스는 고르기아스라는 소피스트에게 격분하며 이렇게 말했다. "우리는 어떻게 하면 최선의 삶을 살 수 있을지를 고찰하고 있는 거라네. 제정신인 사람에게 이보다 더 중요한 질문이 어디 있단 말인가?"

소크라테스가 대화를 사랑하긴 했지만 그는 대화를 그저 자신이 가진 도구 중 하나로 본 것 같다. 이 모든 현명한 훈수질에는 하나의 목표가 있었다. 바로 자기 자신을 아는 것. 소크라테스는 다른 사람과 대화를 나눔으로써 자기 자신과 대화를 나누는 법을 배웠다.

◆

철학이 질문을 던지는 기술이라고 하자. 그렇다면 질문이란 무엇일까? 자, 이제 소크라테스가 좋아할 만한 질문이 나왔다! 모두가 아는 단어, 모두가 안다고 생각하는 단어를 골라 검토하고 뜯어보고 여러 각도에서 쿡쿡 찔러볼 것. 그 단어에 지독하게 밝은 빛을 비춰볼 것.

맨발의 철학자가 아테네의 구불구불하고 더러운 길을 배회하며 질문을 던진 이후 24세기가 흘렀다. 실내 화장실과 아몬드 우유, 브로드밴드 등 그동안 많은 발전이 있었다. 우리는 2000년이 넘는 시간 동안 단어의 정의를 갈고닦았다. 우리는 꽤 능숙하다. 웹스터의 신新 국제사전 제3판의 항목이 거의 50만 개에 달하는 것을 보면 말이다. 종이를 넘기거나 프린트를 하느라 손가락을 더럽힐 필요도 없고, 심지어 컴퓨터를 켤 필요도 없다. 늘 충직한 우리의 부하, 시리에게 기댈 수 있으니까.

"안녕, 시리."

"네, 말씀하세요."

"질문이 있어."

"물어보시면 대답해드릴게요."

"질문이 뭐야?"

"흥미로운 질문이에요, 에릭."

그리고 시리는 말이 없다. 한마디도. 휴대전화를 흔들어본다. 여전히 아무 말이 없다. 시리는 내가 자기를 놀리고 있다고 생각하는 게 분명하며, 난 그걸 용인할 의사가 없다. 나는 말뜻에 더 초점을 맞춰본다.

"시리야. 질문의 정의가 뭐야?"

"정보를 구하기 위해 쓰거나 발화한 문장입니다."

정확한 것 같긴 하지만 한편으로는 형편없이 불완전한 대답이다. 소크라테스라면 절대로 만족하지 않을 것이다. 소크라테스는 단어의 정의에 매우 깐깐한 사람이었다. 그러면 시리의 대답이 너무 광범위한 동시에 너무 편협하다고 생각했을 것이다. 시리의 정의에 따르면 '내 열쇠 봤어?'와 '삶의 의미가 뭐야?'는 동등한 질문이다. 둘 다 일종의 정보를 구하고자 하지만(그리고 적어도 우리 집에서만큼은 둘 다 대답하기가 어렵지만) 두 질문이 구하는 정보는 아예 다른 종류라고 할 수 있을 만큼 판이하게 다르다. 커다란 질문일수록 우리는 정보만 제공하는 답에 관심이 없다. 사랑은 뭘까?

악은 왜 존재하는 거지? 이런 질문을 할 때 우리가 원하는 것은 정보가 아닌 보다 더 큰 것, 바로 의미다.

질문은 일방향이 아니다. 질문은 (최소) 양방향으로 움직인다. 질문은 의미를 구하고 또 전달한다. 적절한 때 친구에게 적절한 질문을 묻는 것은 연민과 사랑의 표현이다. 하지만 우리는 너무 자주 질문을 무기로 사용한다. 상대를 저격하고(네가 뭐라도 된다고 생각해?) 자신을 저격한다(왜 난 제대로 하는 게 없지?), 질문으로 변명을 삼고(이런다고 뭐가 달라지겠어?), 나중에는 정당화한다(내가 뭘 더 할 수 있었겠어?). 마음을 들여다보는 진정한 창문은 눈이 아니라 질문이다. 볼테르가 말했듯, 사람을 판단하는 가장 좋은 방법은 그 사람의 대답이 아닌 질문을 보는 것이다.

시리의 대답은 좋은 질문에 무릇 깃들어 있는 마법을 전혀 담아내지 못한다. "모든 철학은 궁금해하는 데서 시작된다"[11]라고 말했을 때 소크라테스도 그런 마법을 떠올렸을 것이다. 소크라테스는 궁금해하는 능력이 금발머리나 주근깨처럼 타고나는 것이 아니라고 생각했다. 궁금해하는 능력은 기술이며, 모두가 그 기술을 습득할 수 있다. 소크라테스는 우리에게 그 방법을 보여주겠다고 다짐했다.

'궁금하다'는 멋진 단어다. 미소 짓지 않고서 그 단어를 말하는 것은 불가능하다. 궁금하다wonder라는 단어는 '경이로운 것, 기적, 놀라움의 대상'이라는 뜻의 고대 영어 wundor에서 왔다. 한편으로 궁금해하는 것은 시리처럼 정보를 구하는 것이다. 다크초콜릿을 어디서 구할 수 있는지 궁금해. 다른 한편 궁금해하는 것은 짧은 순간만이라도 물음을 유예하고 그저 지켜보는 것이다. 도대체 바다소금과 아몬드가 박힌 질 좋은 벨기에 초콜릿의 어떤 점이 내 뇌를 춤추게 하고 내 심장을 노래하게 하는지 궁금해.

질문할 때 우리는 눈앞의 주제에 얽매인다. 그 주제를 넘어서는 의문은 불필요한 것으로 간주되고, 그러므로 일축된다. 심문할 때 '중요치 않은' 방향으로 틀었다며 판사에게 질책당하는 변호사나, '주제에서 벗어난' 길로 샜다며 선생님한테 꾸중 듣는 학생을 떠올려보라.

궁금해하는 행위는 광활하며 아무런 제약도 없다. 이 궁금해하는 마음이 우리를 인간으로 만든다. 동굴에서 살던 인류가 나뭇가지 두 개를 서로 비비거나 커다란 돌을 자기 머리 위로 떨어뜨리면 어떻게 될지 처음으로 궁금해한 때부터 쭉 그래왔다. 시도해보기 전에는 절대 알 수 없는 법이며, 궁금해하기 전에는 절대 시도해볼 수 없는 법이다.

우리는 종종 궁금해하는 것과 호기심을 같은 것으로 여긴다. 물론 두 가지 다 무관심을 해소하는 데 도움이 되지만, 그 방식은 서로 다르다. 궁금해하는 것은 호기심과 달리 본인과 매우 밀접하게 엮여 있다. 우리는 냉철한 호기심을 가질 수 있다. 냉철하게 질문을 던질 수 있다. 하지만 냉철하게 궁금해할 순 없다. 호기심은 가만히 있질 못하고 늘 눈앞에 나타나는 다른 반짝이는 대상을 쫓아가겠다며 위협한다. 궁금해하는 마음은 그렇지 않다. 그 마음은 오래도록 머문다. 호기심이 한 손에 음료를 들고 안락의자에 앉아 편안하게 발을 올려둔 것이 바로 궁금해하는 마음이다. 궁금해하는 마음은 절대로 반짝이는 대상을 쫓지 않는다. 절대로 고양이를 죽이지 않는다.

궁금해하는 데는 시간이 필요하다. 좋은 식사나 좋은 섹스처럼 절대 서두를 수 없다. 이러한 이유로 소크라테스도 절대로 대화를 재촉하지 않았다. 소크라테스는 상대가 점점 지치고 분노할 때조차 인내심을 갖고 대화에 임했다.

소크라테스는 최초의 심리상담가였다. 그는 질문으로 질문에 답하곤 했다. 하지만 심리상담가와 달리 소크라테스는 시간당 비용을 청구하지 않았으며(자기 수업에 단 1드라크마도 받지 않았다) "죄송하지만 이제 시간이 다 된 것 같습니다"라는 말도 절대로 하는 법이 없었다. 그에게는 늘 시간이 더 있었다.

《향연》에서 한 친구가 말한 바에 따르면 소크라테스는 심지어 혼자 있을 때도 한곳에 계속 머물렀다. "그는 가끔 멈춰서 그곳이 어디든 그 자리에 서 있곤 했다." 또 다른 친구는 포티다이아 전투에서 겪었던 기이한 에피소드를 들려준다.

어느 날 새벽 그[소크라테스]는 무언가에 대해 생각하기 시작했고 계속 고민하며 같은 자리에 서 있었다. 해답을 찾지 못한 소크라테스는 계속 그 자리에 서서 생각에 잠겼다. 정오가 되었고 사람들이 그 사실을 알게 되었다. 사람들은 궁금해하며 소크라테스가 새벽부터 무언가에 대해 생각하느라 그곳에 계속 서 있었다고 말했다. 마침내 저녁이 되자 이오니아 사람 몇 명은 그가 밤새 그곳에 서 있는지 보려고 차가운 바깥 공기 아래로 침구를 들고 나왔다. 그는 새벽이 다가오고 해가 떠오를 때까지 계속 같은 곳에 서 있었다. 그리고 떠오른 해를 향해 기도를 올린 후 자리를 떴다.[12]

좋은 철학은 느린 철학이다. 루트비히 비트겐슈타인은 자신의 일을 "느린 해결책"이라고 칭했으며 모든 철학자는 서로 "느긋해 지세요!"라는 말로 인사를 건네야 한다고 말했다. 나는 이게 철학 자뿐만 아니라 우리 모두에게 해당되는 좋은 아이디어라고 생각한다. "좋은 하루 보내세요"나 이와 비슷한 무의미한 표현 대신, 우리 서로에게 "느긋해지세요"나 "천천히 하세요"라는 말로 인사해보자. 이런 명령식의 표현을 자주 말하다 보면 정말로 속도를 줄이게 될지 누가 알겠는가.

한편으로 나는 우리가 속도를 줄이는 데서 오는 인지적 혜택을 이미 알고 있다고 생각한다. 뭔가가 우리를 막고 생각하게 만들 때, 우리는 그것이 "우리를 멈춰 세웠다"고 말한다. 멈춤은 실수나 결함이 아니다. 멈춤은 말을 더듬는 것도, 말을 가로막는 것도 아니다. 멈춤은 텅 빈 것이 아니라 잠시 유예된 상황이다. 생각의 씨앗이다. 모든 멈춤은 인식의 가능성, 그리고 궁금해할 가능성으로 가득 차 있다.

◆

우리는 명백한 것은 좀처럼 질문하지 않는다. 소크라테스는 이런 간과가 실수라고 생각했다. 명백해 보이는 문제일수록 더 시급하게 물어야 한다.

나는 당연히 좋은 아빠가 되고 싶다. 너무 자명해서 굳이 말할 필요조차 없는 문제다.

잠깐, 기다려보게. 소크라테스라면 이렇게 말했을 것이다. '아빠'는 무슨 뜻인가? 오로지 생물학적인 측면에서 말하고 있는 것인가?

"음, 아니요. 사실 우리 딸은 입양한 아이입니다."

아, 그러니까 '아빠'라는 건 생물학적인 의미 이상이다?

"물론 그렇죠."

그렇다면 무엇으로 아빠를 정의하는가?

"누구냐면, 남성이고, 어린아이를 돌보는 사람이죠."

그렇다면 만약 내가 몇 시간가량 네 딸을 데리고 델포이에 다녀온다면 나는 네 딸의 아버지인가?

"당연히 아니죠, 소크라테스. 아빠가 된다는 건 훨씬 많은 것을 수반합니다."

그렇다면 무엇이 어린아이를 돌보는 성인 남성과 '아빠' 자격을 가진 성인 남성을 구분한단 말인가?

"사랑이죠. 아빠를 아빠로 만드는 것은 바로 사랑입니다."

훌륭해. 대답이 마음에 들어. 물론 다시 '사랑'을 정의해야 하겠지만 그건 다음으로 미뤄두세. 자, 자네는 '좋은' 아빠가 되고 싶다고?

"네, 그럼요. 정말 그러고 싶습니다."

좋다는 건 무슨 뜻인가?

이 점에서 내가 아는 게 없다는 사실을 고백한다. 애매한 개념, 만화 같은 불완전한 이미지만이 머릿속에 떠오른다. 선디 아이스크림과 밴드 발표회, 축구 연습, 숙제 도와주기, 대학 투어, 아이가 축 처져 있을 때 농담하기, 처지지 않았을 때도 농담하기, 친구네 집에서 잔 아이 데리러가기, 아내와 좋은 음양을 이루기, 당근과 채찍 중 주로 당근을 사용하기.

소크라테스는 이렇게 말할 것이다. 좋은 이미지들이군. 하지만 이것들이 도대체 뭘 보여준단 말인가? 자네는 '좋은 아빠'가 무슨 의미인지 잘 모르고 있어. 그렇지 않은가? 그리고 마지막 철학적 비수를 꽂으며, 소크라테스는 내가 그 뜻을 진정으로 이해하기 전까지는 '좋은 아빠'가 될 수 없다고 말할 것이다. 나는 환영을 좇고 있었다.

소크라테스가 보기에 잘못된 양육을 비롯한 모든 악행은 악의가 아닌 무지에서 나온다. 만약 우리의 실수가 (아이에게뿐만 아니라 자기 자신에게) 미칠 영향을 제대로 이해한다면 우리는 그런 실수를 저지르지 않을 것이다. 특정 덕목에 대한 참된 이해는 도덕적인 행동으로 이어진다. 자동적으로. 좋은 아빠가 무슨 뜻인지 아는 것, 참으로 아는 것은 곧 좋은 아빠가 되는 것과 같다.

그날은 아이들이 부모님 직장을 방문하는 날이었다. 나는 늘 이날이 두렵다. 다른 부모들은 제 아이들을 회의실과 전화받는 곳과 무게감이 있는 번쩍거리는 진짜 사무실로 데려간다. 내 사무실(어쨌거나 내 여러 사무실 중 한 곳이다)은 테이스티라는 이름의 동네 식당이다. 음식은 테이스티라는 이름에 부응하지 못하지만 그래도 자리가 넓고 직원들이 친절하며 커피가 무제한이다. 딸아이는 올해 처음으로 나를 따라오겠다고 했다.

열세 살을 어떻게 뚫고 지나가느냐는 전 세계에서 가장 훌륭한 철학자들조차 아직 풀지 못한 미스터리다. 만약 숲에서 나무 한 그루가 넘어졌는데 친구들이 그 광경을 스냅챗에 올리지 않는다면 나무는 쓰러지지 않은 것이다. 겉보기에 내 딸 소냐는 내 일에도, 내 철학에도, 10대라는 자기 세상 바깥에 있는 그 어떤 것에도 관심이 없었다. 아무래도 그날 아침 나를 따라오기로 한 유일한 이유는 수업을 하루 빠질 수 있어서였던 것 같다.

아침 식사를 깨작깨작 먹으면서(나는 몸에 좋은 오믈렛을, 아이는 초콜릿칩 팬케이크를 시켰다) 나는 부모 됨이라는 거대한 공허를 들여다보았다. 나 자신이 무능하고, 심지어 보이지 않는 존재가 된 것 같았다. 소크라테스라면 어떻게 했을까?

물론 그라면 질문을 던졌을 것이다. 그때 나는 하나의 질문, 일종의 메타 질문과 씨름 중이었다. 멍청한 질문은 존재하지 않는다는 오래된 격언은 사실일까? 이 질문을 딸아이에게 물어보았더니, 아이는 겨우 보일 정도로 왼쪽 눈썹을 살짝 치켜뜬다. 즉 이런 뜻이다. 아빠 질문 입력됐는데, 대답할 가치가 없어 보이니깐 나는 그냥 팬케이크랑 스냅챗으로 돌아갈게.

나는 소크라테스처럼 집요했다. 더 큰 목소리로 다시 한번 물었다. "멍청한 질문이라는 게 존재할까?"

아이가 휴대전화 화면에서 고개를 들고 잠시 생각에 잠겼다. 어쨌거나 나는 아이가 생각하는 중이라고 추측했다. 그러다 놀랍게도 아이가 입을 열었다.

"존재하지." 아이가 말했다. "멍청한 질문은 이미 답을 알고 있는 질문이야." 말을 마친 아이는 다시 팬케이크와 휴대전화, 청소년 특유의 언짢은 태도로 돌아갔다.

아이가 나를 놀라게 한 것은 이번이 처음이 아니었고, 아마 마지막도 아닐 것이다. 아이 말이 옳았다. 검사가 아니라면 이미 답을 아는 질문을 묻는 것은 정말 멍청한 짓이다. 우리는 생각보다 자주, 다양한 방식으로 이 짓을 한다. 자기 지식을 과시하기 위해, 아니면 성찰한 적이 없는 자신의 확고한 신념을 더욱 강화하는 정보를 끌어내기 위해 질문을 한다.

소크라테스가 보기에 이런 질문은 진지한 것이 못 된다. 진지한 질문은 미지의 영역에 발을 들여놓는다. 진지한 질문에는 위험이 따른다. 마치 어두운 방 안에서 성냥에 불을 붙이는 것처럼 말이다. 우리는 불빛이 방을 비췄을 때 괴물이 보일지, 경이로운 광경이 보일지 알 수 없지만 그럼에도 성냥에 불을 붙인다. 그렇기에 진지한 질문은 자신감이 아닌, 10대와 같은 머쓱함과 어색함으로 머뭇머뭇 서투르게 발화되는 것이다.

소크라테스에게 그보다 더 중요하고 용감한 행동은 없었다.

◆

제이컵 니들먼 교수가 내게 레몬 물을 한 잔 더 따라준다. 그의 손은 느리지만 흔들림이 없다. 얼음이 유리잔에 부딪치며 짤랑거린다. 해가 떨어지면서 캘리포니아의 빛이 더 부드러워지고 빛깔은 점점 선명해진다.

제이컵에게 자기 얘기를 더 해달라고 부탁한다. 교수는 쌕쌕거리며 깊은 숨을 한 번 쉬고는 자신이 어린 시절을 보낸 1940년대 필라델피아로 나를 데려간다. 일라이어스와 제이컵은 돌벽에 앉아 철학적 대화를 이어갔지만 그 횟수는 점점 줄어들었다. 어느 날 제이컵이 일라이어스의 집에 전화를 걸자 일라이어스의 어머니가 이상한 목소리로 일라이어스는 쉬고 있다고 말했다. 제이컵은 무언가 잘못되었다는 걸 알았고, 한참이 지난 후에야 '백혈병'이라는 단어를 듣게 되었다.

제이컵은 마지막으로 일라이어스와 함께 경험한 질문 하나를 회상한다. 제이컵은 친구에게 이렇게 물었다. "잠들면 무슨 일이 일어나는 건지 궁금해. 잠든 사람은 어디로 가는 걸까?"

처음으로 일라이어스는 말이 없었다. 일라이어스는 열네 번째 생일을 얼마 남기지 않고 세상을 떠났다.

죽음, 특히 부자연스러운 때 이른 죽음은 흔히 정신을 집중시킨다. 제이컵의 머릿속에 온갖 질문이 밀려들었다. 왜 내가 아니라 일라이어스지? 우리에게 주어진 이 짧은 시간 동안 무엇을 해야 하지? 제이컵은 부모님과 선생님, 랍비에게도 만족스러운 대답을 듣지 못했다. 그래서 그는 소크라테스와 철학에 의지했다.

"왜 철학이었죠?" 내가 묻는다.

"무언가를 사랑하는 이유가 뭡니까? 소명을 느끼는 겁니다. 궁극적인 질문을 향한 소명이지요. 나는 어떤 사람이지? 나는 뭐지? 나는 왜 이곳에 있지? 인간은 의미를 필요로 합니다. 그래요, 그건 소명이었어요."

제이컵의 부모는 이 소명이 영 마음에 들지 않았다. "저는 장남이라 반드시 의사가 되어야 했어요." 제이컵이 무표정한 얼굴로 말한다. 의료 계통은 아니지만, 제이컵은 정말로 닥터가 되었다. 철학 박사 학위를 딴 것이다. 제이컵은 어머니가 계신 곳에서 처음으로 '닥터 니들먼'이라고 소개되었을 때를 기억한다. 어머니는 그 사람의 말을 끊고 지적했다. "얘는 사람들에게 도움이 되는 종류의 닥터는 아니에요."

제이컵은 평생 어머니가 틀렸음을 입증하며 살았다. 학계에서 높은 지위와 큰 영예를 얻었고, 늘 더 많은 사람들과 만나려고 애썼다. 그는 이런 '궁극적인 질문'이 왜 이렇게 작은 관심밖에 받지 못하는지 이해할 수 없었다. 니들먼은 이렇게 말한다. "우리 문화에는 궁극적인 질문이 질문으로 존중받는 공간이 없어요. 우리가 가진 모든 제도와 사회 양식은 문제를 해결하거나 즐거움을 제공하는 데만 최선을 다합니다."

니들먼은 잠시 입을 다물고 자신의 말이 캘리포니아의 부드러운 공기 속을 천천히 떠다니게 둔다. 나는 그의 말이 옳다는 것을 깨닫는다. 문제를 경험하기 전에 해결하는 것은 식재료를 구매하기 전에 요리를 하려는 것이나 다름없다. 너무 자주 우리는 가장 빠른 해결책, 또는 가장 편리한 즐거움에 손을 뻗는다. 우리의 무지와 한자리에 앉는 것만은 어떻게든 피하려 한다.

내 시선이 이맘때쯤 칙칙한 갈색으로 변하는 오클랜드힐스 위를 헤맨다. 내 귀는 근처에 있는 풍경의 듣기 좋은 댕그랑 소리를 듣는다. 이 풍경 소리가 나와 제이컵 니들먼 사이의 공간을 채우며 우리를 연결해주는 무언의 기운과 어우러진다.

◆

소크라테스는 글을 의심했다. 글은 종이 위에 생기 없이 누워
있으며 오직 한 방향으로만, 저자에게서 독자에게로만 움직인다.
책과 대화를 나누는 건 불가능하다. 좋은 책도 마찬가지다.

그래서 내가 플라톤의《대화편》을 읽지 않고 듣기로 한 것이
다. 나는 엄청난 양을 다운받는다. '메가바이트'가 고대 그리스어
로 뭔지는 모르겠지만, 어쨌거나 무지막지한 양이다.

《대화편》은 내 삶의 배경음악이 된다. 지하철을 탈 때도, 딸아
이를 축구 연습에 데려다줄 때도《대화편》을 듣는다. 운동기구
위에서 열심히 두 다리를 움직일 때도 듣는다. 소크라테스와 함
께 요리하고 마신다. 소크라테스와 함께 잠에서 깨어나고 다시
소크라테스와 함께 잠자리에 든다.

《대화편》에는 소크라테스와 여러 명의 대화 상대가 등장한다.
이들은 예를 들면 정의나 용기, 사랑 같은 것의 의미를 두고 씨름
한다.《대화편》은 건조한 논문이 아니다. 목이 터져라 소리치는,
논쟁적일 뿐만 아니라 놀랍게도 재미있는 대화다. 니체의 말처럼
"농담 가득한 지혜"다.

소크라테스의 대화 상대는 종종 화가 치밀고 혼란스러운 상태
에 빠졌다.《대화편》의 등장인물인 니키아스는 이렇게 말한다.
"소크라테스 근처에 있거나 소크라테스와 대화를 시작하는 사람

은 누구든 논쟁에 말려들기 쉽고, 어떤 주제로 이야기를 시작했든 간에 소크라테스가 졸졸 따라다닐 것이며, 결국 자신의 과거와 현재를 소크라테스에게 설명해야 한다는 것을 알게 될 것이다. 일단 소크라테스와 얽히면 소크라테스에게 철저하고 완전하게 털리기 전까진 그를 떨쳐낼 수 없을 것이다."

또 다른 대화 상대는 소크라테스가 자신을 "당혹스러움으로 가득하게" 만든다며 소크라테스를 사람들의 정신을 마비시키는 "전기가오리"에 비유한다.

소크라테스와의 대화가 좌절스러운 것은 꼬치꼬치 캐묻는 다섯 살짜리와의 대화가 좌절스러운 것과 비슷하다.

저녁으로 아이스크림 먹어도 돼?

안 돼.

왜?

왜냐하면 아이스크림은 몸에 나쁘니까.

왜?

왜냐하면 설탕이 들어 있으니까.

설탕이 몸에 왜 나빠?

왜냐하면 지방 세포에 저장되니까.

왜?

원래 그런 거야! 이제 네 방으로 가.

아이의 질문이 성가신 것은 멍청한 질문이라서가 아니라 우리에게 제대로 대답할 능력이 없어서다. 아이들은 소크라테스처럼 우리의 무지를 드러내고, 그것은 길게 보면 도움이 될지언정 당장은 무척 짜증스러운 일이다. 피터 크리프트는 말한다. "다른 사람을 짜증나게 하지 않는 사람은 철학자가 아니다."[13]

나는 이 말을 읽고 희망에 가득 찬다. 나는 믿을 만한 여러 지인에게 내가 정말 짜증나는 인간이라는 이야기를 듣는다. 세계 일류급이다. 그밖에도 소크라테스는 나와 비슷한 점이 많다. 열외자의 지위. 두둑한 뱃살. 늘 궁금해하며 여기저기로 떠도는 마음. 대화를 향한 사랑.

하지만 우리가 달라지는 지점은 바로 끈기다. 나는 실제든 상상 속에서든 싸움을 피하는 경향이 있다. 소크라테스는 그렇지 않았다. 그는 엄청난 용기를 보여주었다. 기원전 432년에 있었던 포티다이아 전투에서 놀라운 힘과 체력을 드러내며 친구 알키비아데스의 목숨을 구했다.

소크라테스는 철학의 장에서도 절대 굴하는 일이 없었다. 소크라테스는 사람들에게 그들의 신념뿐만 아니라 그들의 삶 전체를 설명하라고 요구하는 가차 없는 감사였다. 소크라테스와의 토론에서 빠져나오는 것은 불가능했다. 지금이나 그때나 똑똑한 척으스대는 사람들이 선호하는 현학적 수사라는 연막을 소크라테스는 꿰뚫어 볼 줄 알았다. 훌륭하군. 당신은 용기가 무엇인지 모르는 장군이야. 신앙이 무엇인지 설명하지 못하는 목사야. 사랑이 무엇인지 모르는 부모야.

소크라테스의 목적은 모욕을 주는 것이 아니라 빛을 밝혀 일종의 지적 광합성을 일으키는 것이었다. 소크라테스는 정원사였다. "마음속에 당혹스러움을 심고 그것이 자라나는 것을 지켜보는 것만큼"[14] 그가 좋아하는 것은 없었다.

이렇게 당혹스러움을 심는 것은 까다로운 일이었다. 자신의 무지가 드러나는 것을, 특히 공개적으로 드러나는 것을 좋아하는 사람은 아무도 없기에, 소크라테스의 대화는 종종 격앙되곤 했다. 《고르기아스》에 등장하는 인물은 이렇게 말했다. "소크라테스, 나는 당신 말을 이해할 수 없소. 그러니 당신 말을 이해하는 다른 사람을 찾으시오. 당신은 폭군이오, 소크라테스. 이 논쟁을 끝내거나, 아니면 나 아닌 다른 사람과 논쟁을 벌이시오." 가끔은 심한 말 이상의 것이 오가기도 했다. 3세기에 활동한 전기 작가 디오게네스 라에르티오스는 "사람들은 주먹으로 [소크라테스를] 때리고 그의 머리카락을 뜯어냈다"[15]고 전한다.

소크라테스가 다른 사람을 귀찮게 한 데에는 좋은 뜻이 있었다. 바로 더 선명한 시야를 위해서였다. 소크라테스는 검안사였다. 사람들은 잘못된 도수의 안경을 쓰고 돌아다닌다. 이런 실수는 당연히 보는 방식과 보는 대상에 영향을 미친다. 사람들은 왜곡된 현실을 유일한 현실로 착각한다. 심지어 자신이 안 맞는 안경을 쓰고 있다는 사실조차 모른다. 하루 종일 휘청거리며 가구에 부딪치고 사람들 발에 걸려 넘어지면서 내내 가구와 사람들을 탓한다. 소크라테스는 이를 어리석고 불필요한 것으로 여겼다.

태양빛이 타오르는 진홍색으로 바뀌고, 공기에 서서히 찬기가 스며든다. 제이컵 니들먼과 나는 몇 시간 동안이나 대화를 나누고 있지만 이 현명한 훈수질이 결코 지겹지 않다. 우리의 대화는 잘못된 신념이라는 주제로 넘어간다.

니들먼은 철학자가 견해라는 나이트클럽 문을 지키는 건장한 문지기와 같다고 말한다.

"철학자는 자기 의견에게 이렇게 말합니다. '넌 내 의견이야. 그런데 어떻게 내 머릿속에 들어온 거야? 나한테 말도 안 하고. 난 너를 검토하지 않았어. 그런데도 난 너를 믿어. 넌 내 삶을 장악하고 있어.'"

내 견해가 어떻게 내 머릿속을 지배하고 있는지 생각해본다. 다른 모든 교활한 지배자처럼 나의 의견 역시 내가 자기들을 불러들였다고 믿게 한다. 정말 내가 그랬나? 아니면 다른 사람의 생각이 말도 없이 나타나서 멋대로 내 옷을 걸쳐 입은 걸까?

나는 먼 길을 돌아 '질문을 경험'한다는 흥미롭고 묘하게 매력적인 개념으로 돌아온다. 이게 무슨 뜻일까?

제이컵은 자신이 평범한 질문과 "깊이 있는 질문"을 구분한다고 말한다. 시리처럼 평범한 질문은 표면 위에서 맴돈다. 깊이 있는 질문은 느리고 더 깊이 침잠한다.

"제대로 질문을 살아갈 때, 저는 질문이 저를 덮치게 둡니다. 그러면 이런 깊이 있는 질문의 상태가 자연히 변화를 불러옵니다."

"질문을 살아요?"

"네, 질문을 사는 겁니다. 오랜 시간 마음 한구석에 질문을 품는 거예요. 질문을 살아내는 거죠. 단순히 문제를 해결하려고 하는 게 아닙니다. 우리는 너무 자주 해결책을 찾아버려요."

좋은 말 같다. 질문을 살아내면서 남은 평생을 보내고 싶어진다. 하지만 질문의 답은? 대답은 어디에 있는데? 이것이 바로 철학이 받는 부당한 평가다. 철학은 말뿐이야. 질문만 끝없이 늘어놓고 대답은 없어. 언제나 떠나기만 하고 도착하지는 않는 기차야.

니들먼은 그건 사실이 아니라고 말한다. 철학도 분명 도착지에 관심이 있지만, 여행을 서두르지 않을 뿐이다. 이것이 그저 똑똑한 대답이 아닌 '마음의 대답'에 도착할 수 있는 유일한 방법이다. 다른 종류의 대답, 예를 들면 머리의 대답은 그만큼 만족스럽지 못할 뿐만 아니라, 가장 심오한 의미에서 그만큼 진실하지도 못하다.

마음의 대답에 도착하려면 인내심도 필요하지만 기꺼이 자신의 무지와 한자리에 앉으려는 자세도 필요하다. 끝없는 해야 할 일 목록에서 또 하나를 지우려고 성급히 문제 해결을 향해 달리는 대신, 의혹과 수수께끼의 곁에 머무는 것. 여기에는 시간과 용기가 필요하다. 다른 사람들은 그런 우리를 조롱할 것이다. 내버려두라고, 제이컵 니들먼과 소크라테스는 말한다. 비웃음은 지혜의 대가다.

며칠 전, 나는 친구 제니퍼와 이야기를 나누고 있었다. 아니, 더 정확히 말하면 이야기를 하고 있는 건 나였고, 내가 언제나처럼 내 걱정 목록을 늘어놓는 동안 제니퍼는 듣고 있었다.

나한텐 분배의 문제가 있다고, 제니퍼에게 말한다. 모든 특성이 충분히 주어졌지만 불공평하게 분배된 것이다. 예를 들면 털이 그렇다. 가슴과 콧구멍 속에는 털이 엄청 많지만 머리에는 턱없이 부족하다.

하지만 성공 문제는 더 골치가 아프다. 성공은 분배의 문제가 아니다. 성공은 진짜로 부족하다. 나는 제니퍼에게 말한다. "나는 충분히 성공하질 못했어."

제니퍼는 뭔가 심오한 말을 하거나 도망갈 궁리를 하는 사람이 그러하듯 잠시 말이 없었다. 다행히 제니퍼의 경우는 전자에 해당했다.

"성공은 어떤 모습이야?" 제니퍼가 말했다.

"성공이 어떤 모습이냐고?" 내가 말했다.

"그래, 성공은 어떤 모습이야?"

보통 들은 질문을 그대로 다시 물어보면 사람들은 질문을 더 구체적으로 설명해준다. 하지만 제니퍼는 아니었다. 내 질문은 부메랑이 되어 돌아와 내 머리를 강타했다. 성공이 어떤 모습이냐고? 한 번도 생각해본 적이 없는 질문이었다. 나는 늘 성공을 미적 측면이 아닌 양적 측면으로만 여겼다.

질문의 프레임을 어떻게 구성하는가는 중요하다. 제니퍼는 "왜 성공하고 싶어?"라거나 "얼마나 성공해야 충분한 건데?"라고 물어볼 수도 있었다. 그랬다면 나는 우리가 뉴저지에 있는 제니퍼의 발코니에 앉아 있는 동안 우리 곁을 맴돌던 모기한테 그랬듯 그 질문을 찰싹 때리고 무시해버렸을 것이다. 왜 성공하고 싶으냐고? 그냥. 다들 그렇지 않나? 얼마나 성공해야 충분하냐고? 지금 나보다 더.

하지만 제니퍼는 내게 그렇게 묻지 않았다. 성공이 어떤 모습이냐고 물었다. 제니퍼의 질문에는 개인적 의미가 포함되어 있었다. 성공은 나한테 어떤 모습이지? 그 모습을 본다면 내가 알아차릴 수 있을까?

나는 전기가오리에 뇌를 쏘인 것처럼 멍하니 자리에 앉아 있었다. 좋은 질문은 그렇다. 사람을 단단히 붙잡고 절대 놓아주지 않는다. 좋은 질문은 문제의 프레임을 다시 짜서 완전히 새로운 시각으로 바라보게 한다. 좋은 질문은 문제의 해답을 찾게 할 뿐만 아니라 해답을 찾는 행위 그 자체를 재평가하게 만든다. 좋은 질문은 똑똑한 대답을 끌어내기도 하지만 침묵을 끌어내기도 한다. 고대부터, 소크라테스가 태어나기 훨씬 전부터 인도의 현자들은 브라모디야brahmodya라는 시합을 펼쳤다. 참가자들의 목표는 절대적 진리를 표현하는 것이었다. 이 시합은 언제나 침묵으로 끝이 났다. 작가 카렌 암스트롱은 이렇게 설명한다. "참가자들이 자신의 언어로는 역부족임을 깨닫고 말로 형언할 수 없는 것을 직감할 때 통찰의 순간이 찾아왔다."[16]

나에게 침묵은 흔한 상태가 아니다. 내게 말은 공기와도 같다. 하지만 나는 말없이 머릿속에서 제니퍼의 질문을 여러 각도로 뒤집어 살펴보았다. 좋은 질문은 더 많은 질문을 불러일으킨다. 과연, 제니퍼가 던진 하나의 질문이 내 머릿속에 수십 개의 질문을 일으켰다. 이제는 더 이상 제니퍼와의 대화가 아니라 나 자신과의 대화였다.

바로 이것이 소크라테스가 일으키고자 했던 것이었다. 관점의 근본적 변화가 나타나리라는 희망에서, 내가 아는 것뿐만 아니라 내가 어떤 사람인지를 묻는 인정사정없는 자기 심문.

톨스토이의 소설《이반 일리치의 죽음》에는 내가 문학에서 가장 좋아하는 구절이 들어 있다. 아마 생각지도 못한 구원을 받는 느낌 때문에, 또 기차와 관련된 이야기이기 때문일 것이다. 주인공은 성공한 관리로, 불치병에 걸려 두려움과 후회에 휩싸여 있다. 하지만 이야기가 끝을 향할수록 새로운 관점이 두려움을 밀어낸다. "사람들이 가끔 기차 안에서 경험하듯이, 앞으로 가고 있다고 생각했는데 사실은 뒤쪽으로 달리고 있고, 그러다 갑자기 진짜 방향을 깨닫게 된"[17] 것이다.

제니퍼와의 대화를 돌아보며 이반처럼 나 역시 불현듯 나의 진짜 방향을 직감했음을 깨닫는다. 내 인생에서 가장 소크라테스적인 경험이었다. 고대 아테네의 먼지투성이 거리가 아닌 뉴저지 몽클레어에 있는 친구네 집 발코니에서 일어난 일이지만 상관없다. 진정한 지혜는 시간과 공간에 구애받지 않는다. 어디에서든 나타날 수 있다.

이제 나는 무언가를 성취하려고 노력할 때마다 잠시 멈추고 스스로에게 묻는다. 성공은 어떤 모습이지? 솔직히 말하면 아직 이 질문의 답을 찾지 못했고, 어쩌면 영원히 못 찾을 수도 있다. 그래도 괜찮다. 나는 안경의 도수를 다시 맞추었고, 이제 앞을 더 선명하게 볼 수 있다.

◆

양쪽으로 문이 열린다. 반짝이는 금속으로 된 매끈한 지하철에 올라탄다. 현대 그리스어로 나는 메타포라metaforá를 하고 있다.[18] 메타포라는 안에서부터 바깥으로의 완전한 변화를 뜻하는 어근 메타모르포오metamorphoo에서 비롯된 단어로, 영단어 '메타포metaphor' 역시 같은 어근을 갖는다. 오늘날 그리스 사람들은 메타포라를 대중교통을 타고 이동한다는 의미로 사용한다. 버스를 타고 출근하거나 지하철을 타고 친구를 만나러 갈 때, 전차를 타고 드라이클리닝 맡긴 옷을 찾으러 갈 때 그 사람은 어떻게 보면 메타포를 타고, 변혁의 행위를 수행하는 것이다. 나는 그리스가 좋다. 모든 것이 두 단계로(그보다 많을 때도 많다) 존재한다. 지하철을 타는 행위조차 자기 혁신을 약속한다.

아테네의 지하철은 부드럽게 달릴 뿐만 아니라 탑승할 때마다 매번 역사 수업을 들려준다. 지하철 공사를 시작한 작업자들이 아테네의 황금기에 제작된 고대 공예품들을 발견했다. 고고학자들은 일부를 발굴했지만(이런 걸 이른바 '구제 발굴'이라고 한다) 나머지는 지하철역 설계에 포함시켰고, 오늘날 아테네 주민들은 도시의 지하철을 '지하철이 지나다니는 박물관'이라고 부른다.

내가 메타포의 땅 그리스에 온 것은 소크라테스가 걸었던 곳을 걷고 소크라테스가 들이마셨던 공기를 들이마시기 위해서다. 나는 소크라테스가 관념이 아닌 피와 살을 가진 인간이었다는 사실을 스스로에게 상기시킨다. 소크라테스는 궁금해했다. 하지만 아무데서나 궁금해한 것은 아니었다. 그는 자신이 다른 어디보다도 가장 사랑한 이곳 아테네에서 궁금해했다.

아고라역에서 내려 걷는다. 시장터인 아고라는 소크라테스가 가장 즐겨 출몰한 곳이었다. 아고라는 행상과 좀도둑, 온갖 사람들로 붐비는 냄새 나는 공간이었다. 소크라테스는 그게 좋았다. 아고라는 그의 교실이자 극장이었다.

고고학자들은 비교적 늦은 1931년에 아테네의 유적을 발굴하기 시작했다. 폼페이와 올림피아 등지에서 대규모 발굴 작업이 이루어지고 수십 년이 지난 후였다. 하지만 도자기 파편과 비문, 조각, 동전 등 복원된 수천 가지의 공예품이 증명하듯 고고학자들은 잃어버린 시간을 충분히 만회했다.

대략 8만여 제곱미터에 걸친 아테네의 유적지에는 이제 거의 자갈뿐이지만, 아직 남아 있는 시장터의 흔적에 약간의 상상을 더하면 당시의 장면을 선명하게 떠올릴 수 있다. 행상들이 향신료에서 물시계까지 다양한 제품을 판매하는 게 보인다. 피고인들이 재판을 기다리고, 젊은이들은 젊은이답게 어슬렁어슬렁 돌아다닌다. 맨발의 소크라테스가 그 장면을 유심히 지켜보고 있다.

게처럼 찢어진 눈으로 좌우를 살피면서 함께 철학을 논할 동지를 찾는 중이다. 소크라테스는 철학을 직판했다. 사람들이 찾아오길 기다리지 않았다. 사람들을 직접 찾아갔다.

소크라테스는 "성찰하지 않는 삶은 살아갈 가치가 없다"는 유명한 말을 남겼다. 침울한 10대 시절 나는 처음 그 말을 듣고 한숨을 쉬었다. 삶은 이미 충분히 힘겹다. 그런데 성찰까지 하라고? 성찰하는 삶. 나는 그 표현이 마음에 들지 않았다. 우선 성찰하다 examine라는 단어에는 시험 또는 검사라는 뜻의 단어 'exam'이 들어 있는데, 이 단어를 보면 잊고 있던 시험용 HB 연필과 차가운 의사 선생님의 손이 떠오른다. 그러니 성찰은 너무 힘든 일 같아보이지 않나. 우리는 더 잘할 수 있다. 그러므로 감히 내가 소크라테스의 성찰하는 삶에 따르는 필연적 결과 두 가지를 제시하고자 한다.

결과 1번: 실질적인 결과를 내지 못하는 성찰하는 삶은 살아갈 가치가 없다. 자기 배꼽에 대해 깊이 생각하는 데에는 나름의 즐거움이 있지만 그보다는 결과를 내는 것이, 더 나은 배꼽을 만들어내는 것이 훨씬 더 만족스럽다('배꼽에 대해 생각하다'에는 '묵상하다'라는 뜻이 있다-옮긴이). 그리스인들은 그것을 에우다이모니아eu-daimonia라고 불렀다. 보통 '행복'이라고 번역되는 이 단어에는 사실 의미 있는 융성한 삶이라는 더 큰 뜻이 있다. 현대 철학자 로버트 솔로몬의 제안처럼 한번 두 사람을 떠올려보자. 한 사람은 관용에 대해 아주 정교한 이론을 갖고 있다. 다른 한 사람은 그런 이론은 없지만, "아무 생각 없이도 마치 분수에서 뿜어져 나오는 물처럼 관용이 흘러넘친다."[19] 모범적이고 의미 있는 삶을 사는 사람은 누가 봐도 두 번째 사람이다.

결과 2번: 성찰하지 않는 삶은 살아갈 가치가 없을지 모르지만, 그건 지나치게 성찰하는 삶도 마찬가지다. 영국 철학자 존 스튜어트 밀은 "행복하냐고 스스로에게 물어보라, 그러면 곧 행복하지 않게 될 것이다"[20]라는 말로 쾌락의 역설(헤도니즘의 역설Paradox of Hedonism이라고 불리기도 한다)을 설명했다. 행복은 붙잡으려고 애쓸수록 우리의 손가락 사이로 빠져나간다. 행복은 부산물이지, 절대 목표가 될 수 없다. 행복은 삶을 잘 살아낼 때 주어지는 뜻밖의 횡재 같은 것이다.

그렇다면 소크라테스가 말한 성찰하는 삶이란 것은 전부 헛소리일까? 아니면 내가 뭔가 놓치고 있는 걸까?

내 본능은 이 질문의 답을 재빨리 찾아내서 내 해야 할 일 목록에 줄을 긋고 다음 할 일로 넘어가고 싶어 한다. 나는 이 충동을 억누른다. 그리고 이 질문이 부드러운 그리스의 공기 속을 천천히 떠다니도록 둔다. 답은 구하지 못했지만 성찰하는 중이다. 그리고 다시 메타포를 타고 호텔로 돌아온다.

◆

소크라테스는 실패자였다. 가혹하게 들릴 수도 있지만, 그래도 사실은 사실이다. 소크라테스가 나눈 많은 대화들은 제우스의 천둥 같은 돌파구가 아닌 교착 상태로 끝이 난다. 철학은 문제를 해결하는 대신 더 많은 문제를 일으킨다. 그게 철학의 본성이다.

소크라테스는 책을 출판하지 않았고, 동료 아테네 시민의 주장에 따라 사형을 당했다. 신을 섬기지 않고 아테네 젊은이들을 타락시켰다는 것이 소크라테스에게 제기된 혐의였지만 사실 소크라테스가 사형당한 것은 무례한 질문을 너무 많이 던졌기 때문이었다. 소크라테스는 철학사의 첫 번째 순교자였다.

재판이 끝나고 운명이 결정된 소크라테스는 제자 몇 명과 한자리에 모인다. 제자들은 비탄에 잠겼지만 소크라테스는 그렇지 않았다. 그는 죽을 때까지 낙천적이었고, 속을 알 수 없었다. 그는 이렇게 말했다. "이제 가야 할 시간이 되었습니다. 나는 죽기 위해, 여러분은 살기 위해 가야 합니다. 하지만 우리 중 누가 더 좋은 곳으로 갈지는 신 외에는 아무도 알지 못할 것입니다."

너무나도 멋진 마지막 발언이다. 실제로 많은 소크라테스 전기가 이 대사로 끝을 맺는다. 하지만 문제가 하나 있다. 이건 소크라테스가 남긴 마지막 말이 아니었다. 플라톤은 《대화편》 중 〈파이돈〉에서 소크라테스가 죽기 직전에 있었던 일을 들려준다.

소크라테스는 친구에게 이렇게 말한다. "크리톤, 우리는 아스클레피오스에게 수탉 한 마리를 빚지고 있네. 반드시 잊지 말고 갚아주게나."

크리톤이 대답한다. "알겠네. 다른 할 말은 없는가?"

소크라테스는 대답이 없었다. 죽은 것이다.

이런 재미없는 결말을 어떻게 이해해야 할까? 학자들은 수백 년간 이 질문을 곰곰이 생각했다. 일부는 소크라테스의 이 마지막 말을 비관적으로 해석한다. 당시 그리스인들은 치유의 신인 아스클레피오스에게 수탉을 바쳤으므로, 소크라테스는 아마 삶이 반드시 치료해야 하는 질병과 같다는 뜻에서 그 말을 했을 것이다. 어쩌면 이건 본인은 천상으로 올라가면서도 사람들은 다시 현실로 끌어내리고자 했던 소크라테스만의 방법이었을지 모른다. 아니 어쩌면 소크라테스는 우리가 삶의 커다란 문제로 골머리를 앓고 있을지라도 작은 것들을 잊지 말아야 한다는 사실을 우리에게 상기시킨 걸지도 모르겠다. 시민으로서, 또 친구로서의 의무를 간과하지 말 것. 명예로운 사람이 될 것. 다른 사람에게 수탉을 빚졌다면, 수탉을 갚을 것.

하지만 더 단순하고 덜 심오한 가능성도 있다. 독배에 넣은 독미나리의 효과가 나타나서 소크라테스가 횡설수설 아무 말이나 지껄였을 가능성이다. 진실은 아무도 모르며, 아마 앞으로도 영영 알 수 없을 것이다.

하지만 이것만은 안다. 질문의 왕이 질문의 구름을 남기고 사라짐으로써 남은 사람들이 머리를 쥐어뜯으며 궁금해하게 만든 것이 본인과 유쾌할 정도로 잘 어울린다는 것. 소크라테스는 도저히 못 배기고 우리 머릿속에 심어놓은 것이다. 또 하나의 수수께끼를, 우리가 경험할 또 하나의 질문을.

3

루소처럼 걷는 법

How to Walk Like Rousseau

"걷기는 자극과 휴식, 노력과 게으름 사이의
정확한 균형을 제공한다."

오후 2:42.
스위스 연방철도 59번 열차를 타고
바젤에서 뇌샤텔로 향하는 중.

창문 바깥으로 눈을 돌리고 슬로모션으로 펼쳐지는 스위스의 시골 풍경을 지켜본다. 적어도 나는 느리다고 생각한다. 속도는 상대적인 것이다. 장밋빛 향수 속의 기차 여행은 더 단순했던 아날로그 시절로의 귀환을 상징한다. 나는 내 삶의 리듬을 바꾸기 위해, 빈둥거리는 느낌을 기억하기 위해 기차를 탄다.

그렇지만 늘 이랬던 것은 아니다. 기차가 처음 발명된 19세기, 사람들은 거의 공포에 가까운 불안을 드러냈다. 초기의 한 승객은 이렇게 말했다. "내가 발사되는 것 같아요." 다른 승객은 이렇게 말했다. "인간 소포가 된 것 같아요." 이

속도(그때까지 인간이 육로를 여행한 것 중 가장 빠른 속도)는 신성
한 시골 마을을 전혀 신성하지 않은 흐릿한 무언가로 바꾸
어버렸다. 1837년 8월 22일자 편지에서 빅토르 위고는 기
차 창문을 통해 바라본 풍경을 다음과 같이 묘사한다. "길가
의 꽃들은 더 이상 꽃이 아니라 얼룩, 아니 빨갛고 하얀 줄무
늬다……. 모든 것이 줄무늬가 된다. 곡물 밭은 부스스하게
마구 자라난 노란색 털이며, 알팔파 밭은 초록색 머리칼을
길게 땋은 것 같다……. 가끔씩 어떤 그림자, 형태, 허깨비가
나타났다가 번개처럼 창문 뒤로 사라진다."[1] 위고가 탄 기차
는 시속 24킬로미터의 속도로 이동했다. 속도는 상대적인
것이다.

이 최신 교통수단을 가장 크게 비난한 사람 중 한 명인 예
술평론가 존 러스킨은 오늘날에도 여전히 유효한 격언을 남
겼다. "모든 여행은 정확히 그 속도만큼 더 따분해진다."[2]

내가 탄 스위스 열차가 풍경 사이를 고요하게 미끄러져가
는 동안(스위스 열차는 정말로 미끄러지듯 움직인다) 나는 러스킨
이 비행기 여행을 어떻게 여겼을지 궁금해한다. 분명 절대
좋아하지 않았을 것이다.

이동수단은 가장 빠른 것이 살아남아 앞으로 내달리며 이
전의 수단을 지우는 방식으로 점점 진화해왔다. 이제 우리
는 너무 빠른 속도로 이동하고 있어서 잠시 멈추고 지금 정
확히 어디에 있는지 물을 수조차 없다. 알루미늄 튜브 안에
벨트로 묶인 채 하늘로 돌진하는데, 그 속도가 너무 빨라서

풍경이 흐릿해지는 정도가 아니라 풍경을 지워버린다. 물론 우리의 뇌가 특대형으로 커지고 우리의 엄지가 나머지 네 손가락과 마주 보게 된 것이 저절로 일어난 일이 아니듯이 이런 속도의 발전도 저절로 일어난 일이 아니다. 비행기 이전에는 기차가, 기차 이전에는 사륜마차가, 사륜마차 이전에는 안장이 있었다. 하지만 태초로 가려면 조금 더 거슬러 올라가야 한다.

태초에는 발이 있었다.

◆

장 자크 루소는 다양한 정체성을 가진 사람이었다. 철학자, 소설가, 작곡가, 에세이 작가, 식물학자였고, 독학자, 도망자, 정치이론가, 마조히스트였다. 무엇보다 루소는 산책자였다. 그는 자주 걸었고, 혼자서 걸었다. 물론 걷기 모임에서처럼 가까운 친구와 걷는 데에도 나름의 즐거움이 있지만 본질적으로 걷기는 개인적인 행위다. 우리는 혼자서, 자기 자신을 위해 걷는다. 자유는 걷기의 본질이다. 내가 원할 때 마음대로 떠나고 돌아올 자유, 이리저리 거닐 자유, 작가인 로버트 루이스 스티븐슨의 말처럼 "변덕이 이끄는 대로 이 길 저 길을 따라갈"[3] 자유.

루소도 자신의 변덕을 따랐다. 변덕은 루소를 베네치아와 파리, 토리노와 리옹을 포함한 유럽 전역으로 데려갔다. 루소는 어디에도 뿌리 내리지 않은 최초의 자유인이었고, 오늘날 우리는

그런 사람을 도시 유목민이라고 부른다. 모든 곳이 집이요, 그 어
디도 집이 아니었다.

대부분의 인류 역사에서 걷기는 선택의 문제가 아니었다. 어디
론가 가고 싶다면 반드시 걸어야 했다. 오늘날 보행은 선택이다.
루소는 우리만큼 선택지가 많지 않았지만(기차 여행이 발명되기 전
이었다) 그래도 약간은 있었다. 사륜마차를 제공하는 대규모 서비
스망이 유럽 전역에 십자 형태로 깔려 있었다. 하지만 루소는 마
차 여행을 극도로 싫어했고 언제든 늘 걸어 다녔다. 그는 이렇게
말했다. "혼자서 두 발로 여행할 때만큼…… 이렇게 생각하고, 이
렇게 존재하고, 이렇게 살아 있고, 이렇게 나 자신이었던 적이 없
다." 걷기는 루소를 살렸다. 또한 걷기는 루소를 죽이기도 했다.

루소는 툭하면 화를 내는 이자크라는 시계공의 아들로 태어나
제네바에서 자랐다. 루소의 어머니는 루소를 낳고 얼마 안 지나
사망했다. 이는 트라우마가 되어 평생 루소를 따라다녔다. 어린
루소는 종종 친구들과 함께 교외 지역을 탐험하곤 했다. 루소는
자서전《고백록》에서 이렇게 회상한다. "나는 늘 친구들보다 멀
리까지 나아갔다. 그리고 친구들이 나 대신 생각해줄 때를 제외
하면 다시 돌아올 생각은 하지도 않았다."

1728년의 어느 화창한 봄날 오후, 루소는 훗날 삶의 방향을 바
꿔줄 산책에 나선다. 당시 조각가의 도제로 일하던 열여섯 살의
루소는 그 일을 무척 싫어해서 "지루하고, 모든 것뿐만 아니라 자
기 자신과도 단절"되었다고 느꼈다. 전형적인 열여섯 살의 모습
이다. 루소는 도시 밖으로 모험을 떠났다. 그리고 시간이 늦어졌

다. 루소는 전에도 두 번이나 통금을 어긴 적이 있었고, 그때마다 자신을 고용한 조각가에게 두들겨 맞았다. 루소는 이번엔 또 무슨 일이 일어날지 두려웠다.

미친 듯이 달렸지만 소용이 없었다. 너무 늦었다. 루소는 그날 성문 바깥에서 잠들면서 다시는 제네바로 돌아가지 않겠다고 맹세했다. 그날 이후 루소는 유목민의 삶을 살며 끊임없이, 거의 늘 두 발로 여행했다.

루소는 여러 도시에서 살았지만 도시 사람은 아니었다. 많은 사람이 아름다움과 로맨스를 떠올리는 도시인 파리에 처음 도착한 루소는 이렇게 말한다. "내 눈에 보이는 것이라고는 더럽고 냄새나고 좁은 길, 못생긴 까만 집들, 전반적인 불결함과 가난, 거지, 짐마차꾼, 옷 수선공, 허브차 행상, 오래된 모자뿐이다." 게다가 파리에는 "성가시고" 끝도 없이 "멍청한 농담"을 떠벌리는 파리인이 있었다. 그렇다, 루소는 도시에 맞는 사람이 절대 아니었다.

사람을 좋아하는 사람 또한 아니었다. 루소는 요즘 말로 손이 많이 가는 사람이었다. 루소의 탁월한 전기를 쓴 작가 레오 담로시는 루소가 "어려운 친구, 실망스러운 애인, 난감한 직원"[4]이었다고 말한다.

걷기는 루소가 다른 사람의 눈을 피할 수 있게 해주었다. 루소는 수줍음이 많았다. 근시가 심했고, 마르쿠스처럼 불면증에 시달렸으며, 평생 비뇨기 질환 때문에(결국 전립성 비대증 진단을 받았다) 수시로 화장실에 가야 했던 루소는 사회적 만남을 최대한 피했다. 루소는 평생 사람들이 자신을 쳐다보고 있다고 생각했다.

하지만 이 사실도 모르는 사람 앞에서 자기 엉덩이를 까는 루소의 기이한 강박을 막지 못했다. 루소는 스스로 마조히스트라고 인정했고, 세게 볼기짝 맞는 것을 즐겼다. 루소는 사상 처음으로 사적이고 음란한 내용을 담은 자서전에서 다음과 같이 말한다. "나는 고통, 심지어 수치심 안에서 엉덩이를 더 맞고 싶게 하는 관능을 느꼈다."

걷기는 루소의 철학에 딱 맞았다. 루소는 자연으로의 회귀를 주창했는데, 걷기보다 더 자연스러운 것이 어디 있겠는가? 어쨌거나 대부분의 사람들에게 걷기는 자연스러운 행위다.

나는 루소가 아니다. 나는 자연의 아들이 아니며, 먼 사촌뻘도 못 된다. 나는 캠핑도 글램핑도 가지 않는다. 내 차에는 "차라리 낚시를 할래요"라고 쓰인 범퍼 스티커가 붙어 있지 않다. 차라리 사냥을 가고 싶지도 않고, 캠핑도(위를 보라), 동굴 탐험도, 카야킹도, 스노클링도, 암벽 타기도, 새 관찰도 가고 싶지 않다. 난 하이킹 부츠도 없다. 침낭도 없다. 아이젠도 없다. 배낭은 여러 개 있지만 '시티 에디션'이나 '어번urban('도시의'라는 뜻-옮긴이) 스타일'이라는 이름을 단 매끈한 모델이다.

대자연은 성가시다. 대자연은 나의 핵심에 있는 무능함을 끊임없이 상기시킨다. 나는 텐트를 어떻게 펴고 접는지 모르며, 텐트와 관련된 그 무엇도 모른다. 나는 별이나 해 같은 천체를 보고 길 찾는 법을 모른다. 나의 무능함은 자연계를 넘어선다. 나는 자동차의 에어컨 필터를 교체하는 법을 모르고 10대 딸과 대화하는 법도 모른다. 늙어가는 부모의 고통을 달래주는 법, 요가에서 다운독 동작을 하는 법, 머리가 터져버리는 일 없이 내 생각들과 함께 5초 이상 가만히 앉아 있는 법을 모른다.

나는 내가 걷는 법을 안다고 생각했지만 루소를 읽다 보니 내게 그런 기본적인 능력이 있는지조차 의심하게 되었다. 물론 나는 한 발을 다른 한 발 앞에 둘 수 있고, 필요하면 그 동작을 반복할 수도 있지만, 그건 두 발을 이용한 이동일 뿐, 걷기와는 다르다.

걷는 방식을 보면 그 사람에 대해 많은 것을 알 수 있다. 걸음걸이는 지문이나 서명처럼 개개인이 다 다르며, 최근 국방부에서는 95퍼센트의 정확도로 걸음걸이를 식별할 수 있는 첨단 레이더를 개발했다.[5] 모두에겐 자기만의 걷는 스타일이 있다.

나에게도 몇 가지 스타일이 있는데, 기분에 따라 달라진다. 나는 블랙프라이데이의 쇼핑객처럼 전속력으로 달음질쳐 나가거나, 마음껏 먹을 수 있는 인도식 뷔페에서 방금 나온 뚱뚱한 코끼리처럼 느릿느릿 걷기도 한다. 행여 내 뒤에서 걷게 된다면 얼른 피하시라. 나는 따르기 쉬운 사람이 아니니까.

◆

루소가 그리 좋아하지 않았던 도시 뇌샤텔에서 아침을 맞이한 뒤 루소가 뇌샤텔보다도 더 싫어했던 작은 마을 모티에로 향하는 기차를 탄다. 루소는 모티에를 "사람이 살 수 있는 가장 불쾌하고 사악한 곳"이라고 회상했다. 그 감정은 쌍방이었던 것 같다.

루소가 증오한 마을에 있는 루소가 증오한 집은 이제 작은 박

물관이 되어 긴 시간과 약간의 큐레이션이면 모든 것이 해결된다
는 사실을 입증해준다. 벽에 붙은 명판에는 루소가 이곳에 살았
던 시기가 적혀 있다. 1762년 7월 10일에서 1765년 9월 8일. 정
확한 사실이긴 하지만 이것만으로는 불완전하다. 이 숫자는 루소
의 글에 분노한 모티에의 주민들과 루소 사이의 지독한 적대감을
보여주지 못한다.

박물관 안으로 들어가니 주민들의 분노에 불을 붙인 두 권의
책,《에밀》과《사회계약론》의 초판본이 있다. 루소가 중동에서 많
이 입는 길고 낙낙한 카프탄을 입고 있는 초상화도 보인다. 카프
탄은 편안했지만 괴상해 보였다. 루소가 매일 했던 산책과 마찬
가지로 카프탄도 마을 사람들의 심기를 건드렸고, 곧 조롱거리
가 되었다. 그러던 어느 날 부글부글 끓던 적대감이 폭발했다. 마
을 목사의 부추김에 넘어간 마을 주민들이 루소의 집에 돌을 던
진 것이다. 루소는 사회적 신호를 종종 잘못 해석하곤 했지만, 이
번에는 제대로 이해했다. 루소는 모티에를 떠나 다시는 돌아오지
않았다. 나도 똑같이 하기로 한다.

그날 저녁 뇌샤텔로 돌아온 나는 크레페를 전문으로 하는 크레
페리créperie에 자리를 잡고 앉아 초기 낭만주의와 잘 어울리길 바
라며 샤르도네 한 잔을 시킨 후 가방에서 루소의 회고록을 꺼낸
다. 나는 책에 푹 빠져든다. 루소에 손을 적시기만 하는 건 불가능
하다. 머리부터 뛰어들든가, 아예 뛰어들지 않든가 둘 중 하나다.

내 주의를 붙잡고 놓아주지 않는 것은 바로 루소가 사용한 언
어다. 명확하고 이해하기 쉬운 루소의 언어는 사람들이 흔히 생

각하는 어려운 철학적 표현과는 다르다. 멋지네, 나는 샤르도네를 한 모금 더 마시며 생각한다. 샤르도네는 정말로 책과 잘 어울린다.

곧 나는 루소의 언어에 명확성 외에 무언가가 더 있다는 사실을 깨닫는다. 루소는 (어떻게 이 이야기를 예의 바르게 할 수 있을까?) 드라마퀸이다. 단어들이 어찌나 열정적인지, 페이지가 촉촉할 정도라고, 내 맹세할 수 있다. 루소는 주기적으로, 또 길고 상세하게 울부짖는다. 폭발적인 황홀경에 쉽게 빠져든다. 루소는 자주 기절한 것으로 알려져 있다. 그는 "가장 달콤한 우울"이나 "내게 주어진 숙명", 그리고 내가 가장 좋아하는 표현인 "나태하고 고독한 삶"에 끊임없이 자신을 던진다. 루소가 가장 선호하는 신체 기관인 심장은 늘 바쁘다. 루소의 심장은 "활짝 열리"거나 "불이 붙"거나 "흔들"린다. 그리고 대개는 고동친다. 루소의 심장은 "조급함"이나 "기쁨"으로, 그리고 종종 "난폭하게" 고동친다.

나는 보통 이런 심장 관련 표현에 반감을 느끼는 편이지만 루소는 예외다. 지나치게 화려하긴 하지만 루소의 글에는 거짓이 없다. 루소는 글을 꾸며내지 않는다.

루소의 철학은 다음 네 어절로 요약할 수 있다. 자연은 좋고 사회는 나쁘다. 루소는 "인간의 자연적 선함"을 믿었다. 자신의 저서 《인간 불평등 기원론》에서 루소는 자연 상태에 있는 인간이 "노동도 언어도 없이, 거처도 바라는 것도 의사소통도 없이, 타인에 대한 욕구도, 마찬가지로 타인을 해치고자 하는 욕망도 없이 숲속을 돌아다니는" 모습을 묘사한다. 비열하고, 옹졸하고, 앙심을 품고, 피해망상에 빠진 채 태어나는 사람은 아무도 없다. 사람을 그렇게 만드는 것은 사회다. 루소의 "야만인"은 과거에 대한 후회나 미래에 대한 걱정 없이 매 순간을 살아간다.

루소는 우리가 인간 본성이라고 생각하는 것 중 많은 것이 사실은 사회적 관습이라고 믿는다. 우리는 훈연한 브리치즈와 인스타그램을 향한 사랑이 자연스러운 것이라고 확신하지만 사실은 문화적인 것이다. 어쨌거나 1970년대 사람들은 활주로만큼 넓디넓은 털 카펫과 넥타이를 '자연스러운 것'으로 여기지 않았는가. 오늘날에야 우리는 그것들이 끔찍하다는 사실을 이해하게 되었다. 심지어 경치처럼 '자연스러운' 것조차 문화의 영향을 받은 것일 때가 많다. 대부분의 유럽 역사에서 사람들은 산맥을 야만스러운 것으로 여겼다. 제정신인 사람이라면 자원해서 산으로 여행을 떠나지 않았다. 산이 경외의 대상이 된 것은 18세기 이후였다. 루소는 우리가 그 실체를 알아보기만 한다면 사회적 관습을 바꿀 수 있다는 좋은 소식을 전한다. 사회의 인위적 기교는 오래된 나팔 청바지만큼이나 쉽게 갖다 버릴 수 있다.

루소의 야만인은 스스로를 향한 사랑을 자주 경험하는데, 루소는 이를 자기 사랑amour-de-soi이라고 부른다. 이런 건강한 감정은 더 이기적인 종류의 사랑과는 다르며, 루소는 이런 이기적인 사랑을 자기 편애amour-propre라고 부른다. 전자는 인간 본성에서, 후자는 사회에서 비롯된다. 자기 사랑은 혼자 샤워하면서 노래를 부를 때 느끼는 기쁨이다. 자기 편애는 뉴욕 록펠러센터에 있는 라디오시티 뮤직홀에서 노래를 부를 때 느끼는 기쁨이다. 샤워실에서 노래를 더럽게 못 부를 수도 있다. 하지만 그 기쁨은 오로지 자신만의 것이며 타인의 의견과는 아무런 관계가 없다. 그러므로 루소는 이것이 더 진실한 기쁨이라고 주장한다.

이제 우리는 루소가 왜 걸었는지 이해할 수 있다. 걷는 데에는 인류 문명의 인위적 요소가 전혀 필요치 않다. 가축도, 사륜마차도, 길도 필요 없다. 산책자는 자유롭고, 아무런 구애도 받지 않는다. 순수한 자기 사랑이다.

◆

가끔은 한 번의 산책이 모든 것을 바꾼다. 1749년 어느 여름날 오후의 루소도 그랬다. 루소는 신성을 모독하는 글을 썼다는 이유로 감옥에 수감된 동료 철학자이자 친구 드니 디드로를 방문하기 위해 언제나처럼 파리에서 뱅센까지 약 10킬로미터에 이르는 도보 여행을 떠났다. 특히 더운 날이었고, 길에는 먼지가 자욱했다. 루소는 잠시 쉬려고 걸음을 멈췄다. 그늘에 앉아 문예지 〈메르퀴르 드 프랑스Mercure de France〉를 하릴없이 넘겨보던 루소는 디종 아카데미에서 "학문과 예술의 복원이 도덕성을 정화하는 데 기여했는가"라는 주제로 가장 훌륭한 에세이를 쓴 사람에게 상을 수여한다는 기사를 읽었다.

루소는 "술주정뱅이"처럼 어지럽고 혼란스러웠다. 루소는 그 순간 "다른 세계를 보았고, 다른 사람이 되었다"라고 회상한다. 루소는 1등상을 거머쥐며 커리어를 성공 가도에 올려놓았다.

루소가 서재에 앉아 있었더라도, 또는 사륜마차에 타고 있었더라도 똑같은 계시를 받았을까? 그랬을 수도 있다. 하지만 걷는 행위는 확실히 루소의 상상력을 자극했다. 정신은 시간당 5킬로미터의 속도, 즉 걷기에 적당한 속도에서 가장 활발하게 움직인다. 정신은 따분한 사무실, 사람들의 기대라는 폭군에서 풀려나 자유롭게 배회하고, 정신이 자유롭게 배회하면 예상치 못한 멋진 일들이 벌어진다. 이런 일은 항상은 아니지만 우리 생각보다 더 자주 발생한다. 걷기는 자극과 휴식, 노력과 게으름 사이의 정확한 균형을 제공한다.

걸을 때 우리는 무언가를 하는 동시에 아무것도 하지 않는다. 한편으로 우리 머릿속은 바쁘다. 눈앞의 지형에 집중하고 주변 풍경을 인식한다. 하지만 이런 사고는 뇌의 많은 부분을 차지하지 않는다. 아무런 목적 없이 이리저리 거닐며 변덕을 따라갈 여유는 충분히 남아 있다.

그토록 많은 철학자들이 걷기를 즐겼다는 것은 그리 놀라운 사실이 아니다. 물론 소크라테스도 아고라를 거니는 것을 다른 무엇보다 좋아했다. 니체는 "진정으로 위대한 생각은 전부 걷기에서 나온다"라고 확신하며 종종 기운차게 스위스 알프스 산맥으로 두 시간가량의 짧은 여행을 떠났다. 토머스 홉스는 느긋하게 걸을 때 떠오른 생각을 기록할 수 있도록 잉크병을 넣을 수 있는 산책용 지팡이를 특별 주문 제작했다. 헨리 데이비드 소로는 종종 콩코드의 교외 지역으로 네 시간가량의 트레킹을 떠나, 널찍한 주머니에 견과류와 씨앗, 꽃, 인디언의 화살촉 같은 보물을 가

득 담아 왔다. 이마누엘 칸트는 당연히 엄격한 산책 일정을 고수
했다. 칸트는 매일 오후 12시 45분에 점심을 먹고 프러시아(러시
아가 아니다) 쾨니히스베르크의 늘 똑같은 대로에서 한 시간(더도
덜도 아닌 딱 한 시간) 동안 산책을 했다. 칸트의 산책 시간이 어찌나
한결같았는지 쾨니히스베르크 주민들은 산책하는 칸트를 보고
자기 집 시계를 맞췄다.

모두 훌륭한 산책자들이다. 하지만 루소만 한 사람은 없다. 루
소는 하루에 30킬로미터 이상을 걷곤 했다. 한번은 제네바에서
파리까지 480킬로미터를 걸은 적도 있었다. 제네바에서 파리까
지 가는 데에는 2주가 걸렸다.

루소에게 걷기는 숨쉬기와 같았다. "나는 멈춰 있을 때에는 생
각에 잠기지 못한다. 반드시 몸을 움직여야만 머리가 잘 돌아간
다." 루소는 걸을 때 늘 지니고 다니던 게임용 카드에 크고 작은
생각을 적었다. 루소가 걸어 다닌 첫 번째 철학자는 아니지만, 걷
는 행위에 대해 이렇게 두루 철학적으로 사고한 철학자는 루소
이전에 없었다.

루소는 철학의 가장 큰 통념 중 하나가 거짓임을 잘 보여준다.
바로, 정신 활동은 신체와 완전히 단절되어 있다는 통념이다. 아
르키메데스가 욕조에서 유레카를 외친 순간부터 데카르트의 걸
출한 펜싱 실력과 사르트르의 성적 모험에 이르기까지, 철학에는
신체와 관련된 조류가 흐른다. 신체와 분리된 철학자, 신체와 분
리된 철학은 존재하지 않는다. 니체는 "철학보다 몸에 더 많은 지
혜가 있다"고 말했다.

분노 같은 감정을 떠올려보자. 분노가 터져 나올 때 그 '분노'
는 어디에 있는가? 물론 머릿속에 있다. 하지만 프랑스 철학자 모
리스 메를로퐁티는 그 분노가 몸에도 존재한다고 설명한다. "동
작과 언어, 신체와 상관없이 상대의 겉모습에서 악의와 잔혹성을
분간할 수 있을 거라고는 상상할 수 없다. 이런 감정들은 결코 비
현실적인 영역에서, 분노한 사람의 신체 바깥에 있는 어떤 신성
한 곳에서 일어나지 않는다."[6] 철학적 사고 역시 정신뿐만 아니라
몸으로 하는 것이다.

◆

다시 크레페리로 돌아와, 다시 책에 푹 빠져든다. 마시는 와인
은 아까와 같지만, 책은 다르다. 이번에는 루소의 미완성 유작인
《고독한 산책자의 몽상》이다. 리베카 솔닛이 자신이 걸어온 역사
를 담은 책에서 말했듯이, 이 이상하지만 사랑스러운 책은 "걷기
에 관한 책이기도 하고 아니기도"[7] 하다. 한편, 걷는 행위 자체 역
시 걷기에 관한 것이기도 하고 아니기도 하다.
《고독한 산책자의 몽상》은 내가 가장 좋아하는 루소의 작품이
다. 이 책에는 추방당하고 돌에 맞고 조롱당했으나 이제는 더 이
상 눈곱만큼도 신경 안 쓰는 사람의 도덕적 명료함과 생생한 지
혜가 고동친다. 이 책 속의 루소는 주류 의견에 반대하는 루소도,
속마음을 고백하는 루소도, 개혁을 주장하는 루소도 아니다. 여
기서의 루소는 쉬고 있는 루소다.

책의 목차는 열 번의 산책, 또는 열 번의 몽상으로 이루어져 있다. 매 장마다 루소는 산책에 나서지만, 산책은 책의 진짜 주제인 추억으로 향하는 수단일 뿐이다. 어떻게 하면 인생에서 가장 달콤했던 순간들을 되찾을 수 있을까? 그 순간들은 두 번째 기회에서도 똑같이 달콤할까? 아니면 전보다 더 달콤할까?

다섯 번째 산책에서 루소는 생피에르라는 이름의 작은 섬에서 보낸 시간을 회상한다. 모티에에서 돌 던지는 사람들을 피해 달아난 곳이다. 생피에르는 루소의 파라다이스였다. 루소는 "살면서 가장 행복한 시간"이었다고 술회한다.

나는 이 문장을 읽고 마시던 샤르도네를 거의 뱉을 뻔한다. 자신의 병적인 측면을 전문가처럼 정확히 꿰고 있었던 루소는 쉽게 행복에 빠지는 사람이 아니었다. 나는 내 눈으로 그 섬을 보고 싶어졌다.

기차역을 향해 걷는다. 루소 같은 걸음은 아니다. 너무 서두르고 있어. 나 스스로에게 말한다. 너무 정신이 없다. 젠장, 집중하라고. 이번에는 소리 내어 말하는 바람에 지나가던 스위스인을 놀라게 한다.

뇌샤텔의 작지만 분주한 기차역에서 루소의 행복한 섬으로 향하는 지방 열차에 탑승한다. 당연히 열차는 제시간에 출발한다. 스위스의 기차는 시간을 잘 지킨다는 명성을 누릴 자격이 있다. 하지만 스위스 기차의 차가운 효율성은 가장 걸출한 스위스 철학자의 감정적이고 골치 아픈 삶과는 잘 어울리지 않는 듯 보인다.

몇 정거장 안 되는 짧은 거리이지만 나는《고독한 산책자의 몽상》을 꺼내 읽기로 한다. 루소는 이렇게 말한다. "이 세상에 있는 모든 것은 끊임없는 변화의 흐름 속에 있다.""만물은 변화한다"라는 그리스 철학자 헤라클레이토스의 격언을 떠올리게 하는 말이다. 우리가 두 번째로 발을 담그는 강물은 절대로 전과 같은 강물이 아니며, 우리 자신도 전과 같은 우리가 아니다.

열차가 선로 위로 얼마나 부드럽게 미끄러지는지, 풍경의 변화가 없었더라면 아예 멈춰 있다고 생각했을 것이다. 루소는 내게 움직임은 필수적이라고 말한다. 하지만 모든 움직임이 필수적인 것은 아니다. "불규칙적이거나 너무 격렬한 움직임은 우리를 꿈에서 깨어나게 한다."

격렬한 움직임에 관한 루소의 글을 읽다 보니 불면증을 앓던 철학자이자 황제 마르쿠스와 함께 암트랙을 타고 떠난 미국 여행이 떠오른다. 노스다코타 어딘가에서 단조로운 풍경에 따분해진 나는 그게 뭐든 간에 뭔가를 해야 했다.

결코 부드럽지 않은 암트랙의 레일 위에서는 일상적인 행동도 무척 곤란해진다. 예를 들면 면도가 그렇다(한번 시도했다가 피투성이가 되었다). 걷기도 마찬가지다. 나는 배에 탄 술고래처럼 이쪽저쪽으로 휘청거린다. 진화적 관점에서 보면 당연한 일이다. 우리 인간은 바다에서 왔는데, '걷다walk'라는 단어의 어원에서도 그 사실이 드러난다. 11세기에 이 단어는 바다처럼 '굽이치고 요동치다'[8]라는 뜻이었다. '걷다'라는 단어가 해안으로 걸어 나와 몸을 말리고 현대의 의미를 획득한 것은 13세기의 일이다. 단어는 진화한다.

나는 아니다. 걸으려 할 때마다 곧장 11세기로 퇴화해버렸다. 나는 기차 복도에서 굽이치고 요동쳤다. 수하물에 곤두박질쳤다. 모르는 사람을 들이박았다.

"기차와 함께 춤을 춰야 해요." 내 무능력을 지켜보던 한 나이 지긋한 여성분이 말했다.

그 말이 옳았다. 나는 기차와 싸우고 있었다. 기차와 함께 춤을 춰야 했다. 기차가 나를 이끌게 하라. 시간이 좀 걸리긴 했지만 얼추 감을 잡을 수 있었다. 내가 배운 비결은 힘을 빼는 것이다. 기차가 왼쪽으로, 또 오른쪽으로 요동쳤고, 나도 따라 요동쳤다. 저항하지 않는다. 마침내 나는 목적지인 식당 칸에 도착한다. 가장 위험한 산이라는 K2 정상에 오른 것처럼 의기양양한 기분이다.

◆

초기 인류는 약 600만 년 전에 양손을 땅에서 떼고 자리에서 일어나 두 발로 걷기 시작했다.[9] 전에 없던 이 직립 자세는 예기치 못한 여러 이득을 불러왔다. 두 손이 자유로워져서 도구를 만들 수 있게 되었을 뿐만 아니라 손가락질, 애무, 팔짓, 손잡기, 손가락 욕, 코 파기, 손톱 물어뜯기도 가능해졌다. 걷기는 걷기 이상이며, 그건 과거에도 마찬가지였다.

걷기는 자연스러운 행위일지 모르지만 그렇다고 결코 쉬운 것은 아니다. 조지프 아마토는 걷기의 역사를 다룬 자신의 백과사전급 저서 《걷기, 인간과 세상의 대화》에서 한 걸음을 내딛을 때 몸에 어떤 일이 일어나는지를 설명한다. "한 발을 딛고 선 시간의 4분의 3 동안 다음과 같은 일이 일어난다. 쭉 뻗은 다리로 지면을 박찰 때 땅에 닿은 뒤꿈치에 몸무게 전체가 실리고, 골반을 회전시켜 발바닥과 다리의 방향을 바꾸면서 무게중심이 엄지발가락으로 이동한다."[10] 물론 이 모든 동작은 무의식적으로 일어난다. 이 생체 역학에 대해 너무 깊이 생각하다 보면, 내가 위의 문단을 읽은 후에 그랬듯이 넘어져서 바닥에 얼굴을 박을지도 모른다.

우리는 두 발로 걷지만 우리의 뼈는 네 발로 걷는 것에 가장 적합하다. 예로부터 변하지 않은 신체 구조와 현대의 몸 사용법 사이의 이런 간극 덕분에 발 전문가들은 계속 먹고살 수 있다. 평발, 부어오른 발, 물집, 건막류, 굽은 발가락은 두 발로 서서 살아가기 위해 우리가 지불하는 대가의 극히 일부일 뿐이다. 루소는 발에 생긴 티눈으로 거의 평생을 고생했다. 루소는 거만하게 뒤꿈치로 걸었다.

루소는 열성적인 산책자였지만 영웅적인 산책자는 아니었다. 티눈 때문에 아주 천천히 걸었고, "평범한 도랑도 절대 뛰어넘지 못했다." 무거운 배낭을 비롯한 그 어떤 장비도 지니고 다니지 않았다. 도둑이나 들개의 공격을 물리치지도 않았다. 여성이든 누구든, 도움이 필요한 그 누구도 구해주지 않았다. 루소는 그저 그 어떤 판단도 기대도 없이 걸었다. 이렇게 걸을 때 우리의 경험은 성스러운 것에 가까워진다.

버스를 한 번 타면 금방 생피에르섬에 도착할 수 있는 작은 기차역에 기차가 진입한다. 생피에르는 놀라움이 가득한 섬이다. 먼저, 생피에르섬은 더 이상 섬이 아니다. 루소가 살던 시대 이후 섬을 육지와 연결하는 작은 다리가 생겼다. 모든 것은 변화한다.

더 이상 섬이 아닌 섬에 들어서자 왜 루소가 이곳을 그렇게 좋아했는지를 알게 된다. 목가적이지만 가식적이지 않다. 아름답지만 호화롭지는 않고, 푸릇푸릇하지만 지나치게 푸르지는 않다. 거의 모든 지점에서 비엔느 호수가 보인다. 눈앞의 풍경은 완벽한 자연 그 자체, 시인 필립 라킨이 말한 "진지한 대지"다.

루소가 이곳에서 총애하는 개 술탄과 함께, 어쩌면 식물을 수집하면서 목적 없는 긴 산책을 즐기는 모습이 그려진다. 나는 생피에르를 가로지르는 작은 길을 발견하고 그 길을 따라 걷는다. 스스로에게 말한다. 한 걸음 한 걸음씩, 내가 평생 해온 것처럼, 하지만 보다 잘. 나는 '잘'을 '빠르게'로 해석하고, 곧 터무니없이 빠른 속도로 걷는다. 정신을 차리고 코끼리처럼 느리게 속도를 낮춘다. 왜 중간은 안 되는 거야? 넌 도대체 문제가 뭐냐?

놀랍게도 철학자이자 황제인 마르쿠스가 대답을 해준다. 상상 속에서든 현실에서든 역경을 만나면 자기 연민이나 절망에 빠지지 말고 그저 다시 시작하라. 이런 식으로 바라보면 삶은 더 이상 실패한 서사나 망쳐버린 결말처럼 느껴지지 않는다. 그건 진실이 아니다. 결말 같은 건 없다. 무한한 시작의 사슬만이 있을 뿐.

그래서 다시 시작한다. 한 걸음 한 걸음씩. 좋아. 이제 다시 또 한 번.

길을 따라 걷다가 가끔씩 멈춰 서서 호수나 실구름을 바라본다. 마침내 루소가 살았던 작은 집을 발견한다. 소박한 공간이다. 캐노피가 달린 침대와 검소해 보이는 의자가 있고, 구석에는 자신을 찾아낸 팬이나 적에게서 도망치려고 만들어놓은 작은 나무 문이 있다.

이곳에는 루소가 만든 식물 표본도 있다. 시간 속에 보존된, 길고 여린 줄기를 가진, 말려서 압착한 식물들. 작은 명판에 루소의 "모순적인 성격"이라고 쓰여 있다. 매우 절제된 표현이다.

부재가 뚜렷하게 느껴지는 것이 있으니, 바로 책이다. 루소는 모티에에서 서둘러 도망치느라 상당한 양의 책을 전부 싸들고 나올 시간이 없었다.《고독한 산책자의 몽상》에서 루소는 이처럼 읽을거리가 부족한 상황을 "나의 가장 큰 기쁨 중 하나"라고 칭한다. 평생 책을 읽고 쓴 사람이 했다기엔 매우 기이한 발언이다. 다른 때에 루소는 호숫가의 한적한 곳으로 걸어가 물결치는 소리를 듣는 경험을 다음과 같이 묘사한다. "물이 내 귀와 눈에 철썩 부딪친다……. 생각으로 골치 아파하지 않고 나의 존재를 유쾌하게 인식하는 데에는 이것만으로도 족하다." 자, 먼저 루소는 읽기를 그만두었다. 그리고 이제는 생각을 그만두었다. 루소는 퇴화하고 있었던 걸까? 아니면 다른 무언가를 발견한 것일까?

소크라테스처럼 루소 역시 일종의 반反철학자였다. 루소는 "무의미한 억지"나 "사소한 것에 집착하는 형이상학적 난해함"을 참지 못했다. 루소는 생각하는 사람이었지만 지나치게 많이 생각하지는 않았다. 그는 자신이 가장 사랑한 신체 기관인 심장에도 지력이 있음을 알았다. 그리고 이마의 주름과 턱의 힘을 풀고 팔다리를 가볍게 흔들 수만 있다면 심장의 지력에 닿을 수 있음을 알았다.

사람들은 다른 사람 앞에서는 으스대고 뻐기며 걷지만, 혼자 있을 때는 그러지 않는다. 으스대며 걷는 것은 사회적 제스처다. 가장 느린 이동 형태인 걷기는 더 진정한 자기 자신을 만날 수 있는 가장 빠른 방법이다. 우리는 아마 한 번도 존재한 적이 없었을 오래전에 잃어버린 낙원으로는 돌아갈 수 없다. 하지만 걸을 수는 있다. 걸어서 출근할 수 있다. 걸어서 딸아이를 학교에 데려다 줄 수 있다. 산들바람이 부는 상쾌한 가을날 오후, 특별한 목적지 없이 혼자 걸을 수 있다.

우리는 잊기 위해 걷는다. 짜증내는 상사, 배우자와의 말다툼, 아직 지불하지 않은 청구서 무더기, 타이어 압력이 낮거나 차가 불타고 있음을 알려주느라 계속 깜박이는 스바루의 경고등을 잊기 위해 걷는다. 우리는 또 한 명의 훌륭한 산책자였던 윌리엄 워즈워스의 표현처럼 "우리에게 너무한" 세상을 잠시나마 잊기 위해 걷는다.

우리는 자기 자신을 잊기 위해 걷기도 한다. 난 내가 그런다는 걸 안다. 이 세상에 존재하는 모든 다이어트를 시도해도 절대 빠지지 않는 7킬로그램의 살과 상습적으로 튀어나오는 코털, 10년 전부터 계속 있어왔으나 도저히 알 수 없는 이유로 어느 날 갑자기 내 정수리에 잉크 얼룩처럼 퍼지며 자신의 능력을 최대한 펼쳐 보이기로 작정한 잡티들. 걸을 땐 전부 다 잊을 수 있다.

언젠가 텔레비전으로 하계 올림픽을 보다가 경보에 관심이 생겼던 것이 떠오른다. 금메달을 향해 열심히 걷는 성실한 젊은 선수들. 터무니없어 보였다. 걷기는 스포츠가 아니다. '경보', 즉 '경쟁하는 걷기'라는 표현은 '경쟁하는 명상'만큼이나 말이 안 된다. 이런 장식의 시대에 걷기는 우리가 아직 행할 수 있는 몇 안 되는 꾸밈없는 활동이자, 리베카 솔닛이 지적하듯 "인류가 시작된 이래로 전혀 진보하지 않은"[11] 활동이다.

걷기는 평등하다. 장애가 없다면 누구든 걸을 수 있다. 부유한 산책자라도 가난한 산책자보다 유리한 점은 전혀 없다. 루소는 문학적으로 큰 성공을 거두었음에도 자신을, 오늘날 우리가 블루칼라라고 칭하는 "노동자의 자식"으로 여겼다. 그런 사람들은 화려한 사륜마차를 타지 않았다. 그저 걸었다.

그들은 지금 나처럼 걸었다. 주의 깊게, 한 번에 한 걸음씩, 진지한 대지의 견고함과 탄력성을 즐기면서.

◆

1776년 10월 말경에 루소는 파리의 좁은 길 위를 걷고 있었다. 산책을 나갔다가 집으로 돌아오는 길이었다. 루소의 전기 작가 레오 담로시의 설명에 따르면, "그때 전속력으로 달리는 거대한 그레이트데인 견종의 호위를 받는 귀족의 사륜마차가 돌진해왔다. 제때 피하지 못한 루소에게 개가 달려들었고, 루소는 자갈길 위로 세게 넘어져 피를 줄줄 흘리며 의식을 잃었다."[12] 루소는 뇌진탕에 걸리고 신경 손상을 입은 것으로 보인다. 그리고 끝까지 온전히 회복하지 못했다. 이로부터 2년도 지나지 않아 루소는 아침 산책에서 돌아온 뒤 쓰러져 사망했다.

전해지는 바에 따르면 루소는 행복하게 죽었다. 말년이 다가올수록 루소의 걸음은 더 부드럽고 낙천적인 성격을 띠었다. 옛날과 같은 자기 연민("여기 이 땅 위에 나는 혼자로구나")과 피해망상("내 머리 위 천장에는 눈이, 나를 둘러싼 벽에는 귀가 달렸다")의 흔적이 아직 조금 남아 있었지만 절박함은 사라지고 없었다. 루소는 더 이상 도망치거나 무언가를 찾거나 철학적 주장을 하기 위해 걷지 않았다. 그냥 걸었다.

루소의 유산은 어마어마하다. 축하카드, 할리우드의 최루성 영화, 하트 모양 이모티콘, 모든 것을 남김없이 솔직하게 털어놓는 자서전도 전부 루소가 남긴 유산이다. "나 실컷 울어야겠어"라고 말한 적이 있다면 루소에게 고마워해야 한다. "상상력을 이용해 봐"라고 말한 적이 있다면 루소의 영향을 받은 것이다. 한창 열띤 논쟁을 벌이다 "이게 말이 안 돼도 상관없어. 난 그렇게 느끼니까"라고 내뱉은 적이 있어도 마찬가지다. 배우자가 "당신에게 좋을 것"이라는 이유로 춥고 축축한 날 당신을 16킬로미터 트레킹에 끌고 간 적이 있다면 루소에게 고마워하거나 저주를 퍼부을 수 있다. 루소 덕분에 우리는 다르게 생각하고 느끼게 되었으며, 우리의 감정에 대해 다르게 사고할 수 있게 되었다.

근대에 데카르트가 머리의 철학자였다면, 루소는 심장의 철학자였다. 루소는 격정의 지위를 드높였고, 감정을 용인되는 것으로, 이성과 똑같은 수준은 아니지만 얼추 비슷한 수준으로 만들었다. 결코 쉬운 일은 아니었다. 루소가 살았던 이성의 시대에 상상적 사고는 믿을 수 없는 수상쩍은 것이었다. 하지만 그로부터 2세기 후, 무려 알베르트 아인슈타인이라는 이성주의자는 "지식보다 상상력이 더 중요하다"[13]고 말했다.

나무를 껴안는 기술 반대자라고, 모두가 다시 수렵 채집을 하고 모닥불 옆에서 좋은 돌을 두고 다투길 바라는 사람이라고, 루소를 무시하고 싶을 수 있다. 하지만 루소가 원했던 것은 그게 아니었다. 루소의 주장은 다시 동굴로 돌아가자는 게 아니라, 자연과 다시 동조하자는 것이었다. 말하자면 더 나은 동굴로 돌아가자는 것이랄까. 루소는 산업혁명이 일어나기 수십 년 전에, 캘리포니아에 고속도로가 깔리기 수 세기 전에 환경 문제를 예측했다.

루소의 자연주의에는 애초에 처방의 의도가 없었다. 자연주의는 사고실험이었다. 루소는 가정해보았다. 립스틱을 덕지덕지 바른 것처럼 사회가 마음껏 발라놓은 겹겹의 인위적 장식을 전부 벗겨내고 더 진정한 자신을 드러낸다면 어떻게 될까? 고지식한 보험회사 임원 안에는 폭동을 이끄는 선동가가, 모든 직장인 안에는 등산가가 도사리며 자유롭게 풀려나길 간절히 바라고 있을지 모른다.

더 이상 섬이 아닌 섬에 있는 루소의 낡은 방에서 나와 태양을 피해 눈을 가린다. 다음 두 가지 중에서 선택할 수 있다. 수상택시를 잡아타고 다시 마을로 돌아가거나, 걷거나. 나는 걷기로 한다.

혼자 걷는다. 집중해서 걷는다. 정신이 자유롭게 헤매도록, 그러나 너무 멀리 가지는 않도록 한다. 점점 능숙해진다. 아냐, 이건 자만심의 목소리야. 그 목소리는 잠재워. 대지와 연결되는 거야. 그게 더 나아.

나는 리듬을 찾는다. 주위를 느낀다. 새들이 노래하고, 발밑에 자갈이 으드득 밟히는 느낌이 만족스럽다. 나는 걷고, 좀 더 걷는다. 다리가 아프다. 두 발이 시큰해진다. 하지만 그럼에도 계속 걷는다. 아프지만 기분이 좋다.

나는 지금 꽤나 훌륭한 진전을 보이고 있다. 얼마나 걸었을까? 궁금하다. 반사적으로 손목을 비틀어 핏비트Fitbit를 확인하려다 멈춘다. 나는 공기를 마시러 물 밖으로 나온 다이버처럼 깊이, 게걸스럽게 숨을 들이쉰다.

어느새 미묘하지만 확실한 변화가 느껴진다. 나의…… 어디에서? 의식에서? 아니다. 변한 건 나의 심장이다. 내 머릿속을 차지하고 있던 기대감, 루소를 '이해'하고, 나의 철학 연구에 진전을 이룰 수 있으리라는 기대감이 차츰 사라진다. 걷고 있지만 걷고 있는 사람은 내가 아닌 듯하다. 나는 동사일 뿐, 주어가 아니다.

유대교 신학자 아브라함 헤셸은 유대교의 안식일을 "시간 속의 성전"[14]이라고 표현했다. 걷기는 움직임 속의 성전이다. 발을 내딛을 때마다 느껴지는 평화가 우리에게 달라붙어 함께 움직인다. 휴대 가능한 평온함이다.

고통이 사라진다. 매 걸음마다 부담이 덜어지고, 누가 내 신발에 공기를 불어넣은 것처럼 가벼워진다. 대지의 진지함, 또한 가벼움을 느낀다. 타박. 타박.

하늘에서 태양이 고개를 숙이고, 나는 점차 기이한 존재를 감지한다. 내 두 발이 거대하고 인자한 생명체를 스치고 있는 것만 같다. 이 존재는 내가 이름 붙일 수는 없지만, 내게는 익숙지 않은 확신으로, 나는 안다. 오래고도 오래된 것, 아주 오래전에, 언어가 등장하기 이전에 터져 나온 것임을.

4

소로처럼 보는 법

How to See Like Thoreau

"소로에게 간소한 삶, 고독, 자연주의는 더 큰 것,
바로 시력을 위한 것이었어요."

오전 11 : 12.
암트랙의 아셀라 2158번 열차를 타고
워싱턴D.C.에서 보스턴으로 향하는 중.

나는 조용한 열차 칸(암트랙에는 조용한 열차 칸이 따로 지정되어 있는데, 이곳에서는 대화를 나누거나 전화를 하는 것이 금지되어 있다-옮긴이)에 앉아 있다. 우리 조용한 사람들은 만족스럽게, 물론 아무 말 없이 서로를 쳐다본다. 우리는 선포되지 않은 전쟁의 전우다. 각자 자기만의 덩케르크에서 참호를 파고 적의 사격을 받는 중이다. 승산은 없어 보이지만 그래도 자신의 위치를 지킨다. 조용한 열차 칸은 최고로 문명화된 문명사회이자, 바깥의 야만스러운 소란을 막아주는 방어벽이다.

헛된 노력이다. 암트랙이 명한 "도서관 같은 분위기"를 해치는 제멋대로인 승객 몇 명에게 안내원이 무성의하게 주의를 주는 걸 보면 말이다. 우리 조용한 사람들은 사실 이번 전투가 이미 글렀음을 알고 있다. 게다가 이곳에 흐르는 적막함은 외부의 현상일 뿐이다. 우리 머릿속의 데시벨 수치는 상당히 높다. 고요한 절망의 삶이란 이런 것이다. 이런 삶은 오로지 겉모습만 고요하다.

어쨌거나 지금은 전부 중요치 않다. 나에게는 몇 권의 책이 있고, 마음을 안정시켜주는 나의 노트와 펜이 있기 때문이다. 갑자기 열차가 요동치고, 스테인리스스틸로 정교하게 만든 일본의 미美이자, 심미적 완벽함과 인체공학적 완벽함이 절묘하게 어우러진 내 펜이 사라져버린다.

나는 좌석 아래를, 좌석 주위를, 좌석 속을 뒤진다. 네 발로 바닥에 엎드려 놀라우리만큼 복잡한 구조를 가진 좌석 안을 헤집는다. 이 마지막 노력이 옆에 앉은 몇몇 승객의 눈길을 끌지만, 질책하는 사람은 아무도 없다. 정해진 데시벨 수치 내에서 아주 신중하게 작전을 수행했기 때문이다.

결국 펜을 찾지 못한다. 나답지 않게도 아무렇지 않다. 열차의 리드미컬한 움직임(흔들린다기보다는, 그렇다, 녹슨 시소를 타는 느낌에 가깝다)이 마음을 고요하게 가라앉혀주고, 옆으로는 풍경이 흘러 지나간다. 늦봄의 하늘에 마구 묻어 있는 하얀 뭉게구름, 넓은 서스쿼해나강, 코네티컷과 로드아일랜드의 고급스러운 해변 마을. 지금 내 눈앞에 보이는 것들이다. 아니, 적어도 나는 그렇게 생각한다. 철학책을 충분히 오래 읽어보라. 곧 아무것도 확신할 수 없게 될 테니.

◆

어떤 사람은 소로로 태어나고, 어떤 사람은 소로가 되는 데 성공한다. 대부분은 억지로 소로를 떠안는다.

나는 중학교 3학년 때 소로를 억지로 떠안았다. 나는 소로처럼 할 수 없었고, 할 수 있다 해도 그러지 않았을 것이다. 앞에서 말했듯이 나는 자연인이 아니다. 내 삶은 간소함의 모범이 못 된다. 은둔하려는 성향이 있긴 하지만, 은둔을 한다면 호텔방에서 하고 싶지, 수도 시설과 빵빵 터지는 와이파이가 없는 좁은 오두막집에서 하고 싶진 않다. 나는 즉시《월든》을 내 머릿속의 시베리아로 유배시켰고, 그곳에서《월든》은《모비딕》과《카라마조프가의 형제들》, 적분학과 만났다.

콩코드로 떠나기 몇 주 전 우연히 〈뉴요커〉에서 소로에 관한 글을 읽었다.[1] 글의 제목은 "호수의 찌꺼기"였는데, 제목에서 상상할 수 있듯 내 머릿속에서 콩코드 은둔자의 지위를 회복시키는 데에는 별 도움이 되지 않았다. 이 글을 쓴 캐스린 슐츠는 인간을 혐오하는 인정머리 없는 괴짜의 모습을 묘사하며 글을 시작한다. 그러고 나서 장갑을 벗고 본격적인 공격에 나선다.

하지만 소로가 살던 시대처럼 통근열차가 콩코드 역에 진입할 때[2] 나는 열린 마음을 유지하기로 마음먹는다. 내가 철학 연구에서 배운 게 있다면, 그건 첫인상은 틀릴 때가 많다는 것이다. 의심은 필수다. 의심은 우리를 하나의 확신에서 또 다른 확신으로 옮겨주는 버스다. 아주 천천히, 모든 정류장에 정차하는 버스.

콩코드에 도착할 때 내게는 계획이 있었다. 이번 장의 제목은 '소로처럼 홀로 사는 법'이나 '소로처럼 간소하게 사는 법', 또는 "호수의 찌꺼기" 기사에서 폭로한 소로의 위선을 감안해, '소로처럼 직접 구운 쿠키를 먹으려고 엄마 집에 몰래 들어가면서 홀로 간소하게 사는 척하는 법'이 될 것이었다. 어쨌거나 고립되어보겠다는 소로의 실험은 그리 고립된 것이 아니었다.

콩코드 공립도서관 안으로 한 발짝 들어가니 작은 마을의 평범한 도서관이 아니다. 어떻게 그럴 수 있겠는가? 콩코드는 평범한 작은 마을이 아닌데. 소설가 헨리 제임스가 "미국에서 가장 큰 작은 곳"[3]이라고 부른 콩코드는 미국 독립전쟁에서 핵심 역할을 했던 곳이고(온 세상에 울려 퍼진 총소리[4]를 가장 먼저 들은 곳이 바로 콩코드였다), 다름 아닌 헨리 데이비드 소로를 낳은 초월주의 운동의 중심지였다.

소로는 콩코드에서 태어났고, 하버드 재학 시절과 뉴욕에서 보낸 짧은(그리고 불행한) 시간을 제외하면 평생을 콩코드에서 살았다. 소로는 콩코드를 사랑했다. 친구들은 파리에 한번 가보라고 소로를 설득했지만 소로는 거부했다. 메인주와 캐나다로 여행을 갔을 때조차 소로는 늘 콩코드와 함께였다. "나는 부츠와 모자에 콩코드의 흙을 넣어 가지고 다닌다. 나 또한 콩코드의 흙으로 만들어진 사람이 아닌가?"

모든 좋은 도서관과 마찬가지로 콩코드 공립도서관 역시 풍부한 독서 공간을 제공한다. 초월주의의 동굴이라는 이름의 공간에 들어간다. 초월주의 운동의 위인들이 대리석에 갇혀 가만히 나를 내려다본다. 랠프 월도 에머슨과 아모스 브론슨 올콧Amos Bronson Alcott이 있고, 당연히 소로가 있다. 반신상 속의 소로는 수염을 기르고 두꺼운 안경을 쓴 말년의 모습이다. 인상이 좋아 보인다. 이 좋은 인상은 호수의 찌꺼기 같은 어두운 내면을 감추기 위한 가면일까?

도서관에서 진열해놓은 소로가 가장 좋아한 책들을 보면 몇 가지 단서를 알 수 있다. 마르쿠스처럼 소로 역시 지혜를 찾아 헤맸다. 소로는 이렇게 썼다. "내가 아이디어를 어디서 얻는지, 무엇이 그런 아이디어를 시사하는지를 나는 조금도 신경 쓰지 않는다." 소로는 고대 그리스 로마의 책을 읽었고,《논어》와《바가바드기타》처럼 더 이국적인 맛에도 도전했다. 탁월한 채집가였던 소로는 인도와 중국의 문헌을 처음으로 파고든 서구 철학자 중 한 명이었다. 좋은 철학은 좋은 전구처럼 방 안을 환히 밝힌다. 전구가 방 안을 밝혀주는 한, 나의 방 안을 밝혀주는 한 어디서 만들어졌는지, 가격이 얼마인지, 몇 와트짜리인지, 수명은 얼마나 되는지, 어떤 과학적 원리가 숨어 있는지 같은 것은 전혀 중요치 않다.

소로가 동양으로 눈을 돌린 이유는 평범했다. 인생의 위기. 1837년이었다. 소로는 당시 관습이었던 체벌을 거부한다는 이유로 콩코드 학교의 교사직에서 막 해고된 참이었다. 무일푼에 갈 곳도 없었다. 그때 우연히 책 한 권을 만났다. 1000페이지에 달하는, 무려 "영국령 인도에 관한 역사적·기술적 해설"이라는 제목의 책이었다. 소로는 묵묵히 책을 읽어내며 보석을 캐냈다. 책 속에 있는 생경하고도 친숙한 아이디어들이 천천히 소로의 마음을 파고들었다. 소로는 친구에게 보내는 편지에 이렇게 썼다. "어느 정도는, 아주 가끔이지만, 나 또한 요가 수행자다."

내 생각에 소로는 요가 수행자보다는 산야시sannyasi에 더 가깝다. 힌두교 전통에서 산야시는 가족으로서의 의무를 내던진 사람으로, 모든 재화를 포기하고 오로지 영적인 삶을 살기 위해 숲에 틀어박힌다.

모퉁이를 돌다가 특별 전시를 담당하는 레슬리 윌슨과 거의 부딪칠 뻔한다. 레슬리는 키가 크고 늘씬하며, 무언가를 살피는 듯한 초롱초롱한 눈을 가졌다. 그 모습이 좋다. 레슬리가 수십 년간 소로와 함께 살아오면서 소로에게 질리지 않았다는 것이 좋다. 소로에게 감탄하면서도 무조건적으로 미화하지 않는다는 점이 좋다.

레슬리는 자신이 매일매일 월든 호수로 우르르 이동하는 수많은 "순례자들, 팬들, 괴짜들"의 질문에 답해준다고 말한다. 누가 봐도 그들에겐 필요 없어 보이는 고독의 신전에 떼 지어 몰려가는 아이러니.

레슬리는 월든에는 특별한 게 하나도 없다고 말한다. "그저 모기가 득시글거리는 늪 구덩이예요." 레슬리는 "늪 구덩이"를 길게 발음하면서 단어들이 혀 위를 굴러다니게 한다. 그리고 신성모독의 달콤함을 음미한다. "월든은 전혀 멋진 곳이 아니에요."

레슬리의 말을 믿지 못한다면 소로의 뜻을 이해하지 못하는 것이다. 장소는 우리가 그 장소를 특별하게 만드는 만큼만 특별해진다. 월든에 오지 마시오. 소로라면 자신의 21세기 팬들을 꾸짖었을 것이다. 자신만의 월든을 찾으시오. 직접 만든다면 더더욱 좋고.

레슬리는 근처에 있는 금고로 사라졌다가 비닐로 싸둔 종이 뭉치를 들고 돌아온다. 소로의 에세이 〈산책〉의 원본이다. 글씨가 시원시원하니 야생적이다. 소로는 그 말을 좋아했다. "야생에는 세계가 보존되어 있다." 소로는 말했다. 야생wildness이 '황야wilderness'로 잘못 인용되는 경우가 많다. 그건 소로의 의도와는 다르다. 황야는 저 바깥에 존재한다. 야생은 우리 안에 있다. 야생은 강하고 완고하다.

소로의 원고를 더 자세히 살펴보다가 수정한 부분을 발견한다. 예를 들면 소로는 "이른 오후"를 "여름날 이른 오후"로 수정했다. 작은 차이지만 소로에게는 그런 작은 것이 중요했다. 너무 깐깐한 사람이어서가 아니라(물론 깐깐한 사람이긴 했다), 그런 디테일 안에서, 신까지는 아니어도, 분명 아름다움의 원천을 찾았기 때문이다.

나는 보통은 세무 조사나 생식기에 생긴 혹을 거론할 때를 대비해 아껴두는 외교적 수완을 발휘해 "호수의 찌꺼기" 얘기를 꺼낸다. 그렇다, 레슬리도 그 글을 읽었다. 콩코드에 사는 모든 사람이 읽었다. 레슬리는 부당하지만 완전히 틀린 기사는 아니라고 말한다. 그리고 뉴잉글랜드 특유의 절제된 표현으로 덧붙인다. 소로는 "좋아하기 쉬운 남자는 아니었"다고.

《월든》의 영웅이자 미국 설화의 사랑받는 아이콘, 환경주의의 주창자, 문학의 거성인 헨리 데이비드 소로는 개자식이었다. 소로를 아는 모두가 그렇게 말했다. 너새니얼 호손은 소로에게 "무쇠로 만든 부지깽이처럼 뻣뻣한 완고함"[5]이 있다고 말했다. 다른 사람들은 호손만큼 친절하지 않았다. 소설가 헨리 제임스와 철학자 윌리엄 제임스의 아버지인 헨리 제임스 시니어는 "소로는 평생 내가 만난 그 누구보다도 유치하고 개념 없고 뻔뻔한 이기주의자"라고 했다.

소로가 받는 혹독한 비난은 주로 위선에 관한 것이다. 소로는 숲속에서 홀로 자족하는 척하면서 몰래 엄마 집에 들러 파이를 먹고 빨래를 맡겼다.

그건 사실이다. 소로는 많은 사람이 생각하는 것만큼 월든에 고립되어 살지 않았다. 엄마의 요리를 먹으려고, 또한 우체국과 카페에 들르려고 종종 걸어서 30분 거리에 있는 마을로 향했다. 그렇다면《월든》은 사기인가? 미국 전역의 중학교 3학년생은 그동안 기만당한 것인가?

나는 그렇게 생각하지 않는다. 소로는 사회와의 끈을 전부 끊어버려야 한다고 주장하지 않았다. 소로는 마을로의 나들이나 오두막집에 방문한 손님을 숨기지 않는다(《월든》에는 "방문객들"이라는 제목의 챕터가 있다). 소로의 한 추종자가 내게 말했듯,《월든》은 숲속에서 살아가는 사람에 관한 책이 아니다.《월든》은 삶을 살아가는 사람에 관한 책이다.

소로의 심술궂은 성격에 관해서라면, 소로는 유죄가 맞다. 하지만 그렇다고 해서 소로가 보여준 지혜가 가치를 잃는 것은 아니다. 만약 심술궂은 성격이 사상가로서의 자격을 박탈한다면 모든 철학은 소책자에나 들어 있을 것이다.

내가 철학에 실용적으로 접근하고 있음을 레슬리에게 알리고, 소로는 어떤 방법으로 다루는 게 좋을지 묻는다. '혼자 사는 법'이나 '간소하게 사는 법'처럼 평범한 대답이 나올 거라고 기대하면서.

"보는 법이오." 레슬리가 조금도 주저하지 않고 말한다.

"보는 법이오?"

네. 레슬리가 말한다. 나머지, 즉 간소한 삶, 고독, 자연주의는 더 큰 것, 바로 시력을 위한 것이었어요. 소로는 우리에게 앞을 보는 법을 가르쳐줘요.

이런 대답이 나올 줄은 몰랐다. 나는 조사해보겠다고 약속한다.

"좋아요." 레슬리가 말한다. "소로의 책을 읽어보셨나요?"

물론이죠. 나는 말한다. 《월든》은 당연히 읽었고, 에세이뿐만 아니라 잘 알려지지 않은 소로의 첫 번째 책, 《소로의 강》도 읽었어요.

"나쁘지 않네요." 마치 동화책을 다 읽은 아기를 칭찬하듯이 레슬리가 말한다. "하지만 소로를 더 잘 이해하려면 소로의 일기를 읽어봐야 해요."

나는 그러겠다고 약속한다. 그리고 나중에야 내가 뭘 하기로 한 건지 깨닫는다.

◆

소로를 만난 사람들은 하나같이 그의 외모를 언급했다. 누군가는 로마인처럼 툭 튀어나온 그의 코를 "우주를 향한 물음표"라고 표현했고, 누군가는 그의 입을 "투박하고 어딘가 촌스럽다"고 했으며, 누군가는 그의 손을 "힘세고 재주가 많다"고 했다. 또 어떤 이는 소로의 섬뜩할 정도로 예리한 감각, 예를 들면 예민한 청력("그는 멀리서 들려오는 희미한 소리도 전부 들을 수 있었다")과 예리한 후각("사냥개도 소로만큼 냄새를 잘 맡지는 못한다")을 언급했다.

하지만 가장 인상적인 것은 소로의 눈이었다. 아무도 소로의 눈을 보고 똑같은 생각을 하지 않았다. 한 콩코드 주민은 "강렬하고 진지한 파란색 눈"이라고 말했다. 다른 주민은 "부엉이처럼 날카로운 눈"이라고 회상한다. 또 한 사람은 "그 커다란 눈을……처음 보고 지독하게 겁을 집어먹었다"고 말한다.

소로의 시력은 가히 전설적이었다. 힐끗 보기만 해도 나무의 높이나 송아지의 무게를 가늠할 수 있었다. 눈으로만 보고 연필 한 무더기에서 정확히 열두 자루를 집어냈다. 땅속에 파묻힌 인디언 화살촉을 찾아내는 재주도 뛰어났다. 소로는 발로 화살촉을 차올리며 이렇게 말하곤 했다. "여기 하나 있네."

감각과 관련해서 철학자들은 보통 두 파로 나뉜다. 먼저 이성주의 학파는 감각을 불신한다. 오로지 우리의 지력과, 그 지력이 가진 타고난 지식만이 동굴 안에 있는 우리를 빛으로 이끌 수 있다. 이성주의자인 데카르트는 코기토, 에르고 숨Cogito, ergo sum이라는 유명한 말을 남겼다. "나는 생각한다, 그러므로 나는 존재한다." 또 다른 학파인 경험주의는 감각을 신뢰할 수 있으며, 오로지 우리의 감각을 통해서만 이 세상을 알 수 있다고 믿는다.

소로는 이런 인식론적 난제에 엮이길 거부했다. 그는 이렇게 주장했다. 신뢰할 수 있든 없든 간에 감각은 우리가 가진 전부인데, 최대한 잘 사용하면 되지 않나? 소로의 철학은 내가 보는 것이 곧 나라는, 아웃사이드 인outside-in 철학이었다.

소로는 초월주의자로 간주된다. 철학 사조 중 하나인 초월주의는 다음 다섯 어절로 요약할 수 있다. 보이지 않는 것에 대한 믿음. 하지만 소로는 보이는 것을 더욱 굳게 믿었다. 실재의 본성보다는 자연의 실재에 더 관심이 있었다. 정말 눈에 보이는 것이 전부가 아닐까? 그럴 수도. 하지만 눈에 보이는 것도 상당히 경이로우니, 거기서부터 시작해보자. 소로는 지식보다 시력을 훨씬 더 중요하게 여겼다. 지식은 언제나 잠정적이고 불완전하다. 오늘의 확신은 내일의 헛소리다. "그게 무엇인지 누가 말할 수 있는가? 우리가 말할 수 있는 건 내가 그것을 어떻게 보는지뿐이다."

◆

우리는 정확히 어떤 방식으로 볼까? 대부분은 사진 모델을 떠올릴 것이다. 우리는 자신의 눈이 마치 카메라처럼 세상의 이미지를 포착한 뒤 우리 뇌로 전달한다고 생각한다. 우리의 눈은, 예를 들면 우리 앞에 있는 머그컵을 '찍는다'.

좋은 모델이다. 하지만 틀린 모델이기도 하다. 본다는 것은 사진보다는 언어에 더 가깝다. 우리는 세상을 보는 게 아니라 세상과 대화를 나눈다. 저게 뭐지? 머그컵처럼 보이지 않아? 내가 데이터베이스를 확인해본 다음에 알려줄게. 맞네. 머그컵이 맞아. 우리는 우리 앞에 있는 머그컵을 보지 않는다. 그 대신 우리 앞에 머그컵이 있다고 스스로에게 말을 한다. 머그컵은 그저 우리의 눈과 뇌에 전자기파를 보낼 뿐이다. 이 미가공 데이터로부터 우리는 정보를, 그다음엔 의미를(앞서 말한 경우엔 우리 앞에 있는 물체가 '머그컵'이라고 불린다는 것을) 창출해낸다.

가끔 우리는 의미를 너무 빨리 창출한다. 어쩌면 머그컵처럼 보이는 저 물체는 완전히 다른 것일 수 있다. 물건과 사람을 너무 빨리 정의 내리면 그것들의 유일무이함을 보지 못할 위험이 있다. 소로는 그러한 경향을 경계했다. "보편 법칙을 너무 성급하게 끌어내지 말 것." 소로는 스스로에게 이렇게 말한다. "특수한 사례를 더 명확하게 들여다볼 것." 눈앞에 보이는 것을 바로 규정하지 않고 기다리면 더 많은 것을 보게 된다.

소로는 그 속도를 엉금엉금 기어가는 수준으로 낮추었다. 추측과 결론 사이의 틈, 보는 것과 본 것 사이의 틈을 최대한 길게 늘였다. 소로는 더 오래 머무르라고 스스로에게 몇 번이고 상기시킨다. 그는 이렇게 말했다. "아주 오랜 시간 들여다봐야만 볼 수 있다."

보는 것은 주관적이다. 과학자들이 말하는 "어디에도 속하지 않는 객관적 시각"[6]은 소로의 흥미를 끌 만한 풍경이 아니었다.

무엇인가가 진정으로 목격되려면, 반드시 어딘가에서 누군가에게 바라봐져야만 한다. 소로는 이렇게 적었다. "관찰이 흥미로워지려면, 즉 중요한 의미를 가지려면, 반드시 주관적이어야 한다."

아름다움을 개인적으로 판단하지 않기란 불가능하다. 핏빛 노을. 수많은 별들이 수놓인 잉크처럼 새까만 밤하늘. 전부 개인적 의견이다. 철학자 로저 스크러튼이 말했듯, "그런 아름다움을 위한 공간이 있는 세상에 당신을 위한 공간도 있다."[7]

소로에게 보는 것과 느끼는 것은 밀접한 관련이 있었다. 소로는 느끼지 않고는 보지 못했다. 어떻게 느끼느냐가 어떻게 보느냐뿐만 아니라 무엇을 보느냐도 결정했다. 소로에게 보는 것은 감정적일 뿐만 아니라 상호적인 행위였다. 예를 들어 장미를 보면 소로는 장미와 대화를 주고받았고, 어떤 면에서는 협력하기도 했다. 이상하게 들린다는 것, 다소 미친 사람처럼 보인다는 것, 안다. 하지만 많은 예술가들이 비슷한 경험을 이야기한다. 이들은 어떤 대상을 볼 때 그 대상도 자신을 쳐다본다고 느낀다. 이들 모두가 미친 것일 리는 없다.

◆

일기를 읽으세요. 레슬리 윌슨의 말이 머리에서 떨쳐낼 수 없는 구린 음악 톱 40처럼 내 뇌에 콕 박혀 있다. 소로는 성인이 된 후 거의 쉬지 않고 일기를 썼고, 열네 권에 걸쳐 이어진 일기는 거의 200만 단어에 달한다.

용기를 내서 첫 번째 권을 펼치자 두려움이 차오르며 중학교 3학년 영어 시간이 다시 떠올랐다. 하지만 책을 읽으면서 두려움은 안도감으로, 종국에는 즐거움으로 바뀌었다. 일기 속에서 소로는《월든》과는 다른 방식으로 되살아난다. 가장 진실하고 취약한 상태의 소로다. 어느 날의 일기에는 이렇게 적혀 있다. "나는 나보다 더 형편없는 인간을 알지 못하고, 알아서도 안 된다."

우리는 소로를 (이걸 어떻게 완곡하게 말할 수 있을까?) 쫌다라고 여기는 경향이 있다. 일기를 읽다 보니 그게 아님을 알게 되었다. 소로의 일기는 남성미 넘치는 소로를 보여준다. 액션 영웅인 철학자다. 소로는 걷고, 스케이트를 타고, 수영을 하고, 발효된 사과를 맛보고, 장작을 패고, 호수의 수심을 재고, 공터를 탐사하고, 강에서 노를 젓고, 집을 짓고, 플루트를 연주하고, 저글링을 하고, 총을 쏘고(소로는 명사수였다), 최소 한 번은, 우드척(다람쥐과에 속하는 설치류의 일종-옮긴이)과의 눈싸움에서도 이긴다. 소로는 이 모든 것을 오로지 더 잘 보기 위해 했다. 소로는 말했다. "더 잘 보려면 손을 움직여야 한다."

소로는 손뿐만 아니라 다른 신체 부위를 더럽히는 것을 두려워하지 않았다. 어느 날의 일기에서 소로는 턱까지 온몸을 늪에 푹 담그고 차가운 진흙이 피부에 닿는 것을 느끼며 호수의 찌꺼기를 끌어안았다고 적고 있다.

본격적으로 일기를 읽을수록 마르쿠스와《명상록》의 메아리가 들린다. 마르쿠스처럼 소로도 자신과 대화를 나누고 있다. 우리 독자들은 그저 엿들을 뿐이다. 소크라테스의 목소리도 들린다. 두 사람은 도플갱어는 아니다. 수 세기가 둘을 갈라놓고 있다. 소로는 200만 단어도 넘는 글을 썼고, 소크라테스는 단 한 자도 적지 않았다. 하지만 두 사람은 철학적 형제다.

소크라테스처럼 소로 역시 "두려움 없는 자기 점검"[8]을 통해 성찰하는 삶을 살았다. 소크라테스처럼 소로도 엄청나게 빠른 속도와 완전한 정지 상태 사이를 오갔다. 소로는 하루에 7킬로미터를 걸었지만 한 이웃의 말에 따르면 "수 시간 동안 미동도 없이 가만히 앉아서 쥐가 몸을 타고 올라와 손에 든 치즈를 훔쳐 먹게 두기도"[9] 했다.

소크라테스와 소로 둘 다 무례한 질문을 던져서 사람들을 짜증 나게 했다. 두 사람 다 자기가 속한 시대의 골칫거리였고, 훌륭한 자극제였다. 그리고 둘 다 그 대가를 치렀다. 아테네인들은 소크라테스를 처형했다. 콩코드 주민들은 소로의 글을 혹평했다.

소크라테스처럼 소로도 모든 철학은 궁금해하는 데서 시작한다고 믿었다. 소로는 이 생각을 여러 번, 여러 방식으로 표현했다. 그중 내가 가장 좋아하는 것은 《월든》에 나오는 짧은 구절이다. "현실은 너무나도 멋지다." 소로가 철학자보다는 경이로워하는 10대처럼 보인다는 점이 좋다. 어쩌면 둘은 그리 다르지 않을지도 모른다.

◆

소로가 그토록 애정을 담아 글을 썼던 콩코드의 흙은 오늘날 눈앞에서 아주 깔끔하게 치워져 있다. 21세기의 콩코드는 엄선한 와인을 들여놓은 가게와 점잖은 카페가 있고, 따뜻한 봄날에는 공작새처럼 화려하게 옷을 차려입은 사람들이 값비싼 자전거를 타고 달리는 귀여운 뉴잉글랜드 마을이다. 허름한 옷에 헝클어진 머리를 한 소로가 돌아다닌다면 조심스럽기는 하지만 날카로운 시선을 받을 만한 그런 곳이다.

그래도 이 말은 해야 한다. 콩코드는 역사를 잘 간직하고 있다. 모든 것이 적당하다. 뉴잉글랜드식 절제다. 심지어 드럭스토어 라이트에이드Rite Aid와 스타벅스조차 고상하면서 적당히 현대적인 건물을 자랑한다.

물론 마을에서 가장 이름난 아들은 마땅한 대우를 받고 있다. 콩코드에는 소로 가와 소로 학교가 있고, 소로 클럽이라는 이름의 피트니스 센터도 있다. 소로 워터파크나 소로 왁스 박물관은 없다.

6월 20일은 하지다. 잘 보는 기술에 대해 숙고하기 좋은 날이다. 우리가 정말로 빛의 아이들이라면 오늘은 우리의 생일이다.

나는 일찍 일어난다. ……무엇을 위해서? 소로가 되려고? 아니다. 그건 가능하지도 않고 그리 권할 만한 일도 아니다. 하지만 그의 하루 궤적을 따라가다 보면 잠시나마 소로의 눈으로 세상을 바라볼 수 있을지 모른다고 생각한다.

마르쿠스와 달리 소로는 아침형 인간이었다. 의식이 막 돌아온 순간, "꿈과 사색 사이의 그 모호한 지대"를 만끽했고, "모든 지성은 아침과 함께 깨어난다"라는 고대 인도 경전《베다》의 한 구절을 즐겨 인용했다.

소로는 새벽 호수에서 목욕을 한 후 자신의 "아침 일과"인 읽고 쓰기에 착수했다. 매끈하지 못한 일기를 수정하거나 책의 한 챕터를 다듬었을 수도 있다. 종이 위에서 움직이는 손의 감각은 간헐적 요가 수행자였던 소로에겐 일종의 명상과 같았다.

나는 공책과 펜을 손에 쥐고 소로에 대한 사라지지 않는 의문에 내 아침 일과를 바친다. 소로는 보는 것에서 무엇을 보았을까? 어떻게 그렇게 많은 것을 볼 수 있었지? 아주 오랫동안 이 질문들을 가만히 바라본다. 질문은 묵묵부답으로 내 시선을 되받아친다. 우리는 교착 상태에 있다. 그래서 자신의 뮤즈가 종적을 감췄을 때 소로가 했던 행동을 하기로 한다. 나는 공책을 덮고 운동화 끈을 묶는다.

매일매일, 보통은 오후에, 소로는 콩코드 교외를 걸었다. 루소처럼 소로 역시 다리를 움직이지 않으면 명료하게 사고하지 못했다. 루소가 몽상에 빠졌다면, 소로는 어슬렁거렸다(소로는 이 표현을 좋아했다). 소로는 마을 사람들을 뒤흔들고 자신의 감각을 되찾기 위해 어슬렁거렸다.

어슬렁거릴 때 소로는 목적지가 필요 없었지만 나는 필요하다. 노골적인 시민 불복종 행위로서, 나는 월든 호수라는 이름으로 알려진 사람들로 붐비는 늪 구덩이에 가지 말라는 레슬리 윌슨의 경고를 무시하기로 한다. 콩코드에서 월든 호수로 이어지는 트레일이 그려진 작은 지도를 펼친다. 3킬로미터 정도다. 소로가 살던 숲속의 오두막집은 활기 넘치는 작은 마을 근교의 오두막집에 더 가깝다. 하지만 소로를 너무 몰아붙이지 않기로 한다. "월든, 문명에서 전혀 멀리 떨어지지 않은 오두막집에서의 생활"이라는 제목의 책은 상업적 매력이 덜하다.

소로는 한 번도 가져본 적이 없을 날렵한 시티 모델 배낭을 싸다가, 나답지 않은 짓을 저지르기로 한다. 나는 스마트폰을 책상 서랍에 밀어 넣고 밖으로 나온다.

몇 분 지나지도 않았는데 금단증상이 나타나기 시작한다. 피부가 축축해지고, 심장 박동이 올라간다. 휴대전화가 없으니 발가벗은 기분인 것은 아니다. 발가벗는 것은 감당할 수 있다. 꼭 내 간이나 그 밖의 다른 중요 신체 기관을 빼놓고 산책에 나선 것 같다.

하지만 나는 계속 걷는다.

왜 소로가 이곳에서 어슬렁거리길 좋아했는지 이해가 간다. 공기는 부드럽고 시원하며 안온하다. 발밑의 땅이 벨벳처럼 부드럽다. 소로의 친구였던 존 와이스가 소로를 두고 한 말이 생각난다. "소로는 대지와 자기 사이에 대단한 의견이라도 오가고 있는 것처럼 걸었다."[10] 나와 대지 사이에는 별다른 의견이 오가지 않지만(잡담 정도랄까) 나는 곧 페이스를 찾는다. 그리고 소로의 날카로운 시각적 역량에 집중하기로 굳게 마음먹는다.

제일 먼저 무언가 흐릿한 것이 빠른 속도로 다가오는 게 보인다. 그 흐릿한 형체는 데님 반다나를 쓰고 하얀 이어폰을 끼고 있다. 두 팔을 앞뒤로 흔들며 근육질의 다리로 땅을 힘차게 박차는 여자는 아주 효율적으로 움직이고 있는 듯 보인다. 어슬렁거리는 게 아니다.

요정의 나라라는 이름의 호수에 도착해 물가의 벤치에 앉는다. 나는 앞을 쳐다볼 뿐 정말로 보지는 않는다. "대상에 다가가지 말고, 그 대상이 다가오게 하라." 소로가 은근한 비난조로 꾸짖는다. "호수의 찌꺼기." 나는 중얼거린다.

소용이 없다. 보이는 것은 없고 들리는 것만 많다. 머리 위 높은 곳에서 날아가는 프로펠러 비행기의 소음, 근처 도로에서 자동차가 쌩쌩 달리는 소리. 21세기의 소리다. 내가 예리한 청력을 갖게 된 건 미국 공영방송 NPR에서 통신원으로 일한 덕분이다. 그곳에서 나는 다른 사람은 듣지 못하는 것을 듣는 법을 배웠다. 모든 것에는 소리가 있다. 쥐 죽은 듯 고요해 보이는 방에서도 귀를 잘 기울이면 소리가 들린다. 오디오 엔지니어들은 그 소리를 '룸톤 room tone'이라고 부른다. 궁금해진다. 예리한 감각을 옮기는 게 가능한가? 예리한 청력을 예리한 시각으로 바꿀 순 없나?

원래 휴대전화가 있어야 할 내 주머니 속에서 유령 진동이 사라졌다. 고요함이 느껴진다. 순간 이른바 '평화'라는 것을 경험한다.

그때 모기떼의 공격이 시작된다. 어떤 놈들은 안 보이는 곳에서 나를 저격하고, 어떤 놈들은 폭탄을 떨어뜨리듯 저돌적으로 달려든다. 짜증나는 놈들이다. 서둘러 자리에서 일어나 다시 느긋하게 걷기 시작한다. 그 무엇에도 방해받지 않았던 소로의 집중력에 대해 생각하고 있는데, 미끄러운 나무판자를 밟고 거의 넘어질 뻔한다. 큰일 날 뻔했다. 제자리에 서서 마음을 가다듬는다. 자연이 제공하는 것들을 명료하고 정직하게 바라보려고 의식적으로 노력한다. 놀랍게도 노력의 효과가 나타난다. 전화선 위를 깡충깡충 걸어 다니는 개똥지빠귀를 발견한다. 적어도 나는 개똥지빠귀라고 생각한다. 꾀꼬리나 방울새, 아니면 내가 모르는 다른 새일 수도 있다. 그게 중요한가?

소로는 꼭 그렇게 생각하지는 않았지만 자기가 보는 새의 이름은 알았다. 개똥지빠귀로 추정되는 새에 관한 지식은 그 새를 보는 기쁨을 증폭시키지만 주의를 분산시키기도 한다. 조류학자는 공작새가 형형색색의 깃털을 뽐내는 생물학적 이유는 알아도 그 아름다움은 인식하지 못할 수 있다. 소로는 말한다. "어떤 대상을 이해하는 것을 멈출 때에야 나는 비로소 그 대상을 보기 시작한다." 피로에 지친 눈으로는 조금밖에 보지 못한다.

소로는 "순진무구한 눈"[11]을 연마했다. 어린아이가 느끼는 경이를 한 번도 잃지 않았다. 산딸기를 따지 않고 그냥 지나치는 법이 없었다. 랠프 월도 에머슨은 소로에 대해 이렇게 말했다. "그는 소년이고, 언제까지나 나이 든 소년일 것이다." 소크라테스처럼 소로도 철저하게 의식적인 무지[12]를 중요하게 여겼고, 농담 반 진담 반으로 "유용한 무지를 전파하는 모임"을 만들겠다고 했다.

인류는 아름다움을 설명하기 훨씬 전부터 아름다움을 창조해 왔다. 호메로스는 문학 이론에 대해 전혀 아는 바가 없었다. 1만 7000여 년 전 라스코 동굴 벽을 장식한 이름 없는 예술가들이 미술사 수업을 들었다면 분명 낙제했을 것이다. 아름다움은 이해하는 것보다 보는 것이 더 좋다.

고맙게도 모기떼는 흩어지고 야심만만하게 달리는 사람도 저

멀리 사라졌다. 하지만 개똥지빠귀는 지친 기색 없이 아직도 전화선 위를 총총 돌아다닌다. 훌륭하네. 나는 생각한다. 하지만 월든 호수가 기다리고 있다. 다시 걷기로 한다.

몇 발 걷다가 멈춘다. 왜 서두르지? 시각적 추측 메커니즘이 작동했기 때문이다. 나의 뇌는 어떤 생명체, 아마도 개똥지빠귀가 전화선 위를 총총 뛰어다니고 있다고 가정한다. 뇌는 순식간에 이 추측을 받아들이고 보고서를 제출한다. 새, 아마도 개똥지빠귀가 새다운 귀여운 행동을 하고 있군. 그래, 자연이야. 너 완전 존 뮤어 John Muir(미국 국립공원을 탄생시킨 환경운동가-옮긴이)잖아? 그럼 우리 이제 가도 될까?

소로가 그랬던 것처럼 더 느긋하게 머물러보려 한다. "가끔은 주변을 살피거나 탐구하지 말고, 무언가를 열심히 보려 하지 말고, 온전히 자유롭게 걸어야 한다." 소로는 거북이 축축한 모래에 알을 낳거나 돛이 바람에 펄럭이는 모습을 바라보면서 어렵지 않게 수 시간을 보낼 수 있었다. 한번은 엄마 오리가 새끼 오리들에게 강에 대해 알려주는 모습을 지켜보고 그 오리 이야기로 아이들을 즐겁게 해주느라 하루 종일을 보낸 적도 있었다. 하지만 아이들이 멋지다고 생각하는 것을 어른들은 이상하다고 여기곤 한다. 머리라는 이름의 한 농부는 소로가 미동도 없이 제자리에 서서 호수를 바라보고 있었던 것을 다음과 같이 회상한다.

나는 멈춰 서서 소로 쪽을 보고 말했지. "데이-비드 헨리, 무-얼 하고 있는 거요?" 그런데 내 쪽으로 고개도 안 돌리는 거야. 하늘의 별에 대해 생각하고 있는 것처럼 계속 그 호수를 쳐다보면서 이렇게 말하더군. "머리 씨, 저는 황소개구리의- 습성을- 연구- 하고 있는 겁니다!" 그 머저리 같은 자식은 하루 종일- 거기 서서 황소개구리 의- 습성을- 연구- 하고 있었던 거요![13]

소로처럼 천천히 보기란 쉬운 일이 아니다. 시각은 가장 속도가 빠른 감각, 예를 들어 미각보다 훨씬 빠른 감각이다. '음미하다'와 비슷한 시각 관련 단어는 없다(어떤 대상에 시선이 '머무른다'라고 말할 수는 있지만 이 표현에는 '음미한다' 같은 감각적인 느낌은 없다).

나는 보는 데 게으른 사람이다. 내 시선의 대상이 모든 일을 다 해주길 바란다. 경치, 한번 나를 황홀하게 해봐. 제기랄, 아름다워지 라고! 그 대상이, 예를 들면 알프스 산맥이나 모네의 그림이 내 말 도 안 되는 기대에 못 미치면 나는 내가 아닌 그 대상을 탓한다. 소로는 다르게 생각했다. 아름다움에 익숙한 사람은 쓰레기장에 서도 아름다움을 찾아내지만, "흠잡기 선수는 낙원에서도 흠을 찾아낸다."

◆

숲속 공터에 도착한다. 소로의 오두막집이 있던 곳이다. 부 지 주위가 연철로 만든 울타리에 둘러싸여 있고, 바닥에 돌로 표 시가 되어 있다(오두막집은 오래전에 사라졌다). 금속판에는 이렇 게 쓰여 있다. "돌로 표시된 곳이 소로가 살던 오두막집의 터다.

1845~1847년."

자발적으로 고독에 뛰어든 역사상 가장 훌륭한 실험의 부지는 당연히 붐빈다. 한 여성이 커다란 스타벅스 컵을 든 채 휴대전화에 대고 무어라 소리를 지르고 있다. 중국 관광객 무리가 돌을 사진 찍으려고 대포처럼 기다란 카메라 렌즈를 신중하게 조정한다. 이 사람들이 나의 고독을, 나의 소로적 순간을 방해하고 있다. 다 떠나버렸으면 좋겠지만 그들은 떠나지 않는다.

부당하다는 거, 나도 안다. 나만큼 저들에게도 이곳에 있을 권리가 있다. 교통체증과 비슷한 거다. 차가 꽉 막히면 우리는 "차가 왜 이렇게 막히냐"고 불평을 해대면서 나 또한 차에 타고 있다는 사실, 나 또한 문제의 일부라는 사실은 무시한다.

중년 커플이 바닥에 표시된 돌을 바라보고 있다. 특히 남자가 마음을 온통 빼앗긴 게 내 눈에도 보인다. 남자는 자기가 소로를 얼마나 존경하는지에 대해 무어라 중얼거린다.

"그래서 어쩔 건데." 그의 아내가 놀리듯 말한다. "숲속에 들어가서 살게?"

한소리 들은 남자는 입을 꾹 다문다. 남자는 숲속에 들어가서 살지 않을 것이다. 미니밴을 타고 집으로 돌아가서 짐을 풀고 다시 고요한 절망의 삶을 살아나갈 것이다.

이깃이 소로의 문제점이다. 소로가 한 일은 비현실적이었다. 우리는 전부 때려치우고 숲속에 들어가 살 수 없다. 근처에서 엄마의 요리를 먹을 수 있다 해도 마찬가지다. 우리는 청구서도 처리해야 하고 연주회에도 참석해야 하며 회의에도 들어가야 한다.

하지만 한편으로, 소로는 모두가 자신처럼 해야 한다고 주장한 적이 없다. 《월든》은 각성제로 쓰인 것이지, 처방전은 아니었다.

더 멀리 어슬렁거리다 또 다른 글이 적힌 안내판을 발견한다. 《월든》의 한 구절로, 아마도 소로의 말 중에 가장 유명할 것이다. "내가 숲속으로 들어간 것은 인생을 의도적으로 살고 싶기 때문이었다. 인생의 본질적인 실상에 직면하고 싶어서, 그것들이 가르치는 바를 내가 배울 수 있는지 알아보고 싶어서, 죽음을 맞이했을 때 내가 제대로 살지 않았음을 깨닫고 싶지 않아서였다."

마음에 들지만, 한 군데만 살짝 수정하고 싶다. 나라면 의도적으로 '살고' 싶다는 부분을 의도적으로 '보고' 싶다로 바꿀 것이다. 소로도 반대하지 않으리라 생각한다. 소로의 실험의 핵심은 보는 것이었다. 나머지, 그러니까 고독과 간소함 같은 것은 잘 보기 위한 수단이었다.

◆

소로는 너무 많이 봤다. 그래서 피곤했다. 소로는 일기에 이렇게 썼다. "나는 너무 많은 것에 주의를 기울이는 습관이 있어서 감각들이 쉬질 못하고 늘 긴장 상태에 있다."

사람들은 자신의 감각이 주변 환경을 훑으며 정보를 뽑아내는 안테나라고 생각한다. 하지만 감각은 홍수처럼 밀려드는 감각 정보에 압도되지 않도록 뒤엉켜 있는 온갖 잡다한 것에서 유의미한 신호를 걸러내는 필터에 더 가깝다. 소로의 말처럼 우리는 "무한

한 세상에서 자신의 몫"만을, 더도 덜도 아닌 딱 그만큼만 받아들이도록 타고난다.

보는 행위는 의도적이다. 우리가 의식하지 못할 때조차 보는 것은 언제나 선택의 행위다. 소로는 제대로 보려면 "눈에 별도의 목적"이 있어야 한다고 말한다. 핵심은 각도다. 소로처럼 온갖 각도를 다 활용한 사람은 없었다. 관점을 바꾸면 어떻게 보느냐뿐만 아니라 무엇을 보느냐도 바뀐다. "제대로 된 관점에서 보면 모든 폭풍과 그 안에 든 모든 빗방울이 무지개다."

소로는 상상할 수 있는 모든 위치에서 월든 호수를 관찰한다. 언덕 위에서, 호숫가에서, 호수에 떠 있는 보트 위에서, 물속에서. 태양빛과 달빛 아래에서, 겨울과 여름에 같은 광경을 보고 또 본다.

소로는 정면에서 보는 일이 드물었다. 옆 눈으로 봤다. 여기에는 생리학적 근거가 있다.[14] 희미한 곳에서는 무언가를 옆에서 볼 때 가장 잘 감지할 수 있다. 소로는 이 정보를 알았을 수도, 몰랐을 수도 있다. 어쨌거나 소로는 경험으로 알고 있었다.

매일 틀에 박힌 것만 보지 않겠다는 다짐에서, 소로는 자신의 관점을 바꾸었다. 가끔은 작디작은 움직임만으로도, "늘 가던 길이나 늘 반복되는 일상에서 머리카락 한 올만큼만" 벗어나도 새로운 세계가 펼쳐졌다. 1855년 12월의 어느 추운 날, 소로는 "겨울치고는 이상하리만큼 남쪽으로 내려온" 솔양진이 한 마리를 발견했는데, 그건 평소에 다니던 길과는 다른 길을 선택했기 때문이었다.

가끔은 보다 더 극단적인 조치를 취하기도 했다. 소로는 허리를 굽혀서 두 다리 사이로 뒤집어진 세상을 보며 감탄했다. (소로는 뒤집는 데 지대한 관심이 있었다. 심지어 자신의 이름도 데이비드 헨리에서 헨리 데이비드로 뒤집었다.) 세상을 거꾸로 뒤집으면 새로운 세상을 볼 수 있다.

호수 근처에서 비교적 한산한 곳을 찾아, 나를 보는 사람이 아무도 없는지 확인한 다음 소로를 따라 해본다. 허리를 숙여 다리 사이로 뒤를 바라보는 것이다. 하늘과 땅이 뒤집어졌다. 머리로 피가 쏠린다. 어지럽다. 고개를 들자 하늘과 땅이 원래 위치로 돌아온다. 내가 제대로 못 하고 있는 것 같다.

아니다, 나는 핵심을 놓쳤다. 소로의 뛰어난 시력은 한낱 기술이나 재미난 시각적 속임수와 관련된 것이 아니다.[15] 그건 품성에서 나오는 능력이었다. 소로는 아름다움을 인식하는 것을 "마음 검사"로 여겼다. 아름다움은 보는 사람의 눈에 있는 게 아니다. 아름다움은 보는 이의 마음속에 있다. 자기 자신을 향상시키지 않고는 자신의 시력을 향상시킬 수 없다. 보는 것의 역학은 양쪽으로 작용한다. 자신이 어떤 사람인지가 무엇을 보는지를 결정할 뿐만 아니라, 무엇을 보는가가 자신이 어떤 사람인지를 결정한다. 《베다》에서 말하듯, "당신이 보는 것이 곧 당신 자신이다."

◆

레슬리 윌슨의 말이 옳았다. 물론 월든 호수는 나무가 늘어서 있고 하지의 햇빛 아래 물이 반짝이는 멋진 호수다. 하지만 어쨌거나 호수는 호수일 뿐이다. 그리 평화롭다고도 할 수 없다. 물가를 따라 걸으니 소로가 살던 시대처럼 기차가 덜커덩거리며 지나가는 소리가 들린다. 소로가 살던 시대는 철도가 급성장하던 시대였다. 오두막집에 있으면 "어느 농부의 밭 위를 날아가는 매의 울음소리 같은" 기관차의 경적 소리를 들을 수 있었다.

소로는 이 최신 기술에 복잡한 감정을 느꼈다. 한편으로 소로는 기관차의 무지막지한 힘에 경외감을 느꼈다. 하지만 철도가 익숙한 리듬을 무너뜨릴까 봐 두려워하기도 했다. 한때는 태양을 보고 시간을 파악하던 농부들이 이제는 보스턴에서 오는 오후 2시 열차를 보고 시계를 맞췄다. 월든 숲의 나무들은 베어져 기관차의 연료로 쓰였다. 소로는 다음과 같이 결론 내린다. "우리가 기차 위에 올라타는 것이 아니다. 기차가 우리 위에 올라타는 것이다."

월든 호수 관광 안내소에 도착하니 소로의 오두막집을 작게 축소한 모형이 있다. 내가 상상한 것보다 훌륭하다. 제대로 된 A프레임 구조에 화목 난로와 책상, 지하실로 이어지는 작은 문, (방문객을 위한) 의자 몇 개, 작지만 편안해 보이는 침대, 남쪽으로 나 있는 커다란 창문이 있다. 베르사유 궁전은 아니지만 쓰레기장도 아니다.

닉이라는 이름의 안전 요원이 투어를 진행하고 있다. 투어 진행이 처음인 것 같지는 않지만 소로를 향한 진심 어린 열정이 진부한 장광설일 수도 있었던 내용에 생기를 불어넣는다. 나는 소로의 추종자들에게 이런 경향이 있음을 알게 되었다. 지나친 익숙함에 반사적으로 따라오곤 하는 냉소를 억제하는 무언가가, 헨리(소로의 추종자들은 언제나 소로를 헨리라고 부른다)에게는 있다.

닉이 준비한 설명을 마친 후 질문을 받는다. 질문이 속사포처럼 쏟아진다.

"오두막집을 짓는 데 돈이 얼마나 들었나요?"

"28달러 12.5센트 들었습니다. 못이 가장 값비싼 재료였어요."

"소로는 하루 종일 뭘 했죠?"

"읽고 썼습니다."

"왜 그런 거예요?" 한 10대가 믿지 못하겠다는 듯 묻는다. 마치 소로가 몇 년간 숲속에서 산 것이 아니라 수백만 달러를 횡령하거나 위험한 종교집단에라도 들어간 것처럼.

"간소한 삶을 살아보려는 시도였습니다." 닉이 말한다. "게다가 소로는 28세였어요. 자기 엄마 아빠에게서 도망쳐야 했죠." 질문한 10대가 고개를 끄덕거리는 걸 보니 대답이 마음에 든 게 분명하다.

소로는 실제로 자기가 먹을 것을 직접 기르면서 간소한 삶을 살았다. 그리드grid(전기와 가스, 수도 등의 공공 설비-옮긴이)라는 것이 존재하기 전에 그리드 바깥에서 살았다. 하지만 소로의 목적은 간소함 그 자체에 있지 않았다. 동양에 관심이 많았던 소로는 오두막집에서 일종의 정화를 경험하고 있었다. 인식의 렌즈를 깨끗하게 닦는 행위였다.

프랑스 철학자 미셸 푸코는 우리가 스스로를 "앎에 민감"하게 만들어야 한다고 썼다. 소로는 월든에서 자유롭게 떠돌면서 스스로를 봄seeing에 민감하게 만들었다. 소로는 어디에도 매여 있지 않을 때, 자신과 빛 사이에 아무것도 없을 때 가장 잘 볼 수 있음을 알았다. 소로는 본인을 어려운 문제를 만났을 때 비본질적인 것들은 다 쳐내고 문제의 핵심으로 치고 들어가는 수학자에 비유했다.

◆

소로는 피상적이었다. 좋은 의미에서 하는 말이다. 피상적이라는 표현은 억울한 누명을 쓴다. 종종 '얄팍하다'라는 표현과 동의어로 사용되지만 두 단어는 다르다. 얄팍한 것은 깊이가 부족한 것이다. 피상적인 것은 깊이가 분산된 것이다. 무한한 세상에서는 자신의 몫이 얇지만 매우 넓게 퍼져 나간다.[16]

"왜 우리는 겉모습을 비방하는가?" 소로는 궁금해했다. "표면에 대한 인식은 감각에 기적과도 같은 영향을 미칠 것이다." 여기서 소로가 가만히 응시하지 않은 이유를 알 수 있다. 소로는 훑어보았다. 소로의 눈은 꽃가루를 찾는 호박벌처럼 처음엔 여기, 다음엔 저기에 있는 다양한 대상에 내려앉았다. 소로는 이를 "눈의 어슬렁거림"이라 칭했다.

인간이 훑어보는 것은 다른 동물들이 코를 킁킁대는 것과 같은 이유다. 주변 환경을 탐색하는 방식인 것이다. 훑어보다 보면 뜻밖의 경이를 만나기도 한다. '표면surface'이라는 단어와 '놀라운 소식surprise'이라는 단어는 어근이 같다.

훑어보는 것은 자연스러운 인간 상태다. 우리의 눈은 우리가 멈춰 있을 거라 생각할 때조차 가만히 멈춰 있는 법이 없다. 눈은 도약 안구 운동saccade이라는 빠른 움직임을 수행하면서 그 사이사이에 아주 잠깐 동안만 멈춘다. 우리의 눈은 보통 1초에 최소 세 번 움직인다. 하루에는 대략 10만 번 움직이는 셈이다.

훑어보는 것은 도움이 된다.[17] 3코스 식사를 준비할 때나 비행기를 조종할 때 쓸모가 있다. 나는 옛날에 자가용 조종사 자격증을 땄다. 많이 잊어버렸지만, 그래도 한 가지 기술은 내 안에 남아 있다. 바로 계기판 스캔이다.

"쳐다보지 마세요!" 강사가 소리를 빽 질렀다. "스캔하세요!"

고도계. 비행 속도계. 인공 수평기. 계기 하나에 1초에서 2초가량 시선을 뒀다가 바로 움직인다. 눈과 주의를 계속 이동시킬 것. 조종사가 계기 하나를 계속 응시하면 곤란한 상황에 빠진다. 고도계를 응시하면 방향이 흔들린다. 방향에 집중하면 비행 속도가 오락가락한다. 스캔, 스캔, 스캔. 값진 교훈이다. 우리는 응시할 때보다 훑어볼 때 더 많은 것을 볼 수 있다.

모래가 깔린 월든 호숫가를 따라 다시 걷기 시작한다. 수심이 가팔라 수영에 적합하지 않다는 경고문이 붙어 있다. 월든은 완벽한 호수가 아니지만, 아름답기 위해 완벽할 필요는 없으며, 심지어 실용적일 필요도 없다. 소로는 종종 자연의 결함 속에서 아름다움을 보았다. 평온한 9월 오후에 월든 호수를 바라보던 소로는 물 위에 떠 있는 티끌 몇 개를 제외하면 수면이 완벽하게 매끄럽다는 사실을 알게 된다. 다른 사람들은 흠이라고 여겼을지 모르지만, 소로는 거기서 "유리의 결함처럼 순수하고 아름다운" 것을 보았다. 《월든》에서 소로는 오두막집 근처에서 우연히 썩어가는 말의 사체를 본 이야기를 전한다. 소로는 그것이 역겹지 않았고, 오히려 이상하게 마음이 안정되었으며, 심지어 아름다움까지 느꼈다. 그것은 자연의 지혜였다.

◆

자신만의 월든을 찾으라는 소로의 충고에 대해 쭉 생각해봤다. 나는 소로의 월든이 그리 마음에 들지 않았다. 모기도 관광객도 너무 많았다. 에어컨도 없고, 커피도 없었다. 나만의 월든, 좋지. 하지만 어디서?

다음 날, 나는 이 질문을 제프 크레이머에게 던진다. 그는 월든 숲 프로젝트Walden Woods Project(월든 근처의 숲에 상업 시설이 들어서는 것을 막고 소로의 유산을 보존하는 단체-옮긴이)에서 소장품 큐레이션을 맡고 있다. 탄탄한 몸에 빡빡 깎은 머리와 깔끔하게 다듬은 수염을 가진 제프는 소로에 뒤늦게 입문했다. 그는 보스턴 공립 도서관에서의 편안한 일자리를 그만두고 콩코드로 이사했다.

세프는 믿음이 가는 소로 추종자다. 나는 그를 신뢰한다. 자기가 가장 좋아하는 소로의 글귀를 말하는 모습이 특히 좋다(제프는 책 《소로의 말The Quotable Thoreau》을 편집했다). "내가 내가 아니라면, 누구란 말인가?"

나도 내가 되고 싶다. 진짜다. 하지만 더 나은 나, 덜 우울한 내가 되고 싶다. 소로의 눈을 가진, 소로의 추종자가 되고 싶다. 어디서 어떻게 봐야 하는지를 배우고 싶다. 장소가 중요한 인간인 나에게, 그 둘은 불가분이다. 어떻게는 어디서다. 어디서는 어떻게다.

"한번 볼까요." 제프가 말한다. "노스브리지를 건너서 왼쪽 방향으로 숲을 가로지르면……."

"숲? 나무하고 벌레가 있는 그 숲 말인가요?"

"음, 그렇죠."

"다른 의견은 없나요?"

"사우스리버브리지에 가서 카누를 빌릴 수도 있어요."

"카누요? 그 보트 같은 거요?"

"음, 그렇죠."

"다른 의견은 없나요?"

"슬리피 할로도 상당히 평화로운 곳이에요."

"거기 묘지 아니에요?"

"맞아요."

"다른 건 없나요?"

"흠. 스타벅스에 갈 수도 있죠."

"계속 말씀해보세요."

"스타벅스에 가서 《월든》이나 소로의 일기를 읽는 거예요."

"스타벅스요? 진심이에요?"

"네. 중요한 건 소로의 글이잖아요. 소로는 우리 주변에 있는 모든 땅에서 영감을 받았어요. 그게 소로를 소로답게 만드는 데 도움이 되긴 했지만, 당신을 당신답게 하는 데에는 도움이 안 될 수도 있죠."

제프의 생각이 마음에 든다. 소로가 살던 시절의 콩코드에도 카페가 있었고, 소로는 카페의 단골손님이었다. 게다가 다른 진정한 지혜처럼 소로의 지혜도 휴대 가능하다면, 값비싼 음료를 홀짝홀짝 마시는 것도 숲속에서 불편하게 지내는 것만큼이나 도움이 될 것이다. 월든이고 뭐고. 나는 스타벅스로 간다.

◆

일찍 일어나 소로 키트(《월든》, 소로의 에세이 〈산책〉, 윌리엄 블레이크라는 이름의 구도자[18]에게 소로가 보낸 편지 묶음, 소로의 일기)를 배낭에 싼다(소로의 일기를 거의 다 읽어가는 중이다). 그리고 콩코드의 한 스타벅스로 어슬렁어슬렁 걸어간다.

적당히 콩코드스러운 곳이다. 다른 스타벅스에 비해 빛은 조금 더 부드럽고 가구는 조금 더 세련되었다. 그럼에도 스타벅스는 스타벅스다. 그럼에도 월든이 호수이듯이.

평범한 블랙커피를 시키고 커다란 가죽 의자에 털썩 기대 앉아 헨리의 책을 연다. 소로가 내게 말한다. "아름다움은 인식되는 곳에 있다." 여기, 스타벅스에서도요? 주변을 둘러보지만 아름다움은 없다. 반사적으로 나의 환경, 나의 월든을 탓한다.

나 자신을 붙잡아 세운다. 너무 수동적으로 굴지 마. 아름다움이 안 보이면 네가 만들어. 상상력을 이용하라고. 감각을 끌어올려봐.

효과가 있다. 하지만 다른 감각이 치고 들어온다. 청각이 반응하기 시작하면서 모든 곳에서 아름다움이 들려온다. 에어컨의 은은한 바람소리, 얼음이 마치 음악처럼 찰랑 부딪치는 소리, 바리스타들이 킬킬 웃는 소리, 삐 하는 금전등록기 소리, "벤티 사이즈 아이스 그린 티 나왔습니다!"라고 특유의 억양으로 외치는 목소리, 그리고 저 멀리서 사이렌 소리.

소로의 조언을 받들어("지금 사용하는 기능을 제외한 모든 기능은 쉬게 하라") 오로지 시각에만 집중한다. 아니나 다를까, 보인다. 젊은 아빠가 선글라스를 이마 위에 걸치고 근육질의 팔을 흔들며 젖먹이 아들을 안아주는 모습이 보인다. 서비스 테이블 앞에서 사람들이 함께 춤을 추는 것이 보인다. 한 발 앞으로, 한 발 뒤로. 잠시만요, 아, 죄송해요, 아이고 제가 이쪽으로, 아니에요, 제가 이쪽으로. 사람들이 저마다 다른 거리에서 주문을 기다리고 있는 것이 보인다. 어떤 사람은 바리스타 앞에 바싹 붙어 있고, 어떤 사람은 거리를 둔다. 어떤 사람은 가만히 서 있고, 어떤 사람은 서성거린다.

스캔, 스캔, 스캔. 다시 근육질의 아빠가 보인다. 아들을 테이블 위에 올려놓고 좌우로 흔들고 있다. 현명한 행동인지 모르겠다. 스캔. 어린 소녀들로 이루어진 소프트볼 팀 선수들이 파란색과 하얀색, 주황색이 섞인 유니폼을 입고 코치와 하이파이브를 하고 있다. 스캔. 내 옆에 있는 남자가 몽테뉴를 읽고 있다. 남자는 내가 소로를 읽는 것을 보고 격려의 뜻으로 고개를 끄덕인다. 물론,

아주 조심스럽게. 콩코드는 뉴잉글랜드의 조용한 열차 칸이다.

수 분, 수 시간이 흐른다. 근육질의 아빠가 떠난다. 소프트볼 팀도, 몽테뉴를 읽던 남자도 떠난다. 하지만 나는 여전히 이곳에 남아 주변을 훑어보고 있다. 소로의 다른 기술을 사용해본다. 위치를 바꿔서 잠시 입구 옆에 서 있다가, 바 쪽으로 어슬렁어슬렁 걸어갔다가, 고개를 옆으로 돌려본다. 허리를 숙여 다리 사이로 뒤를 봐볼까도 생각하지만 그러지 않기로 한다. 소로의 마을인 이곳 콩코드에서도 그건 좀 너무한 행동이다.

몇 시간 뒤, 몽테뉴를 읽던 남자가 돌아온다. 내가 여전히 같은 의자에 앉아 같은 책을 읽는 것을 보고 이렇게 말한다. "여기 정말 오래 계시네요."

"사실은요." 내가 새로워진 두 눈으로 그를 올려다보며 말한다. "전혀 오래가 아니었어요."

정말이다. 시간이 더 필요하다. 나만의 월든인 이곳에서 더 명료하게 앞을 바라보고 있지만, 시각적 깨달음, 소로가 성취한 "단 하나의 확장" 같은 것은 일어나지 않는다. 실망스럽지만, 헨리 데이비드 소로의 (소로 말고 또 누가 있겠는가?) 말에서 위안을 얻는다. 보는 데는 시간뿐만 아니라 거리도 필요하다고, 소로가 내게 말한다. "무엇이든 제대로 보려면 거리를 두어야 한다."

5

쇼펜하우어처럼
듣는 법

How to Listen Like
Schopenhauer

"소음에 정신이 팔린 사람은
음악을 듣지 못한다."

오후 2:32.
도이치반의 151번 열차를 타고
함부르크에서 프랑크푸르트로 향하는 중.

기차도 인간 같은 소리를 낸다. 기관차는 코를 컹컹대고
쌕쌕거리고 가끔은, 트림을 한다. 일반 열차는 징징대고 꽥
내지르고 시끄럽게 항변한다.

독일 철도회사인 도이치반은 이런 소리들을 덮어버린다.
이곳에선 조용한 열차 칸이 필요치 않다. 이미 주어져 있다.
기차 안의 모든 것이 신중함을 속삭인다. 조용한 분위기에
나무 패널을 두른 열차 내부와 스티로폼이 아닌 진짜 머그
컵에 내어주는 커피까지.

커피를 한 모금 마시며 독일 교외의 절제된 풍경을 살핀
다. 반대 방향으로 향하는 기차가 지나가고, 기차의 경적이

침묵을 가른다. 경적 소리의 높이는 두 기차가 가까워질수록 점점 커지다가 기차가 지나가자 점점 작아진다. 아니, 정말 그런가?

사실 음의 높이는 변하지 않았다. 이는 도플러 효과라는 이름으로 알려진 청각적 오해다. 기차의 움직임은 잘 속는 나의 뇌와 힘을 합쳐 마치 경적 소리의 높이가 변한 것처럼 느끼게 만든다. 나는 현실을 오해했다.

만약 인생 전체가 이러하다면? 만약 이 세상 자체가 환상이라면? 약 2400년 전 플라톤이 정확히 같은 질문을 던졌다. '동굴의 비유'를 통해 플라톤은 동굴 안에서 벽 쪽으로 묶여 있는 죄수들을 상상해보라고 말한다. 이들은 태어날 때부터 동굴 안에 있었으며, 움직이지 못하기 때문에 서로를, 심지어 자기 자신도 쳐다볼 수 없다. 이들이 볼 수 있는 것이라곤 동굴 벽에 비친 자기 그림자뿐이다. 이들은 자신이 그림자를 보고 있다는 사실을 알지 못한다. 그림자는 이들이 아는 유일한 현실이다.

플라톤은 철학이 그림자의 세상에서 벗어나 그 근원, 즉 빛을 발견하게 도와준다고 말한다. 우리가 그 빛을 늘 보기만 하는 것은 아니다. 가끔 우리는 빛을 듣는다.

◆

예상치 못한 고요를 느끼며 잠에서 깬다. 오랜 기차 여행으로 피곤한지라 마르쿠스 스타일로 이불 속에 더 머무르고 싶다. 하지만 어떻게든 의지를 발휘해 몸을 꺼낸 뒤 아침을 먹으러 나선다. 루소처럼 한 발 한 발 집중하며 걷는다. 주중인데도 프랑크푸르트의 거리는 텅 비어 있다. 즉시 호텔로 후퇴해 소크라테스처럼 질문을 던진다.

"다들 어디 간 거죠?"

호텔 안내원이 대답한다. "공휴일이에요. 모르셨어요?"

나를 꾸짖는 소로의 목소리가 들린다. 봐. 관찰하라고. 어린아이의 눈과 현자의 마음으로 세상을 봐. 눈을 뜨라고, 이 친구야!

전열을 가다듬어야 한다. 원래 가려고 했던 쇼펜하우어 기록보관소는 문을 닫았지만 분명 문을 연 곳이 있을 것이다.

아닌가 보다. 유럽인은 공휴일에 진지하다. 셔터를 내린 가게와 카페를 지나 1.5킬로미터쯤 걷다가 문을 연 카페를 발견한다. 열외자다. 이국적인 지역에서 공수한 원두와 장인의 느낌이 나는 바리스타의 표정을 보니 좋은 카페 같다.

수마트라 원두를 핸드드립으로 주문한다. 보통 신경외과 수술 또는 결혼식에서나 보일 법한 집중력으로 섬세하게 커피를 내려 준다. 우유를 부탁하자 바리스타는 입을 앙 다물더니 정교하게 로스팅되고, 산미가 적어 부드럽고, 완벽하게 균형 잡힌 신이 내린 음료에 우유를 넣는 것은 세상에 있는 모든 좋고 아름다운 것에 대한 모욕이라고 (물론 조심스럽게) 말한다.

아, 그렇죠. 내가 말한다. 절대 안 그럴게요.

나는 바리스타가, 아마도 다른 손님을 가르치러 간 틈을 타 커피에 우유를 쪼록 붓는다. 그리고 바깥 테이블에 앉아 쇼펜하우어의 에세이 첫 페이지를 읽는다.

어둠이 내려앉는다. 당분간 이 어둠은 떠나지 않을 것 같다. 모든 페이지와 단어에 염세주의가 스며 있다. 내 커피에 스민 초콜릿의 풍미처럼, 하지만 더 씁쓸하게. 쇼펜하우어는 자신의 침울함을 숨기려 하지 않는다. 에세이 제목부터가 벌써 "세계의 고통에 관하여", "자살에 관하여"다.

이런 염세주의를 철학 탓으로 돌리지 마시길. 쇼펜하우어의 암울한 세계관은 플라톤이나 데카르트를 읽기 훨씬 전인 어린 시절에 형성되었다. 열일곱 살에 부모와 함께 유럽을 여행하던 쇼펜하우어는 이런 결론을 내렸다. "이 세상은 선한 존재의 작품일 수 없다. 세상은 고통스러워하는 모습을 흡족하게 바라보려고 생명체를 창조한 악마의 작품일 것이다." 몇 년 후 철학에서 경력을 쌓기 시작한 쇼펜하우어는 친구에게 이런 편지를 쓴다. "삶은 끔찍한 사건이야. 나는 이러한 삶을 이해하려고 노력하면서 살기로 결심했다네."

쇼펜하우어의 염세주의는 시간이 흘러도 누그러지지 않았다. 오히려 점점 심해지며 절망의 블랙홀이 되었다. 쇼펜하우어는 이렇게 썼다. "오늘은 사정이 나쁘고, 하루하루 갈수록 더 나빠질 것이며, 종국엔 최악이 도래할 것이다." 모든 사람이 "전면적이고, 불가피하고, 돌이킬 수 없는 파멸"을 향해 달려 나가고 있다. 나는 책을 덮고 한숨을 쉰다. 긴 하루가 될 것 같다. 수마트라 커피를 한 잔 더 주문하고 다시 책을 펼친다.

이 염세주의 철학자는 우리 모두가 "가능한 최악의 세계"에 살고 있다고 내게 가르쳐준다. 더 나빴다면 아예 존재하지 않았을 것이다. 그것도 그리 나쁘진 않았을 테지만. 쇼펜하우어는 이렇게 말한다. "삶은 삶을 가장 덜 인식할 때 가장 행복하다."

공기를, 빛을 찾아 잠시 멈춘다. 아무것도 없다. 쇼펜하우어의 검은 그림자가 내 주위를 맴도는 것이 느껴진다. 시각에 집중한 뒤 평퍼짐하고 주름진 바지를 입은 나이 든 여자를 바라본다. 있는 이보다 없는 이가 더 많다. 확실히 노숙자이거나, 아니면 거의 노숙자에 가깝다. 여자는 내가 앉은 테이블 옆의 다른 의자를 가리키며 독일어로 무어라 말한다. 무슨 말을 하는지는 모르겠지만 내가 유일하게 아는 독일어 단어 네 개는 들어 있지 않다. 순간적으로 나는 의자를 좀 빌려가겠다는 뜻일 거라 결론 내린다. 그리고 내가 아는 독일어 단어 네 개 중 두 개를 사용해서 (덧붙이자면 아주 침착하게) "야, 비테 Ja, bitte (yes, please라는 뜻 – 옮긴이)"라고 말한다.

모국어에서 뜻을 추측하는 것은 경솔한 행동이다. 자신이 말하지 못하는 외국어에서 뜻을 추측하는 것은 그냥 멍청한 짓이다. 여자는 의자를 빌려도 되냐고 묻지 않았다. 이 의자에 앉아 나와 말을 해도 되냐고, 나에게 말을 해도 되냐고 물은 것이었다. 그것도 아주 오랫동안. 여자는 말을 하고 또 하고, 나는 가끔씩 "야, 야 ja, ja"를 내뱉으면서 고개를 끄덕이고 또 끄덕인다.

일방적인 대화다. 아주 조금은 이해할 수 있다. 여자는 오마 oma, 즉 할머니다(내가 세 번째로 아는 독일어 단어다). 그밖엔 더 알아듣는 바가 없다.

여자가 말을 하다 지치기를 바라지만 말하는 속도가 줄지조차 않는다. 소크라테스라면 어떻게 했을까? 물론 소크라테스는 대화를 나누었을 것이다. 하지만 어떻게?

웨이터가 여자에게 커피 한 잔을 가져다준다. 확실히 공짜 커피다. 여자는 넘치도록 감사를 표한다. 감사는 말보다는 눈으로, 온몸으로 표현하는 만국 공통어다.

염세주의 철학자 쇼펜하우어는 감사와 연민의 가능성을 무시하지 않았다. 우리는 세계를 분리된 것으로 경험하지만 쇼펜하우어는 동양의 신비주의자들처럼 이러한 인식이 환상이라고 믿었다. 세계는 하나다. 다른 사람을 돕는 것은 곧 자기 자신을 돕는 것이다. 우리는 자기 손가락의 통증을 느끼듯 타인의 고통을 느낀다. 낯선 것이 아닌, 자신의 일부로서.

나의 손님은 커피를 마시면서도 말을 멈추지 않는다. 귀 기울여 듣기로 마음먹는다. 이해할 수는 없지만 들을 수는 있다.

듣기는 쇼펜하우어에게 중요한 문제였다. 예를 들면 쇼펜하우어가 "심장의 보편 언어"라고 칭한 음악 듣기가 그랬다. 다른 종류의 듣기도 마찬가지였다. 이 세상의 소음을 넘어 자신의 직감 듣기. 지혜가 어디에 도사리고 있을지 알 수 없으므로 외국어로 말하는 다른 목소리 듣기. 그리고 물론, 고통받는 이의 목소리 듣기. 인간 혐오와 심술궂은 성격에도 불구하고, 쇼펜하우어는 연민을 가치 있게 여겼다. 비록 같은 인간보다는 동물에게 연민을 더 많이 표하긴 했지만.

듣기는 연민의 행위, 사랑의 행위다. 귀를 빌려주는 것은 곧 마음을 빌려주는 것이다. 잘 듣는 것은 잘 보는 것과 마찬가지로 하나의 기술이며, 다른 기술과 마찬가지로 습득 가능하다.

이 없는 입가에 미소가 번지는 것을 보니 여자는 내 관심을 고마워하는 것 같다. 마침내 여자가 자리에서 일어난다. 츄스 tschüss, 우리는 작별 인사를 나눈다. 내가 아는 네 번째 독일어 단어다.

◆

쇼펜하우어는 염세적이었던 첫 번째 철학자도, 마지막 철학자도 아니지만 그럼에도 매우 독보적인 염세주의자였다. 쇼펜하우어의 강점은 우울함이 아니라 우울을 설명하기 위해 쌓아 올린 철학적 체계, 고통의 형이상학이었다. 여태껏 염세적인 철학자는 여럿 있었지만 염세주의를 진정으로 파고든 철학자는 쇼펜하우어 단 한 명뿐이다.

쇼펜하우어의 철학은 그의 저서 《의지와 표상으로서의 세계》에 전부 제시되어 있다. 오직 철학자만이 사랑할 제목이다. 겨우 20대 때 완성한 이 작품을, 쇼펜하우어는 "한 가지 생각의 산물"이라고 칭했다. 그리고 그 생각을 설명하는 데에는 1156페이지가 필요했다. 쇼펜하우어의 편을 들어주자면, 그 생각은 매우 거대했다. 책의 첫 문장부터 상당히 특별하다. "세계는 내가 만들어 낸 생각이다."

이 문장은, 이번만은, 쇼펜하우어의 오만한 발언이 아니다. 이

것은 그의 철학이다. 쇼펜하우어가 말하고자 하는 바는 자신이 이 세상을 지어낸 저자라는 게 아니라, 우리 모두가 저마다 자기 정신에서 현실을 구성한다는 의미다. 쇼펜하우어의 세계는 그의 생각이고, 우리의 세계는 우리의 생각이다.

쇼펜하우어는 관념론자였다. 철학적 의미에서 관념론자idealist 는 이상ideal이 높은 사람을 의미하지 않는다. 관념론자는 우리가 경험하는 모든 것이 세계 자체가 아니라 정신에서 일어나는 현상 이라고 믿는 사람을 뜻한다. 물리적 대상은 우리가 그것을 인식 할 때에만 존재한다. 세계는 내가 만들어낸 생각이다.

이 개념이 괴상하게, 어쩌면 망상처럼 들릴 수 있다는 것은 알 지만, 그렇게 얼토당토않은 개념은 아니라고 생각한다. 현대 철 학자 나이절 워버턴은 거대한 영화관을 비유로 든다. 이 영화관에 서는 모두가 각기 다른 상영관에서 똑같은 영화를 보고 있다. 워버 턴은 말한다. "우리는 영화관을 떠날 수 없다. 영화관 바깥에 아무것 도 없기 때문이다. 영화는 우리의 현실이다. 아무도 스크린을 보지 않을 때 영사기의 불빛은 꺼지지만 영화는 영사기에서 계속 돌아가 고 있다."[1]

관념론자들은 오로지 우리의 의식만이 존재한다고 생각하지 않는다(그렇게 생각하는 것은 유아론이다). 관념론자들은 세계는 존 재하지만 우리 정신의 구성물로서 우리가 그것을 인식할 때에 만 존재한다고 생각한다. 다른 비유로 냉장고 불빛을 떠올려보 자. 냉장고 문을 열 때마다 불이 들어온다. 냉장고의 불이 항상 켜져 있다고 생각하는 것은 잘못된 생각이다. 냉장고 문을 닫으면 안에서 무슨 일이 벌어지는지 우리는 알지 못한다. 이와 비슷하게, 우리의 인식 능력 너머에 무엇이 존재하는지 우리는 알지 못한다.

매일 삶을 살아가면서 우리는 이처럼 정신에서 구성된, 즉 인지적 세계를 경험한다. 이 세계는 실재한다. 호수의 표면이 실재하는 것과 마찬가지다. 하지만 유리처럼 매끈한 수면이 호수의 전부가 아니듯이, 인지적 세계 역시 실재의 일부만을 나타낸다. 호수의 깊이를 설명해내지는 못한다.

이마누엘 칸트 같은 관념론자들은 이러한 깊이가 감각 인식 너머에 존재하지만 눈에 보이지 않는 호수의 바닥이 실재하듯 틀림없이 존재한다고 믿는다. 사실 우리가 일반적으로 경험하는 찰나의 감각적 현상보다 더욱 실재적이다. 철학자들은 이 눈에 보이지 않는 실재에 다양한 이름을 붙였다. 칸트는 이를 예지체 noumenon라고 불렀다. 플라톤은 이를 이상적인 형태의 세계라고 불렀다. 인도 철학자들에게 이는 곧 브라만이었다. 이름은 다 다르지만 개념은 동일하다. 서둘러 직장에 출근하고, 넷플릭스를 몰아서 보고, 이 그림자의 세계에서 각자 자기 할 일을 하는 동안 우리가 인식하지 못하는 존재의 차원.

쇼펜하우어는 이 세계 너머에 있는 세계 개념을 지지했지만 여기에 흥미롭고 (당연히) 우울한 자신만의 생각을 덧붙였다. 칸트와 달리 쇼펜하우어는 실재가 단일하고 통일된 독립체이며, 비록 간접적일지라도 접근 가능하다고 생각했다. 그것은 모든 인간과 동물, 심지어 무생물을 뒤덮고 있다. 그것은 아무 목적 없이 분투하며, 미안한 기색조차 보이지 않는 무자비한 악이다.

쇼펜하우어는 이러한 힘을 "의지"라 칭했다. 나는 이 이름이 부적절하다고 본다. 쇼펜하우어가 말하는 의지는 정신력이 아니라 일종의 힘이나 에너지를 의미한다. 예를 들면 중력 같은 것이다. 중력만큼 유순하지는 않지만. 쇼펜하우어는 의지를 다음과 같이 설명한다.

> 의지의 욕망은 끝이 없으며 요구는 고갈될 줄을 모른다. 모든 욕망이 새로운 욕망을 낳는다. 그 갈망을 가라앉히거나 그 요구에 끝을 맺거나 그 심장의 끝없는 나락을 채우기엔 세상의 그 어떤 만족도 충분치 않다.

두 가지 의견. 첫째, 의지는 대학 시절 내 여자 친구처럼 끔찍한 녀석인 것 같다. 둘째, 빛이 더욱더 요원해 보인다.

의지는 끝없는 노력이다. 만족 없는 욕망이다. 영화 없는 시사회, 절정 없는 섹스다. 의지는 스카치위스키 두 잔으로 충분할 때 세 번째 잔을 주문하게 만든다. 의지는 머릿속을 긁어대는 소음이다. 가끔 약해질 때가 있긴 하지만, 보통은 스카치위스키 네 잔을 마신 후에도 절대 침묵하지 않는 소음이다.

상황은 갈수록 나빠진다. 의지는 결국 자기 자신을 해친다. 쇼펜하우어는 말한다. "결국 의지는 자신을 먹어치우며 살아가야 하는데, 의지 외에는 아무것도 없고 의지는 굶주려 있기 때문이다." 가젤에게 이빨을 박아 넣는 사자는 자기 자신의 가죽에 이빨을 박아 넣고 있는 것이다.

취미 동물학자였던 쇼펜하우어는 어느 날 오스트레일리아에서 새로운 종류의 개미가 발견되었음을 알게 된다. 미르메키아^{Myr-mecia}라는 학명을 가진 이 오스트레일리아 불독개미는 악랄함으로 악명 높을 만하다. 불독개미는 강력한 턱으로 먹이를 꽉 움켜쥔 후 반복해서 치명적인 독침을 쏜다. 이 불독개미가 반으로 잘리면, 강력한 턱을 가진 머리가 독침을 가진 꼬리와 치열한 싸움을 벌인다. "이 싸움은 둘 모두가 죽거나 다른 개미가 와서 이들을 죽이기까지 30분이나 이어질 수 있다." 쇼펜하우어는 말한다.

개미가 자기 자신을 집어삼키게 만드는 것은 악의나 피학증이 아니라 바로 의지다. 쇼펜하우어는 개미가 의지에 저항하지 못하는 것이 곧 손에 든 머그컵을 놓으면 컵이 중력에 저항하지 못하고 떨어지는 것과 같다고 생각했다. 불독개미와 마찬가지로 우리는 자기 안에 있는 잔인함의 저자이자 독자이며 피해자이자 가해자다. 그리고 아주 오랫동안 고통스러워하면서 천천히 스스로를 집어 삼킬 운명이다.

절망하지 마시게. 어둠의 철학자가 말한다. 우리는 "세상을 떨쳐냄"으로써 의지라는 블랙홀에서 벗어날 수 있다. 여기에는 두 가지 방법이 있다. 첫 번째는 금욕적인 삶을 살면서 때때로 며칠씩 굶고, 몇 시간 동안 명상을 하고, 성적 순결을 지키는 것이다. 나는 두 번째로 넘어가겠다. 두 번째 방법은 예술이다. 훨씬 낫다. 쇼펜하우어는 예술이 즐겁기만 한 것이 아니라고 말한다. 예술은 우리를 해방시킨다. 예술은 의지라는 끊임없는 분투와 고통으로

부터의 일시적 유예를 제공한다.

예술이 이런 재주를 부릴 수 있는 것은 사실상 예술이 우리를 우리 자신에게 내던지게 하기 때문이다. 예술 작품을 창조하거나 감상할 때 우리는 쇼펜하우어와 부처가 고통의 근원이라고 말한 분리감을 느끼지 않는다. 쇼펜하우어는 예술이 "안개를 걷어낸 다"고 말한다. 개별성이라는 환상이 사라지고, "그러므로 우리는 더 이상 인식과 인식의 주체를 분리하지 못하고 그 두 가지가 하나가 된다. 의식 전체가 인식된 단 하나의 상으로 가득 차기 때문이다."

쇼펜하우어는 이성이나 큐레이터의 도움 없이도 주체와 객체의 융합이 발생한다고 말한다. 이러한 미적 즐거움은 미술관이나 콘서트홀에서만 발생하지 않는다. 어디에서나 일어날 수 있다. 익숙한 거리를 걷다가 무엇인가를 발견한다. 우편함이나 소화전처럼 일상적이고 전에도 여러 번 보았던 물체다. 하지만 이번에는 전과 다르게 바라본다. 철학자 브라이언 매기는 다음과 같이 설명한다. "마치 시간이 멈춘 것처럼, 무엇에도 얽매이지 않은 채로 우리 앞에 그 대상만이 홀로 존재하는 것 같다. 이상할 정도로 온전히 그 자체로서, 기묘할 정도로 매우 현실적으로, 그저 그곳에 존재하는 것이다."[2]

이런 미적 순간에 우리는 고통을 느끼지 않지만 마찬가지로 행복도 느끼지 않는다. 행복과 슬픔 사이의 구분은 사라진다. 세상을 떨쳐내는 동시에 거짓 이분법도 떨쳐낸 것이다. 우리는 예술의 대상을 비추는 거울이 된다. 쇼펜하우어는 이를 "맑은 세계의 눈"이라고 칭한다.

물론 문제는 있다. 이러한 미적 순간은 일시적이며 쉽게 사라진다. 우리가 그 순간을 인식하자마자 의지가 다시 우리의 인식 안으로 들어오고, "마법은 끝이 난다."

◆

쇼펜하우어는 평생 제대로 인정받지 못했으며 심지어 죽어서도 존중받지 못하고 있다. 쇼펜하우어 박물관 같은 것은 없다. 쇼펜하우어의 물건들은 지역 대학에 보이지 않게 소장되어 있다. 나는 큐레이터에게 이메일을 보내 프랑크푸르트의 잊힌 자식에게 관심이 있다고 설명했다.

며칠 후 슈테판 로퍼라는 사람에게서 답장이 온다. 그는 예의 바르고 쾌활하다. 상당히 놀란 것 같은 느낌이 강하게 든다. 요즘에는 쇼펜하우어를 찾는 방문객이 많지 않다는 것이다.

다음 날, 적절하게도 비가 내리고 음산하다. 대학까지 몇 블록 걷는다. 실용적으로 보이는 칙칙한 건물 안으로 들어간다. 그리고 즉시 길을 잃는다. 안내 데스크 뒤에 서 있는 젊은 여자에게 다가간다.

나는 이렇게 말한다. "쇼펜하우어?" 아니, 말하기보다는 묻는다. 마치 저 이름 자체가 형이상학적 질문이라도 되는 것처럼. 여자가 으스스하게 고개를 끄덕인다. 염세주의 철학자의 이름을 듣는 것만으로도 기분이 안 좋아진 거라고, 나는 생각한다. 침울한 독일인과 행복한 독일인을 구분하기란 쉽지 않다. 분명히 얼굴 근육과 눈의 움직임에 미묘한 차이가 있겠지만, 그러한 차이는 나 같은 외국인의 이해력 너머에 있다.

버저를 누르자 몇 초 후 가냘프고 쾌활하며 수줍음을 타는 남자가 나타난다. 슈테판 로퍼는 코 밑에 수염이 있고 이마가 훤하며 눈이 새파랗다. 그의 장밋빛 얼굴을 보니 거나하게 취한 아기 천사가 떠오른다.

우리는 커다란 방 안으로 들어간다. 오래된 책과 소독약 냄새가 난다. 벽에 걸린 쇼펜하우어가 걷고 있는 우리를 내려다본다. 벽마다 쇼펜하우어의 초상화와 사진 한두 장이 걸려 있다. 함부르크의 열다섯 살 소년에서 프랑크푸르트의 70대 현자의 모습까지 나이대가 다양하다.

액자 속의 아르투어 쇼펜하우어는 "세계는 내가 만들어낸 생각"이라고 대담하게 선언한 사람치고는 이상하게 불편해 보인다. 루소처럼 쇼펜하우어는 자신을 집 없는 떠돌이로 여겼다. 자기 집에 있을 때도 마찬가지였다. 철학계의 최하층민이었던 쇼펜하우어는 비판받는 것보다 무시당하는 것이 더 가혹한 운명임을 보여주는 살아 있는 증거였다. 거의 평생 동안 그의 책은 읽히지 않았고 그의 생각은 사랑받지 못했다. 다른 참가자 없이 덴마크 철학상에 단독 공모했을 때조차 수상에 실패했다. 그는 죽음을 겨우 몇 년 앞두고서야 약간의 인정이나마 받을 수 있었다.[3]

쇼펜하우어의 삶에서 나타나는 여러 가지 역설 중 하나는, 프로이트에게 철학적 영향을 미친 그가 매우 프로이트스러운 어린 시절을 보냈다는 것이었다. 특히 어머니와의 문제가 컸다. 어머니 요한나 쇼펜하우어는 문학적·사회적 포부가 대단했고, 어린 아이를 키우는 것은 그녀에게 그리 중요한 일이 아니었다. 그녀는 본인이 직접 말했듯이 곧 자신의 "새 인형을 갖고 노는 것"[4]에 싫증이 났고, 쇼펜하우어의 어린 시절 내내 그를 무시하다가 분노하기를 반복했다. 훗날 쇼펜하우어는 요한나가 "매우 나쁜 어머니"였다고 썼다.

성공한 상인이었던 쇼펜하우어의 아버지도 그리 좋은 사람은 아니었다. 한 편지에서 그는 쇼펜하우어에게 글씨를 쓸 때는 대문자를 제대로 쓰고 화려한 장식체는 다 빼버리라고 충고했다. 또 다른 편지에서 그의 심기를 건드린 것은 어린 쇼펜하우어의 자세였다. 그는 "잘 자란 다른 애들처럼 꼿꼿이 걸어 다니라는 얘기를 언젠가 네게 하지 않아도 되기를, 나처럼 너희 어머니 역시 고대하고 있단다"[5]라고 쓰고는 잔인하게 덧붙였다. "어머니가 안부를 전한단다."

쇼펜하우어의 아버지는 아들을 가업의 후계자로 키웠다. 심지어 '아르투르'라는 이름을 붙인 것도 그 이름이 국제적인 느낌을 풍겨서였다. 하지만 쇼펜하우어의 부족한 사회성은 아버지에게 좌절감을 안겼다. 한 편지에서 그는 경멸하듯 말한다. "네가 다른 사람을 상냥하게 대하는 법을 배우면 얼마나 좋겠니."[6]

쇼펜하우어는 끝까지 그 방법을 배우지 못했다. 그는 만나는 거의 모든 사람을 밀어냈다. 원하면 매력적인 사람처럼 굴 수 있었지만 그런 때는 드물었다. 그는 평생을 독신으로 살았고 잠시

괴테와 교제했을 때를 제외하면 진정한 친구도 없었다. 하지만 아트만(산스크리트어로 자아라는 뜻이다)이라는 이름의 푸들만은 사랑했다. 쇼펜하우어는 사람에겐 절대로 내보이지 못했던 따뜻함을 아트만 앞에서만큼은 드러내 보였다. 그는 아트만이 버릇없이 굴 때마다 "이봐요, 선생님"이라는 말로 다정하게 꾸짖곤 했다.

쇼펜하우어는 다른 동물인 고슴도치의 도움을 받아 인간관계를 설명한다. 추운 겨울날 한 무리의 고슴도치가 옹기종기 모여 있는 모습을 상상해보자. 고슴도치들은 얼어 죽지 않으려고 서로 가까이 붙어 서서 옆 친구의 체온으로 몸을 덥힌다. 하지만 너무 가까이 붙으면 가시에 찔리고 만다. 쇼펜하우어는 고슴도치들이 "두 악마 사이를 오가며" 붙고 떨어지기를 반복하다가 결국 "서로를 견딜 수 있는 가장 적절한 거리"를 발견한다고 말한다.

오늘날 고슴도치의 딜레마라는 이름으로 알려진 이 딜레마는 우리 인간의 딜레마이기도 하다. 우리는 살아남기 위해 타인을 필요로 하지만 타인은 우리를 해칠 수 있다. 관계는 끊임없는 궤도 수정을 요하며, 매우 노련한 조종사조차 가끔씩 가시에 찔린다.

◆

슈테판 로퍼가 커다란 상자를 열고 녹슨 포크와 스푼을 꺼낸다. 쇼펜하우어는 외식을 할 때마다 술잔과 함께 이 포크와 스푼을 가지고 다녔다. 그는 레스토랑의 위생 상태는 물론 그 밖의 웬만한 것들도 다 불신했다. 그는 이발소에 가지 않았다. 이발사가 칼로 자기 목을 그을까 봐 무서워서였다. 쇼펜하우어는 불안이 심했고 가끔 공황발작이 찾아오기도 했다.

슈테판이 다른 상자에서 원기둥 모양의 물체를 꺼낸다. 아이보리색 플루트. 아버지가 아들 쇼펜하우어에게 준 선물이었다. 손으로 들어본다. 기분 좋은 무게감과 견고함이 느껴지고, 죽은 사람의 물건에서 느껴지는 약간의 으스스함도 있다. 플루트를 만지는 게 꼭 침입이나 폭력처럼 느껴진다. 심술궂은 쇼펜하우어의 잔소리가 들리는 것만 같다. 내 플루트에서 그 더러운 손 당장 떼지 못해!

플루트는 쇼펜하우어가 성인이 된 후 힘들 때마다 늘 곁을 지켜준 벗이었다. 매일 정오가 되기 직전 쇼펜하우어는 자리를 잡고 앉아 콘 아모레con amore, 즉 애정을 담아 플루트를 불었다. 쇼펜하우어는 모차르트를 좋아했다. 하지만 로시니를 흠모해서 이 이탈리아 작곡가의 이름이 나올 때마다 눈알을 까뒤집을 정도로 좋아했다. 쇼펜하우어는 로시니의 모든 음악을 플루트로 연주할 수 있도록 편곡했다.

쇼펜하우어가 매우 즐겁게 플루트를 연주했다는 사실은 그의 팬이었다가 비판자로 변한 프리드리히 니체가 그의 염세주의에 의문을 품게 했다. 매일 그렇게 즐거워하며, 그렇게 사랑을 담아 플루트를 연주한 사람이 어떻게 염세주의자일 수 있을까? 쇼펜하우어는 여기서 아무 모순도 느끼지 못했다. 이 세계는 실제로 고통이자 엄청난 오류이지만, 그 고통이 일시적으로 유예될 때가 있다. 짧은 즐거움의 순간들.

예술보다 더 즐거운 것은 없다. 예술, 좋은 예술은 감정의 표현이 아니라고, 쇼펜하우어는 생각했다. 예술가는 감정이라기보다는 일종의 지식을 전달한다. 실재의 진정한 본질을 보여주는 창문. 예술은 "한낱 개념"을 넘어서는 지식이며, 그러므로 말의 표현 범위를 넘어선다.

또한 좋은 예술은 정념을 초월한다. 욕망을 키우는 모든 것은 고통을 키운다. 욕망을, 쇼펜하우어의 표현에 따르면, 의지를 줄이는 모든 것은 고통을 완화한다. 예술 작품을 바라볼 때 우리는 아무것도 갈망하지 않는다. 그렇기에 포르노가 예술이 아닌 것이다. 포르노는 예술의 정반대 지점에 있다. 포르노의 유일한 목적은 욕망을 자극하는 것이다. 욕망을 자극하지 못하면 그 포르노는 실패작으로 여겨진다. 예술에는 더 고귀한 목표가 있다. 체리한 그릇을 그린 정물화 앞에서 느껴지는 반응이 배고픔뿐이라면 그 작품을 그린 예술가는 목표를 이루지 못한 것이다.

쇼펜하우어는 미학의 위계질서를 만들었다. 건축은 사다리 가장 아래에, 연극은 (물론 그중에서도 비극은) 사다리 꼭대기에 있다. 음악은 이 사다리에 없다. 음악은 자기만의 카테고리가 따로 있다.

쇼펜하우어는 음악 외의 다른 예술은 그림자를 이야기할 뿐이라고 말한다. 음악은 본질을, 물자체를 이야기하고, 그러므로 "모든 삶과 존재의 가장 내밀한 본성을 표현"한다. 천국의 이미지, 심지어 세속화된 천국의 이미지 안에 그림과 조각상은 포함될 수도 아닐 수도 있다. 하지만 그곳에 음악이 있으리라는 것은 자명한 사실이다.

언어는 인간이 만든 것이지만 음악은 중력이나 뇌우처럼 인간의 사상과 무관하게 존재한다. 숲속에서 울리는 트럼펫 소리를 아무도 듣지 못한다 해도 트럼펫은 여전히 울린다. 언젠가 쇼펜하우어는 세계가 존재하지 않는다 해도 음악은 존재할 것이라고 말했다.

음악은 다른 예술과 달리 개인적이다. 가장 좋아하는 그림은 없을 수 있지만 가장 좋아하는 노래는 아마 다들 있을 것이다. 열세 살 난 나의 딸아이는 다양한 음악 장르를 들어보면서 자신이 무엇을 좋아하고 무엇을 좋아하지 않는지 발견하고 있다. 아이는 자신의 '음악적 정체성'을 형성하고 있는 것이 아니다. 아이는 자신의 정체성을 형성하고 있다. 이상 끝. 우리가 듣는 음악은 우리가 입는 옷이나 우리가 모는 자동차, 우리가 마시는 와인보다 우리 자신에 대해 더 많은 것을 말해준다.

아무것도 와 닿지 않을 때에도 음악만은 와 닿을 수 있다. 음악은 어둠 속의 한줄기 빛이다. 윌리엄 스타이런은 자신의 우울증을 회고한 저서 《보이는 어둠》에서 자살을 고민하다 마치 날아오르는 듯한 브람스의 음악을 들었던 일화를 들려준다. "모든 음악에, 사실상 모든 기쁨에 몇 달간 아무 반응 없이 무감각했으나, 이 음악이 비수처럼 내 심장에 꽂혔고, 추억이 물밀듯 밀려들면서 이 집에서 있었던 모든 즐거운 일들이 떠올랐다. 온 방을 뛰어다니던 어린애들, 축제, 사랑과 일."[7]

음악에는 치료 효과가 있다. 수많은 연구 결과, 뇌졸중 발병 이후 음악을 들으면 인지 능력이 더 빠르게 회복되었다.[8] 거의 의식이 없는 환자, 심지어 식물 상태에 있는 환자도 가장 좋아하는 음악을 들려주면 뇌가 더 활발하게 활동한다.[9]

나는 머리로는 음악이 주는 혜택을 알지만, 푹 빠져들어 음악에 깊은 조예를 쌓지는 못한다. 나는 일종의 음악적 무감각에 시달리고 있다. 10대 시절에도 앨범을 사 모으거나 직접 믹스테이프를 만든 적이 없다. 가끔 콘서트를 보러 가기는 하지만 친구들에게 억지로 끌려갈 때뿐이다. 오늘날까지도 내겐 음악의 모든 장르가 낯설다. 음악이 들리면 즐기기는 하지만, 좋은 스카치위스키나 좋은 가방만큼 즐기지는 않는다. 나는 소리와 말을 정말 좋아하기 때문에 이처럼 내가 음악을 잘 감상하지 못한다는 사실이 늘 이상하게 느껴진다.

NPR에서 즐겨 하는 오래된 농담이 있다.

"왜 라디오가 텔레비전보다 더 낫죠?"

"눈에 보이는 게 더 나으니까요."

입으로 말을 하는 데에는 어딘가 원초적인 면이 있다. 우리 인간은 이야기를 읽기 훨씬 전부터 이야기를 들어왔다. 소리는 중요하다. 문자는 정보 전달에 탁월하고, 입말은 의미 전달에 탁월하다. 문자는 생기가 없다. 입말은 살아 있고, 친밀하다. 누군가가 말하는 것을 들으면 그 사람을 알게 된다. 그렇기 때문에 NPR과 팟캐스트, 오디오북이 그렇게 인기가 있는 것이다. 그렇기 때문에 우리 어머니가 이메일을 거부하고 매주 월요일에 꼭 전화 통화를 고집하는 것이다.

나는 NPR의 해외통신원으로 일하면서 다양하고 풍부한 소리의 질감을 감상하는 법을 배웠다. 델리 길거리 행상의 단조로운 외침, 도쿄의 파칭코 안에서 울려 파지는 불협화음. 하지만 가장 흥미로웠던 것은 입말의 소리였다. 인간의 목소리는 자연 최고의 거짓말 탐지기로, 나는 얼마 가지 않아 말하는 사람이 진실한지 아닌지를 몇 초 만에 알아낼 수 있게 되었다. 정치인은 가장 진실하지 못한 사람들이다. 그들은 단어 선택도 비겁하지만 목소리의 톤도 문제다. 너무 조심스럽고, 가성으로 말한다. 심지어 어린아이도 무언가를 팔려고 하는 사람의 목소리를 알아챈다. 어린아이는 이런 데에 특히나 더 능숙하다.

왜 나는 이런 소리에 대한 직감을 음악의 세계로 옮기지 못하는 걸까? 어쩌면 음악을 충분히 알지 못해서, 내가 가진 한정적 지식이 내 발을 걸고 넘어뜨려서 심장의 보편 언어를 듣지 못하는 것일지 모른다.

나의 친구 존 리스터는 클래식 음악 마니아이자 독일 철학 마니아다. 게다가 바그다드에 살며 구호 단체에서 일한다. 안전상의 이유로 지금 존은 며칠간 호텔방에 갇혀 있다. 그래서 시간이 남아돈다. 완벽한 통신원이다.

노트북을 열고 음악에 대한 지식이 즐거움을 배가시켜주는지, 아니면 방해하는지 묻는다. 어떻게 해야 음악을 감상하는 법을 배울 수 있어? 보내기를 누른다.

몇 시간 뒤 메일함에 장문의 답장이 도착한다. 몇 페이지에 이르는 존의 이메일을 훑어보고 존의 박식함과 남아도는 시간에 말

없는 감사를 전한다.

"전부 어려운 질문이네." 존이 이렇게 쓰고는 전혀 어렵지 않다는 듯 바로 대답하기 시작한다. 존은 음악에 대한 지식이 즐거움을 배가시켜준다고 말한다. "지식이 없었다면 얻지 못했을 어떤 깨달음을 줄 수도 있고, 음의 아름다움에만 사로잡혀서 음악을 심미적 경험으로만 바라보지 않도록 도와줄 수도 있어."

음악에는 하나의 집만 있는 것이 아니다. 음악은 "두 세계 사이를 맴돈다."(쇼펜하우어가 동의한다는 의미로 웅얼거리는 소리가 실제로 들리는 것 같다.) 존은 설명을 이어간다. 음악의 종류가 다르면 듣는 방법도 달라져야 한다. 바그너는 쉽다. "바그너의 음악은 마약의 효과가 밀려드는 것과 비슷할 정도로 감각적"이다. 베토벤과 말러, 브람스는 좀 더 까다롭다. "저 사람이 내게 무엇을 전달하고자 하는지 이해하려고 노력해야 해. 바그너는 무언가에 관해서 말을 해. 베토벤과 말러, 브람스는 그냥 말을 하고. 그게 차이점이야."

존은 음악적 구조에 관해 아는 것이 좋은 더 실질적인 이유도 있다고 설명한다. 지식은 귀를 단련시킨다. 어디에 귀를 기울여야 하는지 알게 되고, 딴 생각에 빠질 가능성이 줄어든다.

쇼펜하우어는 딴 생각에 대해 깊이 사색했다. 우리는 실리적이고 계산적인 관점으로만 세상을 본다고, 쇼펜하우어는 말했다. 계약 성사에 열중하고 있는 암스테르담의 증권 중개인은 자기 주변의 세상을 의식하지 못한다. 체스 선수는 중국 체스 말의 우아함을 보지 못한다. 전투를 계획하는 장군은 전장의 아름다운 풍경을 보지 못한다.

음악과는 이와 다른 관계, 덜 계산적인 관계를 맺어야 한다. 사심 없는 관점에서 음악을 경험해야 한다. 사심은 없지만 무관심한 것은 아니다. 둘 사이에는 차이가 있다. 어떤 음악 작품에 무관심한 것은 그 음악에 냉담한 것이다. 사심이 없는 것은 음악에 어떤 기대도 품지 않고 어떤 요구도 하지 않는 것, 하지만 미학적 기쁨의 가능성에 문을 열어놓는 것이다. 불교 신자라면 음악에 애착을 갖지 않되 그렇다고 아예 초연하지도 않다고 말할 것이다. 신비주의 기독교인이라면 음악에 "신성한 무심함"을 유지하고 있다고 말할 것이다. 의미는 같다. 진정한 듣기를 위해서는 판단을 유보해야 한다. 쇼펜하우어는 이처럼 아무런 판단 없이 음악을 들을 때 "절대적 행복을 느낀다"고 말한다.

이 구절을 읽고 잠시 어안이 벙벙해진다. 쇼펜하우어가 '행복' 이라는 단어를 사용한 것을 처음 보았다. 언뜻 반짝이는 불빛.

음악은 내가 생각하는 그런 것이 아니라고, 쇼펜하우어가 내게 말한다. 음악은 감정을 전달하지 않는다. 음악은 감정의 본질을, 내용 없는 그릇을 전달한다. 음악을 들을 때 우리는 구체적인 슬픔이나 구체적인 즐거움이 아닌 슬픔이라는 감정 자체와 즐거움이라는 감정 자체를 느낀다. 쇼펜하우어는 이것을 "감정에서 추출한 정수"라고 표현한다. 슬픔 자체는 고통스럽지 않다. 우리를 아프게 하는 것은 무언가에 관한 슬픔이다. 그래서 우리가 신파 영화를 보거나 레너드 코헨의 음악을 듣는 것을 좋아하는 것이다. 극적인 사건에 덜 몰입하면 어딘가에 매이지 않고 감정 그 자체를 경험할 수 있으며, 슬픔 안의 아름다움을 감상할 수 있다.

쇼펜하우어에게는 느린 멜로디가 가장 아름다운 슬픔이었다. 그는 느린 멜로디를 "발작적인 울부짖음"이라 부른다. 새뮤얼 바버의 〈현을 위한 아다지오〉가 좋은 예다. 나는 슬플 때마다 이 곡을 듣는다. 내 생각에 이건 자기 고통에 푹 빠진 자기밖에 모르는 행동이 아닌, 무언가 더 숭고한 행위다. 그 음악은 내 슬픈 기분과 잘 어울리고 내 감정을 인정해주지만 한편으로는 슬픔의 원인과 거리를 두게 도와주기도 한다. 나는 슬픔을 삼키지 않은 채, 또는 슬픔에 삼켜지지 않은 채 슬픔을 경험할 수 있다. 그 씁쓸함을 음미할 수 있다.

◆

나는 쇼펜하우어가 자신의 염세주의를 입증하려고 일부러 불운을 끌어들인 게 아닌가 싶다. 피학증의 물줄기가 그의 삶 전체를 타고 흐른다. 베를린에서 잠시 교수직을 맡았을 때 쇼펜하우어는 "역겹고 멍청한 사기꾼에 헛소리를 써 갈기는 전무후무한 작자"라며 무척 혐오했던 프리드리히 헤겔과 같은 시간에 강의를 배치해달라고 요구했다. 헤겔은 철학계의 록스타였고 쇼펜하우어는 무명이었다. 예상할 수 있듯이 쇼펜하우어의 강의에는 학생이 채 다섯 명도 오지 않았다. 그 이후로 쇼펜하우어는 다시는 강단에 서지 않았다.

자신의 물건이 교육기관에 소장되어 있는 것을 봤다면 쇼펜하우어는 아마 크게 놀랐을 것, 아니 크게 격노했을 것이다. 그는 엄격한 규칙과 "페티코트 입은 철학자들"이 있는 학계를 경멸했다. 방랑하는 철학자의 삶을 선호했고, 아버지의 유산 덕분에 실제로 그러한 삶을 유지할 수 있었다. 스피노자처럼 안경점에서 렌즈를 깎을 필요도, 칸트처럼 대학생을 가르칠 필요도 없었다.

나도 쇼펜하우어처럼 우울하지만 그렇다고 염세주의자는 아니다. 그의 침울함에는 근본적인 문제가 있다. 바로 우리 인간은 절대로 알 수 없는 완벽한 지식을 상정한다는 것이다. 우리가 "가능한 최악의 세계"에 살고 있다고 의심할 수는 있겠지만, 정말로 그걸 확신할 수 있을까? 염세주의는 나에게는 없는 확신을 필요로 하며, 그 점에서 나는 감사하다.

중국 농부의 우화를 생각해보자. 어느 날 농부의 말이 달아났다. 그날 저녁 이웃들이 위로해주러 찾아왔다.

이웃들이 말했다. "자네 말이 달아났다니 정말 유감이네. 정말 안된 일이야."

"그럴 수도." 농부가 말했다. "아닐 수도 있고."

그다음 날 말이 일곱 마리의 야생마와 함께 집으로 돌아왔다. 그러자 이웃들이 말했다. "오, 정말 행운 아닌가. 이제 말이 여덟 마리나 있잖나. 이렇게 상황이 뒤바뀌다니."

"그럴 수도." 농부가 말했다. "아닐 수도 있고."

그다음 날 농부의 아들이 야생마 중 한 마리를 길들이다가 말에서 떨어져 다리가 부러졌다. "오, 이런. 정말 안됐구려." 이웃들이 말했다.

"그럴 수도." 농부가 말했다. "아닐 수도 있고."

그다음 날 징병관이 전쟁에서 싸울 군인을 징집하러 마을로 찾아왔으나 다리가 부러졌다는 이유로 농부의 아들은 데려가지 않았다. 모든 이웃들이 말했다. "정말 잘된 일 아닌가!"

"그럴 수도." 농부가 말했다. "아닐 수도 있고."

우리는 광각의 세상에서 망원 렌즈로 찍은 사진 같은 삶을 살아간다. 전체적인 그림은 전혀 볼 수 없다. 우리가 택할 수 있는 유일한 건강한 반응은, 중국의 농부처럼 '아마도 철학'을 취하는 것이다.

좋은 철학자는 좋은 청자다. 지혜가 어디에 숨어 있는지는 아무도 모르므로 이들은 얼마나 낯설든 간에 다양한 목소리를 듣는다. 아르투어 쇼펜하우어는 이국의 고대 문헌에 숨은 지혜를 발견했다.

1813년이었다. 아직 어머니와 왕래하는 사이였던 쇼펜하우어는 어머니의 사교 모임을 방문했다. 사람들 중에 프리드리히 마이어Friedrich Majer라는 이름의 학자가 있었다. 마이어는 쇼펜하우어에게 잘 알려지지 않은 잡지 〈아시아틱the Asiatic〉을 보여주며 《우파니샤드》라는 제목의 인도 문헌에 대해 이야기해주었다. 쇼펜하우어는 즉시 매료되었다.

아무 서점에나 가도 바로 알 수 있듯이 동양의 철학과 종교가 위대한 지혜를 담고 있다는 것은 오늘날 누구나 아는 사실이지만 쇼펜하우어가 살던 시대에는 그렇지 않았다. 당시 서구 세계는 불교와 힌두교에 대해 거의 아는 바가 없었다. 《바가바드기타》

가 월든 호수에 있는 소로의 오두막집에 도달한 것은 그로부터 30년이 지난 후였다. 학자들은 동양 철학에 대해 아는 게 별로 없었고 그나마 아는 내용은 깎아내렸다. 영국 정치인 토머스 매콜리Thomas Macaulay는 모든 인도와 아라비아 문헌의 가치는 "괜찮은 유럽 도서관에 있는 선반 하나의 가치 정도"라는 유명한 말을 남겼다.

쇼펜하우어는 달랐다. 그는 동양의 가르침을 걸신들린 듯 빨아들였고 "인간의 수준을 넘어서는 이해"에 마음을 빼앗겼다. 쇼펜하우어는 늘 배가 고팠다. 그는 매일 저녁 어김없이 《우파니샤드》를 몇 문단씩 읽었다. 쇼펜하우어는 《우파니샤드》에 대해 "이 세상에 존재하는 가장 유익하고 숭고한 책이며 내 삶의 위안인 동시에 내 죽음의 위안이 될 것"이라 말했다.

이후 쇼펜하우어는 불교를 공부하며 불교를 가장 위대한 종교라 선언했다. 프랑크푸르트에 있는 자기 서재에 부처상을 올려두기도 했다. 일부 전기 작가는 쇼펜하우어를 "프랑크푸르트의 부처"라고 부르지만 그는 수도자가 아니었다. 쇼펜하우어가 당시로선 드물게 불교를 깊이 이해하긴 했지만 자기가 배운 바를 실천한 것은 아니었다. 쇼펜하우어는 명상을 하지 않았다. 세속적 즐거움을 단념하지도 않았다. 고급 요리와 값비싼 옷을 즐겼고 평생 왕성한 성생활을 하며 "생식기관은 세상의 진정한 중심"이라는 말을 남기기도 했다.

어떤 사람은 서양 철학이 다른 곳의 지혜를 알지 못하는 근시안적 철학이라고 말한다. 사망한 백인 남성, 오로지 백인 남성만 가입할 수 있는 철저히 배타적인 클럽이라는 것이다. 이런 비난이 어느 정도 진실이기는 하지만 서구 철학이라는 천을 더 자세히 들여다보면 그 안에 동양의 실이 엮여 있음을 발견하게 된다. 아주 오래전, 에피쿠로스가 살던 시대인 기원전 350년경에는 동양과 서양이, 늘 서로의 말에 귀 기울인 것은 아니었지만, 서로 대화를 나누었다. 수 세기가 지난 후 대화가 재개되었다. 대화에 참여한 사람은 소로와 쇼펜하우어뿐만이 아니었다. 니체와 하이데거, 윌리엄 제임스도 인도와 중국의 지혜를 익히 잘 알았다. 그리고 이 지혜가 그들의 철학에 깊이 스며들었다.

◆

쇼펜하우어가 점점 더 좋아지고 있다. 어둠의 왕자인 이 염세주의 철학자는 읽는 즐거움을 주는 명문가다.[10] 그의 글은 날카롭고 생생하며, 거의 시적이기까지 하다. 쇼펜하우어는 가장 읽기 쉬운 독일 철학자다(기준이 너무 낮다는 것은 인정하지만, 어쨌거나 쇼펜하우어는 경쟁자들을 수월하게 제친다). 쇼펜하우어를 연구한 학자인 브라이언 매기는 "저서를 읽을 때 쇼펜하우어처럼 손에 닿을 듯, 목소리가 귀에 들릴 듯 가까이 느껴지는"[11] 철학자는 없다고 말한다.

쇼펜하우어가 그 누구보다 큰 상처를 입은 영혼이었던 것은 사실이다. 하지만 그건 종류가 아닌 정도의 차이다. 우리 모두는 내면에 약간의 쇼펜하우어가 있다. 우리 모두가 상처 입은 사람들이다. 상처의 크기와 형태가 다를 뿐이다.

쇼펜하우어는 쉽게 좋아할 수 있는 사람이 아니지만(한 전기 작가는 그를 "고약한 작품"[12]이라 칭한다) 쉽게 존경할 수 있는 사람이다. 예술과 음악의 애호가였던 쇼펜하우어는 가장 심오하고도 아름다운 미학 이론을 전개했고 여러 예술가와 작가에게 수 세대에 걸쳐 영향을 주었다. 톨스토이와 바그너는 자기 서재에 쇼펜하우어의 초상화를 걸어두었다. 아르헨티나 작가인 호르헤 루이스 보르헤스는 쇼펜하우어를 원전으로 읽으려고 독일어를 배웠다. 여러 코미디언도 쇼펜하우어를 사랑한다. 이로써 유머 뒤에는 암울함이 도사린다는 의혹이 사실임이 드러난 셈이다.

다른 철학자들이 저 바깥세상을 설명하려 시도한 것과 달리 쇼펜하우어는 내면세계에 더 관심이 많았다. 자기 자신을 알지 못하면 이 세계도 알 수 없다. 이 사실은 내게 믿을 수 없을 만큼 명백하다. 왜 그토록 많은 철학자가, 다른 방면으로는 똑똑한 작자들이, 이 사실을 놓치는 걸까? 내 생각에 그 이유 중 하나는 외부를 살피는 것이 더 쉽기 때문이다. 우리 모두는 환한 불빛 아래서 자기 열쇠를 찾는 술주정뱅이나 마찬가지다.

"여기서 열쇠를 잃어버리셨소?" 지나가던 사람이 묻는다.

"아니오. 열쇠는 저쪽에서 잃어버렸소." 술주정뱅이가 저쪽 어두운 주차장을 가리키며 말한다.

"그런데 왜 여기서 열쇠를 찾고 있는 거요?"

"여기가 환하니까요."

쇼펜하우어는 달랐다. 그는 가장 어두운 곳을 살폈다. 쇼펜하우어의 비관적 세계관이나 암울한 형이상학에 동의하지 않을 순 있지만, 그의 철학이 어중간하다고 비판할 순 없다. 그는 자신의 모든 것을 쏟아붓는다. 영웅적인 철학자다.

◆

모든 페티시fetish에는 정반대에 있는 혐오가 똑같이 따라오고, 모든 열정에도 상보적인 짜증이 따라온다. 쇼펜하우어도 마찬가지였다. 그의 강렬한 음악 사랑은 그에 상응하는 소음 혐오를 낳았다.

쇼펜하우어는 에세이 〈소음에 관하여〉에서 "두드리고, 찧고, 쾅쾅대는 소리가 평생 동안 매일 나를 괴롭힌다"라고 했다. 그는 특히 말의 옆구리를 갈기는 "급작스럽고 날카로운 채찍 소리"를 싫어했다. 그 소리가 "뇌를 마비시키고 깊이 빠지려던 생각을 찢어발기며 모든 사고를 죽여 없앤다"는 것이다. 동물을 사랑하던 쇼펜하우어가 말의 고통을 느낀 것은 아닐까 궁금해진다.

쇼펜하우어는 한밤중의 아주 작은 소음에도 벌떡 일어나 늘 침대 옆에 보관해두었던 권총을 움켜쥐었다.[13] 프랑크푸르트에 살 때 그는 시끄러운 소리 좀 어떻게 해보라며 극장 관리인에게 편지를 쓰기도 했다. 사람들을 통제하고, 문과 의자에 쿠션이든 뭐든 설치하라는 것이었다. 그는 편지에 이렇게 썼다. "뮤즈들과 관객들은 문제를 개선해준 당신께 감사할 것입니다."

쇼펜하우어에게 소음은 단순히 짜증나는 것이 아니었다. 소음

은 사람의 특성을 보여주는 지표였다. 그는 소음에 대한 내성이
그 사람의 지능과 정확히 반비례한다고 믿었다. "그러므로, 어느
집 마당에서 아무도 조치를 취하지 않은 채로 개가 몇 시간이나
짖는 소리를 들으면 그 집에 사는 사람이 어떤 사람인지를 알게
된다."

나도 쇼펜하우어의 생각에 동의한다. 내 생각의 열차는 약해
빠져서 쉽게 철로를 이탈한다. 심지어 시계가 째깍거리는 소리도
내 집중력을 깨부술 수 있다. 바이오 아이오닉 파워라이트라는
이름을 가진 내 아내의 헤어드라이어, 그 작고 사악한 악마 새끼
는 하루 온종일을 방해한다. 낙엽 날리는 청소기 얘기는 아예 꺼
내지도 말자.

최근 연구에서 소음 공해가 우리도 모르는 사이에 우리의 신체
및 정신 건강에 서서히 악영향을 미친다는 사실이 드러났다. 〈서
던메디컬저널Southern Medical Journal〉에 실린 한 연구에 따르면 소음
공해는 "불안, 스트레스, 신경과민, 구역질, 두통, 정서 불안, 호전
성, 성기능 장애, 기분 변화, 인간관계에서의 갈등 증가, 노이로
제, 히스테리, 정신증"으로 이어질 수 있다.[14] 또 다른 연구에서는
이륙하고 착륙하는 비행기 소음이, 심지어 푹 잠들어 있을 때에도,
혈압을 치솟게 하고 심장을 뛰게 하며 스트레스 호르몬을 분비시
킨다는 사실이 발견됐다.[15]

쇼펜하우어가 이 연구들을 봤다면 자기 생각이 옳았음을 알게
되었겠지만 그리 기뻐하지는 않았을 것이다. 이 연구들은 다른
종류의 더 유해한 소음, 바로 정신의 소음에 대해 아무 설명도 내

놓지 않기 때문이다. 정신적 소음은 우리를 방해하기만 하는 것이 아니다. 이 소음은 다른 소리를 가린다. 시끄러운 환경에서 우리는 신호를 놓치고 가야 할 길을 잃는다. 이메일이 발명되기 약 150여 년 전, 쇼펜하우어는 어수선한 받은편지함을 우려했다.

에세이 〈저술에 대하여〉에서 쇼펜하우어는 사람을 멍하게 만드는 소셜미디어의 소음을 미리 보여준다. 소셜미디어 안에서 진정한 소리는 새로움이라는 소음에 묻혀 들리지 않는다. "가장 최근에 쓰인 것이 늘 더 정확하다는 생각, 나중에 쓰인 것이 전에 쓰인 것보다 더 개선된 것이라는 생각, 모든 변화는 곧 진보라는 생각보다 더 큰 오산은 없다."

보상을 기대하며 레버를 당기는 실험실 쥐처럼 정신없이 클릭을 할 때마다 우리도 이러한 실수를 저지른다. 그 보상이 어떤 형태일지는 알 수 없지만, 그건 요점이 아니다. 쇼펜하우어가 말한 배고픈 독자들처럼 우리 역시 새로운 것을 좋은 것으로, 더 가치 있는 것으로 착각한다.

나도 똑같다. 나는 내 디지털 기기의 바이털 사인을 끊임없이 확인하고 또 확인한다. 이 문단을 쓰는 동안에도 이메일을 확인하고(아무것도 없음), 페이스북 페이지를 열어보고(폴린의 생일이군, 꼭 기억해뒀다가 축하 메시지를 보내야지), 이베이에서 괜찮은 가죽 배낭을 입찰하고, 다시 이메일을 확인하고(여전히 아무것도 없음), 충격적으로 양이 많은 커피를 주문하고, 이베이에서 가죽 배낭의 입찰가를 올리고, 다시 이메일을 확인했다(여전히 아무것도 없음).

쇼펜하우어가 살던 시대에는 백과사전이 곧 인터넷이었고, 인터넷 못지않게 유혹적이었다. 책만 열면 바로 해답이 있는데 골머리를 썩일 필요가 어디 있겠는가? 쇼펜하우어는 대답한다. 왜냐하면 "스스로 생각해서 해답을 내놓는 것이 100배는 더 가치 있기 때문이다." 쇼펜하우어는 사람들이 자기 생각과 함께 머무르지 않고 너무 자주 책 앞으로 달려간다고 말했다. "책은 자기 생각이 고갈되었을 때만 읽어야 한다."

'읽다'를 '클릭하다'로 바꾸면 현재 우리가 겪는 고충이 된다. 우리는 데이터를 정보로 착각하고, 정보를 지식으로, 지식을 지혜로 착각한다. 쇼펜하우어는 이러한 경향을 염려했다. 그가 눈 돌리는 곳마다 사람들은 정보를 통찰로 착각하며 앞 다투어 달려들었다. 쇼펜하우어는 이렇게 썼다. "정보는 그저 통찰로 향하는 수단일 뿐이며 정보 그 자체에는 거의 아무 가치도 없다는 것을 그들은 알지 못한다." 나는 여기서 한 걸음 더 나아가고자 한다. 이런 과도한 양의 데이터(사실상 소음)는 가치가 없는 게 아니라 오히려 부정적이며, 통찰의 가능성을 없앤다. 소음에 정신이 팔린 사람은 음악을 듣지 못한다.

◆

슈테판 로퍼와 슬픈 쇼펜하우어 기록보관소가 이 "가능한 최악의 세상"을 알아서 잘 헤쳐 나가게 두고, 나는 호텔로 돌아가고 있다.

낙엽이 떨어진 프랑크푸르트의 대로를 천천히 걷고 있자니 공기가 부드럽고 순하다. 전혀 최악의 세상처럼 느껴지지 않는다. 쇼펜하우어가 오후 산책 때 선호했을 만한 그런 기분 좋은 저녁이다. 나는 거리의 소리를, 이해할 수 없는 게르만 민족의 공명을, 그리고 내 내면의 목소리를 듣는다. 내 내면의 목소리 역시 뒤죽박죽 산만하다는 것을 깨닫고 깜짝 놀란다. 쇼펜하우어가 옳았다. 다른 사람들의 생각으로 머리를 가득 채우면 그들의 생각이 내 생각을 밀어낸다. 내가 초대하지도 않은 그 목소리들을 쫓아내겠다고 다짐한다.

호텔방으로 돌아온 나는 지루함 때문에, 또는 반사적으로 (아니면 두 개가 괴상하게 뒤섞여서) 인터넷에 접속한다. 정신없이 클릭을 하고 있는데 갑자기 이런 생각이 든다. 인터넷은 디지털 시대에 나타난 쇼펜하우어의 의지다. 끝없이 분투하고, 절대 만족하는 법이 없다. 나의 가장 귀중한 자원인 시간을 포함해 모든 것을 집어삼킨다. 행복이라는 환상을 제시하지만 오로지 고통만을 가져온다. 쇼펜하우어가 말하는 의지처럼, 인터넷의 손아귀에서 빠져나가는 방법은 두 가지다. 금욕적인 삶을 살거나, 미학적인 삶을 살거나. 명상을 하거나, 음악을 듣거나.

나는 음악을 선택한다. 물론 로시니의 음악이다. 욕조에 뜨거운 물을 받고 스카치위스키 한 잔을 따른다. 싱글몰트 위스키를 마시며 두 눈을 감고 음악을 듣는다. 멜로디에 귀를 기울인다. 달라이라마가 뉴스를 듣듯이, 사심은 없지만 무관심하지는 않게. 주의는 기울이되 반응은 없이. 마음을 달래주는 따뜻한 목욕물처럼 음악이 나를 적시게 둔다. 말 없는 소리. 내용 없는 감정. 소음

없는 신호.

　나는 깨닫는다. 이 세상에서의 일시적 유예가 아닌, 더욱 풍성
한 다른 세상으로의 침잠, 바로 이것이 쇼펜하우어가 음악 안에
서 본 것임을.

2부

정오

6

에피쿠로스처럼
즐기는 법

How to Enjoy Like Epicurus

"사람들은 해롭지 않은 것을 두려워하고
필요하지 않은 것을 욕망한다."

오후 7:35.
몬태나의 어디쯤. 암트랙의 엠파이어빌더 열차를 타고
시카고에서 오리건주 포틀랜드로 향하는 중.

우리는 습관의 폭압에서 벗어나려고 여행을 한다. 하지만
우리 인간은 체계 없이는 길을 잃으며, 암트랙에 오르고 이
틀이 지난 지금 나는 바로 그 체계를 간절히 바라고 있다. 나
는 읽고, 또 생각한다. 생각에 대해 읽고, 읽기에 대해 생각
한다. 몸을 누이는 좁은 공간을 정리하며 짐을 이쪽 구석에
서 저쪽 구석으로 옮겼다가 다시 이쪽 구석으로 돌려놓는
다. 몇 시간 동안 열차 맨 뒤에서 작은 창문을 통해 온 세상
이 멀어져가는 모습을 지켜본다. 마치 영원히 끝을 향해 달
려가고 있지만 절대로 끝나지 않는 영화 같다. 대부분의 시
간에는 암트랙의 쾌활한 목소리, 미스 올리버가 식당 칸으

로 오라고 내게 손짓하길 기다린다.

삶에 체계를 부여하는 것 중 음식만 한 것은 없다. 식사는 하루를 떠받치는 대들보다. 식사가 없으면 마치 블랙홀처럼 시간이 자기 위로 무너져 내리고 중력이 기하급수적으로 증가한다. 이건 과학적 사실이다.

제자리에서 멈춰서 하는 식사도 충분히 즐겁지만, 나의 즐거움은 움직이고 있을 때 기하급수적으로 증가한다. 식사와 움직임의 조합에는 어딘가 멋들어진 타락의 분위기가 있다. 적어도 한때는 그랬다.

1868년, 조지 풀먼이 처음으로 식당 칸을 만들었다. 그는 뉴욕의 유명 레스토랑 이름을 따서 식당 칸에 델모니코 Delmonico라는 이름을 붙였다.

실크 위에 인쇄된 메뉴에는 굴 요리와 웰시 래빗 등 수십 가지 요리가 올라 있었다. 물론 모든 요리는 고급 도기에 담아서 제공되었고, 샤토 마고나 스파클링 크루그 한 병이 곁들여졌다.

한 <뉴욕타임스> 기자가 1869년 이 열차를 타고 오마하에서 샌프란시스코로 이동한 자기 경험에 대해 숨 가쁘게 기사를 써냈다.[1] 그는 영양 스테이크를 찬양했고("이 음식을 먹어보지 않은 미식가라, 참나. 그 사람이 산해진미에 대해 무엇을 알겠는가?") 민물송어에 황홀해했다("돈으로는 살 수 없는 톡 쏘는 맛의" 소스로 조리되었다). 그는 이 모든 요리가 "눈처럼 새하얀 리넨 식탁보로 덮인 테이블" 위에 제공되었다고 적고 있다.

내가 암트랙에서 먹는 음식을 떠올리니 철도 다이닝의 황금시대보다 한 세기 이상 늦게 태어난 것이 아쉽다. 내 테이블 위의 식탁보는 눈처럼 새하얗지 않다. 내가 쓰는 그릇은 고급 도기가 아니다. 스파클링 크루그를 가득 따른 유리잔도 없다. 공정하게 말하자면, 내가 마시는 다이어트 콜라도 탄산이 부글부글 올라오긴 하지만 말이다. 내가 먹는 요리는 (라이스 필라프 위에 구운 새우를 올린 요리라고 쓰여 있다) 나를 황홀하게 해주지 않는다. 물론 먹을 만은 하다.[2] 하지만 미식은 아니다.

◆

모든 철학자는 모든 10대와 마찬가지로 제대로 이해받지 못한다. 원래 그런 법이다. 하지만 쾌락을 말한 위대한 철학자, 에피쿠로스만큼 크나큰 오해를 받고 부당한 비난을 받은 철학자는 없다.

기원전 341년에 사모스섬에서 태어난 에피쿠로스는 어린 나이에 철학자가 되었다. 이유는 평범했다. 의문이 많았고, 어른들이 내놓는 답이 무척 의심스러웠기 때문이다. 에피쿠로스는 헤라클레이토스와 데모크리토스 같은 위대한 철학자들을 공부했다. 그에게도 곧 제자가 생겼는데, 매력적이면서도 이해하기 쉬운 그의 교육 방식에 이끌린 학생들이었다. 에피쿠로스는 종종 다채롭고 충격적인 언어를 사용했다. 소크라테스처럼 에피쿠로스도 미친 지혜를 실천했다. 무슨 방법을 써서라도 사람들을 최면에서 흔들어 깨울 필요가 있었다.

에피쿠로스는 그리스 여기저기를 돌아다녔다. 콜로폰(지금의 터키)과 레스보스섬에서 잠시 살다가, 서른다섯의 나이에 아테네에 자리를 잡았다. 아테네에서 그는 도시 성벽 바깥에 있는 집을 한 채 구입했다. 높은 벽으로 둘러싸인 이 집에는 풀이 무성한 정원이 있었다. 에피쿠로스는 학교와 공동체를 세우기에 완벽한 곳이라고 생각했다. 즉시 인기를 끌게 된 그 공간은 결국 케포스Ke-pos, 즉 정원이라는 단순한 이름으로 널리 알려졌다.

정원과 철학은 서로 잘 어울린다. 프랑스 계몽주의의 총아였던 볼테르는 "우리는 반드시 자신만의 정원을 가꾸어야 한다"라고 말했다. 17세기 영국의 작가이자 정원사였던 존 에벌린 역시 이에 동의하며 "정원의 공기와 분위기"[3]는 "철학적 열정"에 도움이 된다고 덧붙였다.

저 말이 마음에 든다. 세상에는 열정적인 철학 애호가가 더 많이 필요하다. 철학을 공부하는 학생도 아니고 전문가는 더더욱 아닌, 숫기 넘치는 정열을 가진 열정적 철학 애호가. 세상의 소음에서 격리된 정원은 그러한 철학적 열정에 도움을 준다.

정원은 관리가 필요하다. 우리의 생각도 마찬가지다. 뒷마당에서 빈둥거리는 사람이 정원사가 아니듯, 생각한다고 다 철학자인 것은 아니다. 정원일과 철학은 둘 다 어린아이의 관대한 즐거움이 수반된 어른의 절제된 헌신을 필요로 한다.

두 가지 일 모두 소로가 말한 야생의 기미와 약간의 미스터리는 유지하되 동시에 혼란 속에서 질서를 창조해내려는(질서를 부

190

여하는 것이 아니다) 시도다. 정원사는 자연과 협력한다. 볼테르의 말처럼, 자연을 보기 좋게 장식한다. 정원사는 식물을 심고 삽으로 흙을 파내고 잡초를 뽑으며 자연을 돕지만, 결국 정원의 운명은 정원사에게 달린 것이 아니다. 정원의 벽 안에서 펼쳐지는 일들은 자연의 흐름(그렇다, 마법이다)을 따른다. 철학도 그 안에 자기만의 마법을 담고 있다. 우리가 고된 노력을 들이기만 한다면.

◆

장소는 중요하다. 장소는 생각의 보고다. 그래서 내가 여행을 하는 것이며, 그래서 지금 에피쿠로스와 그의 정원의 흔적을 찾아 아테네에 와 있는 것이다. 쉽진 않을 것이다. 온갖 도구와 지식을 가진 고고학자들도 아직 정원의 정확한 위치를 짚어내지 못했다. 하지만 내 철학적 열정은 꺾이지 않는다. 자신이 무엇을 찾고 있는지 알아야만 그것을 발견할 수 있는 것은 아니다. 임기응변할 수 있는 재치가 가장 훌륭한 안내자다.

몇 번 길을 잘못 들어선 끝에 내가 찾던 첫 번째 랜드마크를 발견한다. 디필론Dipylon, 또는 더블 게이트라는 이름의 문이다. 아테네로 들어가는 관문이었던 더블 게이트는 고대에 세워진 가장 거대한 문이었다. 수 세기가 흐른 지금 이 문은 낮은 돌담이 되었다. 제이컵 니들먼과 일라이어스가 함께 앉아 질문을 경험하던 돌담이 이와 비슷하지 않았을까 상상해본다.

옛날에 도시의 성벽은 두 세계의 경계였다. 성벽을 나서는 것은 곧 자신의 뜻을 공표하는 행위였고, 루소가 잘 알았듯 모험을 떠나는 행위였다. 오늘날 더블 게이트의 바깥은 중간지대다. 수상쩍었던 과거와 너무 값비싼 현재의 덧없는 사이. 자동차 정비소 옆에 트렌디한 카페들이 있다. 쇼펜하우어처럼 멈춰 서서 귀를 기울인다. 자동차 정비소에서는 리드미컬하게 쾅쾅 두드리는 소리가, 카페에서는 팝 음악이 흘러나온다. 웃음소리도 들린다. 사람들이 즐거움을 찾고 있다. 에피쿠로스가 살던 시대의 사람들, 훨씬 이전 세대의 사람들이 그랬듯이.

아직은 그리 힙하지 않은 두 콘크리트 건물 사이의 작은 공터에서 잠시 걸음을 멈춘다. 콘크리트 틈 사이로 별것 아닌 풀들이 싹터 있다. 정확히 정원이라고 말할 순 없지만, 거의 그에 가깝다. 2500여 년 전의 장면을 상상해보려 노력한다.

그때 거리는 사람들로 붐볐다. 인파 사이를 걷는 젊은 여성이 보인다. 그녀의 이름은 테미스타라고, 역사책이 우리에게 알려준다. 여성의 삶은 가장 좋은 시절에도 힘겨웠다. 그리고 지금은 결코 호시절이 아니다. 확실한 것이 아무것도 없다. 알렉산드로스 대왕의 죽음이 온 세계를 뒤집어놓았다. 오래된 질서는 무너졌고, 새로운 질서는 아직 자리 잡지 못했다.

테미스타가 성문 바깥을 거닐며 모험을 하다가 벽으로 둘러싸인 부지를 발견하는 모습이 그려진다. 한쪽 벽에 이상한 글이 새겨져 있다. "낯선 이여, 이곳에서 당신의 시간은 즐거울 것이다. 이곳에서의 최고선은 쾌락이다."

테미스타는 호기심이 생긴다. 이곳에서 멀지 않은 플라톤 아카데미보다 훨씬 더 매력적으로 보인다. 플라톤 아카데미는 더 불길한 글귀로 손님을 맞이한다. "기하학을 모르는 자는 이곳에 들어오지 말라." 테미스타는 문간을 넘어 부지 안으로 들어가고, 정원과 작은 농장, 손님을 반기는 분위기를 만난다.

에피쿠로스가 비교적 먼 곳에 있는, 벽으로 둘러싸인 정원을 선택한 것은 우연이 아니었다. 스토아학파를 포함한 다른 철학 학파와 철저하게 결별한 에피쿠로스는 추종자들에게 "사업과 정치의 감옥"을 피하라고 촉구했다. 에피쿠로스는 정치적 유대가 자족의 가능성을 낮춰 결국 행복을 외부에 위탁하게 만든다고 생각했다. 에피쿠로스의 모토는 라테 비오사스Lathe Biosas, 즉 '숨어 사는 삶'이었다. 세상에서 물러난 사람들은 늘 의심받는다. 우리는 은둔자에게서 위협을 느끼는 만큼 그를 조롱한다.

에피쿠로스는 다른 측면에서도 전통과 결별했다. 다른 학파는 오로지 아테네의 남성 시민만 받아들인 반면 에피쿠로스는 해방 노예와 여성도 환영했고, 테미스타에게도 여러 편의 글을 헌정했다.

일반적으로 환영받지 못하는 사람들을 환영하고 쾌락에 헌신하는 삶을 옹호하는 벽으로 둘러싸인 공동체는 당연히 의심을 불러일으켰다. 그 안에서 난잡하고 호화로운 잔치가 벌어진다는 소문이 퍼졌다. 소문에 따르면 에피쿠로스는 마음껏 먹어댄 탓에 하루 두 번 구토를 했고 "수년간 자신의 안락의자에서 나오지 않았다."[4]

이런 소문은 사실무근이었다. 정원은 사창가보다는 수도원에 더 가까웠다. 모두가 공동생활을 했고 사생활은 거의 없었다. 에피쿠로스는 이렇게 말했다. "삶에서 아무것도 이루지 마라. 만약 그 성취가 네 이웃에게 알려진다면 그 때문에 두려워하게 될 것이다." 이러한 명령에 언짢아하는 추종자는 별로 없었던 것 같다. 이들에겐 감출 것이 하나도 없었다.

◆

내가 이 여행에서 만난 다른 철학자와 마찬가지로 에피쿠로스는 정신뿐만 아니라 신체를 가진 철학자였다. 그는 인간의 신체에 최고의 지혜가 담겨 있다고 믿었다.

에피쿠로스는 경험론자였다. 그는 우리의 감각을 통해, 오로지 우리의 감각만을 통해 세상을 알 수 있다고 믿었다. 감각이 완벽하지 않을지는 몰라도 그밖에 다른 믿을 만한 지식의 원천은 존재하지 않으며, 이와 다른 말을 하는 사람은 착각을 한 것이거나 무언가를 팔고 있는 것이다.

에피쿠로스는 자신의 감각을 갈고닦았다. 그는 인간 행동의 훌륭한 관찰자였다. 그는 아테네인을 관찰했고, 어느 곳에서나 충분히 가진 사람들을 보았다. 충분한 음식, 충분한 돈, 틀림없이 충분한 문화. 그런데 왜 그들은 행복하지 않을까?

에피쿠로스는 의사가 원인 불명의 증상이 있는 환자를 대하듯이 미스터리에 접근했다. 그는 철학이란 모름지기 영혼을 위한 약처럼 나눠져야 한다고 말했다. 에피쿠로스의 네 가지 주요 원

칙은 "네 가지 치료법"[5]이라는 뜻의 테트라파르마코스tetrapharmakos
라는 이름으로 알려져 있다. 약처럼 철학도 일정 간격을 두고 처
방된 양을 섭취해야 한다. 약처럼 철학에도 부작용이 있을 수 있
다. 어지러움, 방향 감각 상실, 그리고 때때로 조증 삽화까지.

이런 의학적 접근은 우연이 아니었다. 에피쿠로스가 살았던 시
기는 치료 용도의 철학이 절정에 달한 시기였다. 헬레니즘 시대
라고 불리는 그 시기에 사람들은 오늘날 배우자나 통신사를 고를
때처럼 열정적이고 신중하게 철학 학파를 골랐다. 리스크는 컸
다. 프린스턴 대학과 스탠퍼드 대학 사이에서 하나를 고르는 게
아니었다. 자기 성격을, 그러므로 자기 운명을 형성할 일생일대
의 선택을 내리는 것이었다.

당시 학교는 대학과 헬스클럽, 자기계발 세미나, 그리고 에피
쿠로스의 경우 히피 공동체를 전부 합친 것과 같았다. 선생들은
윤리학에 집중했다. '성격'이라는 뜻의 그리스어에서 나온 윤리
학ethics은 좋은 삶, 즉 에우다이모니아eudaimonia에 대한 연구였다.
일부 철학자는 오로지 신과 축복받은 소수만이 행복이라는 지고
의 상태를 얻을 수 있다고 생각했다. 반면 에피쿠로스는 누구든
이를 얻을 수 있다고 생각했다. 그는 학생들에게 이러한 가르침
에 대해 "밤낮으로" 생각하면 "인간들 사이의 신처럼 살게 된다"
고 말했다.

병약한 아테네 시민을 관찰한 에피쿠로스는 단순한 진단을 내
놓았다. 사람들은 해롭지 않은 것을 두려워하고 필요하지 않은 것
을 욕망한다는 것이었다. 우리는 무엇을 가장 두려워하는가? 에

피쿠로스는 질문했다. 신과 죽음이다(아마 고대에 세금은 스트레스의 주원인이 아니었던 것 같다). 그는 이 두 가지에 대한 답을 내놓았다. 먼저 그는 신은 존재하지만 인간사에 아무 관심이 없다고 말했다. 왜 관심이 있겠는가? 신으로 사느라 너무나도 바쁜데. 에피쿠로스에게 신은 유명인사와 비슷했다. 그들은 걱정도 없고 늘 원하는 자리를 예약할 수 있는 부러운 삶을 살아간다.

죽음에 관해서 에피쿠로스는 마음을 편하게 먹으라고 말한다. 물론 죽어가는 과정이 고통스러울 수 있다는 것은 그도 인정한다. 하지만 그 고통에는 본질적으로 끝이 있다. 그 고통은 평생 지속되지 않는다. 고통이 가라앉거나, 죽거나 둘 중 하나다. 어느 쪽이든 두려워할 것은 없다.

에피쿠로스의 다른 철학과 마찬가지로 이 주장 역시 이론적으로는 훌륭하나 실천하기는 어려운 것으로 보인다. 나는 신을 두려워하지는 않지만 내가 더 이상 존재하지 않게 된다는 전망은 나를 식겁하게 한다. 그리고 언제까지나 계속 식겁할 것 같다.

진정해. 에피쿠로스가 말한다. 그리고 즐기라고. 그는 "행복한 삶의 시작이자 끝"인 쾌락을 옹호했다. 그리고 도발적으로 덧붙였다. "만약 내게서 맛의 쾌락을 빼앗는다면, 성적 쾌락을 빼앗는다면, 듣는 쾌락을 빼앗는다면, 아름다운 형태를 보았을 때 느끼는 달콤한 감정을 빼앗는다면, 선을 어떻게 상상할 수 있을지 모르겠다."

에피쿠로스가 그렇게 비난받은 것도 놀라운 일이 아니다. 쾌락은 의심스럽다. 쾌락은 어두운 곳에, 닫힌 문 뒤에 머문다. '은밀한' 쾌락이나 '숨겨진' 쾌락 같은 말을 할 때 우리는 가장 기본적인 이 인간 본능에 수치심이 깃들어 있음을 인정하는 것이다.

하지만 에피쿠로스는 그렇게 생각하지 않았다. 그는 쾌락을 최고선으로 여겼다. 다른 모든 것(명성과 돈, 심지어 덕까지)은 그것이 쾌락을 더 증가시키는 만큼만 중요하다. 에피쿠로스는 늘 그렇듯 도발적인 문체로 다음과 같이 썼다. "나는 명예가 있는 자와 헛되이 그들을 찬양하는 자에게 침을 뱉는다." 쾌락은 우리가 그 자체로서 욕망하는 유일한 것이다. 그 밖의 모든 것, 심지어 철학까지도, 쾌락이라는 하나의 목표를 위한 수단이다.

에피쿠로스는 쾌락이 최고라는 것은 너무나도 자명한 사실이라고 말했다. 어린아이는 무엇에 반응하는가? 쾌락과 고통이다. 불이 뜨겁다는 것과 사탕이 달콤하다는 것은 아이에게 가르쳐줄 필요가 없다. 알아서 알기 때문이다. 쾌락을 추구하고 고통을 피하는 것은 숨 쉬는 것처럼 자연스럽고 반사적인 행동이다.

에피쿠로스는 쾌락을 대부분의 사람들과는 다르게 규정했다. 우리는 존재의 차원에서, 심리학자들이 말하는 긍정 정서positive affect의 차원에서 쾌락을 떠올린다. 반면 에피쿠로스는 결핍과 부재의 측면에서 쾌락을 규정했다. 그리스인은 이러한 상태를 아타락시아ataraxia라고 불렀다. 말 그대로 '문제가 없다'는 뜻이다. 우리를 만족으로 이끄는 것은 어떤 것의 존재가 아니라 바로 불안의 부재다. 쾌락은 고통의 반대말이 아니라 고통의 부재를 뜻한다. 에피쿠로스는 향락주의자가 아니었다. 그는 '평정平靜주의자'[6]였다.

일부 심리학자들은 거의 전적으로 고통 완화에만 집중하는 에피쿠로스의 관점에 이의를 제기한다. "분명 행복은 단순히 모든 고통이 부재한 상태 이상일 것이다."[7] 〈행복연구저널Journal of Happiness Studies〉은 코웃음 친다. 에피쿠로스를 읽기 전이었다면 나도 이 말에 동의했을 것이다. 하지만 지금은 잘 모르겠다. 솔직히 말하면, 내가 가장 갈망하는 것은 명성이나 부가 아닌 마음의 평화, "존재하는 데서 오는 순수한 기쁨"[8]이다. 그러한 상태를 무언가의 부재가 아닌 측면에서 설명하기란 거의 불가능하다.

고통을 피하라는 것은 타당한 조언이다(나도 여기에 찬성한다). 하지만 철학의 기반이 되기엔 너무나도 얄팍하지 않나? 고통에 빠진 사람에겐 그렇지 않다고, 에피쿠로스는 생각했다. 말에서 떨어져 다리가 부러졌다고 상상해보자. 의사를 불렀더니 의사가 즉시 포도 한 접시를 권한다. 뭐가 문제인가? 포도는 우리를 즐겁게 하는데. 그렇지 않은가?

에피쿠로스는 많은 사람이 이런 터무니없는 상황에 처해 있다고 믿었다. 우리는 산더미처럼 쌓인 고통 맨 위에 사소한 즐거움을 올려놓고는 왜 행복하지 않은지 궁금해한다. 어떤 사람은 짧고 강렬한 신체적 고통을 느끼고, 어떤 사람은 뭉근하게 이어지는 정신적 고통을, 또 어떤 사람은 지금 당장 죽고 싶다는 상처받은 마음의 고통을 느끼지만, 어쨌거나 고통은 고통이다. 만족에 도달하길 바란다면 반드시 이 고통을 해결해야 한다. 에피쿠로스는 말했다. "우리는 오직 딱 한 번 태어난다. 두 번은 허락되지 않는다." 그는 모든 인간의 삶이 우연의 결과물, 원자 운동에서의

일탈, 일종의 기적이라고 생각했다. 그렇다면 이 삶을 찬양해야
하지 않을까?

◆

에피쿠로스의 정원일 수도, 아닐 수도 있는 곳에서 철수해 유
혹적인 카페의 벽 안으로 후퇴한다. 그리스 맥주 미토스Mythos를
주문하고 에피쿠로스가 말한 여러 쾌락에 대해 곰곰이 생각해본
다. 그는 그저 쾌락을 찬양하기만 한 것이 아니었다. 쾌락을 분석
해서 욕망의 분류 체계를 만들었다.

쾌락의 사다리 맨 위에는 "자연스럽고 반드시 필요한" 욕망이
있다. 예를 들면 사막을 걸어서 통과한 후에 마시는 물 한 잔 같은
것이다. 그 밑에는 "자연스럽지만 반드시 필요하지는 않은" 욕망
이 있다. 사막을 통과한 후에 물 한 잔을 마시고 나서 마시는 소박
한 테이블 와인 한 잔. 마지막으로 피라미드 맨 밑에는 자연스럽
지도, 반드시 필요하지도 않은 욕망, 에피쿠로스가 말한 "텅 빈"
욕망이 있다. 사막을 걸어서 통과한 후에 물 한 잔을 마시고 나서
테이블 와인을 마신 다음 마시는 값비싼 샴페인 한 병이 여기에
해당한다. 에피쿠로스는 이 텅 빈 욕망이 가장 큰 고통을 낳는다
고 했다. 이 욕망은 만족시키기가 어렵다는 것이다. "두려움 없이
짚으로 만든 침대에 누워 있는 것이 황금 의자와 호화로운 식탁
을 앞에 두고 걱정에 빠져 있는 것보다 낫다."

맥주를 한 모금 마시고(자연스럽지만 반드시 필요하지는 않은 욕망

이다) 나의 여러 욕망을 조용히 정리해본다. 결과가 썩 마음에 들지 않는다. 나는 신기루를 좇는 데 에너지를 (너무 많은 에너지를) 쏟는다. 특히 가방에 엄청난 에너지를 쏟는다. 나는 가방을 사랑하고(어깨에 메는 네모난 모양의 클래식한 가방을 가장 좋아하지만 백팩과 서류 가방도 좋아한다), 다른 모든 사랑과 마찬가지로 이 사랑은 나를 소진시킨다. 에피쿠로스라면 내가 가진 엄청난 양의 가방 무더기(문제가 좀 심하다)를 힐끗 보고 끽해야 자연스럽지만 반드시 필요하지는 않은 욕망이라고 선언할 것이다. 물론 물건을 넣고 다닐 무언가가 필요하긴 하지만 가죽과 캔버스 천이 섞인 다양한 소재와 형태의 가방 45개는 필요치 않다. 단순한 배낭 하나면 충분하다.

에피쿠로스는 쾌락에는 종류의 차이도 있지만 작용 속도의 차이도 있다고 말한다. 그는 정적인 쾌락과 동적인 쾌락을 구분한다. 시원한 물 한 잔으로 갈증을 해소하는 행위는 동적인 쾌락을 준다. 물을 마신 후에 우리가 경험하는 만족스러운 기분(갈증 없음)은 정적인 쾌락이다. 다른 식으로 말하면, 물을 마시는 행동은 동적인 쾌락이고 물을 마신 상태는 정적인 쾌락이다.

우리는 보통 동적인 쾌락이 가장 큰 만족감을 준다고 생각하지만 에피쿠로스는 그렇게 생각하지 않았다. 정적인 쾌락이 더 우월한 쾌락인데, 우리가 추구하는 것이 바로 그 상태이기 때문이다. 정적인 쾌락은 목표지, 수단이 아니다. 에피쿠로스는 이렇게 말했다. "나는 빵과 물을 먹고 살 때 몸이 쾌락으로 가득 차는 것을 느낀다. 내가 호화로운 삶이 주는 쾌락에 침을 뱉는 이유는 그러한 생활 자체 때문이 아니라 그에 으레 따라오는 불쾌함 때문이다."

호화로운 삶에 으레 따라오는, 예를 들면 고급 레스토랑 프렌치런드리French Laundry에서 5코스 정찬을 먹은 후에 따라오는 불쾌함이란 정확히 무엇일까? 에피쿠로스는 신체 감각(소화불량, 숙취)에 대해서도 이야기하지만 그가 주로 언급하는 것은 더 드러나지 않는 고통, 즉 갖지 못한 고통이다. 당신이 대서양에서 잡은 자연산 왕연어 테린(고기와 채소, 양념 등을 함께 찐 것-옮긴이)을 맛있게 즐겼다고 해보자(엄청난 쾌락이다). 하지만 이제 연어 테린은 다 먹고 없고, 당신은 다시 그 요리를 간절히 갈망한다. 당신은 연어 테린에, 즉 그 연어를 잡은 어부에게, 테린을 내놓은 레스토랑에, 테린을 사먹을 월급을 준 상사에게 당신의 행복을 의탁했다. 이제 당신은 연어 테린 중독자이며, 당신의 행복은 연어를 주기적으로 먹을 수 있느냐 없느냐에 달렸다. 이게 다 당신이 불필요한 욕망을 필요한 욕망으로 착각했기 때문에 벌어진 일이다.

에피쿠로스는 기운 내라고 말한다. 자연이 당신을 돌봐줄 것이다. 자연은 반드시 필요한 욕망은 채우기 쉽게, 불필요한 욕망은 채우기 어렵게 만들어놓았다. 사과는 나무에서 열린다. 테슬라 자동차는 나무에서 열리지 않는다. 욕망은 우리를 최고선으로 이끌고 텅 빈 욕망에서 멀어지게 하는 자연의 GPS다.

현재 우리는 쾌락의 황금시대를 살고 있다. 클릭 한 번이면 우리를 애태우는 수많은 것들을 내 것으로 만들 수 있다. 고급 요리, 메모리폼 매트리스, 변태 같은 섹스, 다양한 종류의 기기들. 에피쿠로스라면 이 모든 것이 다 우리를 유인하는 가짜 쾌락이라고 말할 것이다. 다른 훌륭한 미끼처럼 이것들도 전부 진짜처럼 보이기에 우리는 이 미끼를 겨냥한다. 표적을 쏘지 못하면 본인의 사격 실력 부족을 탓하며 총알을 다시 장전한다.

미끼를 겨냥하는 짓을 멈추라고, 에피쿠로스는 조언한다. 아예 사격을 관두는 것이 훨씬 낫다. 에피쿠로스는 "우리가 가진 것이 아니라 우리가 즐기는 것이 우리를 풍요롭게 한다"며, 올바른 마음가짐만 갖춘다면 아주 적은 양의 치즈만으로도 소박한 식사를 성대한 만찬으로 바꿀 수 있다고 말한다.

에피쿠로스는 어느 시점이 지나면 쾌락은 더 증가할 수 없으며 (눈부시게 밝은 하늘이 그보다 더 밝아질 수 없듯이) 그저 다양해질 뿐이라고 생각했다. 새로 산 신발 한 켤레와 스마트워치는 더 많은 쾌락이 아닌 더 다양한 쾌락을 의미한다. 하지만 우리의 소비문화 전체는 다양한 쾌락이 곧 더 많은 쾌락을 의미한다는 전제 위에 세워져 있다. 이 잘못된 동일시가 불필요한 고통을 낳는다.

쾌락의 다양성이 우리 생각만큼 중요하지 않듯이 쾌락의 지속 시간도 그리 중요하지 않다. 20분간의 마사지가 10분간의 마사지보다 반드시 두 배 더 즐거운 것은 아니다. 평정심을 두 배로 늘리는 것은 불가능하다. 평화로운 상태이거나 평화롭지 못한 상태, 둘 중 하나다.

이러한 철학은 그리 즐거워 보이지 않을 수 있지만 실제로는 무척 즐거웠다. 정원의 벽 뒤에 편안하게 자리 잡은 에피쿠로스의 추종자들은 간소한 삶을 살았지만 간간이 호사스러운 잔치를 즐기기도 했다. 이들은 사치란 간간이 누릴 때 가장 즐겁다는 것을 잘 알았고, 자기 앞에 떨어지는 좋은 것들을 종류에 상관없이 전부 환영했다. 에피쿠로스 철학은 수용의 철학이자, 수용의 가까운 친척인 감사의 철학이다. 무언가를 진정으로 받아들이면 감사함을 느끼지 않을 수 없다.

최근 롭이라는 이름의 젊은 심리학자를 만났다. 내가 보기에 그는 자기는 모를지언정 에피쿠로스 정신을 체화한 사람이었다. 롭과 나는 남유타 지역의 비현실적인 야생에서 3일 동안 하이킹을 했다. 자연이 건강에 어떤 이로운 영향을 미치는지를 알아보는 실험의 일환이었다(내가 기니피그 역할이었다).

하루는 롭의 물병을 봤는데, 그 날렵하고 인체공학적인 모양이 내 안에 거의 가방을 보았을 때와 같은 흥분을 불러일으켰다.

"그거 어디서 샀어요?" 내가 롭에게 물었다.

"제가 산 거 아니에요." 롭이 대답했다. "우연히 생긴 거예요."

롭에게는 물병뿐만 아니라 머그컵, 손전등 같은 다른 물건이 우연히 생긴다. 탐험이 끝난 뒤 롭과 나는 이메일을 교환했고, 롭은 이메일에 이렇게 썼다. "한 시간 전쯤 캠퍼스를 걸어가는데 새 머그컵이 또 하나 생겼어요. 꽤 예쁘게 생겼고, 이유는 알 수 없지만 전용 상자에 담겨 있기까지 했죠. 사무실로 돌아와서 우연히 갖게 된 다른 머그컵 다섯 개와 물병 여덟 개, 단백질셰이크 용기 하나, 헤드램프 두 개 옆에 컵을 올려놨어요. 이대로만 간다면 일찍 은퇴해서 선물 가게를 차릴 수 있겠어요."

롭의 태도는 에피쿠로스 철학 그 자체다. 좋은 것이 주어지면 즐긴다. 하지만 일부러 찾아 나서지는 않는다. 좋은 것은 좋은 것이 나타나길 기대하지 않는 사람 앞에 나타난다. 롭은 이런 값싼 물건을 찾아다니는 데 에너지를 쓰지 않는다. 그 물건들은 그저 우연히 생긴다. 그리고 그렇게 물건이 생기면 롭은 감사해한다.

◆

에피쿠로스 사망 이후 몇 세기 동안 에피쿠로스 추종자들이 만든 정원이 지중해 너머로 퍼져나갔다. 다른 학파와 달리 에피쿠로스학파는 헌신적인 추종자를 대규모로 끌어 모았다. 정원으로 들어오는 사람은 많았고 도망가는 사람은 적었다.

정원의 돌벽 바깥에 있는 사람들은 돌을 던졌다. 스토아학파의 스승이었던 에픽테토스는 에피쿠로스가 "상스러운 말을 하는 개자식"이라고 했다. 쾌락을 원칙으로 삼은 에피쿠로스학파의 정신은 다른 철학 학파를 위협했고, 특히 새로 인기를 끌던 종교인 기독교를 위협했다. 결국 승리한 것은 교회였다. 수 세기 동안 에피쿠로스학파는 모습을 싹 감췄다.

그러다 1417년에 포지오 브라치올리니라는 이름의 용감한 학자가 사라진 고대 유물을 찾아 남유럽을 샅샅이 뒤지다 로마의 시인 루크레티우스가 남긴《사물의 본성에 관하여》의 마지막한 부를 발견했다. 에피쿠로스학파의 사상을 정리한 책이었다. 1473년 이 책은 새로 발명된 기계식 인쇄기로 찍은 최초의 책 중한 권이 되었다.

쾌락과 단순함, 좋은 삶에 대한 에피쿠로스의 사상은 프랑스에서 미국 식민지에 이르기까지 다양한 곳에서 새로운 독자를 찾았다. 은퇴한 토머스 제퍼슨은 1819년에 "나 또한 에피쿠로스주의자다"[9]라고 선언했다. 친구에게 보낸 편지에서 제퍼슨은 더 자세히 설명한다. "나는 에피쿠로스학파의 (부당하게 모함받는 원칙이 아니라) 진짜 원칙이 그리스 로마가 우리에게 남긴 도덕 철학의 합리적인 면을 모두 담고 있다고 생각한다네."

제퍼슨은 부처의 가르침을 잘 몰랐지만 에피쿠로스와 부처의가르침은 놀라울 만큼 유사하다. 두 사람 다 욕망을 고통의 근원으로 보았다. 두 사람 다 평정을 수행의 궁극적 목표로 보았다. 두사람 다 비슷한 생각을 가진 사람들이 모인 공동체가 필요하다고보았는데, 에피쿠로스에겐 정원이, 부처에겐 수행공동체인 승가가 있었다. 그리고 두 사람 다 숫자 4를 좋아했던 것 같다. 부처에겐 사성제四聖諦가, 에피쿠로스에겐 네 가지 치료법이 있었다.

이러한 유사성은 우연이 아닐 수도 있다. 에피쿠로스에게 영향을 미친 두 인물 데모크리토스와 피론은 인도로 여행을 떠났다가그곳에서 여러 불교 학파를 접했다.[10] 어쩌면 에피쿠로스가 부처의 가르침을 배웠을지도 모른다. 아니면 에피쿠로스와 부처가 다른 길을 따라 결국 같은 목적지에 도달했을지도 모른다.

◆

오늘날 정원은 다른 거의 모든 것처럼 온라인으로 옮겨갔다. 내가 톰 머를을 만난 것도 온라인이다. 나는 톰을 찾지 않았다. 그가 우연히 내 앞에 나타났다.

톰은 에피쿠로스의 원칙을 충실히 고수하는 특급 에피쿠로스주의자로, 에피쿠로스와는 별로 어울리지 않는 캘리포니아 나파에 산다. 나파에서 에피쿠로스주의자란 곧 사치스러운 요리를 마음껏 먹는다는 뜻이다. 톰은 이 모순적인 존재 양식을 어떻게 조화시키는 걸까? 이게 내가 공책에 적은 첫 번째 질문이다. 하지만 질문은 M&M 초콜릿이나 가방과 비슷하다. 딱 하나만 갖는 것은 불가능하다는 뜻이다. 얼마 지나지 않아 나는 공책 수십 페이지를 질문으로 채웠다. 단순한 삶의 주창자였던 에피쿠로스는 이를 용납하지 않았을 것이다.

알고 보니 내 모든 질문은 하나의 질문으로 요약된다. 이제는 죽고 없는, 욕을 잘하고 침을 잘 뱉었던, 정원에 살며 극단적으로 단순한 삶을 설파한 그리스인이, 어떻게 오늘날의 복잡한 하이테크 세계에서 의미를 가질 수 있지?

나는 톰과 이른 점심을 먹으려고 아테네에서 나파까지 지구를 반 바퀴 이동한다. 나는 톰이 장소를 선택하게 했다. 이곳이 그의 거주지인데다 그가 진짜 에피쿠로스주의자와 가짜 에피쿠로스

206

주의자 사이에서 어느 쪽으로 기울지 궁금했기 때문이다. 톰은 마을 중심가에서 만나 같이 레스토랑으로 걸어가자고 말한다.

톰은 일흔세 살이지만 10년은 젊어 보인다. 진한 선글라스를 썼는데 그늘에서도 절대로 벗지 않으며, 색색의 와인병 무늬가 있는 실크 셔츠를 입고 있다. 햇볕에 탄 자기 피부가 아무렇지 않은 것처럼 보인다. 그가 마음에 든다. 레스토랑으로 걸어가는 동안 나는 나파에서의 삶이 어떤지 물어본다.

톰은 나파에서 사는 것을 좋아한다. 비록 사람들이 은근하게 우쭐대는 것과 아름다운 사람이 미어터지는 데에는 싫증이 났지만 말이다. 이곳은 기개랄 것이 전혀 없다.

기개는 중요하죠. 내가 동의한다. 기개가 없는 곳은 절대 믿으면 안 된다.

톰이 작은 카페로 나를 데리고 들어간다. 메뉴는 간소하고 그리 비싸지 않다. 진짜 에피쿠로스주의자다. 나는 오악사카 치즈가 들어 있을 것 같고 언젠가 읽었던 소로에 관한 글을 떠올리게 하는 "숲에 불 지르기"라는 이름의 샌드위치를 주문한다. 소로와 그의 친구는 실수로 산에 불을 질러서 원통하게도 월든 숲의 상당 부분을 태워먹은 적이 있다.

"음료도 주문하시겠어요?" 주문받는 여자가 묻는다.

내 시계를 보니 오전 11시다.

"와인 마시기엔 너무 이른 시간일까요?" 내가 묻는다.

톰과 주문받는 여자가 서로 눈빛을 교환한다. 우리가 돌봐줘야 할 관광객이 한 명 있네요. 나파에는 와인 마시기에 너무 이르거나 너무 늦은 시간은 없다.

톰이 추천해준 피노누아를 주문한다. 우리는 야외 테이블에 자리를 잡는다. 따뜻한 햇살과 구름 한 점 없는 캘리포니아의 파란 하늘이 보인다. 기개는 보이지 않는다. 테슬라가 미끄러지듯 옆을 지나간다.

주문한 음식이 나오길 기다리는 동안 질문에 뛰어든다. 내가 안 보는 사이 질문의 개수는 다시 몇 배로 늘어났다.

에피쿠로스를 어떻게 알게 되셨어요? 내가 톰에게 묻는다. 아니면 에피쿠로스가 당신을 발견했나요?

톰은 자신이 늘 "생각 많은 사람"이었다고 말한다. 대학교 때 잠깐 철학을 공부하긴 했지만 깊이 빠진 것은 대학원생 때였다. 1960년대였다. 생각 많은 사람이 되기 딱 좋은 시절.

톰은 스피노자와 칸트, 그 밖의 여러 철학자를 공부했지만 그가 매력을 느낀 건 쾌락에 집중한 에피쿠로스였다. "내가 보기에 쾌락은 모든 것을 다 아울러요. 행복보다 더요." 톰이 와인을 홀짝이며 말한다.

톰은 지치지 않고 끊임없이 에피쿠로스에 대한 잘못된 정보를 바로잡는다. 에피쿠로스는 미식가가 아니었기에, 자기 이름을 딴 요리 전문 웹사이트가 있다는 사실을 알면 분명히 경악할 것이다. 그는 단순한 삶을 중요하게 여겼다. 손닿는 곳에 달린 과일이 가장 맛있는 법이다.

나는 단순한 삶이라는 개념과 나파에서 거주하는 현실을 어떻게 조화시키는지 궁금하다고 말한다. 나파는 손닿는 곳에 달린 과일이 한 병에 200달러인 메를로 와인을 담그기 위해 애지중지 키운 포도이고, 머리 위를 가릴 단순한 지붕이 100만 달러는 우습게 넘어가는 곳인데.

쉽진 않지만 가능하다고, 톰이 말한다. 계산을 잘해야 해요.

나는 계산이라는 말에 움찔 놀란다. 수학과 기하학은 내가 공포스러워하는 분야에서 신, 죽음과 함께 일등을 다툰다. 나는 그렇게 엄격한 입학 조건을 가진 플라톤 아카데미에는 절대로 발을 들이지 않았을 것이다.

톰은 모든 쾌락은 좋은 것이고 모든 고통은 나쁜 것이지만 그렇다고 해서 언제나 고통 대신 쾌락을 선택해야 하는 것은 아니라고 설명한다. 어떤 쾌락은 미래의 고통으로 이어질 수도 있고, 그러므로 피해야 한다. 폐암의 고통은 흡연의 쾌락보다 더 크다. 마찬가지로 어떤 고통은 미래의 쾌락으로 이어질 수 있고, 그러므로 견뎌야 한다. 예를 들면 운동을 하는 고통이 그렇다.

이상한 말처럼 들릴 수도 있지만 에피쿠로스는 우리가 쾌락으로 향하는 길을 추론할 수 있다고 가르쳤다. 우리가 불행한 것은 게으르거나 결점이 있어서가 아니다. 그저 추론을 잘못한 것일 뿐이다. 쾌락과 고통을 평가할 때 신중함을 발휘해 "냉철한 추론"을 하는 데 실패한 것이다.

톰은 자기 말처럼 자신의 "쾌락을 점검"하며 쉼 없이 계산을 한다. 특정 쾌락이 주는 이득이 그로 인해 발생하는 고통보다 더 큰가?

며칠 전 톰은 늘 보고 싶었던 연극이 샌프란시스코에서 상연된다는 사실을 알게 되었다. 가야 할까? 회계장부의 한쪽에는 공연을 보는 데서 오는 쾌락이 있었다. 톰은 티켓 가격이 주는 고통과 캘리포니아 고속도로의 교통체증이라는 극도의 괴로움을 쾌락과 저울질해보았다. 결국 톰은 이 경우에 쾌락이 고통보다 더 크리라는 결론을 내렸다. 그리고 티켓을 구매했다.

"고통 없는 순수한 쾌락은 극히 드물어요." 톰이 말한다. "그래서 에피쿠로스의 철학이 저한테 딱 맞는 거예요. 전 엄청 우유부단한 사람이거든요."

나 역시 선택 앞에서 당황한다. 이상하게도 나를 쩔쩔매게 하는 건 인생이 걸린 중요한 결정(어떤 커리어를 추구해야 할까?)이 아니라 사소한 것들이다. 과테말라 커피를 주문해야 하나, 수마트라 커피를 주문해야 하나? 내 우유부단함의 뿌리에는 두려움이 있다는 것을 안다. 잘못된 선택을 내리는 것에 대한 두려움. 최선이 아닌 그저 괜찮은 것을 택하는 것에 대한 두려움.

톰과 피노누아를 홀짝이는 동안 에피쿠로스철학의 매력에 점점 눈을 뜨기 시작한다. 하지만 여전히 신경 쓰이는 점이 있다. 아타락시아, 즉 에피쿠로스가 최고선이라 여겼던 정신적 괴로움의 부재는 너무나도 수동적인 형태의 쾌락처럼 보인다. 적극적으로 욕망을 충족시키는 게 뭐가 문제인가? 나는 톰에게 묻는다.

"이 감자튀김을 예로 들어봅시다." 톰이 마치 지휘봉처럼 감자튀김 한 개를 허공에 흔들면서 말한다.

"그래요." 톰이 감자튀김으로 뭘 하려는지는 모르겠지만 내가 대답한다.

"감자튀김을 먹고 싶은 욕망이 있으면 먼저 고통부터 생겨나요. 지금 감자튀김이 없으니까요. 갈망이고, 추구이고, 가려움이죠."

"그러니까 그건 가려운 곳을 긁는 데서 오는 쾌락이라는 거죠?"

"맞아요. 하지만 그건 우리가 도달할 수 있는 것이 아니에요. 언제나 다른 고통이, 긁어야 할 가려운 곳이 있을 테니까요."

가려움과 긁기가 끝없이 반복된다니, 지독하게 끔찍해 보인다. 생각하는 것만으로도 몸이 가려워지는 느낌이다. 우리는 캐비어를 맛보고 즐거워한다. 여기까지는 좋다. 하지만 우리는 곧 다시 캐비어를 갈망하게 된다. 이게 문제가 된다. 캐비어는 갈망이 우리를 괴롭히는 만큼 맛있을 수 없다. 쾌락으로 시작된 것이 고통으로 끝난다. 유일한 해결책은 욕망을 최소화하는 것이다.

아니나 다를까, 우리의 대화는 와인 쪽으로 흘러간다. 나는 나파 거주민인 톰이 거들먹거리며 와인에 대해 아는 척하는 속물일 거라고 생각했다. 하지만 내가 틀렸다. 나파 거주민이자 아마추어 포도주 전문가, "유리잔 안의 광휘"라는 이름을 가진 케이터링 회사의 주주인 톰 머를은 투벅척Two-Buck Chuck을 마신다. 찰스 쇼 Charles Shaw라는 브랜드에서 한 병당 2달러에 판매하는, 아주 잘나가는 와인이다.

"진짜예요? 그렇게 저렴한 와인을 마신다고요?"

"편하게 마시는 테이블 와인이에요. 맛도 나쁘지 않고요. 마시고 삼키면 사라져버릴 것에 35달러를 쓰는 건 멍청한 짓이에요.

찰스 쇼가 잘나가는 데에는 이유가 있어요. 투벅척은 괜찮은 와인이에요. 나는 이 와인을 '충분히 좋은 와인'이라고 불러요."

"충분히 좋다고요?"

"네. 난 충분히 좋은 것만으로도 충분히 좋다고 봐요. 이런 것들이 삶에서 더 중요한 일에 시간을 쏟을 수 있게 해줘요. 게다가 충분한 걸로는 부족한 사람에게는 뭐든 충분하지 않을 걸요." 톰이 대화의 방향을 다시 에피쿠로스 쪽으로 돌린다.

와인을 마시다 말고 멈춘다. 얼마큼이어야 충분하지? 나는 하던 일을 멈추고 이렇게 자문한 적이 거의 없다. 언제나 그 답은 "지금 가진 것보다 더"라고 생각했다. 알고 보니 '더 많이'는 움직이는 과녁이었다. 심리학자들은 이를 "쾌락의 쳇바퀴"라고 부른다. 이 별난 인간 본성은 왜 세 번째 크렘브륄레가 첫 번째나 두 번째 크렘브륄레만큼 맛있는 법이 없는지를 설명해준다. 시운전 때는 황홀했던 새 차가 길 위에서 한 달이 지나면 지루해지는 이유도 설명해준다. 우리는 새로운 쾌락에 익숙해진다. 그러면 새로운 쾌락은 더 이상 새롭지도, 그리 즐겁지도 않은 것이 된다.

우리는 특히 내가 '조금만 더-주의'라고 부르는 것에 취약하다. 우리는 행복해지기 위해 지금보다 훨씬 많은 것(예를 들면 돈과 명예, 친구들)을 필요로 하지 않는다. 그저 조금만 더 많으면 된다. 하지만 조금 더 갖게 되면 우리는 눈금을 재조정하고 생각한다. 그저 조금만 더 있으면 돼. 우리는 얼마큼이어야 충분한지를 모른다.

충분히 좋음은 안주한다는 뜻이 아니다. 자기변명도 아니다.

충분히 좋음은 자기 앞에 나타난 모든 것에 깊이 감사하는 태도를 의미한다. 완벽함도 좋음의 적이지만, 좋음도 충분히 좋음의 적이다. 충분히 오랜 시간 동안 충분히 좋음의 신념을 따르면 놀라운 일이 생긴다. 마치 뱀이 허물을 벗듯 '충분히'가 떨어져 나가고, 그저 좋음만이 남는다.

◆

에피쿠로스는 우정이 인생의 커다란 쾌락 중 하나라고 보았다. 그는 이렇게 말했다. "축복받은 삶에 이바지하는 여러 가지 중에 우정만큼 중요하고 유익한 것은 없다." 그리고 지금의 톰과 나처럼 친구는 식사의 필수 요소라고 덧붙였다. 친구 없이 먹고 마시는 것은 "사자와 늑대처럼 게걸스레 먹는 것"과 같다.

이러한 우정에의 강조는 쾌락을 가장 우선시하는 그의 원칙에 반하는 것처럼 보인다. 결국 진정한 우정은 자신의 쾌락보다 친구의 쾌락을 더 우선시하는 것이다. 그건 쾌락의 미적분학을 내던지는 일 아닌가? 에피쿠로스는 그렇지 않다고 말한다. 전체적으로 보면 우정은 고통을 완화하고 쾌락을 증진한다. 우정과 관련된 고통은 우정이 주는 쾌락으로 상쇄되고도 남는다.

톰과 내가 지금 에피쿠로스적 시간을 보내고 있다는 느낌이 든다. 충분히 좋은 와인을 곁들인 소박한 식사. 우정이라는 사치 그리고 시간. 고통 없음, 즉 아타락시아에서 오는 쾌락. 나는 내 기분 좋은 마음 상태를 알아채지만 너무 깊이 생각하지는 않는다. 쾌락의 역설의 희생자가 되지 않기 위해서다. 행복에 대해 너무 열심히 생각하면 행복은 사라진다.

작별 인사를 나누면서 톰에게 근처 카페를 추천해줄 수 있느냐고 묻는다. 내가 기대하는 곳은 헌신적인 바리스타가 한 잔 한 잔 애정을 담아 커피를 내리는 그런 독특한 곳, 특별한 곳이다.

"저기 길 아래편에 스타벅스가 있어요." 톰이 말한다.

실망스럽지만, 곧 스스로에게 묻는다. "에피쿠로스라면 어떻게 했을까?" 물론 스타벅스에 갔겠지. 그래서 나도 그렇게 한다.

독특하지 않다. 애정을 담아 커피를 내리는 직원도 없다. 특별하지 않다. 하지만 충분히 좋다.

다른 말로, 완벽하다.

7

시몬 베유처럼
관심을 기울이는 법

*How to Pay Attention Like
Simone Weil*

"나는 집중하고 있었지만 관심을 기울이진 않았다.
나는 발견하기도 전에 내가 무엇을 찾는지 알았다."

오전 8:24.

영국 와이 기차역에서 애슈퍼드행 사우스이스턴 리미티드

열차를 기다리는 중.

총 이동 시간, 7분. 총 대기 시간, 9분.

이른 시간이고, 기차역은 아름답다. 잘 꾸민 오두막 같은

이 소박한 목조 건축물은 마음 따뜻한 공동체와 조용한 효율

성의 분위기를 물씬 풍긴다. 작은 게시판에는 다음 주 목요

일에 지역 독서모임이 열린다며 감자 샐러드나 스콘을 조금

가져오면 좋을 것이라는 내용이 붙어 있다. 그 옆에 있는 간

판에는 와이가 "빼어난 자연미의 고장"이라고 쓰여 있다. 사

실이다. 에메랄드그린 빛깔의 끝없는 초원과 완만한 구릉들.

대기실에 앉아 이 단어의 멋진 불합리성이 내 옆에 자리 잡

도록 내버려둔다. 대기실. 기다림이라는 비활동에의 참여라

는 유일한 목적을 위해 지어진 공간. 발뒤꿈치를 까딱까딱해 본다. 힐끗 시계를 본다. 8분 남았다. 작은 도서관을 살핀다. 손때 묻은 페이퍼북이 꽂혀 있는 선반 몇 개가 다다.

자그마한 출발 안내 전광판을 바라본다. 7분 남았다. 안절부절못한다. 서성거린다. 기차표를 만지작거린다. 와이 출발 애슈포드 도착, 리턴 저니return journey. 미국식 표현인 '라운드 트립round-trip'보다 이 단어가 더 좋다. 라운드 트립은 아무 데도 찍지 않고 너무 뺑 도는 것처럼 들린다.

출발 안내판을 다시 한번 확인한다. 6분 남았다. 한숨을 쉰다. 이런 짧은 시간에는 무엇을 하지? 의미 있는 무언가를 하기에는 너무 짧지만, 눈만 깜박거리며 기다리기엔 너무 길다. 6분은 별게 아니라는 것을 나도 안다. 하지만 그 6분이 모인다. <데일리 텔레그래프>에서 읽었는데, 영국인은 일생 동안 줄 서는 데 6개월을 쓴다.

6개월은 짧은 시간이 아니다. 6개월은 임신 기간의 절반 이상이다. 6개월은 짧은 결혼이나 긴 외도일 수 있다. 6개월은 인생에서 상당히 긴 시간이다. 그리고 이 시간은 오로지 줄 서는 데 쓰는 시간이다. 줄 서서 기다리는 것 말고도 우리는 주전자 물이 끓기를, 의사가 나를 만나주기를, 웹사이트가 다 뜨기를, 상담원이 전화를 받기를, 커피가 다 내려지기를, 아기가 잠들기를, 교통체증이 풀리기를, 적절한 단어가 떠오르기를, 한 번도 집에 이렇게 늦게 돌아온 적이 없는 우리 딸이 문을 열고 걸어 들어오기를, 팝콘이 부풀기를, 얼음이 얼기를, 눈이 녹기를 기다린다.

6분 남았다. 시간이 더 있다면 책을 읽었을 것이다.[1] 짧은 기차 여행에서 읽기 적당한 책 몇 권을 챙겨왔다. 하이쿠 모음집과 세네카의 에세이 <인생의 짧음에 대하여>다. 세네카가 이 글을 쓰고 약 2000년 후에 페리스 뷰엘러는 하루 농땡이를 치며 세네카와 비슷한 말을 했다. "삶은 꽤나 빨리 흘러가. 가끔 멈춰서 주변을 돌아보지 않으면 놓쳐버릴 수도 있다고."(1986년에 개봉한 미국의 코미디 영화 <페리스의 해방>의 대사-옮긴이)

속도는 조급함을 낳는다. 기다릴 줄 아는 능력은 삶의 속도와 반비례하여 줄어든다. 인터넷 연결이 왜 이렇게 느려? 피자는 아직 안 온 거야? 조급함은 미래를 향한 탐욕이다. 인내는 시간에 너그러운 태도를 보이는 것이다.

멀리서 점처럼 보이던 것이 점점 커지다 마침내 사우스이스턴 기관차가 작디작은 와이 기차역에 천천히 진입하고, 나는 날렵하게 기차에 올라탄다. 창가 좌석에 자리를 잡고 시계를 확인하려다 멈춘다. 그 대신 창문 밖을 바라본다. 그리고 기다린다.

기차가 점점 속도를 높이며 매초마다 나를 애슈포드에 조금씩 더 가까이 데려간다. 애슈포드는 기다림과 시간에 관해 깊이 생각한 철학자, 그리고 특히 철학자들에게 많이 닥치는 듯 보이는 슬픈 아이러니 중 하나로서, 스스로에게는 그 기다림과 시간을 거의 주지 않았던 철학자가 묻힌 곳이다.

철학은 응석을 받아주지 않는다. 철학은 이의를 제기한다. 요구한다. 가장 훌륭한 철학자는 가장 요구가 많은 철학자다. 소크라테스는 추측에, 특히 자신의 추측에 의문을 품을 것을 요구한다. 마르쿠스 아우렐리우스는 자기 의무를 다할 것을 요구한다.

시몬 베유의 당부는 더 단순하지만 결코 더 쉽진 않다. 베유는 관심을 기울일 것을 요구한다. 아무 관심이나 다 되는 것은 아니다. 베유가 생각한 관심은 그동안 내가 보아온 것과는 전혀 다르다.

시몬 베유의 흑백사진을 바라보고 있다. 20대 초반으로 보인다. 두껍고 제멋대로 뻗친 잉크처럼 새까만 머리칼이 제일 먼저 보이고, 그다음에는 너무 두꺼워서 조금 웃기기까지 한 안경이 보인다. 온통 머리칼과 안경이네. 나는 생각한다.

그러다 베유의 두 눈이 보인다. 진한 색의 흔들림 없는 눈은 강렬하고 거의 초자연적인 듯한 지혜와 따뜻함을 동시에 내뿜는다. 이 눈은 상처 입은 눈이다. 생각이 깊은 눈이다. 소로 같은 눈이다. 모두가 베유의 눈을 두고 한마디씩 했다. 한 친구는 "두꺼운 안경 너머로 꿰뚫어보는 듯한 베유의 시선"을 떠올렸다. 또 다른 친구는 "베유 앞에선 모든 '거짓말'이 불가능했다······. 모든 것을 벗겨내고, 찢고 찢긴 베유의 시선은 자신이 바라보고 있는 사람을 움켜잡고 무력하게 만들었다"[2]라고 말했다.

베유는 큼직하고 밋밋한 옷을 입고 있다. 그녀가 평생 드러낸

패션에 관한 무관심을 잘 보여주는 옷차림이다. 베유는 늘 허름한 검은색 옷을 입었고 굽 없는 신발을 신었다. 한 친구는 이를 두고 "진정한 부랑자"라고 했고, 또 다른 친구는 "중세의 은자"라고 했다.

관심에 대해 깊이 고민한 이 철학자는 자신에게 관심이 쏟아지는 것은 원치 않았다. 보고 싶어 했으나 보이는 것은 원치 않았다. 기차를 타거나 공장에서 일을 할 때 자신의 목표는 익명성, "사람들이 자신의 진짜 모습을 드러낼 수 있도록 사람들 속에 섞여 들어가서 사라지는 것"이었다고, 그녀는 말했다. 하지만 베유는 언제나 눈에 띄었다. 어떻게 그러지 않았겠는가? 지적이고, 까다롭고, 유대인인데.

베유는 1909년 파리에서 지독하게 세속적이고 매우 지적인 가족의 딸로 태어났다. 어린 나이부터 자신의 책에서 위안과 영감을 찾았다. 열네 살에는 블레즈 파스칼의 《팡세》 대부분을 암기했다. 산스크리트어와 아시리아-바빌로니아 언어로 쓰인 책도 읽었다. (베유는 친구에게 이렇게 말했다. "이렇게 말도 안 되게 쉬운 언어라니!") 밥도 안 먹고 잠도 안 자고 한 번에 며칠씩 보낼 수 있었다.

학교에서도 뛰어난 성적을 받았지만 베유가 지식 그 자체를 중요하게 여긴 적은 한 번도 없었다. "학교 공부의 유일하게 진지한 목적은 관심을 기울이는 법을 훈련하는 것이다." 베유는 말했다. 관심이라는 짧은 단어가 베유를 사로잡았다. 관심은 제멋대로 퍼져 나간 베유의 철학과 삶을 하나로 묶어주는 끈이었다.

◆

관심을 기울이는 능력은 꼿꼿이 걷는 능력이나 피클병을 여는 능력과 더불어 우리를 인간답게 만들어주는 능력 중 하나다. 모든 눈부신 과학적 발견과 모든 뛰어난 예술작품, 모든 친절한 태도의 근원에는 순수하고 사심 없는 관심의 순간이 있다.

관심은 중요하다. 다른 무엇보다도 더, 관심은 우리의 삶을 형성한다. 미국의 철학자 윌리엄 제임스는 "지금 당장 우리가 주의를 기울이고 있는 것이 바로 현실이다"[3]라고 말했다. 우리가 주의를 기울인 것만이 우리 앞에 존재한다. 이건 은유가 아니다. 사실이다. 많은 연구에서 나타나듯이 사람은 자신이 관심을 기울이지 않은 것을 보지 못한다.[4]

관심의 질이 삶의 질을 결정한다. 어디에 관심을 기울이기로 결정했느냐, 더 중요하게는 어떻게 관심을 기울이느냐가 곧 그 사람을 보여준다. 지난 삶을 돌아볼 때 어떤 기억이 표면 위로 떠오르는가? 어쩌면 결혼식처럼 커다란 사건일 수도 있고, 우체국의 말도 안 되게 긴 줄에서 뒤에 선 사람과 나눈 뜻밖의 다정한 대화처럼 작은 사건일 수도 있다. 하지만 그 기억은 가장 주의를 기울인 순간일 확률이 높다. 우리의 삶은 가장 열중한 순간들의 총합 그 이상도 이하도 아니다. 베유는 "가장 큰 희열은 가장 온전하게 주의를 기울였을 때 찾아온다"라고 말했다.

이런 드문 순간에 우리는 베유가 "극도의 관심"이라 부르고 미하이 칙센트미하이가 "몰입"이라 부른 정신 상태에 진입한다. 몰입 상태가 되면 자의식이라는 허울이 사라지고 전과 다른 시간 감각과 더욱 고조된 현실감을 경험한다. 모든 것이 현실보다 더 생생하다. 대부분의 삶과 달리 몰입은 "그 자체를 계속 추구하게 될 정도로 매우 보람 찬 상태"[5]라고, 칙센트미하이는 말한다.

깊이 몰입한 사람은 자기 자신에게 몰두한 것이 아니다. 그 순간에는 몰입할 자신이 사라지기 때문이다. 음악가는 없고 오로지 음악만이 존재한다. 무용수는 없고, 오로지 무용만 존재한다. 보트 타기에 열심인 한 사람은 몰입 상태를 다음과 같이 묘사한다. "자기 자신을 잊어버리고, 모든 것을 잊어버립니다. 이 게임에서 중요치 않은 것은 전부 제쳐놓고, 오로지 바다 위 보트의 움직임, 보트 주변 바다의 움직임만이 보입니다."[6] 몰입을 경험하기 위해 보트로 대서양을 항해하거나 에베레스트산을 오를 필요는 없다. 그저 주의를 기울여야 할 뿐이다.

◆

관심의 중요성을 고려하면 많은 철학자들이 관심에 대해 깊이 고민했을 거라 생각할 수 있다. 하지만 그동안 철학자들은 관심에 극히 적은 관심만을 기울였다. 어쩌면 관심이라는 주제가 너무 명백하다고, 또는 너무 불분명하다고 생각하는 것일지 모른다. 그저 너무 산만한 걸지도 모르고.

수 세기 동안 몇 명의 철학자가 주의력에 대해 의견을 내놓을 수 있을 만큼 충분히 오랫동안 엉덩이를 붙이고 앉아 있었다. 현대 철학의 아버지 르네 데카르트는 주의를 일종의 점치는 막대기로 여겼다. 지적인 막대기 말이다. 수상쩍은 아이디어와 의심할 여지없이 '명확하고 뚜렷한' 아이디어를 구분해주는 도구라는 것이다. "나는 생각한다, 그러므로 나는 존재한다"라는 유명한 말을 남긴 이 철학자는 분명하게 '나는 주의를 기울인다. 그러므로 나는 의심을 초월할 수 있다'라고 말했다. 그리 입에 딱 달라붙지 않는다는 건 나도 알지만, 아마 이 편이 더 정확할 것이다.

20세기가 밝아오면서 주의력이라는 주제는 아이러니하게도 카오스와 같은 분열 상태에 빠졌다. 일부 사상가는 주의력이라는 것이 아예 존재하지 않는다고 결론 내렸다(일부는 지금도 그렇게 생각한다). 영국의 철학자 프랜시스 브래들리는 이렇게 썼다. "주의력에는 주요한 행위도, 구체적인 행위도 없으며, 그 어떤 행위랄 것도 없다."[7]

말도 안 되는 소리. 윌리엄 제임스가 카오스 속으로 걸어 들어오며 말한다. "주의를 기울이는 것이 무엇인지는 우리 모두가 안다. 주의는 정신을 명확하고 선명한 상태로 차지하는 것, 동시에 여러 개가 존재하는 것 같은 관심의 대상이나 생각 중에서 하나를 차지하는 것이다."[8] 멀티태스킹의 위험을 예측한 제임스는 주의를 기울이려면 일부 현실에 초점을 맞춰야 할 뿐만 아니라 일부 현실을 무시해야 한다고 충고했다.

오늘날의 주의력 개념은 1958년에 처음 등장했다. 당시 영국의 심리학자 도널드 브로드벤트는 주의의 '필터 모델'을 내놓았다('병목 모델'이라는 이름으로도 알려져 있다). 이 세상은 소방 호스처럼 우리 감각에 정보를 마구 뿜어댄다. 우리 뇌는 정보를 처리할 수 있는 능력이 한정적이라, 이 모든 정보에 우선순위를 매기기 위한 수단, 즉 소방 호스를 통제하기 위한 수단으로 주의력을 이용한다.

직관적으로 이해되는 매우 설득력 있는 이론이다. 우리는 주의력을 돈을 꺼내 쓰는 은행 계좌, 또는 한정된 용량의 하드드라이브 같은 것으로 여긴다. 너무 많은 정보 때문에 감각에 과부하가 걸리는 경험을 우리 모두가 해본 적이 있다. 너무 많은 것이 쏟아져서 아무것도 남지 않는 것이다. 수많은 연구에 따르면 우리는 많은 경우 자신의 멀티태스킹 능력을 과대평가한다.[9]

하지만 역사는 평균보다 주의력이 훨씬 뛰어난 사람으로 가득하다. 예를 들면 나폴레옹과 처칠은 곡예를 하듯 여러 업무와 대화를 능숙하게 처리할 수 있었다. 옥스퍼드 대학의 실험심리학자 앨런 올포트는 우리의 주의력이 유한하지 않다고 말한다. "일반적이거나 구체적인 정보 처리 영역에서, 주의력의 상한선 같은 것은 아직 확인되지 않았다."[10] 루소가 알려주었듯이, 종종 우리가 자연스럽다고 여기는 "당연한 현실"은 사실 지금 여기서의 현실이다. 보편적 진실을 가장한 지엽적 진실.

◆

병약한 아기였던 시몬 베유는 병약한 성인으로 성장했다. 열세 살에 몸을 쇠하게 하는 극심한 두통이 시작되었고, 이 두통은 평생 베유를 괴롭혔다. 어떤 때에는 통증이 너무 심해서 베개 사이로 머리를 끼워 넣고 있기도 했다. 새 모이만큼만 먹는 베유의 식욕은 그리 도움이 되지 않았다. 베유는 아무것도 먹지 않고 며칠씩 보내곤 했는데, 거식증을 앓았던 것일지도 모른다.

베유 집안은 결벽증이 있었다(가족의 친한 친구 중에 세균학자가 있었는데 이 사실은 별 도움이 되지 않았다). 베유의 어머니는 아이들에게 하루에 몇 번씩 손을 씻고 문은 팔꿈치로 열며 그 누구하고도 절대 키스를 하면 안 된다고 말했다. 당연히 시몬 베유는 신체를 접촉하는 생각만 해도 몸을 움찔하는 성인으로 자라났다. 한번은 친구에게 보내는 편지에 이런 서명을 남긴 적도 있었다. "바실루스균 없는 다정한 키스를 담아."

베유는 뛰어난 학생이었지만 신동이었던 오빠 앙드레보다 자신이 훨씬 못하다고 느꼈다. 훗날 앙드레는 유럽에서 가장 훌륭한 수학자 중 한 명이 되었다. 확실히 베유의 부모는 천재인 둘째 아들을 원했던 것으로 보인다. 그들은 가끔 시몬을 남성형 이름인 "시몽"이나 "우리 둘째 아들"이라고 불렀다.

어린 나이부터 베유는 타인의 고통을 자기 고통처럼 느꼈다. 여섯 살 때 제1차 세계대전이 발발하자 베유는 "지금 전선에서 싸우는 가여운 군인들에게는 설탕이 전혀 없다"며 자기도 설탕을 먹지 않겠다고 선언했다. 성인이 되고 나서는 아파트에 난방을 하지 않았다. 난방용 기름을 살 여유가 없는 노동자들이 안쓰러웠기 때문이었다. 또한 베유는 딱딱한 마룻바닥에서 잠들길 고집했다. 포도밭에서 포도를 수확하는 일을 하거나 공장에서 따분하기 그지없는 조립 라인 일을 하기도 했다. "다른 사람의 고통이 내 살과 영혼 속을 파고 들어온다." 시몬 베유는 썼다.

베유는 중국의 기근 소식을 듣고 눈물을 왈칵 터뜨렸다. 동료 철학자였던 시몬 드 보부아르는 이 모습에 깊은 인상을 받았다. 보부아르는 이렇게 회상했다. "전 세계에 맥박이 울리는 심장을 가진 그녀가 부러웠다."[11] 20세기 프랑스 철학의 거장이자, 당시 에는, 그리고 지금도 어느 정도는 남자들만의 클럽인 곳에 여성 회원이었던 두 시몬은 1928년 소르본 대학의 안뜰에서 만났다. 두 사람은 친한 사이가 아니었다.

베유의 급진적 공감 능력은 관심에 대한 베유의 급진적 견해 를 설명하는 데 도움이 된다. 베유는 관심을 어떤 수단이나 기법 으로 보지 않았다. 베유에게 관심은 용기나 정의와 다르지 않은, 똑같이 사심 없는 동기가 요구되는 미덕이었다. 생산성을 높이기 위해, 더 훌륭한 노동자나 부모가 되기 위해 관심을 기울이지 말 것. 그것이 도덕적으로 올바른 행동이며 마땅히 해야 할 일이라 는 이유에서 관심을 기울일 것.

가장 강렬하고 너그러운 형태의 관심에는 다른 이름이 있다. 바로 사랑이다. 관심은 사랑이다. 사랑은 관심이다. 이 두 가지는 같은 것이다. "불행한 사람이 이 세상에서 유일하게 필요로 하는 것은 다름 아닌 자신에게 관심을 줄 수 있는 사람이다." 베유는 말한다. 보답에 대한 기대 없이 타인에게 온전한 관심을 쏟을 때 에만 우리는 이 "가장 희소하고 순수한 형태의 너그러움"을 베풀 게 된다. 그렇기 때문에 부모나 연인에게서 관심을 받지 못하는 것이 그렇게나 괴로운 것이다. 우리는 관심을 거두는 것이 어떤 의미인지 안다. 관심을 거두는 것은 곧 사랑을 거두는 것이다.

결국 관심은 우리가 주어야 하는 전부다. 돈이나 칭찬, 조언을 포함한 나머지는 불충분한 대체재다. 시간도 불충분한 것은 마찬가지다. 누군가에게 시간은 주지만 관심은 주지 않는 것은 그 무엇보다도 가장 잔인한 사기다. 아이들은 본능적으로 그걸 안다. 아이들은 가짜 관심의 냄새를 순식간에 맡아낸다.

순수한 관심은 쉽게 내보일 수 없다는 것을 베유도 인정한다. "고통을 겪는 사람에게 관심을 보일 수 있는 능력은 매우 희귀하고 갖기 어려운 능력이다. 그건 거의 기적에 가깝다. 아니, 그것이 바로 기적이다." 고통을 목격했을 때 가장 먼저 우리는 눈을 돌리고 싶은 충동을 느낀다. 그리고 핑계를 댄다. 지금은 바쁘니까. 나는 의심의 여지없이 훌륭한 대의에 따라 기부를 요청하는 성실한 사람들을 피하기 위해 늘 길을 건너버리는 사람이다. 환한 미소를 보이며 손에 클립보드를 들고 있는 사람을 발견하면 몸을 움츠리고 도망가게 된다. 나의 인색함이 부끄러워서가 아니라 관심을 기울이지 못하고 고통을 똑바로 쳐다보지 못하는 나의 무능력이 부끄러워서다.

베유는 그리 많은 것이 필요하진 않다고 말한다. 짧은 질문 한마디가 마음을 녹이고 인생을 바꿀 수 있다. "지금 무슨 일을 겪고 계신가요?" 베유는 이 질문이 강력한 힘을 지닌 이유가 고통받는 사람을 "집합체의 한 단위, 또는 '불행하다'라는 딱지가 붙은 사회 범주의 한 표본으로서만이 아니라, 우리와 똑같은, 그저 어느 날 고통이 특별한 흔적을 남겼을 뿐인 한 명의 인간으로 인식하기 때문"이라고 말한다. 메릴랜드 실버스프링에 있는 우리 집 근처에는 붐비는 교차로가 하나 있다. 거의 매일, 특히 일요일엔 항상 교차로의 도로 사이에 있는 안전지대에 칩이라는 이름의 나이 든 아프리카계 미국인 남성이 서 있다. 칩은 자신의 마른 몸을 지팡이에 의지한 채 한 손으로는 스티로폼 컵을, 다른 한 손으로는 판지를 들고 있다. 판지에는 "칩"이라고만 쓰여 있다. 다른 이야기는 없다. 사람을 설득하려는 문구도 없다. 그저 자기 이름뿐이다.

이제는 나도 칩이 보이지만, 아주 오랫동안 나는 칩을 보지 못했다. 당시 열 살이었던 우리 딸아이가 그를 가리키기 전까지는 말이다. 이제 그 교차로를 건널 때마다 딸아이는 "저기 칩이다!"라고 재잘거리며 나한테 1, 2달러를 주라고 한다.

진정한 관심이라면 그저 타인의 존재를 인지하기만 하는 것이 아니라 그 사람을 인정하고 공경해야 한다. 병원만큼 이런 관심이 꼭 필요한 곳은 없다. 과로하는 응급실 의사는 환자가 언제 고통을 느끼는지를 인지하고 그 원인을 찾아내 고통을 치료해주지만 절대 환자에게 관심을 기울이지는 않는다. 환자는 의식적으로든 무의식적으로든 배신감을 느낀다.

우리 어머니는 자기를 담당하는 심장 전문의를 별로 좋아하지 않는다. 엄밀히 말하면 그 의사는 능숙하다. 필요한 교육을 다 이수했다. 하지만 관심을 기울이는 능력은 부족하다. 어느 날 어머니는 내게 이렇게 말씀하셨다. "내가 앞에서 갑자기 죽어도 그 사람은 꿈쩍도 안 할 것 같아." 지금 어머니는 다른 심장 전문의를 찾고 있다. 더 관심을 기울여주는 사람으로.

◆

지금 나는 런던의 세인트판크라스역에 있다. 눈부시게 아름답다. 온통 유리와 빛과 가능성으로 가득하다. 다른 많은 기차역처럼 세인트판크라스역도 기능과 아름다움이라는 두 가지 다른 목적을 품고 지어졌다. "Mi-usine, mi-palais."[12] 반은 공장, 반은 궁전. 1851년 런던에서 수정궁 대박람회가 성공적으로 개최된 이후 여러 도시가 기차역의 앞면은 돌 벽으로, 중앙 홀은 유리와 강철로 짓기 시작했다.

그 결과가 바로 야누스적 건물, 사람을 생각하게 만드는 건축학적 역설이다. 비트겐슈타인이 철학적 문제에 맞붙을 수 있는 유일한 장소는 기차역이라고 말한 것도 놀라운 일이 아니다. 기차역은 돌과 강철의 모습을 한 철학이다. 예술과 상업을 향한 기차역의 이중적 충성은 가끔은 역설적인 두 가지 생각을 동시에 해야 한다는 사실을 상기시킨다. 기차역은 공장이다. 기차역은 궁전이다. 두 서술 모두 사실이다. 서로를 부정하지 않는다.

내가 가장 좋아하는 역은 벨기에의 안트베르펜 중앙역이다. 만약 기차역이 성당이라면 안트베르펜역은 성베드로 성당이다. 높이 솟은 천장과 윤기 흐르는 대리석을 가진 안트베르펜역은 내가 다른 훌륭한 건축물에서 경험한 것과 같은 장엄함, 작아지면서 동시에 거대해진 것 같은 느낌을 불러일으킨다. 기차역은 내가 주의를 가장 잘 기울일 수 있는 곳이다.

나는 기차역이라면 전부 좋다. 못생긴 역도 마찬가지다. 뉴욕 펜실베이니아역보다 못생긴 역은 별로 없다. 펜실베이니아역은 천장이 낮고 쥐가 들끓는, 우중충한 동굴 같은 곳이다. 하지만 인간의 기이한 특성에 지대한 관심이 있는 일인으로서, 그 이상한 탑승 방식에 감탄하지 않을 수 없다. 역무원은 기차가 출발하기 몇 분 전까지 플랫폼 번호를 알려주지 않는다. 그때까지 승객들은 승차권과 라떼를 손에 꼭 쥐고 초조하게 기다린다. 어떤 사람은 빨간색 32번에 전부 베팅하는 룰렛 플레이어처럼 탑승 위치를 추측하며 자기 권리를 주장해보려 한다. 어떤 이는 학습된 무력감을 드러내며 허망하게 바닥을 응시한다.

구린 역이라 해도 기차역에는 공항에는 없는, 심지어 좋은 공항에도 없는 활력이 고동친다. 기차역은 관심 기울이기를 연습하는 훈련장이다. 시작부터 그랬다. 1862년에 그려진 한 그림은 기차역의 생기를 잘 포착하고 있다. 윌리엄 프리스William Frith라는 작가가 그린 〈기차역The Railway Station〉이라는 단순한 작품명의 이 그림은 기차역에서 펼쳐지는 광란의 현장을, 또는 현장들을 묘사한다. 혈색 좋은 젊은 짐꾼들은 거대한 여행가방을 기차 위에 싣고 있다. 한 승객은 두 반려견 중 한 마리의 목줄을 고쳐 매고 있다. 신부 들러리들을 포함한 결혼식 하객들이 탑승을 준비 중이다. 런던 경찰국 형사 두 명이 범인을 체포하고 있다. 털코트를 입고 덥수룩한 수염을 기른 베네치아의 한 상류층 남성이 마차 삯을 흥정하고 있다.

이 그림을 보고 있으면 나의 주의는 샅샅이 흩어진다. 쪼개진다. 그것이 주의력의 특징이다. 안 그런가? 주의는 길고양이나 사바나의 야생 암사자처럼 반드시 '붙잡혀야' 하는 것, 우리가 붙잡는 것이 아니라 도망자에게 수갑을 채우는 런던 경찰국 형사 같은 외부의 주체가 붙잡아야 하는 것이다. 그럴 수도, 아닐 수도 있고.

오늘날 세인트판크라스역에는 베네치아의 상류층도, 빅토리아 시대의 신부 들러리들도 없다. 하지만 지금도 어떤 에너지가 출발장과 매표소, 카페를 타고 흐르며 고동친다. 기차역에 멈춰 있는 것은 아무것도 없다. 모든 것이 움직이는 중이다.

나만 빼고. 나는 작은 카페에 자리를 잡고 앉아 있다. 지나치게 비싼 에스프레소를 주문하고 사람들의 움직임이 내려다보이는 자리를 찾는다.

왁스 캔버스와 가죽이 섞인 아름다운 내 가방에 손을 뻗어 베유의 글 모음집을 꺼낸다. "신을 사랑하기 위해 학교 공부를 올바르게 활용하는 방안에 관한 성찰"이라는 제목의 에세이를 펼친다. 특이한 제목이다. 베유는 이례적이게도 매우 신앙심이 깊었고, 베유의 여러 생각이 종교적 형식을 갖추고 있다. 베유의 글은 교황 바오로 6세의 이야기로 가득하다. 하지만 베유의 지혜를 음미하기 위해 교황이 되거나 종교를 가져야 할 필요는 없다. 대표적 무신론자인 알베르 카뮈는 베유를 "우리 시대의 유일한 위대한 영혼"[13]이라 불렀다. 카뮈는 노벨문학상을 받기 위해 스톡홀

232

름행 비행기를 타기 전 파리에 있는 베유의 아파트에서 한 시간 동안 명상을 했다.

에세이는 여덟 쪽으로 짧지만 읽는 데 오랜 시간이 걸린다. 나는 읽다가 멈추고, 다시 읽기 시작한다. 마치 빛이 어떻게 비추느냐에 따라 다른 색깔이 되는 크리스털처럼 읽을 때마다 의미가 미묘하게 달라진다. 에세이는 매력적이고, 요구가 많다. 베유는 내가 아무것도 모른다는 사실을 알려주며 글을 시작한다. 베유가 말하는 관심은 내가 생각한 것과는 다르다.

관심은 집중이 아니다. 집중은 강제할 수 있다. 얘들아, 잘 좀 들어! 하지만 관심은 강제할 수 없다. 집중할 때 몸에 무슨 일이 일어나는지 관찰해보라. 턱에 힘이 들어가고 눈이 가늘어지며 이마에 깊은 주름이 생긴다. 베유는 이런 식으로 근육을 쓰는 게 터무니없다고 생각했다.

집중은 수축한다. 관심은 확장한다. 집중은 사람을 피로하게 한다. 관심은 피로를 회복시켜준다. 집중은 생각을 한곳에 모으는 것이다. 관심은 생각을 유보하는 것이다. 베유는 이렇게 쓰고 있다. "무엇보다 우리의 생각은 텅 빈 채로 기다려야 하고 그 무엇도 추구해서는 안 된다. 그저 자신의 생각에 침투할 대상을 있는 그대로 받아들일 준비를 해야 한다." 이 문장이 그리 당혹스럽지 않다면, 베유는 한 걸음 더 나아가 "모든 문제는 수동성의 결여에서 생겨난다"라고 선언한다.

진짜로? 문제가 되는 건 지나친 수동성 아닌가? 우리 문화는 확실히 그렇게 가르친다. 우리는 적극적인 사람이 다른 곳에 관심을 기울인다고, 수동적인 사람은 왠지 멍하다고 생각한다.

시몬 베유는 그렇지 않다고 말한다. 관심은 우리가 행하는 것이라기보다는 동의하는 것이다. 헬스보다는 요가에 더 가깝다. 베유는 이를 "소극적인 노력"이라고 불렀다. 베유는 진정한 관심이란 일종의 기다림과 같다고 믿었다. 베유에게 이 두 가지는 사실상 같은 것이었다. "우리가 가장 귀중한 선물을 얻는 것은 그것을 찾아 나설 때가 아니라 그것을 기다릴 때다." 관심의 반대말은 산만함이 아니라 조급함이다.

해결책을 찾아 나서지 말 것. 기다릴 것. 베유는 자신이 공장에서 목격한 최악의 몰상식은 노동자의 주의력을 망치는 환경이라고 생각했다. 컨베이어벨트가 움직이는 속도는 "그 어떤 종류의 주의력과도 공존할 수 없었는데, 속도에 대한 집착을 제외한 온정신을 소모시키기 때문"이었다.

우리는 주의를 기울일 가치가 있다고 생각하는 것에만 주의를 기울인다. 한편으로 이런 정신적 분류는 반드시 필요하다. 분류하지 않으면 우리의 삶은 윌리엄 제임스가 말한 것처럼 "부산스럽게 만발하는 혼란 상태"가 될 것이기 때문이다. 하지만 여기에는 대가가 따른다. 너무 빨리, 너무 충동적으로 분류 작업을 하면 귀중한 보석을 놓칠 위험이 있다.

우리가 종종 너무 서둘러 판단을 내리듯이 우리는 관심을 기울이는 데도 너무 성급하다. 어떤 대상이나 생각에 너무 빨리 혹하고, 그 대가를 치른다. 순식간에 지나가는 아름다움이나 친절한 행동은 보지 못하는 것이다. 그래서 베유는 알지 못하는 상태, 생각하지 않는 상태를 최대한 오래 유지하는 것이 중요하다고 말한다. 그러려면 인내심이 필요하다. 베유가 살던 시대에는, 심지어 오늘날에는 더욱더 드문 것이다.

베유는 대부분의 사람들이 사소하다 여길 문제에 크나큰 관심을 기울였다. 예를 들면 손 글씨 같은 것. 베유의 친구이자 전기 작가였던 시몬 페트르망에 따르면 고등학생 때 베유는 자신의 "엉성하고 경망스러우며 아무렇게나 휘갈겨 쓴 손 글씨"[14]를 바꿔야겠다고 결정했다. 그리고 부어오르는 손의 통증과 두통에도 불구하고 지칠 줄 모르고 주의 깊게 노력했다. 휘갈겨 쓰던 베유의 손 글씨는 "점점 경직이 풀리고 유연해졌으며, 마침내 말년에는 깨끗하고 아름다운 글씨를 얻게" 되었다.

인내심은 좋은 덕목이다. 최근 연구가 보여주듯이 인내심은 자신에게도 좋다. 여러 연구가 인내심 있는 사람이 안달 내는 사람보다 더 행복하고 건강하다는 사실을 보여준다.[15] 인내심 있는 사람은 더 이성적으로 행동할 확률이 높다. 이들은 대처 기술도 더 뛰어나다.

하지만 인내는 그리 즐거운 느낌을 풍기지 않는다. 인내심을 뜻하는 영어 단어 'patience'는 고통과 끈기, 참을성을 뜻하는 라틴어 파티엔스patiens에서 나왔다. 인내라는 뜻의 히브리어 사블라누트savlanut는 아주 약간 더 명랑하다. 이 단어는 인내와 관용이라는 뜻을 동시에 갖는다. 무엇에 대한 관용일까? 물론 고통에 대한 관용이지만, 부족한 자신에 대한 관용이기도 하다. 타인에게 참을성을 보이지 못하는 사람이 스스로에게 참을성을 보이는 경우는 드물다.

나는 본래 참을성 있는 사람이 아니다. 내 마음은 매우 계산적이다. 언제나 무언가를, 이왕이면 많이 원한다. 엄청난 아이디어, 기나긴 휴식, 푸짐한 아침 식사. 아무도 의심하지 않는 멀쩡해 보이는 알코올 중독자처럼 나는 사람들의 눈에 띄지 않게 내 조급함을 숨길 수 있다. 대개는 그렇다. 가끔은 사람들이 나를 꿰뚫어 보기도 한다. 내가 예루살렘에서 만난 네덜란드인 메시아처럼.

나는 NPR에 내보낼 '예루살렘 신드롬' 이야기를 쓰고 있었다. 예루살렘 신드롬은 성지를 방문한 사람들에게서 나타나는 질환이다. 이들은 꽤 말짱한 정신으로 성지에 도착하지만 곧 자신이 엘리야나 나사로라고, 아니면 《성경》에 나오는 다른 인물이라고 확신한다. 생각보다 더 흔히 발생하는 일이다.

어째서인지 예루살렘 올드시티의 한 호스텔에 예루살렘 신드롬을 앓는 사람이 많이 모여든다는 이야기를 듣고 그곳으로 향했다. 아니나 다를까, 그곳에서 네덜란드인 메시아를 만났다. 머리가 막 벗겨지기 시작한 평범한 외모의 이 중년 남성은 그날의 일기예보를 전하듯이 곧 메시아가 나타날 거라고 설명했다. "그리고 그분은 나 같은 네덜란드 남자일 거요." 그가 말했다.

바로 이거였다. 건졌다. 이게 바로 내가 사용할 녹음 파일이었다. 이후로도 계속 남자의 말을 듣고 녹음을 진행했지만 내 마음은 이미 뜬 상태였다. 사냥은 이미 끝났다. 그때 내 무관심을 감지한 네덜란드인 메시아가 갑자기 말을 멈추더니 나를 가만히 바라보았다. 그리고 아주 천천히, 비난하듯 말했다. "당신, 아주 조급한 사람이군."

그 말이 나를 얼어붙게 했다. 그가 옳았다. 나는 그를 같은 인간이나 미래의 메시아가 아닌, 녹음 파일로만 여겼다. 내 자부심의 먹잇감으로. 바라건대 내게 좋은 평가를 가져다줄 이야깃거리로. 나는 그에게서 내가 원하는 것을 얻었고, 내 입장에서 우리 거래는 끝난 것이었다. 하지만 그는 아니었다. 나는 그 남자가 이것을 전혀 거래로 여기지 않았다고 확신한다. 그의 관점에서 우리는 대화를 나누며 서로 관심을 교환하고 있었고, 그 과정에서 나는 인색하게 굴고 있었다.

모든 말다툼은 오해에서 비롯된다기보다는 '범주의 오류'에서 비롯된다. 양측이 같은 문제를 다르게 보는 것이 아니다. 양측에게는 각자 다른 두 가지 문제가 있다. 한 사람에게는 그릇을 비효율적으로 넣어서 고성능 식기세척기의 세척력을 극대화하지 못하는 상황이, 다른 사람에게는 자신의 핵심 역량, 더 나아가 자신의 남성성이 후려침 당하는 상황일 수 있다. 전쟁과 심술은 바로 이렇게 시작된다.

네덜란드인 메시아의 말이 쓰라렸던 건 그때까지 내가 나의 주의력에 자부심을 느끼고 있었기 때문이다. 나는 두 눈을 고정하고 귀를 쫑긋 세운 채 강렬한 캐릭터를, 감정이 가득 담긴 녹음 파일을, 내 이야기에 청각적 질감을 더해줄 배경 음향을 세심히 신경 쓰고 있었다. 나는 집중하고 있었지만 관심을 기울이진 않았다. 나는 발견하기도 전에 내가 무엇을 찾는지 알았다. 나 자신의 욕망에 몰두해 있었다. 그건 언제나 위험하다.

베유는 내가 예루살렘에서 드러낸 일종의 계산적 조급함 외에 다른 종류의 조급함도 경계했다. 불안에서 나오는 지적 조급함이다. 지적 조급함은 물에 빠진 사람이 칼이라도 붙잡으려 하는 것처럼 나쁜 아이디어라도 붙잡으려고 한다. 베유는 우리의 모든 실수가 "생각이 아이디어를 너무 성급하게 붙잡았기 때문에 발생하는 것이며, 이렇게 일찍 차단되면 진실을 받아들일 수 없다"고 말한다.

우리는 원대한 아이디어를 낚아채려고 열심인 사람들에게서 이러한 심리 상태를 본다. 그들은 원대한 아이디어가 자신을 그저 그런 사상가에서 선구자격 사상가로 바꿔주길 바란다. 그들은 아이디어를 숙고하는 것보다 포장하는 데 더 관심이 많고, 아이디어가 충분히 무르익기도 전에 세상에 내보낸다.

선구자격 사상가를 꿈꾸는 사람들은 고되게 주의를 기울이고 싶어 하지 않는다. 주의 기울이기의 고됨은 유도나 활쏘기가 고된 것과는 다르다. 그보다는 명상이나 양육이 고된 것과 비슷하다. 기차를 기다리는 것이 고된 것과도 비슷하다. 주의력은 뜨개질이나 펜싱처럼 우리가 습득할 수 있는 기술이 아니다. 주의력은 정신 상태이며, 방향성이다. 우리는 주의력을 학습하기보다는 주의력을 향해 나아간다. 이러한 방향 전환은 소크라테스처럼 멈춰 서서 자기 머리 밖으로 나올 때에만 가능하다. 시몬 베유는 이를 "탈창조decreation"라 칭했다.

나는 "자아 벗겨내기unselfing"라는 아이리스 머독의 용어를 더 선호한다. 영국의 소설가이자 철학자인 아이리스 머독은 자신이 경험한 자아 벗겨내기의 순간을 다음과 같이 묘사한다. 머독은 그날 자신이 무시당했다는 생각에 불안과 분노를 느끼며 창문 밖을 바라보고 있었다. 그때 하늘을 나는 황조롱이 한 마리가 보였다. 머독은 이렇게 말한다. "한순간에 모든 것이 바뀐다. 자만심에 상처 입은 음울한 자신은 사라졌다. 이제 황조롱이 외에는 아무것도 없다. 다시 내 생각으로 돌아왔을 때, 다른 문제들은 전만큼 중요해 보이지 않았다."[16]

모든 부주의는 이기심의 한 형태다. 우리는 그게 무엇이든 간에 자기 머릿속에서 일어나는 일이 나머지 세상에서 일어나고 있는 일보다 더 흥미롭고 중요하다고 판단한다. 그래서 나르시시스트들이 그토록 부주의한 것이다. 그들의 관심은 억눌려 있고, 정체되어 있다. 관심은 우리 삶의 피다. 피는 잘 돌아야 한다. 관심을 썩히는 것은 곧 삶을 죽이는 것이다.

◆

가끔은 시작보다 끝이 더 많은 것을 드러낸다. 나는 시몬 베유 역시 그러했다고 생각한다. 베유의 마지막 몇 달은 마치 빨리감기한 한 편의 영화 같았다. 경이롭고 영웅적인 결과물, 주고받은 친절, 무너짐, 그리고 필연적이고 모호했던 끝.

이 모든 이야기는 제2차 세계대전이 한창이던 영국에서 펼쳐졌다. 나는 베유가 런던에서 보낸 시기에, 베유가 사랑한 도시에, 베유가 만난 사람들에, 베유의 죽음 위를 떠다니는 거대한 물음표에 점점 심취하고 있다.

시몬 베유의 삶은 커피 스푼이 아닌 기차표로 측정되었다(영국의 시인 T. S. 엘리엇의 시에 "나는 내 삶을 커피 스푼으로 측정해왔다"라는 구절이 있다-옮긴이). 1940년 6월, 베유와 그녀의 부모는 히틀러 부대보다 한 발 앞서 파리를 떠나는 마지막 기차에 올라탔다. 얼마간 베유는 철도원들에게 철학을 가르쳤다. 그녀는 런던에서 가장 생산적인 시기를 보냈다. 런던 지하철을 타고 다니며 책을 읽고 생각에 잠겼던 시기였다.

나도 지금 그곳, 런던 지하철 센트럴 라인에 있다. 정확히 말하면 세인트판크라스역에서 시작된 내 여행의 마지막 일정이다. 내 주머니 안에는 기발한 지하철 노선도가 들어 있다. 단순함의 승리라 할 수 있는 이 노선도는 1931년에 처음 시작되었다. 런던 지하철 공사 신호국에서 기술 제도공으로 일하던 해리 벡Harry Beck이 주의를 기울인 때가 바로 그때였다. 벡은 기존 노선도에 문제가 많다는 것을 알았다. 기존 노선도는 도시의 도로 지도 위에 지하철 노선을 겹쳐서 표시해 무척 혼란스러웠다. 심지어 역을 실제 간격 그대로 표시해서 더 큰 혼란을 주었다. 역과 역 사이가 얼마나 먼지, 지하철을 탈 때 머리 위에 어떤 도로가 있는지 알고 싶어 하는 사람은 아무도 없었다. 사람들이 알고 싶어 한 것은 이 역에서 저 역까지 어떻게 이동할 수 있는지, 어디서 노선을 갈아타야 하는지였다. 하지만 사람들은 셜록 홈스가 경고한 일종의 인지적 함정에 빠져 있었다. "필수적인 것은 무관한 것 밑에 가려져 보이지 않는다."

벡은 개인 시간에 짬을 내어 전기 배선도를 본뜬 새로운 지도를 만들었다. 벡의 지도는 현실보다 더 깔끔하고 단순했다. 역 간의 거리가 동일하고 노선과 노선이 45도나 90도로만 만났기 때문이었다. 이 지도는 사람들의 마음을 사로잡았고 오늘날까지도 큰 변화 없이 이용되고 있다. 벡이 이렇게 성공할 수 있었던 것은 그가 관심을 기울였기 때문이다. 그는 엔지니어가 아닌 승객의 입장에서 사고했다.

매 역마다 열차는 승객을 내뿜고 승객을 들이쉰다. 들이쉬고, 내쉬고. 들이쉬고, 내쉬고. 쾌활한 영국 발음으로 녹음된 방송이 흘러나온다. "열차와 플랫폼 사이 간격을 조심하세요." 지하철 타기는 관심 기울이는 연습을 하는 훌륭한 방법이다. 지하철 안에는 지켜볼 사람들이 끝도 없이 이어진다. 눈을 크게 뜬 관광객들, 눈을 가늘게 뜬 은행가들, 눈이 먼 걸인들. 공기는 언어의 조각들로 가득하다. 프랑스어의 동명사, 이탈리아어의 분사, 미국식 영어의 감탄사. 많은 것들이 우리의 관심을 두고 다툰다고 말할 수도 있겠지만, 그건 사실이 아니다. 이건 경쟁이라기보다는 거친 협업에 가깝다.

나는 스포트라이트를 비추듯 내 주의를 붙잡아 바로 내 건너편에 앉아 있는 여성에게 비춘다. 여성은 꽃무늬 바지를 입고 있으며 무릎에 펼쳐놓은 타블로이드 신문의 십자말풀이를 푸는 데 맹렬히 집중한 듯 보인다. 리드미컬하게 고개를 끄덕이면서 지휘자의 지휘봉처럼, 또는 감자튀김처럼 펜을 흔든다. 여성은 정신을 한곳에 쏟고 있다. 하지만 주의를 기울이고 있는가? 시몬 베유라면 그렇지 않다고 말할 것이다.

기차가 내 목적지인 홀랜드파크역에 도착하자 나는 열차와 플랫폼 사이 간격을 조심하며 출구 쪽으로 향한다. 나는 걷고 있다기보다는 인파에 밀려 서핑을 하고 있다. 주의를 기울이려 하지만 속도 때문에 불가능하다. 속도는 주의의 적이다. 역 바깥으로 나온 뒤 갑작스레 쏟아지는 햇빛에 눈을 깜박거리며 방향 감각을 되찾으려고 고군분투한다.

지하에서 지상의 삶으로 이행하는 것은 언제나 까다롭다. 방향 감각을 잃고 내가 어디 있는지를 알 수 없는 순간이 찾아오며, 기이하게도 내가 누구인지도 함께 헷갈린다. 나는 어엿한 지상의 존재인가, 아니면 수상쩍은 지하세계의 거주자인가? 낯선 이들이 우리를 쳐다본다. 또는 우리 자신이 그렇게 상상한다. 사람들은 우리가 빛이 쏟아지는 이곳 지상에 속한 사람인지 아닌지 의심스러워한다.

나는 지상에서 존재할 자격을 증명하고 싶은 마음에 걷기 시작한다. 지금 있는 곳이 어디인지는 정확히 모르지만 앞으로 계속 나아가는 것이 중요하다. 노팅힐에서 그리 멀지 않은 이 동네는 매우 아늑하다. 커피 한 잔을 끌어안고 하루 종일도 보낼 수 있을 듯한 카페들과, 계속 존재함으로써 꿋꿋이 경제학 법칙에 저항하는, 성실하게 책을 골라 진열해놓은 책방들을 지난다. 한 파키스탄계 남자가 꽃을 팔고 있다.

포틀랜드가 쪽으로 모퉁이를 돌아 몇 미터 걸으니 31번지가 나온다. 현관문이 새로 칠한 하얀색 페인트로 덮여 있다. 이 하얀

색이 아니었다면 이 블록에 있는 다른 타운하우스와 구별되지 않았을 것이다. 표지판은 없다. 현수막도 없다. 런던의 역사 유적지 관리인 중에는 시몬 베유의 팬이 없는 게 분명하다. 놀랐다고 말할 순 없다. 한 전기 작가의 말처럼 이 "주변부와 역설의 철학자"[17]는 명성을 기대하지도, 원하지도 않았다.

베유는 프랜시스 부인에게 이 집 2층을 빌려서 살았다. 프랜시스 부인은 남편을 여의고 어린 아들 둘을 혼자 키우는 교사였다. 베유는 이 아이들을 좋아했고 둘째 존의 학교 숙제를 도와주곤 했다. 존은 현관 앞에서 몸을 웅크리고 "미스 시몬"을 기다렸다.

베유는 낮에는 나뭇가지가 보이고 밤에는 별이 보이는 자신의 작은 방을 사랑했다. 런던도 사랑했고, 유머와 친절함이 넘치는 영국 사람들도 사랑했다. 베유는 뉴욕으로 도피한 부모에게 보낸 편지에 이렇게 썼다. "남달리 친절해요. 신경은 날카롭게 곤두서 있지만 자존감과 타인을 향한 너그러움으로 자신을 잘 통제해요. ⋯⋯저는 상처가 있는 이 도시가 정말로 좋아요." 상처받은 도시의 상처받은 영혼이라. 나는 와인 한 병을 손에 들고 31번지 옆집의 벨을 누르는 어린 커플을 쳐다보며 생각한다.

베유의 본업은 다양한 배경의 프랑스 망명자들이 모여 프랑스를 나치 치하에서 해방시키기 위해 노력하는 자유프랑스운동의 일원으로 활동하는 것이었다. 베유는 지칠 줄 모르는 노동자이자 끝없이 꿈꾸는 몽상가라는 평판을 얻었다. 베유의 친구 시몬 페트르망은 "베유 안에서 아이디어가 부글부글 끓어올랐다"[18]고 회상한다. 베유가 구상한 돈키호테식 계획 중에는 낙하산을 타고 나치 점령지로 뛰어내린 뒤 최전선에서 간호사로 이루어진 군대("온유함과 차가운 결단력을 모두 지닌 여성들")를 이끄는 것도 있었다. 베유는 계획을 세세하게 다듬었고, 낙하산을 타고 뛰어내릴 때 쓸 헬멧과 비행기 운전 매뉴얼까지 구입했다. 하지만 모두가 베유처럼 이 계획에 열의를 보인 것은 아니었다. "이 여자는 미쳤어!"[19] 샤를 드골은 베유의 계획 중 하나를 읽고 이렇게 소리쳤다. 그리고 아무것도 통과시키지 않았다.

공상에 빠져 있지 않을 때면 베유는 글을 쓰고 또 썼다. 겨우 4개월 동안 800쪽에 달하는 원고를 쏟아냈고 거기에 더해 편지도 수없이 많이 썼다. 하루에 세 시간 넘게 자는 날이 드물었고, 동이 틀 때까지 일하는 때도 많았다. 이런 작업 속도는 이미 허약했던 건강을 더 악화시켰다. 베유는 전보다 덜 먹었고, 기침을 더 많이 했다. 두통은 갈수록 더 심해졌다. 베유는 자신이 곧 미쳐버리는 것은 아닐까 걱정했다.

1943년 4월 15일, 베유는 일터에 나타나지 않았다. 걱정이 된 친구가 포틀랜드가 31번지로 서둘러 달려갔다. 베유는 의식을 잃고 바닥에 쓰러져 있었다. 베유는 즉시 미들섹스 병원으로 실려갔고, 의사는 결핵 진단을 내렸다.

스푼 하나도 들기 힘들 만큼 극도로 허약한 상태였지만 베유는 어떻게든 계속 책을 읽고 글을 썼다. 의사들은 베유가 좀 쉬어야 한다고 주장했다. 베유는 의사의 말을 무시했다. "베유의 마지막 편지들에서도 드러나는 착실한 글쓰기는 정말 놀라울 정도이며 여기에는 극도의 의지력이 필요했으리라 예상된다."[20] 페트르망은 말한다.

시몬 베유는 병원 창문에서 보이는 삭막한 도시 풍경을 좋아하지 않았다. 그 풍경은 베유를 슬프게 했다. 의사들은 시골 공기가 도움이 되리라는 데 동의했고, 1943년 8월 베유는 애슈포드의 전원 마을에 있는 요양원으로 이송된다. 베유는 자신이 가장 소중하게 여기는 책들의 포장을 직접 감독했다. 플라톤과 십자가의 성 요한, 그리고《바가바드기타》였다.

요양원에서도 베유의 의식은 또렷했고 진지한 두 눈은 변함없이 면밀하게 빛났다. 하지만 신체 건강은 더 악화되었다. 든든한 식사를 한사코 거부한 것이 큰 원인이었을 것이다. 베유는 자신의 병을 부모에게 절대 말하지 않았다. 그것이 이중적인 행동인지, 연민에서 나온 행동인지는 나도 잘 모르겠다. 베유는 부모에게 보내는 마지막 편지를 "사랑하는 부모님, 그럼 또 만나요. 넘치는 애정을 듬뿍 담아"라는 쾌활한 말로 마무리했다. 8월 24일 저녁, 동료가 방문한 직후 베유는 코마 상태에 빠졌다. 그로부터 다섯 시간 후 시몬 베유는 사망했다. 향년 34세였다.

담당의는 "굶주림으로 인한 건강 악화에서 비롯된 심부전"이 사망 원인이라는 결론을 내렸다. 이 발언이 일부 지역 신문의 주목을 받았다. 한 헤드라인은 "프랑스인 교사, 스스로를 굶겨 죽이다"였다. 또 다른 헤드라인은 "굶주림으로 인한 사망"이었다. 베유의 사망에 관한 의학적 판정에 대해서는 줄곧 논쟁이 벌어지고 있다. 누군가는 베유가 자살한 거라고 말하고, 다른 이들은 아니라고 주장한다.

베유의 장례식에는 일곱 명이 참석했다. 주로 친구들과 프랑스 자유운동의 동료들이었다. 장례식을 집전하기로 한 목사는 나타나지 않았다. 부주의로 기차를 놓쳤던 것이다. 아마 너그러운 마음을 가졌던 시몬 베유는 분명히 용서해주었을 것이다.

◆

와이에서 애슈포드로 향하는 7분간의 기차여행은 눈 깜짝할 사이에 끝이 난다. 내가 무엇을 보고 듣고 생각했는지 말해드릴 수 없다. 나의 주의력은 가동에 7분 이상이 필요하다. 어느새 기차는 애슈포드 역에 진입한다. 기차역에서 나와 몇 블록을 걸으니 하이가街가 나온다. 카페와 중고 가게가 늘어선 쾌적한 보행자 전용 도로다.

모습을 잘 드러내지 않는 태양을 만끽하며 걷고 있는데, 한 남자가 보도 위의 무언가에 주의를 기울이고 있는 모습이 보인다. 조금 더 가까이 다가가니 한 손으로 붓을 들고 강아지 털을 빗겨주고 있다. 너무 귀엽네. 나는 생각한다.

더 가까이에서, 더 주의 깊게 바라보니 진짜 개가 아니다. 모래 개다. 모래로 만든 개. 남자가 꼬리의 곡선과 콧등 위에 살이 접힌 부분, 목 부근의 주름을 너무 정밀하게 빚어놓아서 지각 능력이 있는 진짜 개로 착각한 것이다.

"이렇게 빚는 데 얼마나 걸리셨어요?" 내가 묻는다.

이게 무슨 바보 같은 질문이야. 나는 나중에 깨닫는다. 관심은 분이나 시간으로 측정되지 않는다(베유는 15분간의 순수한 관심이 여덟 시간 동안의 게으르고 성긴 관심보다 낫다고 말했다). 남자에게 다른, 더 중요한 질문을 던질 수도 있었을 텐데. 어떻게 주변의 방해 요소를 차단하고 모래 개에 주의를 기울일 수 있었는지, 바람이 앞발의 모래를 날려버렸을 때, 아니면 귀 부분의 모래가 무너졌을 때 어떻게 꾹 참고 작업을 계속할 수 있었는지 같은 것들. 하지만 나는 그런 질문을 묻지 않았다. 관심은 질보다 양을 파악하기가 더 쉽다. 우리는 가장 중요한 것이 아닌 가장 쉬운 것을 평가한다.

캔터베리가街를 따라 걷는다. 전설적인 이름과는 달리 이 길은 트럭이 쌩쌩 달리는 도로다. 교차로에 이르러 표지판 하나를 발견한다. "시몬 베유 대로." 옆에 걸린 현수막 속 설명이 무례할 정도로 짧은데, 베유를 "그로브너 요양원에서 사망한 프랑스의 여성 작가이자 철학자"로 묘사하고 있다.

낮은 언덕을 올라 바이브룩 공동묘지로 들어간다. 한 여자와 연로한 그녀의 어머니가 묘지로 들어온다. 꽃과 풍경을 사들고 와서 풍경을 근처 나무에 건다.

"정말 아름답지 않아요?" 딸이 말한다. 여자가 말한 것이 풍경 소리인지 꽃인지 새파란 하늘인지, 아니면 관심을 면밀히 기울이기만 하면 뜻밖의 장소, 심지어 묘지에서도 기쁨을 찾을 수 있다는 사실인지는 모르겠다. 그런 건 중요치 않다. 중요한 것은 관심의 대상이 아니라 관심의 질이다.

외모가 깔끔한 남자가 더 많은 꽃을 들고 도착한다. 나는 여자의 아버지일 거라 추측한다. 세 사람은 묘비 앞 땅 위에 앉아 즉석

피크닉을 즐긴다.

세 사람에게는 사연이 있고, 그 사연이 행복하지 않으리란 것을 안다. 하지만 얼마나 행복하지 않은 사연인지는 세 사람이 떠나고 나서 그 묘지에 가보고 나서야 알게 된다. 그제야 나는 묘지가 너무나도 작다는 것, 묘비가 테디베어 모양이라는 것을 발견한다. 많은 물체가 강렬한 감정을 불러일으키지만 테디베어 모양의 묘비만큼 한 사람의 가슴을 순식간에, 또 철저하게 찢어놓는 물체는 절대로 없다.

찾지 않았지만 시몬 베유를 발견한다. 묘지 부지를 거닐다 고개를 들었더니 눈앞에 베유가 있다.

베유의 묘지는 손질이 잘되어 있지만 몇 송이 꽃이 시들어가고 있고 바람이 작은 플라스틱 화분을 넘어뜨려놓았다. 다른 묘비와 구분하기 어려운 단순한 묘비지만, 출생일자와 사망일자가 불어로 쓰여 있다는 점이 다르다. 3 Février 1909, 24 Août 1943.

땅에 베유의 사진이 들어 있는 액자가 놓여 있다. 전에 본 것과 같은 사진이다. 제멋대로 휘어진 머리카락과 두꺼운 안경, 다 알고 있는 듯한 두 눈. 하지만 무언가 다른 것, 내가 전에는 보지 못한 것이 또 있다. 살짝 휘어져 미소의 기미를 언뜻 내비치는 입술이다. 무엇으로 이 미소의 기미를 설명할 수 있을까? 궁금하다. 어쩌면 사진사가 농담을 했거나, 일류 대학에 입학할 수 있게 되었다는 전갈을 막 받은 것일지도 모르겠다.

하지만 다른 설명도 가능하다. 어쩌면 시몬 베유가 극도의 관심을 보인 순간, 몰입한 순간을 사진사가 포착했고, 그러한 상태에서 나올 수 있는 자연스럽고도 유일한 반응은, 고통스러운 두통과 천재 오빠와 다가오는 전쟁을 잠시나마 잊고 미소 짓는 것이었을지도 모른다.

◆

우리는 물건을 급작스레 잃어버리지만 그 상실은 점차로 서서히 경험한다. 우리의 자동차 키가, 지갑이, 마음이 그저 잘못된 곳에 있는 것이 아니라, 우리가 소유한 물건과 한때 소유했던 물건 사이를 나누는, 눈에 보이지는 않지만 결코 가파르지 않은 것은 아닌 선을 넘었다는 사실을 받아들이는 데에는 시간이 걸린다. 비존재는 우리를 겁먹게 한다. 인지하는 데 시간이 걸린다.

'상실'은 짧지만 위협적인 단어다. 명사계의 나폴레옹이다. 그 앞에 '몸무게'라는 단어가 붙지 않는 이상 거의 언제나 부정적인 뜻을 갖는다. 그렇기 때문에 우리는 상실을 그저 경험하지 않는다. 우리는 상실로 **고통받는다**. 사람들은 일이나 사랑 때문에 괴로워하는 사람을 '길을 잃었다'라고 표현한다. 어떤 국가나 사람의 인생을 따라갈 때 역사가들은 '모든 것을 잃게 된' 구체적인 시점을 정한다.

상실은 크기가 다양하지만 크기가 작은 경우는 없다. 상실은 중간에서 시작해 점점 커진다. 상실의 느낌 또한 다양하다. 상실은 어떤 이에게는 고통스러운 것, 어떤 이에게는 충격적인 것, 어떤 이에게는 그저 불편한 것이다. 어떤 상실은 모순적이기도 하다. 예를 들면 주의에 관한 장을 쓰는 동안 공책을 잃어버리는 것이 그렇다.

나는 그 공책을 정말 좋아했다. 그 공책을 처음 만난 순간이 아직도 기억난다. 따뜻한 봄날이었고, 볼티모어에 있는 작고 세련된 문구점이었다. 나는 그 공책의 깨끗한 아름다움과 부드러운 컬러, 너무나도 튼튼해서 안심되는 커버, 부드러운 종이, 그리고 펼칠 곳을 표시해주는, 하나도 아닌 세 개나 되는 (무려 세 개였다!) 얇은 책끈에 마음을 빼앗겼다.

공책을 잃어버린 나는 지나친 반응을 보인다. 머리로는 알지만, 오로지 머리로만 아는 것은 아예 모르는 것과 마찬가지다. 심호흡을 한 뒤 나의 반응을 자세히 살핀다. 이런 반응은 어디서 오는 거지? 전에도 무언가를 잃어버린 적이 있고, 그때는 이런 식으로 반응하지 않았다. 대학 시절에는 1주일을 통째로 잃어버린 적도 있는데, 아주 조금도 아쉬워하지 않았다. 왜 공책 하나 잃어버렸다고 이렇게 낭떠러지로 떨어지는 거지?

왜냐하면 그건 단순한 공책이 아니었기 때문이다. 종이에 쓰인 생각은 가장 주의를 기울인 상태의 마음을 기록한 것이다. 이렇게 몰입한 순간은 하이가의 모래 개처럼 쉽게 부서지며, 한번 잃어버리면 회복이 거의 불가능하다. 잃어버린 다이아몬드를 되찾는 것이 잃어버린 생각을 되찾는 것보다 더 쉽다. 그러므로 나는 반드시 (반드시!) 내 공책을 찾아서 과거를 복구해야만 한다.

종류와 상관없이 어떤 것을 더 좋아할 수 있는 확실한 방법은 그것을 잃어버리는 것이다. 수색에 아무런 성과가 없자 잃어버

린 공책의 미적 탁월함뿐만 아니라 그 안에 쓰인 내용의 우수함
도 점점 커진다. 수색 이틀째, 나는 영국 여행에서 기록한 그 공책
안에 든 생각이 통찰 면에서나 독창성 면에서나 독보적이라고 확
신한다. 수색 나흘째, 나는 그 공책이 세상에서 가장 귀중한 공책
이라고 선언한다. 진짜다. 다빈치의 작업 노트인 코덱스 레스터
Codex Leicester나 헤밍웨이가 쓴 노트 까이에cahiers보다 더 귀중하다.

명백하게 있을 법한 곳(캐비닛, 책꽂이)을 찾아보고 그보다 덜 명
백한 곳(냉장고, 쓰레기통)도 찾아본다. 없다. 두 번 세 번 반복한다.
내 걸음을 되짚어본다. 같은 책상 서랍을 세 번, 네 번, 다섯 번 들
여다본다.

이런 나의 행동에 우리 집 개가 깜짝 놀라고 고양이가 식겁한
다. 영리하게도 고양이는 안 보이는 곳에 숨어버렸다. 딸아이는
이 상황 전체가 "말 그대로 세상에서 가장 짜증난다"고 말한다.

나를 쓰리게 하는 건 공책의 부재만이 아니다. 공책을 잃어버
린 행동, 그 부주의가 보여주는 나의 모습도 마음을 쓰리게 한다.
좋을 게 없어. 나는 결론 내린다. (만성적으로 물건을 잃어버리는 사람
을 지칭하는 단어가 있다. 루저loser. 가장 잔인한 꼬리표다.) 작가 메리 카
는 최근 공책 한 권을 잃어버렸지만 디오니소스라는 이름의 섹시
한 그리스인과 "데킬라에 적셔진 그의 자유분방한 심장"[21]이 모
는 보트 위에서 잃어버리는 센스는 있었다. 나는 부엌에서 엘리
오스 냉동피자와 허니넛 치리오스 시리얼 상자를 정리하다가 공
책을 잃어버렸다. 데킬라는 없다. 디오니소스도 없다. 있는 것은
후회와 자기혐오뿐이다.

어쩔 줄 몰라 다시 시몬에게 기댄다. 나는 절망적인 순간마다 스스로에게 베유의 책 중 한 권을 펼치라고 말한다. 베유는 내가 겪는 고충을 보고 단순한 진단을 내린다. 나는 그 공책을 정말 찾고 싶은 게 아니다. 그 공책을 소유하고 싶은 것이다. 나는 욕망에 사로잡혔고, 욕망은 관심과 양립할 수 없다. 무언가를 욕망하는 것은 곧 거기에서 얻고자 하는 바가 있다는 뜻인데, 바로 그 상태가 우리의 시야를 가린다.

우리는 우리의 욕망이 향하는 대상에 문제가 있다고 생각하지만 사실 문제인 것은 그 주체, 즉 '나'다. 무언가를 간절히 바랄 때 그것에 관심을 기울이고 있는 것처럼 보일 수도 있지만 그건 환상이다. 헤로인 중독자는 헤로인을 갈망하지 않는다. 헤로인을 하는 경험, 그리고 그에 수반되는, 헤로인을 못 하고 있는 게 아니라는 안도감을 갈망하는 것이다. 그가 원하는 것은 정신적 괴로움으로부터의 자유, 즉 아타락시아다.

다시 시몬에게로 돌아간다. "미덕이나 시, 또는 문제의 해결책을 구하기 위해 온몸에 힘을 주고 이를 악무는 것보다 더 어리석은 일이 어디 있을까? 관심은 이와 완전히 다른 것이다."

온몸에 힘을 풀고 책장을 넘긴다.

"문제는 늘 우리가 너무 적극적이고 싶어 한다는 것이다. 우리는 항상 수색에 나서고 싶어 한다."

이 문장이 나를 당황스럽게 한다. 짜증나게도 한다. 당연히 수색에 나서고 싶죠, 시몬! 수색에 나서는 것 말고 내가 내 공책을 찾을 수 있는 방법이 또 있나요?

깊게 심호흡을 하고 계속 책을 읽어나간다. 베유가 말을 이어나간다. 중요한 것은 "우리가 추구하는 대상으로부터 한 걸음 물러나는 것이다. 오로지 간접적인 방법만이 효과가 있다. 우선 한 발짝 물러서지 않으면 아무것도 할 수 없다."

나는 물러서서, 지하실에서 한 트럭 분량의 아편처럼 내게 손짓하는 거대한 텔레비전으로 후퇴한다. 좋지 않다. 너무 멀리 물러섰다. 나는 체념 앞에 굴복했다. 체념은 변장한 절망이다.

베유는 행동과 결과를 하나로 묶어버린 것이 나의 문제라고 말한다. 삶은 늘 그런 식으로 돌아가지 않으며, 관심도 마찬가지다. 주의를 기울이는 삶은 위험하다. 결과가 늘 보장되는 것은 아니다. 우리의 관심이 우리를 어디로 이끌지, 아니 어디로 이끌기나 할지는 알 수 없는 일이다. 베유가 주창한 것과 같은 순수한 관심에는 친구에게 좋은 인상을 주거나 출세하고 싶은 것과 같은 외부적 동기가 묻어 있지 않다. 무언가에 온전한 관심을 기울이는 사람은 "그의 노력이 눈에 보이는 결실을 맺지 못한다 할지라도" 진전을 이룬 것이라고, 베유는 말한다.

베유의 말이 옳다는 것을 나도 알지만, 우리는 눈에 보이는 결실을 찬미하는 세상에 살고 있다. 결실이 눈에 더 잘 보이고 더 화려할수록 좋다. 시몬 베유처럼 지금 이 순간에만 마음을 쏟고 미래의 보상에는 무관심하게 사는 것이 가능할까? 애정을 담아 주의 깊게 딸아이를 키우면서, 아이가 신경외과 의사가 될지 바리스타가 될지에는 관심을 끌 수 있을까? 공모전에 글을 내면서 상을 탈지 못 탈지에 관심이 없을 수 있을까? 나는 내 공책을 보내줄 수 있을까?

실성한 마음을 잠시 가라앉히고 균형 감각을 아주 약간 회복한다. 나는 공책을 잃어버렸다. 큰일이다. 헤밍웨이도 자신의 단편소설 모음집 전체를 잃어버린 적이 있다. 아니 정확히 말하면, 그의 아내 해들리 리처드슨Hadley Richardson이 헤밍웨이의 단편소설 모음집 전체를 잃어버렸다. 1922년이었고, 리처드슨은 남편을 만나러 파리에서 스위스로 향하던 중이었다. 리옹 역에서 막 기차에 탔으나 출발까지 몇 분이 남아 있었기에 리처드슨은 다시 내려서 미네랄워터 한 병을 사기로 했다. 다시 기차로 돌아왔을 때 여행가방은(그리고 헤밍웨이의 원고는) 사라지고 없었다.

헤밍웨이는 미니멀리즘을 실천한 것으로 유명하지만 그런 그에게도 이번 건은 너무 심각했다. 그는 패닉에 빠졌다.[22] 하지만 어니스트는 굴하지 않고 계속 글을 써 나갔고, 결국 헤밍웨이가 되었다.

그 일이 있기 몇 년 전, 토머스 에드워드 로렌스라는 이름의 젊은 영국 장교도 리딩에서 기차를 갈아타다 자신의 회고록《지혜의 일곱 기둥》의 원고를 잃어버렸다. 손으로 직접 쓴 유일한 원고였다.

로렌스는 1916년 아랍 반란과 아카바 전투에서 살아남아 낙타를 타고 시나이 사막을 통과한 사람이었으나 원고 분실 사건으로 거의 죽기 직전까지 갔다. 하지만 결국 그는 원기를 회복했고, 난방이 안 되는 웨스트민스터의 다락방을 견디며 기억에 의지해 책을 처음부터 다시 새로 썼다.

잃어버린 원고에 관한 이야기들을 읽으며 시몬 베유의 말을 다시 떠올린다. "우리가 가장 귀중한 선물을 얻는 것은 그것을 찾아나설 때가 아니라 그것을 기다릴 때다." 베유의 말이 옳다. 나는 기다려야 한다.

만약 이 책이 스티븐 스필버그의 영화라면 지금쯤 기적처럼 공책을 발견하고 여태껏 공책이 내 목전에 있었다는 사실을 깨달을 것이다. 하지만 슬프게도 이 책은 스필버그 영화가 아니다. 이 책이 충성을 바치는 대상은 박스오피스가 아니라 진실이며, 진실은 내가 내 공책을 찾지 못했다는 것이다. 공책이 어떤 지혜를 담고 있었을지, 또는 아무 지혜도 담지 않았을지 나는 평생 알지 못할 것이다. 그래서 그냥 내버려둔다. 공책을 보내주기로 한다.

이것도 진전이라 할 수 있을까? 그럴지도. 하지만 이건 시몬 베유가 즐겨 쓰던 단어가 아니다. 진전이랄 것도, 승리랄 것도 없다. 오직 기다림만이 있을 뿐.

그래서 나는 기다린다. 내가 상상한 것보다 더욱 기꺼이, 더욱 끈기 있게. 기다림은 그 자체가 보상이므로.

8

간디처럼 싸우는 법

How to Fight Like Gandhi

"모든 폭력은 상상력의 실패를 나타낸다.

비폭력은 창조성을 요구한다."

오전 11:02.
인도 노던철도 본부가 있는 바로다하우스.
뉴델리에서 아마다바드로 향하는
요가 익스프레스의 차표를 구하려는 중.
성공할 가능성 : 높지 않음.

요가 익스프레스에 대해 처음 들었을 때 반드시 타야 한다는 것을 알았다. 기차표를 구하기 위해서라면 내 온몸을 꽈배기처럼 뒤틀 준비도 되어 있었다. 여기서 정확히 하자면, 내 요가 수행은 순전히 이론적이다. 나는 '요가 익스프레스'가 마음에 들었다. 깨달음으로 향하는 고속도로 같은 느낌. 게다가 기차의 목적지인 아마다바드는 나의 철학 영웅 마하트마 간디의 도시로, 그가 인도 땅에서 처음으로 아시람(요가를 수행하는 거처-옮긴이)을 세운 곳이자 인도 독립 투쟁의 중요한 전환점이 된 그 유명한 소금 행진을 시작한 곳이다.

1000여 킬로미터의 기차 여행은 한 번의 예약에서 시작된다. 인디안 레일웨이에서 표를 구한다는 것은, 이 철도기업이 처음 세워진 1853년 이래 변함없이 지독하게 긴 줄을 기다리고 관료주의의 미궁 사이를 헤치고 나아가야 한다는 뜻이다. 디지털 시대에 이 지옥은 온라인으로 자리를 옮겼다. 세 시간에 걸쳐 계정을 만들었지만 요가 익스프레스는 예약이 꽉 차 있다. 대기 명단에 내 이름을 넣고 앱을 다운받아 진행 상황을 추적한다. 순식간에 15번에서 8번이 됐다가, 다시 1번이 된다. 조짐이 좋다.

나의 친구 카일라스의 이야기를 들은 여행사 직원은 "노 프라블럼No problem"이라고 말한다. 인디안 레일웨이에서 일하는 카일라스의 친구도 "노 프라블럼"이라고 한다. 하지만 명백한 결말은, 빅 프라블럼big problem이다. 인도에서는 그 무엇도 마지막까지 끝난 것이 아니며, 심지어 마지막도 끝이 아니다. 모든 결말은 하나의 시작이다. 모든 피날레에는 암묵적인 투 비 컨티뉴드to be continued가 들어 있다.

1은 인상적인 숫자라고, 나는 생각한다. 하지만 이곳은 0의 개념을 발명한 나라[1]이자, 무한함을 논하는 인도다. 숫자는 무엇인가? 마야maya(산스크리트어로 환영이라는 뜻-옮긴이)이자 환영이다. 스토아학파가 말했듯, 물에 빠져 죽기 직전인 사람에게 물의 깊이가 1미터인지 100미터인지는 중요하지 않다. 익사는 익사다. 대기 명단은 대기 명단이다.

"아마다바드에 비행기를 타고 가면 안 돼요?" 카일라스가 묻는다. 비행기는 기차보다 빠르고 간편하며, 요금도 아주 조금 더 비쌀 뿐이다.

카일라스의 말이 맞지만 비행기를 탈 순 없다. 간디는 비행기를 타지 않았다. 단 한 번도. 간디는 늘 기차를 탔고, 나도 기차를 탈 것이다. 간디는 목표보다 수단이 더 중요하다고 굳게 믿었다. 이기고 지는 게 중요한 게 아니라 어떻게 싸우느냐가 중요하다. 어디로 가느냐가 아니라 그곳에 어떻게 가느냐가 중요하다. 나는 비행기를 타지 않을 것이다. 기차를 탈 것이다. 요가 익스프레스를 탈 것이다.

이 상황에서는 과감한 아날로그식 조치가 필요하다는 판단을 내린다. 이윽고 나는 철도 공무원인 미스터 싱의 사무실에 와 있다. 가는 테의 안경을 쓰고 뚱한 얼굴을 한, 깔끔하고 머리가 벗겨진 남자다. 나는 다급하게 내 곤란한 상황을 설명한다. 도와주실 수 있나요?

이건 수사적 질문이다. 나는 미스터 싱이 날 도와줄 수 있다는 것을 안다. 인도에서 권력의 크기는 사무실 크기와 정비례한다. 미스터 싱은 확실히 권력자다. 독립된 휴게 공간만 최소 세 개에, 천장은 하늘에 닿을 만큼 높다. 미스터 싱은 한 번의 서명과 한 번의 클릭만으로 내게 요가 익스프레스 좌석 하나를 확보해줄 수 있다.

"복잡한 일입니다." 마치 우리가 기차표 예약이 아니라 적분 문제를 논하고 있는 것처럼 미스터 싱이 말한다. 몇 개의 좌석은 VIP를 위해 따로 빼놓는다고, 미스터 싱이 설명한다. "아, 그리고 VVIP도요." 그가 덧붙인다.

폭력에 기대고 싶은 유혹을 느끼지만 참는다. 간디는 폭력을 용납하지 않을 것이다. 간디는 폭력이 피해자뿐만 아니라 가해자도 해친다고 말했고, 나는 나를 해치고 싶지 않다. 아직은.

그 대신 나는 환심을 사려고 애쓴다. 인도에서 존칭의 의미를 더하는 접미사 지ji를 붙여 내가 평생을 간디지에 푹 빠져 살았으며 간디의 사상이 오늘날에도 무척 유의미하다고 믿는다는 점을 설명한다.

미스터 싱의 고통스러운 얼굴이 점점 더 일그러진다. 그가 두 가지 선택지를 저울질하고 있는 것이 보인다. 외국인, (무려 간디지에 지대한 관심이 있는) 이 나라의 손님을 실망시키느냐, 국회의원, 또는 다른 건방진 거물의 노여움을 사느냐.

나는 기회를 얻지 못했다. 뉴델리 기차역의 외국인 전용 사무실에 가보세요라고, 미스터 싱이 말한다. 그리고 그곳에서 나를 도와줄 수 있을 거라고 장담한다. 하지만 그렇지 않다는 것을 우리 둘 다 안다.

미스터 싱에게 시간을 내주어 고맙다고 말한 뒤 복도를 걸어 나와 뉴델리 공기 속으로 흩어지는 숨 막히는 먼지 입자 속으로 들어간다. 요가 익스프레스의 좌석을 얻으려는 나의 노력은 끝이 났다. 아니, 인도식으로 말하자면, 이제 시작이다.

◆

친구 카일라스와 함께 지하철역으로 걸어가는 중이다. 카일라스가 오늘 공기가 맑다고 말한다. 전 세계에서 공기 오염이 가장 심각한 도시에서 이 정도면 비교적 맑다는 뜻이다. 이곳의 공기 질은 '위험한 수준'이지만 어제보다는 살짝 덜 위험하다.

우리는 등나무 빗자루로 거리를 쓸며 마치 델리에는 먼지가 더 필요하다는 듯 먼지 구름을 일으키고 있는 두 남자 옆을 지난다.

"마스크를 쓰는 게 좋을 거예요." 카일라스가 말한다.

주머니에 손을 넣어 더듬거리며 검은색과 회색이 섞인 엉성한 천 마스크를 찾는다. 점원은 이 마스크가 내 폐를 보호해줄 거라고 장담했다. 가격은 약 1.5달러 정도였다. 나는 점원의 말에 회의적이다.

간디는 인도의 유감스러운 공기 상태에 대해 걱정은 했겠지만 놀라진 않았을 것이다. 100년도 더 전에 간디는 산업화의 위험성을 경고했다. 그는 인도의 미래는 인도의 도시가 아닌 시골 마을에 달려 있다고 말했다. 냉철한 경제적 관점에서 보자면, 간디의 말은 틀렸다. 인도의 도시는 호황을 누리고 있고 시골 마을은 더욱 가난해졌다. 하지만 시골에선 숨을 쉴 수 있다.

우리는 보도 위에 천을 깔고 앉아 있는 몇 명의 사람들 옆을 지난다. 여섯 살이 채 안 되어 보이는 여자아이가 책을 보고 있다.

아이는 맨발이고 때가 덕지덕지 묻어 있다. 나이가 많지 않은 성인 두 사람이 책을 가리키며 힌디어로 아이에게 무어라 말하고 있다.

"개인 지도 교사예요." 카일라스가 설명해준다. 여자아이는 거지다. 아이는 한 번도 학교에 가본 적이 없다. 그래서 이 자원봉사자들이 아이에게 학교를 가져다주었다. 간디는 이 이타적인 행동에 찬성했을 것이다. 이게 인도의 매력이다. 이 나라를 막 비난하려던 참에 뜻밖의 친절함을 만나게 되고, 신뢰는 다시 회복된다.

델리 지하철역으로 내려간다. 완전히 다른 세계로 들어가는 것 같다. 모든 것이 반짝거리고 깨끗한 새것이다. "델리의 생명줄이에요." 카일라스가 자랑스럽게 말한다. 곧 출발하는 열차에 올라타려다 주저한다. 사람이 많아도 너무 많다. 다음 열차를 기다리는 게 좋지 않을까?

"아니요." 카일라스가 말한다. "사람은 똑같이 많을 거예요. 업무 시간이잖아요."

나는 오늘이 일요일이라는 점을 지적한다.

"인도잖아요." 마치 이 말이 모든 것을 설명해준다는 듯 카일라스가 말한다. 그리고 그게 사실이다.

우리는 열차에 몸을 욱여넣는다. 런던 여행 이후 듣지 못했던 쾌활한 목소리가 흘러나온다. "열차와 플랫폼 사이 간격을 조심하세요." 인도에서 그 간격은 더 넓고 더 위험하다. 정신 수양이 두 배로 요구된다.

◆

모한다스 K. 간디는 무언가에 대해 생각이 분명한 사람이었다. 기차만 빼고. 미국 여성 두 명이 철도에 반대하는 게 사실이냐고 묻자 간디는 이렇게 대답했다. "그렇기도 하고 아니기도 합니다."

한편으로 간디는 철도 역시 영국이 인도를 좌지우지하는 방법 중 하나라고 보았다. 그리고 내가 만난 다른 철학자들과 마찬가지로 간디는 지나친 속도를 염려했다. 그는 이렇게 물었다. "기관차라는 빠른 수단이 있으면 이 세상이 더 나아지는가? 이런 수단이 인간의 정신적 진보를 증진하는가? 결국에는 그러한 진보를 방해하는 것이 아닌가?" 하지만 간디가 인도 전역을 오가며 여러 사람을 직접 만나고 집회를 열 수 있었던 것은 거의 늘 3등칸을 이용했던 기차 여행 덕분이었다.

한 번의 기차 여행이 간디의 삶과 역사의 추세를 뒤바꾸었다. 1893년이었다. 간디가 남아프리카공화국에 도착한 지 1주일이 지났을 때였다. 간디가 일하던 법률사무소에서 중요한 사건을 맡기기 위해 남아공 더반에 있던 간디를 프리토리아로 파견했고, 밤기차의 1등칸 좌석을 예약해주었다. 기차가 마리츠버그역에 도착했을 때 간디가 타고 있던 칸에 백인이 올라탔고 간디를 힐끗 보더니 역무원을 불렀다. 그리고 역무원은 간디에게 3등칸으로 옮겨야 한다고 말했다.

"하지만 내겐 1등칸 기차표가 있는데요." 간디가 말했다.

"그건 중요하지 않아요." 역무원이 대답했다. '유색 인종'은 이곳에 있어선 안 된다는 거였다. 간디는 이동을 거부했다. 경찰이 간디를 기차에서 끌어내렸다.

몹시 추운 밤이었다. 간디의 외투는 짐 가방에 들어 있었는데, 간디는 자존심을 지키느라 가방을 달라는 말을 하지 못했다. 간디는 오들오들 떨며 생각에 잠겼다. 인도로 돌아가야 할까, 아니면 남아공에 남아 자신이 방금 경험한 것과 같은 불의에 맞서 싸워야 할까?

아침이 밝아올 때쯤 간디는 이런 결론을 내렸다. "내 의무를 다하지 않고 인도로 돌아가는 건 비겁한 행동이다. 내가 당한 고난은 표면적인 것, 유색 인종에 대한 편견이라는 고질병의 한 증상일 뿐이다. 할 수 있는 한, 그 질병을 뿌리 뽑으려 노력하며 그 과정에서 고난을 겪어야 한다." 그 순간 간디는 나아갈 길을 선택했다. 돌부리에 걸리기도 하고 방향을 틀기도 하고 가끔 충돌이 일어나기도 했지만, 간디는 평생 그 길을 걸었다.

수십 년 후, 미국인 선교사 존 모트John Mott가 간디에게 평생 가장 창조적이었던 경험이 무엇이었냐고 묻자, 간디는 남아공에서 겪었던 기차 일화를 들려주었다. 조용한 결의의 순간을 창조와 동일한 것으로 본 것이다. 일부 전기 작가들은 간디가 예술에 관심이 전혀 없었다고 언급한다. 간디는 소설을 거의 읽지 않았고 극장이나 미술관에 가는 일도 드물었다. 간디에게는 아름다움을 보는 소로의 눈이나 음악을 듣는 쇼펜하우어의 귀가 없었다. 런던에서 댄스 교습에 등록한 적이 있었지만 곧 자신에게는 리듬이 없다는 사실만 깨달았다.

하지만 간디가 창조적이지 않다는 것은 잘못된 결론이다. 일반적인 방식과 달랐을 뿐, 간디는 창조적인 사람이었다. 간디의 붓은 결의였고, 간디의 캔버스는 인간의 마음이었다. 그는 이렇게 말했다. "진정한 아름다움은 악에 맞서 선한 일을 행하는 것이다." 모든 폭력은 상상력의 실패를 나타낸다. 비폭력은 창조성을 요구한다. 간디는 언제나 새롭고 혁신적으로 싸우는 방법을 찾아 헤맸다.

◆

우리는 지하철역에서 나오자마자 길을 잃는다. 카일라스가 한 릭샤 왈라wallah(무엇무엇 하는 사람이라는 뜻의 힌디어-옮긴이)에게 가서 길을 물어보지만 불만족한 채로 돌아온다. 몇 미터 더 걷다가 경찰관을 발견한다. 경찰관은 환기구가 달린 그럴듯한 마스크를 쓰고 있다. 내 마스크에는 환기구가 없다. 카일라스가 경찰관에게 길을 물어보는 동안 나는 내 폐가 얼마나 손상되고 있을지 가늠해본다.

경찰관은 릭샤 왈라가 가르쳐준 방향과 정반대 방향을 가리킨다. 여전히 만족하지 못한 카일라스는 세 번째 사람에게 길을 묻는다. "전 절대로 길을 한 사람한테만 물어보지 않아요." 카일라스가 말한다. "언제나 두 명, 아니면 세 명한테 물어보죠." 인도에서 살아가는 데에는 끝없는 삼각법이 필요하다. 훌륭한 실험가였던 간디는 그 누구보다도 이 사실을 잘 알았다.

오래된 비를라하우스의 부지로 들어선다. 이곳은 늘 떠돌아다녔던 간디에게는 거의 집 같은 곳이었다. 이 집은(집보다는 커다란 시설에 더 가깝다) 간디의 친구였던 부유한 기업가 G. D. 비를라의 소유다.

익숙한 평화가 밀려온다. 전에도 이곳에 여러 번 방문했다. 비록 올 때마다 길을 잃긴 하지만. 나는 간디에게 이끌리듯 정확히 표현할 수 없는 이유로 이 공간에 마음이 이끌린다. 넓게 펼쳐진 잔디와 간디의 발 모양을 따서 깔아놓은 하얀색 표석, 베란다가 좋다. 베란다에서 일흔여덟 살의 마하트마가 커다란 밀짚모자와 흰색 도티(인도의 전통 의상-옮긴이)를 걸치고 등을 구부린 채 편지를 쓰거나 손자들과 놀아주거나 막 독립한 인도라는 흔들리는 배의 조종을 도와주는 모습이 머릿속에 그려진다.

어떤 장소는 초인적인 업적이 발생한 곳이라서 신성시된다. 예를 들면 부처가 깨달음을 얻은 보리수나무 밑이 그렇다. 반면 어떤 장소는 끔찍한 폭력이 일어난 곳이라서 신성시된다. 게티즈버그. 노르망디. 비를라하우스가 후자에 속한다. 이곳에서 간디는 마지막 걸음을 걷고 마지막 숨을 내쉬었다.

인생의 마지막 날, 마하트마 간디는 언제나처럼 오전 3시 30분에 일어났다. 그리고 대부분의 인도인처럼 잔가지 하나로 이를 닦았다. 추운 1월 아침이었다. 뼈가 앙상하게 드러난 간디의 어깨를 간디의 종손녀이자 조수였던 마누가 숄로 덮어주었다. 간디는 레몬과 꿀을 넣은 물 한 잔과 매일 마시는 오렌지 주스를 마셨다. 간디의 식단은 간소하고 건강했다. 그는 오래 살고 싶어 했고(본인이 직접 125세까지 살고 싶다고 말했다) 자기 몸을 깨끗하게 정화하고 싶어 했다. 싸움하는 사람이 강해야만 싸움도 효과를 내는 법이다. 간디는 이렇게 말했다. "젖은 성냥개비로 어떻게 나무에 불을 붙일 수 있겠는가?"

◆

카일라스는 종종 나와 함께 비를라하우스를 찾는다. 앞에서 말했듯 카일라스는 내 친구지만 처음부터 그랬던 것은 아니다. 얼마간 카일라스는 나의 하인이었다.

서구인에게 이 단어가 거슬릴 수 있다는 것을 알지만, 그래도 사실이다. '하인'은 다른 사람이 카일라스를 칭하는 이름이자, 카일라스가 스스로를 칭하는 이름이다.

우리는 아주 오래전인 1993년에 처음 만났다. 내가 NPR의 델리 통신원으로 막 인도에 도착했을 때였다. 모든 것이 적나라한 광란의 도가니였다. 살 곳이 필요했지만 내가 본 아파트들은 너무 비싸거나 너무 시끄럽거나 작은 새만 한 크기의 날아다니는 바퀴벌레의 공격에 너무 취약했다.

마침내 나는 쾌적한 길이 내려다보이는 테라스와 묵직한 나무문이 있는 아파트 하나를 발견했다. 집주인은 왼쪽 귀에 철사처럼 빳빳하고 새까만 털이 무성하게 자란 고압적인 남자였는데, 서구식 화장실과 에어컨 같은 아파트의 특징을 알려주다 무미건조하게 '하인'이라는 말을 덧붙였다.

며칠 후 집주인이 말한 하인이 위층으로 성큼성큼 올라와 출근 보고를 했다. 마호가니 색의 피부와 날카로운 이목구비를 가진, 걱정스러울 만큼 깡마른 남자아이였다. 아이의 이름은 카일라스였고, 열한 살이었다. 나는 인도에서 마주할 문화 차이에 단단히 마음의 준비를 해둔 상태였지만 이런 것은 예상치 못했다. 집주인과 이야기를 하려고 아래층으로 내려가기 시작했으나 카일라스가 나를 말렸다. 그냥 있으라고, 카일라스가 말했다. 아니 정확히 말하면 몸짓으로 말했다. 카일라스는 영어를 한마디도 하지 못했다. 나는 고아인 카일라스가 우리 집에서 일하지 않으면 다른 집에서 일을 하게 될 거고 그 사람이 이 아이를 어떻게 대우할지 알 수 없다고 생각하며 합리화를 했다. 카일라스를 오지 못하게 하는 것은 책임을 회피하는 행동 같았다.

그리하여 매일 오후 카일라스는 계단을 걸어 올라와 내 방문을 두드렸다. 솔직히 말해서 청소를 대단히 잘하진 않았다. 카일라스는 더러운 것을 없애는 대신 그저 위치만 바꿔놓았다. 하지만 타고나기를 친절하고 정직한 사람이었고, 알고 보니 변덕스러운 노트북과 프린터를 다루는 귀재였다.

카일라스는 어깨너머로 나와 아내의 말을 들으며 영어를 배웠다. 얼마 지나지 않아 "난 망했어"와 "당장 나가" 같은 구어를 앵무새처럼 따라 했다. 시간이 지나면서 카일라스는 우리에게 자기 이야기를 해주었다. 몇 년 전 부모님이 돌아가신 것, 자신이 크리켓을 정말로 좋아한다는 것, 차파티(밀가루를 반죽하여 둥글납작하게 구운 인도 음식-옮긴이)를 제대로 만들어놓지 않으면 집주인이 자신을 때린다는 것.

우리가 언제 돕기로 마음먹었는지는 잘 기억나지 않지만, 개인 교사를 고용하는 데에는 큰돈이 들지 않았고 곧 카일라스는 수년 만에 처음으로 공부를 하게 되었다. 나중에 나와 아내가 다른 아파트로 이사를 가게 되었을 때 카일라스도 우리와 함께 갔다. 엄밀히 말하면 카일라스는 여전히 우리의 고용인이었지만 언젠가부터 카일라스는 우리를 자기 부모라고 지칭하기 시작했다. 마음이 불편했지만 우리가 새로 맡은 역할을 부인할 수는 없었다.

나는 늘 카일라스와 나의 관계가 시나리오 같은 직선 형태의 궤적을 따라갈 거라고 생각했다. 인도인 고아 소년이 운명처럼 마음 따뜻한 미국인을 만난다. 소년은 최선을 다해 가난한 어린 시절을 이겨낸다. 소년은 인내하고, 마음 따뜻한 미국인의 온정을 평생 고마워한다. 하지만 내가 인도를 떠나고 10년이 넘도록 카일라스와 나는 2막에서 다음 막으로 넘어가지 못했다.

내가 분기별로 돈을 송금해주었기 때문에 카일라스는 겨울엔 너무 춥고 여름엔 너무 더운 델리의 자그마한 아파트에서 살 수 있었다. 카일라스의 가장 친한 친구는 엔비라는 이름의 포메라니안이었다. 카일라스가 차를 내오는 일을, 나를 만나기 전이었다면 기꺼이 붙잡았을 기회를 거절했다는 이야기를 들었을 때 나는 화가 났지만 놀라진 않았다. 내가 카일라스의 기대치를 올려놓은 것이었다. 잠시도 가만있지 못하는 사람이 10억 명이 넘는 나라에서는 위험한 일이었다.

옆에서 이 상황을 지켜본 인도인 친구들은 내 노력에 회의적이었다. "너무 미국인처럼 생각하고 있어요." 그들은 미국인처럼 생각하는 게 무슨 정신병인 것처럼 말했다. "카일라스는 낮은 계급, 낮은 카스트 출신이에요. 모든 걸 해낼 순 없다고요. 현실을 좀 직면해요."

친구들 말이 맞아. 나는 스스로에게 이렇게 말하며 내가 이 인도인 고아 소년에게 평생 매여 있게 될 가능성을 받아들이려 애썼다. 하지만 언젠가 카일라스가 자립해 자유롭게 떠나갈 것이라는 순진한 생각을 떨쳐낼 수 없었다.

그리고 카일라스는 정말 그렇게 했다. 할리우드 영화보다는 더 들쑥날쑥한 궤도를 따랐지만, 결말은 영화만큼 행복하다. 지금 카일라스는 허름한 동네에서 중산층이 되겠다는 포부를 품고 살고 있다. 또한 남편이자 아버지가 되었다. 집주인이기도 하다. 2층짜리 건물을 소유하고 있다. 가족과 함께 그 건물의 꼭대기층에서 산다. 1층에는 딸의 이름을 따서 에마라는 이름을 붙인 작은 문구점을 열었다. 그곳에서 공책과 펜, 간디 사진이 있는 지갑을 판다. 카일라스와 나는 더 이상 금전적으로 매여 있지 않다. 우리의 유대는 그보다 더 견고하다.

12월답지 않게 따뜻한 오늘, 우리는 간디가 사망한 장소로 이어지는 하얀 대리석 복도를 걷고 있다.

카일라스는 간디를 향한 나의 집착을 잘 안다. 그는 나의 이 집착을 감동적으로 여기지만, 내가 보기엔 좀 기이하게 여기는 것 같기도 하다. 대부분의 인도인이 생각하는 간디는 대부분의 미국인이 생각하는 조지 워싱턴과 비슷하다. 사람들이 경건하게 이름을 말하고 지갑 속 지폐에 얼굴이 그려진, 막연한 아버지상.

잠시 멈춰서 더위를 식히고 비를라하우스의 고요한 아름다움을 느끼고 있는데 카일라스가 몸을 돌려 내게 묻는다. "간디지가 왜 그렇게 좋아요?"

뭐라 대답해야 할지 잘 모르겠다. 간디를 향한 나의 지대한 관심이 이해가 잘 안 된다는 것을 나도 안다. 나는 인도인이 아니다. 금욕적인 사람도 아니다. 비폭력을 실천하긴 하지만 못 그럴 때도 있으며 은은한 수동공격성도 있다. 간디는 사람들을 이끄는 지도자였다. 나는 그 누구도, 심지어 우리 집 개 파커도 이끌지 못한다. 파커는 더 큰 힘에 복종한다. 바로 음식이다. 사망 당시 간디의 소유물은 작은 숄더백에 다 들어갈 정도였다. 내가 가진 물건을 다 넣으려면 그보다 훨씬 넓은 공간이 필요하며, 나는 지금도 쇼핑 중이다. 하지만 간디는 내게 말을 건넸고, 나는 그의 말을 들었다.

인도에서 보낸 3년 동안 간디는 내 뇌 속에 스며들었다. 어떻게 그러지 않을 수 있었겠는가? 간디의 사상은 아니더라도, 그의 이미지는 돈이며 건물 벽이며 온갖 곳에 다 있었다. 심지어 한 전화기 회사는 간디가 전화기를 들고 있는 사진을 걸어놨는데, 거대한 수화기 때문에 간디의 작은 머리가 더욱 작아 보였다.

모한다스 K. 간디는 이력이 다양했다. 법정 변호사, 채식주의자, 사두(깨달음을 얻기 위해 고행하는 요가 수행자-옮긴이), 실험가, 작가, 국가의 아버지, 들것을 들고 옮기는 사람, 명상가, 중재자, 잔소리꾼, 교사, 학생, 전과자, 유머가 넘치는 사람, 보행자, 재단사,

시간을 잘 지키는 사람, 선동가. 하지만 무엇보다도 간디는 투사였다. 그는 영국과 싸웠고, 편협한 외국인 및 인도인과 싸웠다. 목소리를 내기 위해 싸웠다. 하지만 그중에서도 가장 큰 싸움은 싸우는 방식을 바꾸기 위한 싸움이었다.

물론 간디는 궁극적으로 폭력 없는 세상을 꿈꿨지만 그런 세상이 곧 도래할 가능성이 낮다는 것을 알 만큼 현실적이기도 했다. 그때까지 우리는 더 잘 싸우는 방법을 배워야 한다.

자기들은 "한 번도 싸운 적이 없다"며 자랑하는 부부를 한번 떠올려보자. 그들의 이혼 소식이 들린다 해도 그리 놀랍지 않을 것이다. 제대로만 하면 싸움은 생산적이다. 양쪽이 윈윈하는 해결책에 다다를 수도 있지만, 애초에 싸우지 않았다면 발견하지 못했을 해결책에 다다를 수도 있다. 동점으로 끝났지만 경기장이 전보다 더 푸릇푸릇하고 건강해진 축구 경기를 떠올려보라. 간디는 싸움을 필요악이 아닌 필요선으로 보았다. 우리가 잘 싸우기만 한다면 말이다.

미국의 기자이자 전기 작가인 루이스 피셔는 간디의 아시람에서 그를 만났을 때 가슴이 떡 벌어진 탄탄한 남자를 보고 깜짝 놀랐다.[2] 간디의 "다리는 가늘고 긴 근육질"이었고 실제 키 165센티미터보다 훨씬 커 보였다. 간디는 "매우 남자다웠고 남성의 강철 같은 신체와 의지를 가졌다." 피셔는 썼다.

간디는 남성성에 집착했다. 그가 쓴 글에는 "남자다움"과 "힘", "용기" 같은 단어가 심심치 않게 등장한다. 심지어 인디안 레일웨이를 향해 불만을 표할 때도 거세 개념을 사용했다. "우리가 기차 여행의 고생스러움을 참는 것은 남자답지 못하다는 표시다."

간디는 영국이 인도를 거세했다고 믿었다. 그는 인도의 "잃어버린 남성성을 되찾기로" 결심했다. 하지만 그가 생각한 남성성은 좀 달랐다. 간디가 생각한 남성적 힘은 폭력이 아닌 그 반대에서 나왔다.

간디는 부당한 법에 복종하는 것을 "남자답지 못한" 행동으로 여겼다.[3] 그런 법에는 반드시 맹렬한 힘으로 저항해야만 한다. 비폭력적 힘으로 말이다. 간디는 그러려면 진정한 용기가 있어야 한다고 말했다. "어떻게 생각하는가? 어디에 용기가 더 필요한 것 같은가? 대포 뒤에서 적을 조각조각 날려버리는 것인가, 아니면 웃는 얼굴로 대포 앞에 서서 조각조각 찢기는 것인가? 내 말을 믿어도 좋다. 용기와 남자다움이 없는 남자는 절대로 수동적인 저항자가 될 수 없다."

간디는 폭력을 혐오했지만 그가 폭력보다 더 싫어한 것이 있었으니, 바로 비겁함이었다. 둘 사이에서 골라야 한다면 간디는 폭력을 선택했다. "비겁한 사람은 남자가 아니다." 그러므로 간디의 진정한 목표는 인도의 잃어버린 남성적 힘을, 인도만의 방식으로 되찾는 것이었다. 간디는 그렇게 하면 자유가 자연히 따라오리라 믿었다.

◆

나는 투사가 아니다. 나는 물리적 충돌을 회피한다. 내가 해본 유일한 주먹다짐은 열일곱 살 때 볼티모어 교외에 있는 하워드 존슨 호텔 주차장에서 새벽 2시경에 일어났고, 코가 부러지는 것으로 끝이 났다. 내 코였다. 나는 좀 더 일상적인 충돌도 피한다. 예를 들면 항공사에 전화해서 항공편을 바꿔달라고 하는 것, 레스토랑에 전화해서 저녁 8시 예약에 몇 분 늦을 것 같은데 너무 무리한 부탁이 아니라면 내가 예약한 테이블을 지켜줄 수 있느냐고 물어보는 것.

대부분의 사람들, 평범한 대부분의 사람들은 이런 일상적인 대화를 충돌로 여기지 않는다는 것을 나도 안다. 하지만 나는 충돌이라고 여기며, 가능하면 피한다. 편집자, 가족, 이웃, 나와 함께 지하철에 탄 승객들과의 충돌 (예상된 충돌) 역시 피한다. 내가 이런 회피 전략을 언제 어떤 이유로 습득한 것인지는 잘 모르겠지만 내게 별 도움은 되지 않는다. 나는 오늘의 작은 충돌을 피함으로써 내일의 훨씬 큰 충돌을 자처한다. 나는 간디 같은 세계 최고의 싸움꾼이 내게 다른 방법을 알려주기를 바랐다.

인도로 이주하고 얼마 지나지 않아 나는 간디의 글을 읽고 간디에 관한 책을 읽기 시작했다. 처음에는 몇 권이던 책들이 곧 선반 하나를 차지할 만큼 늘어났다. 간디 박물관과 간디 아시람을 방문했다. 간디에 관한 대학 수업을 들었다. 간디 지갑과 간디 티셔츠, 내가 가진 것 중 가장 덜 폭력적인 사각 팬티인 간디 속옷을 구매했다. 한번은 델리에서 간디의 손자인 라즈모한 간디와 점심을 먹은 적도 있다. 이제 지긋하게 나이가 든 라즈모한 간디는 박식하고 친절한 사람이었다. 함께 처트니(인도의 소스-옮긴이)를 곁들인 난(화덕에서 구운 인도의 전통 빵-옮긴이)을 뜯어먹는 동안 나는 그에게서 마하트마 간디의 흔적을 찾았다. 특정 각도를 가진 라즈모한의 턱선과, 약간 의심스러운 듯 짓궂게 눈을 뜨는 방식 같은 것.

우리는 신을 존경하지 않는다. 신을 숭배하거나 두려워할 수는 있지만, 신을 존경하지는 않는다. 우리는 인간을, 자신보다 더 나은 버전의 인간을 존경한다. 간디는 신이 아니었다. 성인군자도 아니었다. 열두 살 때 간디는 부모와 형의 돈을 훔쳐 담배를 샀다. 몰래 숨어서 육식을 하기도 했는데(간디가 속한 카스트에서는 육식을 금지한다), 자신처럼 영국인의 육식 식단이 신체를 더 강하게 만들어준다고 믿었던 한 친구와 함께 강가에서 염소 고기를 씹어 먹었다.

간디는 열세 살 때 결혼했다. 그는 좋은 남편이 아니었다. 질투심 때문에 아내 카스투르바를 채찍질하기도 했다. 한번은 집안일을 하지 않으면 집에서 쫓아내겠다고 아내를 위협하기도 했다. 카스투르바는 흐느껴 울며 말했다. "창피하지도 않아요? 나보고 어디로 가라고요?"[4]

간디는 인도의 아버지였지만 제 자식에게는 형편없는 아버지였다. 정계에서도 간디는 여러 실수를 저질렀다. 그는 엉망이 된 자신의 정치 캠페인을 "히말라야 산맥처럼 커다란 실수"라 칭했다. 간디가 벌인 실험에 관해 말하자면, 도를 넘은 것들이 있었다. 일흔다섯 살에 간디는 자신의 금욕 서약을 시험해보겠다며 종손녀 마누를 포함한 어린 여성들과 나체로 잠자리에 들었다.

간디는 결점이 많은 사람이었다. 자기 생각을 바꾸길 겁내지 않는 사람이었다. "괴짜와 변덕쟁이, 미치광이"를 끌어 모아 그들을 전부 수용한 사람이었다. 지독한 수줍음과 자기 회의를 극복하고 한 국가를 이끈 사람이었다. 대의를 위해 기꺼이 죽으려 하되 다른 사람을 죽이려 하지는 않는 사람이었다. 대제국과의 기싸움에서 이긴 사람이었다. 신이나 성인군자가 아닌, 피와 살을 가진 사람으로서, 좋은 싸움이 어떤 것인지를 세상에 보여준 사람이었다.

◆

간디는 영적 잡식동물이었다. 기독교에서 이슬람교까지 여러 다양한 종교의 별미를 맛보았지만, 결국 간디의 허기를 확실히 채워준 것은 힌두교 경전인 《바가바드기타》였다.

간디가 이 종교적 서사시를 처음 만난 것은 런던에서 법을 공부할 때였다. 두 영국인 신지학회 회원이 간디에게 《바가바드기타》에 대해 물었다. 당황한 간디는 한 번도 읽어본 적이 없다고 솔직하게 말했다. 그때부터 세 사람은 에드윈 아널드의 영역본을 함께 읽기 시작했다. 간디는 서양으로 떠나고 나서야 동양을 발견했다.

간디는 《바가바드기타》에 푹 빠졌고 이 종교적 서사시를 "마더기타"라 불렀다. 《바가바드기타》는 간디에게 영감의 원천이자 위로였다. "의혹이 나를 덮칠 때, 너무나도 실망스러울 때, 눈앞에 아주 조금의 희망도 보이지 않을 때 나는《바가바드기타》를 펼치고 나를 위로해줄 시구를 찾는다. 그리고 압도적인 슬픔 한가운데에서 즉시 미소 짓기 시작한다."

《바가바드기타》의 줄거리는 단순하다. 뛰어난 전사인 왕자 아르주나는 전쟁 채비를 갖추고 있다. 하지만 겁이 난다. 유혈 사태에 염증이 난 것도 있지만, 적군 병사 중에 사촌 형제와 사랑하는 친구들, 존경하는 선생님이 포함된 것을 알게 되었기 때문이다. 어떻게 그들과 싸울 수 있겠는가? 이때 아르주나의 마부로 변장한 크리슈나가 조언을 해준다. 두 사람이 대화를 나누기 시작하면서 이야기가 펼쳐진다.

필요하다면 그것이 폭력이더라도 자기 의무를 다해야 한다는 것이《바가바드기타》의 기존 해석이다. 결국 (스포일러 경고!) 크리슈나는 친족과 맞서 싸우라고 아르주나를 설득한다.

간디는 이 책을 다르게 읽었다. 그는《바가바드기타》가 "오늘날 모든 인간의 마음속에서 벌어지고 있는 일"을 묘사한 하나의 비유라고 말했다. 진짜 전쟁터는 우리 마음속에 있다. 아르주나는 적이 아닌 자기 자신과 싸운다. 아르주나는 자신의 기초적인 본능에 굴복하는가, 아니면 더 높은 경지로 도약하는가? 간디는《바가바드기타》가 사실은 비폭력을 향한 찬사라고 생각했다.

《바가바드기타》의 또 다른 교리는 결과에 연연하지 말라는 것이다. 신의 화신인 크리슈나는 아르주나에게 이렇게 말한다. "네겐 노력할 권리가 있지만, 반드시 그 노력의 결실을 취할 권리는 없다. 절대로 보상받기 위해 행동에 나서지 말 것이며, 그렇다고 아무것도 하지 않기를 바라서도 안 된다."[5] 《바가바드기타》는 노력과 결과를 분리하라고 가르친다. 모든 시도에는 100퍼센트의 노력을, 그 결과에는 정확히 0퍼센트의 노력만을 기울일 것.

간디는 이 관점을 다음과 같은 짧은 단어로 요약했다. "욕망 없음." 나태해도 좋다는 말이 아니다. 욕망 없는 행위를 통해 해탈을 추구하는 카르마 요기는 행동하는 사람이다. 그는 많은 것을 한다. 결과에 대해 걱정하는 것만 빼고.

우리의 방식은 다르다. 우리는 결과 중심적이다. 헬스 트레이너, 비즈니스 컨설턴트, 의사, 대학, 세탁소, 갱생 프로그램, 영양사, 재정 자문가. 많은 곳에서 결과를 약속한다. 이들에게 좋은 결과를 가져다줄 능력이 없을지도 모른다고 의심할 수는 있지만, 우리는 결과를 지향하는 것이 좋은 것이라는 전제에는 그다지 의문을 품지 않는다.

간디는 결과를 지향하지 않았다. 과정을 지향했다. 그는 인도의 독립이 아닌, 독립할 자격이 있는 인도를 추구했다. 일단 인도가 독립할 자격을 갖추면, 잘 익은 망고가 나무에서 떨어지듯 자유도 자연스럽게 따라올 것이다. 간디는 이기기 위해 싸우지 않았다. 자신이 싸울 수 있는 가장 최선의 싸움을 싸우기 위해 싸웠다. 아이러니한 것은 이 과정 중심적인 접근법이 결과 중심적 접근법보다 더 좋은 결과를 낳는다는 것이다.

요가 익스프레스의 좌석을 구하려는 나의 용감무쌍한 노력은 계속 허사로 돌아간다. 아직도 대기 명단 1번이다. 아직도 물에 가라앉고 있다. 휴대전화 앱을 새로고침한다. 아무것도 안 바뀐다. 약간의 음식을 얻길 바라며 레버를 당기는 실험실 쥐처럼 새로고침 버튼을 누르고 또 누른다. 아무것도 안 바뀐다.

간디라면 어떻게 했을까? 싸웠을 것이다. 간디는 실제로 싸웠다. 기차 3등칸의 끔찍한 환경에 깜짝 놀란 간디는 "완벽하게 성가신" 존재가 되었다. "악랄해 보이는" 화장실과 "더러워 보이는" 음식, "지저분한 설탕과, 우유라고 하긴 하는데 그저 차를 탁하게 만들 뿐인 희뿌연 액체를 섞은 타닌이 든 물"인 차에 대해 인디안 레일웨이에 항의했다. 관리자와 이사, 상무이사에게 편지를 썼다. 신문에도 제보했다.

그래서 나도 끈질기게 노력한다. 간디라면 분명히 그랬을 것이다. 택시에 올라타 기어가는 속도로 시내를 가로지른다. 오늘 델리는 길이 많이 막힌다. "오늘은 공기가 안 좋다"나 "오늘 지하철에는 사람이 많다"처럼 자명한 발언이다. 이런 불쾌한 일관성이 겉으로 보이는 인도의 무작위성을 뒷받침한다.

기차역에서 내려 언제나처럼 통제된 난장판 속으로 들어간다. 이런 난장판은 교통체증이나 더러운 공기만큼 늘 한결같다. 형식적인 보안검사를 통과하고 금속탐지기 안에 선다. 경비원이 가라고 손짓한다. 아니, 너무 무리하면 안 되니까 손짓 대신 눈짓을 한다.

사람들이 흐르는 강을 헤엄쳐 거슬러 올라가고, 긴 계단을 오른다. 사무실 바깥에 달린 간판에 "외국인 전용 사무소. 외국인 관광객을 위한 기차표 예약"이라 쓰여 있다. 후줄근한 배낭여행객들 사이에 자리를 잡는다.

내 이름이 불리고 나는 마치 좋은 성적표나 당첨된 복권을 보여주듯 대기 명단을 내보인다.

"제가 1번입니다." 내가 말한다.

"그러시네요." 창구 뒤에 있는 남자가 어쩌라는 듯 말한다.

미스터 로이는 다부지고 명료한 남자다. 그는 내게 요즘이 축제 시즌이라고 말한다. 하지만 몇 가지 주요 종교와 그리 주요하지 않은 수많은 종교의 본고장인 인도는 언제나 축제 시즌이라는 말은 덧붙이지 않는다.

미스터 로이는 라즈다니 익스프레스의 2등칸 표를 살 수 있다고 말한다. "아주 좋은 기차입니다." 미스터 로이가 힘주어 말한다.

나도 좋은 기차일 거라 생각한다. 하지만 요가 익스프레스는 아니며, 내가 반드시 타고 싶은 기차는 요가 익스프레스다.

"그래서 어떻게 하실 겁니까, 미스터 에릭?" 미스터 로이가 뒤에 기다리고 있는 배낭여행객들을 가리키며 묻는다. 꼭 "이 10억 인구의 땅에 당신만 있는 것은 아닙니다"라고 말하는 것 같다.

나는 말문이 막혔다.

"네?" 미스터 로이가 짜증 섞인 목소리로 말한다. "기차표 끊으실 겁니까?"

"잠시만요. 생각해보는 중이에요."

"미스터 에릭, 생각은 좋은 겁니다만, 빨리 좀 해주십시오."

◆

간디가 "나는 새로운 진실을 말하는 것이 전혀 아닙니다"라고
말했을 때 그는 그저 겸손하려 했던 것이 아니다. 간디는 아힘사,
즉 비폭력 개념을 처음 발명하지 않았다. 이 개념이 처음 등장한
것은 수천 년 전이다. 기원전 6세기, 자이나교의 지도자였던 마하
비라는 추종자들에게 "그 어떤 생명체도 부상을 입히거나 학대
하거나 억압하거나 노예로 삼거나 모욕하거나 고통을 주거나 고
문하거나 죽이지 말 것"을 간청했다.

간디는 자이나교를 알았다. 간디의 어린 시절, 자이나교인들이
종종 집에 방문했다. 그의 영적 스승 중 한 명도 자이나교인이었
다. 또한 간디는 사랑에 관한 톨스토이의 글과 시민불복종에 관
한 소로의 글도 읽었다. 비폭력은 새로운 개념이 아니었지만 간
디가 이 개념을 적용한 방식은 새로웠다. 인도에서 오로지 채식
주의 식단으로 축소되었던 것이 "간디의 손에서 억압에 맞서는
무기, 전 세계적인 무기가 되었다."[6] 간디의 손자인 라즈모한 간
디가 설명한다.

처음에 간디는 자신의 새로운 기법을 "수동적 저항"이라고 칭
했지만 곧 다른 이름이 필요하다는 것을 깨달았다. 이 기법에는,
그리고 자신에게는 수동적이랄 게 전혀 없었다. 간디는 늘 뭔가

를 하고 있었다. 걷거나, 기도하거나, 계획을 짜거나, 모임을 열거나, 서신에 답장을 하거나, 물레로 직물을 짰다. 심지어 간디의 생각조차도 동적이었는데, 기민한 두 눈과 표정이 풍부한 얼굴에서 그 동적인 특성이 잘 드러났다. 간디를 만난 사람들은 그 모습을 보고 "반짝이는 거울"이라 말했다. 한 기자가 간디에게 본인의 철학을 한 문장으로 설명해달라고 하자, 간디는 대답하지 못하고 고민하다 이렇게 말했다. "나는 학문적 글쓰기와는 잘 안 맞아요. 행동하는 것이 나의 영역입니다."

마침내 간디는 새로운 형태의 비폭력 저항에 새로운 이름을 붙였다.[7] 사티아그라하. 사티아satya는 산스크리트어로 '진실'이라는 뜻이고, 아그라하agraha는 '결의' 또는 '단호히 하다'라는 뜻이다. 진리의 힘('영혼의 힘'이라고 번역되기도 한다)이다. 이것이 바로 간디가 품고 있던 것이었다. 여기에는 수동적이거나 물렁한 면이 전혀 없다. "세상에서 가장 위대하고 가장 능동적인 힘"이다. 사티아그라히, 즉 비폭력 저항가는 무장한 병사보다도 더 능동적이며, 더 용감하다. 간디는 방아쇠를 당기는 데에는 그 어떤 위대한 용기도, 지능도 필요치 않다고 말했다. 오직 진정으로 용감한 사람만이 인간의 마음을 바꾸기 위해 자발적으로 고통을 겪는다. 간디의 병사들은 다른 병사들처럼 대의명분을 위해 기꺼이 죽으려 했다. 하지만 다른 병사들과는 달리 대의명분을 위해 다른 사람을 기꺼이 죽이려 하지는 않았다.

"혁명을 하다 보면 이런 일도 생깁니다." 레닌은 자신의 집단학살 명령을 변호하며 이렇게 말했다. 간디의 혁명은 그렇지 않았다. 간디는 피비린내 나는 수단을 이용해 인도의 독립을 쟁취하느니 계속 영국의 속박을 받는 것이 낫다고 보았다. 간디는 "구덩이 안으로 내려가지 않고 구덩이를 팔 수 있는 사람은 아무도 없다"라고 말했다. 다른 이를 잔인하게 대하는 사람은 곧 스스로를 잔인하게 대하는 것이다. 그렇기 때문에 대부분의 혁명이 결국 실패로 끝나는 것이다. 수단과 목적을 혼동한 사람은 스스로를 집어삼킨다. 간디가 보기에 목적은 절대로 수단을 정당화하지 못했다. 수단이 곧 목적이었다. "불순한 수단은 불순한 결과를 낳는다. 정확히 뿌린 대로 거두게 되는 법이다." 유독한 땅에서 장미나무를 키울 수 없듯이, 피 묻은 땅에서는 평화로운 국가를 세울 수 없다.

◆

루소처럼 간디도 평생을 걸었다. 루소와 달리 간디의 걸음은 신속하고 결단력이 있었다. 단호한 항의의 걸음이었다. 1930년의 어느 날 아침, 간디와 80명의 추종자들은 아마다바드에 있는 간디의 아시람에서 출발해 남쪽으로, 바다로 향했다. 하루에 20킬로미터씩, 어떤 때는 그보다 더 많이 걸었다. 이들이 해안에 도착했을 무렵 80명의 추종자는 수천 명으로 늘어났다. 이들은 간디가 아라비아해에 몸을 담근 뒤 영국 법에 대한 노골적 위반 행위로서 바다에서 자연적으로 만들어진 천연 소금을 한 움큼 퍼드는 모습을 지켜보았다. 이 위대한 소금 행진은 독립을 향한 길에 중요한 전환점이 되었다. 간디는 행진에 공감하는 전 세계 사람들의 마음속으로 걸어 들어간 것이었다.

그로부터 얼마 뒤, 간디는 봄베이 근처에 있는 다라사나 소금 공장에 쳐들어가겠다고 선언했다. 미국 통신사 UPI의 통신원이 었던 웨브 밀러는 눈앞에서 충돌을 목격했다. 그는 간디의 추종 자들이 아무 말 없이 소금산을 향해 걸어가는 모습을 지켜보았 다. 경찰이 그들을 기다리고 있었다.

장교가 물러서라고 명령했지만 그들은 계속 앞으로 나아갔다. 장 교의 명령이 떨어지자 갑자기 수십 명의 인도인 경찰관이 행진하는 사람들에게 달려가 끝에 강철을 입힌 곤봉으로 머리를 내리쳤다. 행 진하는 사람 중 그 누구도 팔을 들어 올려 곤봉세례를 막지 않았다. 그들은 볼링핀처럼 쓰러졌다. 내가 서 있는 곳에서도 곤봉이 무방비 상태의 두개골을 후려치는 소름 끼치는 소리가 들렸다. 곤봉에 맞은 사람들은 대자로 쓰러졌고, 아예 의식을 잃거나 부서진 두개골과 어 깨를 붙잡고 고통에 몸부림쳤다. 쓰러지지 않은 사람들은 대열을 흐 트러뜨리지 않고 말없이 완강히 행진하다 결국엔 바닥에 쓰러졌다.[8]

눈앞에 펼쳐지는 끔찍한 장면을 지켜보면서 밀러는 상반된 감 정과 씨름했다. "서구식 사고로는 비폭력 개념을 이해하기 힘들 다. 나는 곤봉을 내리치는 경찰에게만큼이나 저항하지 않고 곤봉 세례를 받아들이는 사람들에게도 참을 수 없는 분노와 혐오라는 설명할 수 없는 감정을 느꼈다."

밀러처럼 궁금해하는 사람이 있을 수 있다. 간디의 추종자들은 왜 그랬던 거지? 왜 맞서 싸우지 않았던 거지?

간디라면 그들이 맞서 싸웠다고, 그저 비폭력적으로 맞서 싸운 것이라고 대답했을 것이다. 간디의 추종자들은 자신의 존재와 평화적 의도로 경찰에 맞섰다. 물리적으로 맞서 싸웠다면 경찰은 더 크게 분노했을 것이고, 경찰의 마음속에서 분노는 정당화되었을 것이다. 간디는 그렇게 폭력을 키우는 것이 어리석다고 생각했다. 폭력적 수단을 통해 거둔 승리는 환상에 불과하다. 그러한 승리는 피 묻은 다음 단계를 조금 뒤로 미룰 뿐이다.

마음을 녹이는 데에는 시간이 필요하다. 진보가 늘 육안으로 보이는 것은 아니다. 소금 공장 급습과 경찰의 잔인한 대응 이후 겉으로는 변한 게 아무것도 없었다. 인도는 여전히 영국의 식민지였다. 하지만 무언가 달라진 것이 있었다. 영국은 도덕적 우위를 잃었고, 증오에 증오로 답하기를 끝까지 거부하는 사람들에게 피로 응수하고자 하는 욕망도 함께 잃었다.

간디는 절대로 비폭력을 하나의 전략으로, "마음대로 걸쳤다 벗었다 하는 옷"으로 여기지 않았다. 비폭력은 하나의 원칙이며, 중력의 법칙처럼 침범할 수 없는 법칙이다. 만약 간디의 생각이 옳다면 런던에 살든 도쿄에 살든, 18세기에 살든 21세기에 살든 상관없이 중력의 영향을 받는 것처럼 비폭력 저항도 언제 어디서나 성공을 거둘 것이라 기대할 수 있다. 그렇지 않은가? 아니라면 간디의 성공은 단 한 번 있었던 요행일 뿐일까?

1959년, 마틴 루서 킹 주니어는 인도에서 간디의 가족을 포함한 간디의 추종자들을 만났다. 킹은 이 여행에서 깊은 감명을 받았고, 몇 년 후 흑인 인권운동에서 비폭력 저항의 "단호한 사랑"을 활용했다. 비폭력은 1980년대의 필리핀, 1990년대 초의 동유럽처럼 다른 곳에서도 성공을 거두었다. 약 300건의 비폭력 운동을 종합적으로 살핀 연구에서 연구원 에리카 체노웨스와 마리아 슈테판은 이 전략이 절반 이상의 사례에서 효과를 나타냈음을 발견했다(또한 비폭력 전략은 이들이 연구한 사례의 4분의 1에서 부분적 성공을 거두었다).[9]

비폭력이 효과를 발휘하지 않은, 아니 발휘할 수 없었던 명백한 사례는 아돌프 히틀러와 관련되어 있다. 1939년과 1940년, 간디는 히틀러에게 평화의 길을 선택하라고 촉구하는 편지를 여러 차례 보냈다. 그 후 곧바로 간디는 다음과 같이 말했다. 명백히 역사상 가장 잘못된 발언 중 하나였다. "나는 히틀러 씨가 보이는 것만큼 나쁜 사람이 아닐 거라고 믿는다." 심지어 제2차 세계대전이 발발하고 홀로코스트의 참상이 드러난 후에도 간디는 유대인들이 "도살자의 칼에 스스로를 바쳐야 했다. 바닷가의 절벽에서 스스로를 내던져야 했다……. 그랬다면 전 세계와 독일인들을 각성시킬 수 있었을 것이다"라고 말했다.

이렇게 순진하고 명백하게 그릇된 발언을 어떻게 이해해야 할까? 정말 간디는 처칠이 말한 것처럼 "반쯤 벗은 까까머리 중"이자 사기꾼이었을까?

나는 그렇게 생각하지 않는다. 비폭력 저항이 언제 어디에서나 늘 효과를 발휘하지 못한다고 해서 간디의 사상 자체를 무시해서는 안 된다. 어쩌면 간디가 말한 사랑의 법칙은 중력보다는 무지개에 가까울지 모른다. 특정 조건에서 아주 가끔씩만 보이지만 한번 나타나면 그 무엇보다 더 아름다운 무지개 말이다.

◆

나는 우리 집 개 파커를 통해 비폭력 저항의 힘을 잘 알게 되었다. 반은 비글이고 반은 바셋하운드인 파커는 100퍼센트 간디주의견犬이다. 파커는 마하트마의 완강한 성격과 비폭력을 향한 각오를 지녔다.

간디처럼 파커도 자기가 걷고 싶은 곳과 그곳을 걷고 싶은 때를 분명하게 안다. 내가 다른 방향을 제시하면 파커는 자기 궁둥이에 꽤나 무거운 몸무게를 싣고 한 발짝도 움직이지 않음으로써 불만을 표한다. 가끔은 발가락 사이사이를 쫙 펴고 내게 시선을 돌린 채 길 위에 엎드려버린다. 파커는 보도에서, 반려동물 용품점에서, 붐비는 거리 한가운데에서 대놓고 이런 공작(나는 이를 '완전 간디'라고 부른다)을 벌인다. 너무나도 당황스럽다.

파커는 물지 않는다. 날 밀치지 않는다. 짖거나 으르렁대지 않는다. 그저 가만히 앉아 평화롭게, 하지만 끈질기게 저항한다. 날 해치진 않지만 그렇다고 날 도와주지도 않는다.

솔직히 말하면 나의 반응은 인도를 식민 지배하던 영국의 반응과 똑같다. 짜증이 난다. 화가 난다. 파커는 간디처럼 실험을 실행하는 중이며, 나는 실험 대상이다. 사람을 짜증나게 만들지만 철두철미하게 평화로운 이 도발에 어떻게 대응해야 할까? 분노로? 폭력으로? 만약 그렇게 한다면 나는 분노를 폭발시킨 것이 얼마나 어리석은 짓이었는지를 언제 깨닫게 될까? 어쩌면 오늘, 어쩌면 내일일지도. 그건 상관없다. 파커에게는 시간이 많다.

파커가 나를 공격했다면 이 실험은 이만큼 훌륭하지 못했을 것이다. 나는 당당한 분노(너 나를 물었어!)에 휩싸여 내 잘못을 잊을 것이고 내 마음은 딱딱하게 굳어버릴 것이다. 나에게 달려들지도, 그렇다고 내 뜻에 따라주지도 않는 파커의 변함없는 고집은 나의 폭력성을 까발리고, 일단 폭력성이 드러나면 나는 의식적으로 폭력을 거부하게 된다. 우리는 자신이 볼 수 있는 것에만 퇴짜를 놓을 수 있다. 이 작은 개자식 파커는 내가 볼 수 있게 도와준다.

간디는 폭력을 거부하는 것만으로는 충분치 않다고 생각했다. 우리는 상대편을 친구로 바꿀 수 있는 창의적인 방법을 찾아야 한다. 대부분의 폭력은 부도덕한 충동이 아닌 상상력의 부족에서 비롯된다. 폭력적인 사람은 게으른 사람이다. 이런 사람들은 힘들게 노력해서 문제를 해결하려 하지 않고 주먹을 날리거나 총에 손을 뻗는다. 너무나도 빤한 반응이다. 간디라면 나의 파커 문제를 힐끗 보고 창의적으로 생각해보라고 충고할 것이다. 실험을 해봐.

그래서 나는 실험을 한다. 그리고 기쁜 마음으로 말씀드린다. 몇 번의 실패 이후, 파커의 완전 간디 행동은 조금씩 나아지고 있다. 물론 여전히 한바탕 고집을 부리긴 하지만 그 고집은 그리 오래 지속되지 않는다. 마하트마와 달리 파커는 베이컨 맛 간식으로 매수할 수 있다는 것을 내가 발견했기 때문이다.

이건 꼼수일까? 그럴지도. 하지만 나는 꼼수가 아닌 창의적 싸움이라 생각하고 싶다. 파커는 자신이 원하는 것을 얻고, 나도 내가 원하는 것을 얻는다. 즉 집에 갈 수 있다. 불완전할 순 있지만 좋은 해결책이다. 언젠가 간디는 비폭력 운동을 유클리드의 선에 비유했다.[10] 유클리드의 선은 길이는 있지만 폭은 없다. 여태껏 인간은 한 번도 유클리드의 선을 긋지 못했고 앞으로도 긋지 못할 것이다. 그건 불가능한 일이다. 하지만 간디의 이상처럼, 유클리드의 선 개념에는 가치가 있다. 사람들에게 영감을 준다.

◆

카일라스와 나는 비를라하우스 바깥의 벤치에 말없이 앉아 있다. 긴 시간을 함께한 두 사람 사이의 편안한 침묵이다. 누구도 입을 열어 침묵을 채워야 한다고 느끼지 않는다.

대부분의 인도인은 간디를 그리 좋아하지 않는다고, 카일라스가 내게 말한다. 인도인들은 간디의 사진이 들어간 돈을 좋아한다. 그게 다다. "사람들은 간디가 겁쟁이라고 말해요. '상대방이 나보다 더 강하면 간디처럼 행동해야겠지. 하지만 내가 더 강하면 내가 원하는 대로 할 수 있어'라고 생각해요." 슬프게도 이것은 흔한 오해 중 하나다. 간디의 비폭력은 약자가 아닌 강자의 무기였다.

카일라스는 어떨까? 카일라스는 간디에 대해 어떻게 생각할까?

"간디는 매우 현명한 사람이에요." 카일라스가 말한다. "뇌가 깨끗한 사람이요."

나는 '깨끗하다'라는 표현에 웃는다. 한때 간디는 인도가 "깨끗한 생각에 바탕을 둔 깨끗한 행동을 하는 리더"가 되어야 한다고 말했다.

나는 처음 이 문장을 읽었을 때 당황했다. 이게 무슨 뜻이지? 어떻게 생각과 행동이 '깨끗할' 수 있지?

간디가 말한 깨끗한 생각은 "베일을 쓴 폭력"에서 자유로운 사고를 의미했다. 어떤 사람 앞에서 평화롭게 행동하더라도 그 밑에 폭력적인 생각이 깔려 있으면 그것은 깨끗한 게 아니다. 간디는 추종자들이 자신과 생각이 다른 사람에게 "창피한 줄 알라"고 소리치는 것을 금지한 적이 있다. 오늘날 자기가 싫어하는 정치인의 식사를 방해하는 사람들을 간디는 지지하지 않을 것이다. 이런 시위자들은 신체적으로는 그 누구도 해치지 않을지 몰라도 사실은 그저 "비폭력의 가면을 쓰고 있을 뿐"이다.

내 생각은 델리의 공기만큼 깨끗하다. 나는 충돌을 피하려고 다른 사람의 뜻에 따르는 경우가 너무 많다. 그리고 말없이 뚱하게 있는 것으로 내 불만을 표현한다. 나는 은밀하게, 깨끗하지 못하게 싸운다. 겉으로는 고분고분해 보이지만 속으로는 전쟁 중이다. 간디는 수동-공격적이지 않았다. 간디는 공격-수동적이었다. 그의 행동은 겉으로는 공격적이거나 적어도 적극적으로 보였지만, 그 밑에는 그 어떤 적의도 없었다. 오직 사랑뿐이었다.

간디는 자서전에서 돈을 훔치고 담배를 피우고 육식을 한 것을 아버지께 고백하는 편지를 썼던 때를 회상한다. 간디는 손을 덜덜 떨면서 아버지께 쪽지를 건넸다. 아버지 간디는 자세를 바로 하고 쪽지를 읽었고, "진주 같은 눈물이 볼을 타고 흘러내려 종이를 적셨다." 간디는 말한다. "그 진주알 같은 사랑의 눈물이 내 마음을 깨끗하게 정화했고 내 죄를 씻어주었다. 그런 사랑이 어떤 것인지는 오직 경험해본 사람만이 알 수 있다."

그런 사랑은 흔치 않으며, 자기 내면을 향하는 일도 드물다. 자기 자신에게 가혹한 사람으로서, 나는 간디 또한 때때로 한바탕 찾아오는 자기혐오와 씨름했다는 사실을 알고 희망을 얻었다. 가끔 간디는 화를 폭발시키면서 자기 가슴을 세게 때리기도 했다. 하지만 간디는 말년을 향해 가면서 이런 자기 학대에서 벗어났고, 친구에게 이렇게 조언했다. "그 누구에게도 성질을 내지 말 것. 심지어 자기 자신에게도."

◆

대부분의 사람들은 제국과 싸우지 않는다. 우리의 싸움은 더 평범하지만, 그렇다고 당사자에게 덜 중요한 것은 아니다. 다행히도 간디의 비폭력 저항 철학은 부부간의 말다툼과 사무실에서의 언쟁, 정치적 소란에도 적용된다.

간디의 관점에서 작은 논쟁 하나를 살펴보자. 당신과 파트너는 중요한 일을 기념하기 위해 외식을 할 예정이다. 당신은 인도 요리를, 파트너는 이탈리아 요리를 먹고 싶어 한다. 당신은 인도 요리가 더 우월하다고 확신하지만, 파트너는 당신만큼이나 이탈리아 요리가 더 낫다고 확신한다. 갈등이 발생한다. 어떻게 해야 하는가?

가장 빠른 해결책은 '물리력으로 승리를 획득'하는 것이다. 파트너를 마대자루에 집어넣고 봄베이드림스 레스토랑으로 끌고 가서 강제로 식사를 시킬 수 있다. 이 방식에는 여러 단점이 있으므로, 그냥 인도 요리를 먹자고 계속 우길 수도 있다. 대화 끝. 더이상의 논의는 생략한다. 파트너가 동의한다고 해보자. 당신은 승리했다. 안 그런가?

안 그렇다. 저녁 식사 자리의 불편한 평온함은 환상일 뿐이다. 강제로 복종하는 것을 좋아하는 사람은 아무도 없다. "끝난 것처럼 보이는 논쟁이 어쩌면 그저 다른 갈등 상황의 시작일 수도 있다."[11] 《간디의 방식: 갈등 해결 핸드북》의 저자 마크 위르겐스마이어는 말한다. 또한 당신은 "베일을 쓴 폭력"에 기댐으로써 파트너뿐만 아니라 자기 자신도 해치게 된다.

반대로, 파트너에게 '양보'해서 이탈리아 요리를 먹는 데 동의할 수도 있다. 하지만 당신은 내내 뚱한 채로 저녁을 먹는다. 이건 그저 다른 형태의 폭력일 뿐이다. 심지어 더 나쁘다. 부정직하고 "깨끗하지 못한" 폭력이기 때문이다. 아무 원칙도 없는 척하느니 자기 원칙을 두고 싸우는 편이 낫다.

다른 요리를 제안할 수도 있다. 예를 들면 일본 요리. 하지만 그건 아무도 자기가 원하는 것을 얻지 못한다는 뜻이며, 그러는 사이 아래에 숨은 갈등은 더욱 심해진다. 간디는 이런 타협을 경계했다. 그는 기브 앤드 테이크에 찬성했지만 그것이 원칙의 문제일 때는 달랐다. 자기 원칙을 타협하는 것은 곧 굴복하는 것, "모두 주고 하나도 얻지 못하는 것"이라고, 간디는 말했다. 더 나은, 더 창의적인 해결책은 양측이 자신이 원하는 줄도 몰랐던 것을 얻게 되는 것이다.

간디는 한 발짝 뒤로 물러설 것을 제안했다. 자신이 진실의 일부만을 지니고 있음을 잊지 말고 자기 입장을 점검할 것. 정말 인도 요리가 더 우월하다고 확신하는가? 어쩌면 이탈리아 요리에 당신이 아직 알지 못하는 장점이 있을지 모른다. 파트너를 대하는 당신의 태도도 점검해보라. 파트너를 반대자로 보는가, 적으로 보는가? 만약 적으로 본다면 그건 문제다. 간디는 "그저 반대한다는 이유로 반대하는 사람이 늘 나쁜 것은 아니다"라고 말했다. 간디에게는 반대자가 많았지만 적은 없었다. 간디는 사람들에게서 최고의 모습을 보려고 노력했을 뿐만 아니라 아직 드러나지 않은 잠재적 선량함도 보려고 했다. 그는 사람들에게서 지금의 모습이 아닌 앞으로 될 수 있는 모습을 보았다.

간디라면 창의력을 발휘하라고 조언했을 것이다. 예를 들면 인도 요리를 먹는 것이 당신에게뿐만 아니라 파트너에게도 좋을 수 있다는 점을 강조하며 자기 주장을 펼쳐볼 수 있다. 어쩌면 파트너는 한동안 인도 요리를 먹지 않았을 수도 있고, 봄베이드림스 레스토랑에 파트너가 시도해보지 않은 새로운 요리가 있을 수도 있다. 부드럽게 자신의 의견을 주장하라. 간디가 말했듯, 당신의 목표는 비난이 아니라 변화이므로.

◆

이제 한낮이다. 델리의 태양이 점점 강렬해진다. 카일라스에게 최근 다른 사람과 논쟁을 벌인 적이 있느냐고 묻는다. 분명 다툼이 있었을 것이다. 적절한 개인 공간은 인도에서 가장 부족한 재화다. 쇼펜하우어의 고슴도치처럼 인도의 13억 인구는 서로 간의 이상적 거리를 끊임없이 계산하고 있다. 하지만 그건 불완전한 과학이다. 가끔은 가시에 찔릴 수밖에 없다.

카일라스는 나와 아내가 등록해준 프란체스코 기숙학교에 다닐 때 가끔 사라진 양말이나 티셔츠를 두고 다른 남자애들과 주먹다짐을 했다. 이제는 집도 있고 건물도 있으므로 카일라스는 사라진 양말에 대해 걱정할 필요가 없다. 하지만 돈이 있다고 해서 논쟁에서 자유로워지는 것은 아니다. 다툼은 더 값비싼 무대 위에서 펼쳐진다. 카일라스도 마찬가지다.

카일라스가 자기 건물의 세입자와 다툰 일화를 들려준다. 카일라스는 세입자에게 매일 영업이 끝나면 가게 밖의 불을 꺼달라고 했는데, 이웃 한 명이 켜진 불을 그곳에 차를 주차해도 된다는 허가로 받아들였고, 자기 차로 에마 문구점의 입구를 막았기 때문이었다.

"'제발 불 좀 꺼주세요'라고, 몇 번이나 말했어요." 세입자는 점점 화를 냈지만 카일라스는 평정심을 유지했다. 얼마간은. 어느 날 카일라스는 그 세입자가 또다시 불을 끄지 않고 나가는 것을 목격했다. 불을 꺼달라고 하자, 세입자는 전기세를 내는 것은 카일라스가 아닌 자신이라는 점을 지적했다. 카일라스는 그 세입자에게 고함을 쳤다. 세입자도 지지 않고 받아쳤다. 그건 간디식 싸움이 아니었다. "일리 있는 말이었어?" 내가 카일라스에게 묻는다. "그 사람 말이 옳았어?"

"그 사람이 옳았어요. 하지만 동시에 틀리기도 했죠." 카일라스가 말한다.

나는 이게 바로 간디식 대답이라고 생각한다. 갈등의 양측은 전체 파이가 아닌 진실의 일부만을 지닌다. 파이의 조각을 거래하는 것보다 파이의 크기를 키우는 것을 목표로 해야 한다.

◆

삶의 마지막 날의 마지막 몇 시간 동안 마하트마 간디는 새 인도 정부의 총리를 만났다. 그 후 마누는 염소 우유 400그램, 채소 주스 115그램, 오렌지 세 개로 간디의 식사를 차렸다. 식사를 하는 동안 간디는 차르카, 즉 물레로 카디 직물을 짰다. 간디는 시계를 보고 (오후 5시가 몇 분 지난 시각이었다) 자리에서 벌떡 일어섰다. 저녁 기도 모임에 늦었기 때문이었다. 간디는 지각하는 것을 싫어했다.

간디는 양옆 종손녀들의 부축을 받아 (간디는 종손녀들을 내 "지팡이"라는 애칭으로 불렀다) 수백 명의 지지자들이 기다리는 기도 장

소로 걸어갔다. 그리고 종손녀들의 어깨에서 팔을 들어 올려 두 손바닥을 마주 대고 군중 앞에서 합장하며 인사했다.

그때 카키색 튜닉을 입은 다부진 남자가 간디에게 다가왔다. 마누는 남자가 존경의 표시로 간디의 발을 만지려는 것이라고 생각했다. 자주 있는 일이었다. 간디는 그런 행동을 싫어했다. 그는 이렇게 말하곤 했다. "나는 평범한 인간인데 왜 내 발의 먼지를 만지고 싶어 하는 것이오?"

마누가 두 사람 사이에 끼어들어 당신이 기도를 더 늦추고 있다며 꾸짖었다. "저분을 더 난처하게 만들고 싶으신 겁니까?" 마누가 물었다.

남자는 대답 대신 마누를 밀쳤다. 얼마나 세게 밀쳤는지 마누는 뒤로 휘청 넘어가며 간디의 묵주와 안경집을 떨어뜨렸다. 마누가 떨어뜨린 것을 주우려고 허리를 굽혔을 때 세 발의 총성이 빠른 속도로 연달아 울렸다. 연기가 가득했다. 마누는 "어둠이 펴져 나갔다"라고 회상한다. 아직 자리에 서서 두 손을 모으고 있던 간디는 '오 신이시여'라는 뜻의 헤이 람^{Hey Ram}이라는 말을 남기고 쓰러졌다.[12]

이곳 비를라하우스에 간디의 마지막 발걸음이 남아 있다. 발모양의 하얀색 돌들이 잔디를 따라 암살자의 총알이 박힌 곳까지 이어져 있다. 카일라스와 나는 마지막 두 개의 돌 위에 서 있다. 우리는 맨발이다. 한 발은 갈색이고, 한 발은 하얗다. 발바닥에 닿는 돌이 차갑다. 처음도 아니고 마지막도 아니겠지만, 도대체 무엇 때문에 누군가가 사망한 이곳에서 내가 이토록 평온함을 느끼는지 궁금하다.

"너라면 할래?" 내가 카일라스에게 묻는다.

"뭘요?"

"간디와 함께 사는 거. 할 수 있다면 간디의 아시람에서 살 거야?"

간디에게는 수백만 명의 팬이 있었지만 가까이에 머무는 추종자는 수백 명 정도였다. 간디와 함께하는 삶은 결코 쉽지 않았다. 수행자들은 쉬운 것(도둑질하지 말라)과 고된 것(신체 노동), 아주 힘겨운 것(정조)이 포함된 열한 가지 서약을 지켰다. 지금껏 함께 살펴봤듯이 간디가 늘 좋은 사람인 것은 아니었다. 그는 요구가 많았고, 가끔은 냉혹하기도 했다. "간디와 함께 사는 것은 칼날 위를 걷는 것과 같았다."[13] 한 추종자가 말했다. 나는 그만큼 균형 잡힌 삶을 살아갈 수 있을까? 나는 궁금해졌다.

"나는 그럴 거야." 내가 카일라스에게 말한다. "나는 간디와 함께 살 거야."

내 말을 마치 다른 사람의 말처럼 내 귀로 들으면서 그 말이 사실임을 깨닫는다. 가끔 우리는 입으로 직접 말해야만 진실을 깨닫는다.

나는 간디와 함께 살았을 것이다. 그 삶이 요구하는 고된 규칙에도 불구하고가 아니라, 바로 그 규칙 때문에. 나는 더욱 안락해지려는 노력에 상당한 시간과 돈을 쓴다. 그게 정말 필요한 것이 아님을 알면서도. 에피쿠로스라면 뭐라고 말했을까? 충분한 걸로는 부족한 사람에게는 무엇이든 충분하지 않다. 사망했을 때 간디의 소유물은 안경과 (식사할 때 사용하는) 나무 그릇, 회중시계, 그리고 "그 어떤 악도 보지 않고 듣지 않고 말하지 않음"을 상징하는, 일본인 친구가 준 자그마한 자기 원숭이 세 점뿐이었다.

◆

델리의 공기를 잔뜩 들이마시면서 택시 창문으로 꽉 막힌 도로를 바라본다. 오늘은 평소보다 더 붐빈다. 우리는 기차역으로 향하는 중이다. 늦은 시간인데도 카일라스는 나를 배웅해주겠다고 우겼다. 나도 저항하지 않았다.

기차를 기다리는 동안 카일라스를 자세히 들여다본다. 수년 전 내가 처음 만난 깡마른 남자애가 아니다. 카일라스는 남자다. 좋은 남자다. 그에게서 간디의 흔적이 보인다. 고집스러움. 새로운 사고방식을 기꺼이 받아들이는 열린 마음. 변함없는 정직함. 타고난 선량함.

내 이런 생각을 카일라스에게 말하진 않는다. 카일라스는 분명히 터무니없는 생각이라고, 게다가 그건 간디를 모욕하는 것이라고 생각할 것이다. 간디지요? 제가요? 간디지는 이 세상에 한 명뿐이에요.

그럴 수도 있고, 아닐 수도 있다. 간디는 한 번도 스스로를 유일무이하다 여기지 않았다. 간디는 신도 성인군자도 아니었다. 새로운 싸움법과 사랑이라는 강력한 무기를 실험한 사람일 뿐이었다. 사람의 마음을 연구한 아인슈타인이었다.

기차가 역으로 진입하고, 안 그래도 이미 정신없는 플랫폼이 더욱 부산해진다. 짐꾼들이 작은 보트만 한 여행가방들을 기차 안으로 옮기고, 차이 왈라들은 차이를 한두 컵이라도 팔 수 있길 바라며 노래하듯 손님을 부른다. 가족들은 쏟아지는 사람들에 휩쓸리지 않으려고 서로 손을 꼭 붙잡고 있다. 기차가 점점 속도를 줄이다 멈춰 선다. 기차 옆에는 이렇게 쓰여 있다. "라즈다니 익스프레스."

나는 "아주 좋은 기차"의 마지막 남은 기차표를 구매하라는 미스터 로이의 제안을 받아들였다. 요가 익스프레스는 아니다. 현실 앞에 무릎을 꿇는, 일종의 굴복이다. 나는 싸움에서 졌다. 실패했다. 간디처럼. 평화로운 과정을 거쳐 통일된 인도를 만들겠다는 간디의 꿈은 이뤄지지 않았다. 말년에 간디는 "폭풍이 휩쓸고 간 뒤 아파하며 굶주리는 이 세상"에서 표류하는 것 같은 기분을 느꼈다. 절망이 간디를 집어삼키려 하고 있었다.

하지만 간디는 절대로 싸움을 멈추지 않았다. 1947년 8월 15일 자정, 인도인들이 독립을 축하할 때 간디는 하루 종일 금식하며 기도를 올렸다. 곧이어 기차와 두 발을 이용해 막 태어난 국가의 전역을 돌아다니며 흐르는 피를 멈추게 하고자 노력했다. 목표는 이루지 못했으나, 수단은 이루었다.

어떻게 싸우는가가 무엇을 두고 싸우는가보다 더 중요하다. 나는 잘 싸웠다. 부당함을 인식하고 그에 맞섰다. 인디안 레일웨이라는 결코 만만치 않은 상대에 맞서 창의적으로, 또 깨끗하게 투쟁했다. 정말로 그러고 싶었지만, 폭력에 의지하지 않았다. 결과는 내가 원한 것과 달랐지만 내 괴로움의 뿌리에 있는 것은 결과가 아닌 나의 욕망이다. 게다가 나는 앞으로도 싸울 일이 많을 것이다. 싸울 일은 언제나 있다.

카일라스가 짐 싣는 것을 도와주며 내게 밤사이 가방을 꼭 묶어두라고 말한다. 나는 그러겠다고 약속한다. 포옹으로 작별 인사를 나눈 뒤 카일라스가 기차에서 플랫폼으로 뛰어 내린다. 몇 초간 카일라스의 뒷모습을 바라본다. 카일라스는 따뜻한 델리의 밤과 뿌연 공기, 그리고 사람들 사이로 사라진다. 수많은 사람들이 움직이고 있다. 비좁은 공간과 복잡한 관계 사이에서 협상을 하며, 사랑하고 싸우며, 싸우고 사랑하며. 보통은 따로따로지만, 아주 가끔은 사랑하는 동시에 싸우면서.

◆

마하트마 간디는 마지막 기차 여행을 떠났다. 암살된 지 13일째 되던 날, 간디의 재는 성스러운 세 강이 합류하는 알라하바드행 열차에 올랐다. 이곳이 간디의 마지막 안식처였다.

기차가 이동하는 내내 사람들은 기차를 잠깐이라도 보려고 앞다투어 몰려들었다. 사람들은 두 손을 합장하고 눈물을 흘렸다. 밤이 되자 마을 사람들은 모닥불과 횃불을 피우고 간디 만세라는 뜻의 마하트마 간디, 키-자이!를 외쳤다. 이 여행을 위해 개조된 열차는 전부 3등칸으로 이루어져 있었다.

9

공자처럼 친절을 베푸는 법

How to Be Kind Like
Confucius

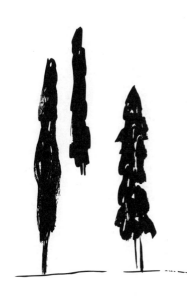

"친절은 어떻게 전염될 수 있는가?
누군가는 시작을 해야 한다."

오후 5:34.

로어맨해튼의 어딘가.

뉴욕시 지하철의 F 노선을 타고 그 어디로도 향하지 않는 중.

아주 오랫동안 F 노선을 타고 있다. 대부분의 통근자들보다 더 오래, 정신의학 전문가가 조언하는 시간보다 더 오래. 이 노선을 타고 퀸스 자메이카와 브루클린 코니아일랜드, 그 사이에 있는 여러 곳을 향했다. 지난 1주일 동안 F 노선은 나의 집이었다.

미친 게 아니라고 확실히 말씀드린다. 나는 임무를 수행 중이다. 친절을 찾고 있다. 뉴욕시 지하철이 친절 찾기에 어울리지 않는 장소라는 것을 인정한다. 많은 이들이 뉴욕시 지하철을 냉혹한 지하세계로 여긴다. 그래서 내가 지금 이곳에 있는 것이다. 만약 뉴욕시 지하철에서 친절을 찾을 수 있다면 어디에서든 친절을 찾을 수 있을 것이다.

소로의 눈과 쇼펜하우어의 귀를 장착하고 아주 작은 기미의 선행도 놓치지 않고 주변을 살핀다. 젊은 사람 세 명이 열차에 탑승한다. 회사 동료임이 틀림없다. 세 사람이 나누는 대화를 한 토막 엿듣는다. 그 여잔 그만둬야 해. …… 아냐, 그 여잔 잘려야 해. 친절은 없다.

뉴욕 양키스 야구 모자를 쓴 히스패닉 남성이 실수로 다른 승객과 부딪치는 모습을 목격한다. 남자가 말한다. "죄송합니다." 스캔. 자그마한 하얀색 개를 품에 꼭 안은 여자가 휘청하다 승객 세 명을 떠민다. 여자가 말한다. "죄송해요." 확실히 두 사람 다 예의가 바르다. 하지만 친절한가? 예의는 사회의 윤활유이고, 친절은 사회의 초강력 접착제다. 예의 있는 문화가 꼭 친절한 문화인 것은 아니다.

내 옆에 앉은 젊은 남자는 후드티와 찢어진 청바지를 입고 있다. 이어폰을 귀에 꽂고 푹 쓰러져 잠들어 있다. 또는 내가 그렇다고 생각한다. 학교 기금 모금을 위해 초콜릿 바를 판매하는 10대 한 명이 다가오자 옆에 앉은 남자는 기운을 차리고 주머니에서 1달러 지폐 한 장을 찾아 아이에게 건넨다. 그러더니 1초도 지체하지 않고 듣고 있던 음악과 늘어진 자세로 되돌아간다. 자신의 추측을 늘 의심해야 한다는 사실을 다시 한번 되뇐다.

◆

F 노선에서 나의 벗은 '논어'라는 제목의, 여러 내용이 뒤섞인 이상한 책이다. 우리가 공자를 아는 것은 이 책 덕분이다. 공자는 이 책을 직접 쓰지 않았다.[1] 공자의 제자들이 공자의 지혜 중 핵심만을 모아, 그리고 아마도 플라톤이 소크라테스의 일화에 향신료를 쳤듯 자신들의 견해를 살짝 곁들여, 이 책을 썼다.《논어》는 지하철에서 읽기 딱 좋은 책이다. 짧은 대화와 간결한 격언으로 이루어져서 역과 역 사이에서 조금씩 소화하기 쉽다. 이 책의 불규칙적 리듬은 F 노선의 리듬과 비슷하다. 공자는 효의 미덕에 대해 자세히 설명하다가 갑자기 어떤 색깔의 옷을 입어야 하는지에 대해 조언한다.

이 책에 통일된 하나의 주제나 설득력 있는 생각이 없다고 결론 내리기 쉽다. 하지만 그건 사실이 아니다. F 노선은 움직이다 서다 하는 것 같지만 그래도 계속해서 어디론가 향하고 있다. 공자도 마찬가지다.

맨해튼의 이스트브로드웨이역에서 내려 계단을 오른다. 꼭 겨울 같은 잔인한 초봄의 날씨가 나를 반긴다. 재킷의 지퍼를 올리고 목도리를 더 꽉 여미며 공자가 있는 서쪽으로 향한다.

몇 블록을 지나 모퉁이를 도니 비인간적인 소비에트 느낌의 주택과 상업시설이 우뚝 솟아 있어 내가 작아진 듯한 기분이 든다. 공자 플라자는 그레이하운드 버스 정류장 같은 매력이 넘친다. 공자 주간 보호 센터와 공자 약국을 지나 공자 꽃집에서 오른

쪽으로 도니 공자 안경점과 공자 의료용품점 사이에…… 공자가 있다.

공자상은 3미터 정도 되어 보이지만 내가 작아진 듯한 느낌은 들게 하지 않는다. 공자는 길고 얇은, 단정하면서 동시에 덥수룩한 자신의 전매특허 턱수염을 뽐내고 있다. 두 손을 움켜쥐고 있고, 두 눈에서 지혜가 엿보인다. 바워리가衙를 향한 공자의 지혜로운 눈은 모든 것을 내려다보고 있다. 공자의 눈은 린 자매의 허브숍과 아바쿠스 연방 저축은행을 본다. 볼룸 댄스 스튜디오를 보고("볼룸과 라틴 댄스를 배우세요!"), 골든 마나 베이커리를 본다. 친절함 또한 본다. 차가운 바람이 공자 플라자를 채찍질할 때 보호자와 함께 우르르 떼 지어 몰려가는 다섯 살짜리 아이들.

공자상 밑에서 멈춘다. 상 아래에 중국어와 영어로 "위대한 조화의 시기"라 쓰여 있다. 이 구절에서 공자는 지도자가 현명하고 범죄자가 적으며 모두가 가족처럼 지내는 유토피아를 꿈꾼다. 기원전 5세기였던 당시에는 친절이 생긴 지 얼마 안 된 개념이었다는 사실을 감안하면 꽤나 대담한 상상이었다.

나는 초봄의 추위도 느끼지 못하고 오래도록 그 자리에 서 있다. 이 완벽한 세상과, 아주 오래전에 이 완벽한 세상을 상상한 불완전한 남자에 대해 생각하면서.

◆

공자는 철학자 중에서도 특히 힘겨운 삶을 살았다. 비교적 부유한 가정에서 태어났지만 겨우 세 살 때 아버지를 여의었다. 그때부터 어머니와 함께 입에 겨우 풀칠을 하며 살았다. 공자는 여러 비천한 일로 돈을 벌며 어머니를 도왔다. 그러는 동안 '변화의 서'라고도 번역되는 중국 고전《주역》을 공부했다.

주위를 둘러볼 때마다 공자는 공익보다는 사익에 더 관심이 많은 지도자의 지배를 받으며 파벌 싸움으로 분열된 사람들을 보았다. 공자는 이것이 도덕적이지 못할 뿐만 아니라 실용적이지도 않다고 생각했다. 저널리스트 마이클 슈만이 훌륭한 저서인 공자 전기에서 말했듯, 공자는 더 나은 방법이 있을 것이라 생각했다. "검과 방패로는 제국을 얻지 못한다. 과도한 세금과 군복무로는 충성스러운 신하를 얻을 수 없다. 어진 마음만이 권력과 명망을 얻을 수 있는 유일하고도 올바른 길이다."[2] 공자는 사람들이 도를 잃었다고 주장했다. 사람들은 다시 길 위로 돌아가야 한다.

공자의 이러한 주장은 묵묵부답으로 돌아왔다. 부패와 악정은 오히려 더 심해졌다. 공자의 인내심을 바닥낸 마지막 결정타는 기녀의 모습으로 찾아왔다. 이웃 국가에서 기녀 수백 명을 보내온 것이다. 기녀에 정신이 팔린 왕은 사흘 동안 조정에 나타나지 않았다.

공자는 "나는 여색을 좋아하는 만큼 덕을 좋아하는 자를 아직 만나지 못했다"라는 말을 남기고 13년간 이어질 방랑을 떠났다. 그리고 자기 조언에 귀 기울일 지도자를 찾아 이 나라 저 나라를 떠돌았다. 하지만 그런 지도자는 없었다.

공자는 고국으로 돌아왔다. 지쳤지만 좌절하진 않았다. 제자를 양성하기로 마음먹었고, 그건 정말 훌륭한 결정이었다. 만약 공자가 궁정의 고문 자리를 얻는 데 성공했다면 오늘날 우리는 그를 몰랐을 수도 있다. 공자는 집안 배경과 수업료를 개의치 않고 두루 학생을 받았다. 수업료는 비단 한 필이나 약간의 절인 고기였다.

교실에서 공자는 무서운 존재였다. 슈만은 수업 시간에 공자가 "꼬장꼬장한 잔소리꾼, 지치지도 않고 엄격하게 예의범절을 따지는 사람"[3]이었다고 말한다. 공자는 평평하지 않은 자리에는 앉지 않았고 혼자 있을 때도 늘 꼿꼿한 자세를 유지했다. 한 젊은 남성이 오늘날의 '쩍벌남'처럼 "가랑이를 활짝 벌리고" 앉아 있는 모습을 본 공자는 남자를 "버러지"라 부르며 꾸짖고 지팡이로 남자의 정강이를 때렸다.

하지만 한편으로 공자는 온화했고, 심지어 명랑하기도 했다. 공자는 노래를 부르고 전통 현악기를 연주했다. 친구들과 함께 웃고 농담을 나눴으며, 일상의 즐거움을 찾았다. 거친 밥을 먹고 팔베개로 눕는 것도 그 즐거움 중 하나였다.

수천 킬로미터가 공자와 소크라테스를 갈라놓고 있지만 두 철학자는 비슷한 점이 많다. 두 사람은 거의 동시대를 살았다. 소크라테스는 공자가 죽은 기원전 479년에서 10년도 지나지 않았을 때 태어났다. 두 사람 다 위치가 불안정했고, 제자들에게는 존경을, 엘리트들에게는 불신을 받았다. 두 사람 다 추측에 의문을 제기했다. 두 사람 다 지식을 귀하게 여겼고, 무지는 더욱더 귀하게 여겼다. 두 사람 다 형이상학적 사색에는 관심이 없었다. (한 학생이 공자에게 사후 세계에 관해 질문하자 공자는 이렇게 답했다. "삶도 아직 다 모르는데 어찌 죽음을 말하겠느냐?") 두 사람 다 단어의 정의를 꼼꼼하게 따졌다. 공자는 이렇게 말했다. "말이 바르지 않으면 판단이 분명할 수 없다."

공자는 말을 중요하게 여겼지만 그에게 인仁만큼 중요한 단어는 없었다. 인은 《논어》에 105번 등장하는데, 그 어떤 단어보다 많은 횟수다. 이 단어의 정확한 번역어는 존재하지 않으며(공자 자신도 이 단어를 정확히 정의 내리지 않는다), 그동안 연민, 이타주의, 사랑, 어짊, 진정한 선, 온전한 행동 등으로 다양하게 표현되었다. 그중 내가 가장 좋아하는 번역은 '인간다운 마음'이다.

인을 실천하는 사람은 공경과 아량, 신의, 민첩함, 친절이라는 다섯 가지 기본 덕목을 항상 실천한다. 물론 공자가 친절을 발명한 것은 아니지만, 공자는 친절을 개인이 원할 때 베푸는 것에서 철학의 핵심 개념이자 훌륭한 통치의 근간으로 한 단계 승격시켰다. 공자는 친절과 사랑을 피라미드의 꼭대기에 올려놓은 첫 번째 철학자였다. 공자는 "내가 하고 싶지 않은 일을 남에게 하지 말라"고 말함으로써 예수보다 약 500년 일찍 황금률을 제시했다. 공자에게 친절은 무른 마음이 아니다. 약함도 아니다. 친절은 실용적인 덕목이다. 공자의 한 추종자는 모두에게 친절을 베풀면 "손바닥 위에서 세상을 뒤집을 수 있다"[4]라고 말한다.

◆

F 노선은 단순한 지하철 노선이 아니다. F 노선은 하나의 문화이며, 다른 모든 문화와 마찬가지로 특정 규칙이 적용된다. 어떤 규칙은 명시적이고, 어떤 규칙은 암묵적이다. 주위를 둘러보니 여기저기서 다양한 규칙이 보인다. 문에 기대거나 문을 손으로 붙잡지 말 것. 칸 사이를 이동하지 말 것. 음식을 먹거나 마시지 말 것. 문에 가까이 서 있지 말 것.

아마 공자도 이런 규칙을 적어서 남길 수 있었을 것이다. 공자는 예禮, 즉 중국 고전《예기》에서 '올바른 의례적 행위'라 표현한 것을 매우 중요하게 여겼다. 다음은 올바른 식사 습관에 관한 예의 일부다.

밥을 둥글게 말지 말 것. 여러 반찬을 한 입에 삼키지 말 것. 국을 꿀꺽꿀꺽 마시지 말 것. 먹을 때 소리를 내지 말 것. 이빨로 뼈를 씹지 말 것. 먹던 생선을 내려놓지 말 것. 개에게 뼈를 던져주지 말 것. 먹고 싶은 것을 잡아채지 말 것. 밥을 뒤적여서 식히지 말 것. 수수를 먹을 때는 젓가락을 쓰지 말 것.[5]

나는 이 부분을 읽고 한숨을 쉰다. 이게 내가 생각하는 유교의 이미지다. 부모를 공경하고, 권위에 도전하지 않고, 문에서 언제나 변함없이 멀리 떨어져 있는, 규칙을 근간으로 한 철학. 훈훈하고 모호한 '무위' 개념으로 뉴에이지 그룹의 열렬한 사랑을 받은 노자가 공자를 좋아하지 않았던 것도 당연하다. 노자가 중국 철학계의 서핑족이라면 공자는 땍땍거리는 선생님이다.

솔직히 말하겠다. 나는 '올바른 의례적 행위'라는 말이 마음에 들지 않는다. 아주 조금도. 내게 의례는 반항해야 하는 것이지 수용해야 하는 것이 아니다. 전통을 맹목적으로 따르는 것은 여러 철학자들의 외침과 정면으로 위배된다. 칸트도 이렇게 말했다. "과감히 스스로 생각하라!" 하지만 의례가 유교의 전부인 것은 아니다. 유교는 그보다 훨씬 더 나아간다. 유교는 생각 없이 의례를 따라야 한다고 주장하지 않는다. 그 동기가 중요하다. 공자는 이렇게 말했다. "공경 없는 의례, 나는 이런 것들을 차마 눈 뜨고 볼 수 없다!"

공자가 격식을 중요하게 여기는 이유가 있다. 이 이유는 인과, 친절과 직접적인 관련이 있다. 친절은 자유롭게 흘러 다니는 것이 아니다. 친절은 담길 그릇이 필요하다. 공자에게는 그 그릇이 올바른 의례적 행위인 예다. 이런 예의의 중요성을 이해하지 못할 수도 있다. 그래도 괜찮다고 공자는 말한다. 그래도 마치 예의를 신경 쓰는 것처럼 자리를 정리하라. 마치 예의가 중요한 것처럼 정해진 규칙에 따라 식사를 하라. 이런 의례가 따분하게 보일 수도 있다. 하지만 친절은 바로 이러한 일상적 토대에서 나온다.

공자의 목표는 인성 개발, 즉 도덕적 역량을 습득하는 것이었다. 그리고 효도만큼 중요한 역량은 없었다.《논어》의 매 페이지에는 부모님의 손가락질이 희미하게 찍혀 있다. 아들은 마땅히 아버지를 공경해야 하며, 아버지의 죄조차도 덮을 수 있어야 한다. 이러한 의무는 부모님이 돌아가셔도 끝나지 않는다. 순종적인 딸과 아들은 부모가 돌아가신 뒤에도 부모의 뜻대로 행동해야 한다.

공자는 변함없는 헌신을 요구하지만 생각 없는 헌신을 요구하지는 않는다. 연로한 부모가 도를 벗어나면 무슨 수를 써서라도 부모를 되돌려놓아야 하지만 그럴 때에는 사려 깊고 공손해야 한다. 효는 수단이지 목표가 아니다. 우리가 헬스장에 가는 것이 땀을 흘리기 위해서가 아니라 좋은 컨디션을 유지하기 위해서인 것처럼, 효를 실천하는 것은 (오직) 효 자체를 위해서가 아니라 친절이라는 근육을 발달시키기 위해서다. 연로한 부모를 돌보는 것은 힘든 일이다. 공자는 진심에서 나온 미소를 지으며 기꺼이 효도해야 한다고 주장함으로써 그 무게에 몇백 그램을 더 얹는다.

가족은 우리가 인을 계발하는 헬스장이다. 우리는 이곳에서 사랑하는 법과 사랑받는 법을 배운다. 서로 간의 거리는 중요한 요소다. 가장 가까이 있는 사람에게 친절을 베푸는 것에서 시작하라. 우리가 자기 자신에서 가족으로, 이웃으로, 국가로, 모든 지각 있는 존재로 관심의 영역을 확장할 때 친절은 연못에 던진 돌멩이처럼 점점 커다란 원을 만들며 퍼져 나간다. 한 생명에게 연민을 느낄 수 있으면 모든 생명에게 연민을 느낄 수 있다.

하지만 너무 자주 우리는 가족을 향한 친절에서 더 폭넓은 자비로 나아가지 못한다. 두 현대 작가가 말하듯, 보통 자녀 양육은 "잔인함이라는 바다 한가운데에 있는 친절이라는 섬"[6]으로 머무른다. 우리는 그 섬에서 벗어나야 한다. 아니, 섬의 크기를 키워 다른 사람을 초대하는 것이 더욱 좋다.

◆

"문에 가까이 서 있지 마십시오." 나는 올바른 의례적 행위에 따라 문에서 멀리 떨어진다. 근처에 있는 한 여자가 거대한 던킨도너츠 컵을 품에 안고 있다. 마시지도 먹지도 말라는 규칙을 명백하게 위반한 행동이다. 2미터도 떨어지지 않은 곳에 있는 한 남자는 여자보다 더하게, 배낭에서 피자를 꺼내 우물우물 먹고 있다.

열차 내 방송 내용이 너무 노골적이라 깜짝 놀란다. "승객 여러분. 지갑이나 휴대전화를 바지 뒷주머니에 넣지 마십시오." 타인은 신뢰할 수 없으며, 이제 이런 대도시에는 친절이란 것이 없다는 사실을 상기시켜준다. 친절을 원하면 작은 마을로 가야 한다. 또는, 우리가 그렇게 생각한다.

열차가 53가 역에 진입하고 문이 열리자 존 레넌의 〈이매진〉을 부르는 버스커의 목소리가 열차 안을 가득 채운다. 음정이 조금 안 맞지만 그럼에도 불구하고, 아니 어쩌면 바로 그 사실 때문에 감동적이다.

〈이매진〉은 공자가 상상한 유토피아 "위대한 조화"의 음악 버전이라는 생각이 든다. 무정함은 잔인한 의도가 아닌 상상력 부족의 결과다. 불친절한 사람은 타인의 고통을 상상하지 못하며 남의 입장에서 생각해보지 못한다. 하지만 존 레넌은 말한다. 노력하면 어렵지 않아요. 공자도 말한다. "지위를 원하면 남이 지위

를 얻도록 도와주고, 성공하고 싶으면 남이 성공할 수 있도록 돕
는다.”

존 레넌의 짧은 등장이 열차 분위기에 영향을 미쳤을까? 우리
가 더 인간다운 마음을 가지게 되었을까? 물론 수량화할 순 없지
만 나는 그렇다고 생각하고 싶다. 친절이 더 많은 친절을 불러온
다고 생각하고 싶다.

커낼가街 역에서 내려 중국 음식점에서 점심을 먹기로 한다. 식
당은 F 노선처럼 사람들로 붐비지만 공간은 덜 낡았고 냄새도 더
좋다.

“몇 명이에요?” 식당 주인이 화가 난 것처럼 소리친다. 내가 중
요한 회의를 방해하기라도 한 것처럼.

“한 명이오.” 내가 소심하게 검지 하나를 들고 말한다.

“다른 손님하고 같이 앉아도 괜찮죠?”

괜찮지 않지만 말은 하지 않는다. 소리 지르는 남자의 마음을
상하게 하고 싶지 않다. 식당 주인은 독일 관광객 무리 옆에 나를
앉힌다.

F 노선처럼 뉴욕시의 중국 음식점도 그리 친절한 곳이 아니다.
서비스는 좋게 말해야 퉁명스럽다. 종업원은 손님에게 소리를 지
를 뿐만 아니라 빠른 속도로 주문하고 먹기를 기대한다.

하지만 지하에 흐르던 자애로운 마음이 이곳에서도 흐르며
딤섬과 청경채에 스며들고 금속 찻잔 속에 담긴다. 이 친절은 공
공의 이익을 도모하는 친절이다. 기꺼이 다른 손님과 한자리에
앉으면 모두가 이익을 얻는다. 음식을 빨리 먹으면 밖에서 기다

리는 다른 사람들도 새우 슈마이를 즐길 수 있다. 명시적인 규칙이 아니라 암묵적인 규칙이다. 이런 규칙이 중국 음식점의 예, 올바른 의례적 행위를 구성한다. 이런 규칙들은 친절을 담는 그릇이다.

이 중국 음식점은 공자가 말한 인의 다섯 가지 항목, 공경과 아량, 신의, 민첩함, 친절 중 상당수를 해낸다. 직원은 어느 정도까지는 공경하는 태도로 나를 대해주며, 확실히 신의가 있는데, 더 오만한 장소에서는 할 수 없는 말이다. 이들은 민첩하고, 자기만의 방식으로 친절하다. 아량? 그건 잘 모르겠다. 하지만 다섯 개 중 네 개면 훌륭하지 않나.

◆

다시 퀸스를 구불구불 지나는 F 노선으로 돌아와 다른 승객을 스캔하며 궁금해한다. 저들은 좋은 사람일까? 친절할까? 우리 모두가 인을, 인간다운 마음을 지니고 있을까, 아니면 인은 일부 특별한 존재, 공자가 말한 군자, 즉 '더 도덕적인 인간'에게만 존재하는 것일까?

인간 본성에 관한 질문은 철학에서 가장 골치 아픈 문제 중 하나다. 토머스 홉스 같은 일부 철학자들은 인간은 본래 이기적이며 사회가 이 야만적인 성향을 완화해주어야 한다고 믿었다. 루소 같은 사상가들은 인간은 본래 선하게 태어나지만 사회가 인간을 타락시킨다고 믿었다. 그리고 프랑스의 실존주의자 시몬 드 보부아르처럼 인간 본성이라는 것은 애초에 존재하지 않으며 본성이 없는 것이 인간 본성이라고 생각하는 이들도 있었다.

공자는 사람들은 선하다 쪽이다. 이로부터 한 세기 후 맹자라는 이름의 철학자가 이 개념을 더욱 확장시켰다. 맹자는 "모든 사람에게는 타인의 고통을 참지 못하는 마음이 있다"[7]라고 말하며, 그 근거로 한 사고실험을 제안했다. 당신이 자기 문제를 고민하며 한 마을을 지나고 있는데 어떤 아이가 우물 가장자리에 서서 비틀거리며 안으로 떨어지려 하는 것을 목격했다고 하자. 어떻게 반응하겠는가?

맹자는 아마 "깜짝 놀라고 측은한 마음을 느낄 것"이라고 말한다. 당신은 본능적으로 돕고 싶은 마음이 들 것이다. 아이 부모의 마음을 얻기 위해서도 아니고 동네 사람들과 친구들에게 칭찬을 받기 위해서도 아니다. 당신이 인간이며 '측은해하는 마음이 인간의 핵심'이기 때문이다. 이 이야기를 듣는 것만으로 우리는 "마음의 동요"를 경험한다. 그렇지 않다면 온전한 인간이 아니라고, 맹자는 말한다. (하지만 맹자는 그 어디에서도 사람들이 실제로 그 아이를 도울 것이라 말하지는 않는다. 측은한 마음과 행동 사이에는 상당한 거리가 있으며, 많은 좋은 의도가 그 사이로 떨어져 다시는 나타나지 않는다.)

맹자는 우리 모두가 잠재적 선함을 지닌다고 말한다. 황폐해진 산이 계속 새싹을 틔우듯이, 세상에서 가장 잔인한 사람 안에도 잠들어 있는 친절이 있다. "제대로 거름을 주면 못 자랄 것이 없으며, 거름이 없으면 모든 것이 시들어 죽을 것이다."[8]

친절할 수 있는 능력은 언어 능력과 같다. 우리 모두는 언어를 말할 수 있는 능력을 타고난다. 하지만 그 능력은 부모님이나 로제타스톤을 통해 활성화되어야 한다. 마찬가지로 우리의 타고난 친절함은 반드시 밖으로 끌어내져야 한다. 공자는 그 방법이 바로 공부라고 본다.《논어》는 공부를 칭송하는 문장으로 시작한다. "배우고 익히니 즐겁지 아니한가?"

공자의 '공부'는 기계적 암기를 뜻하지 않는다. 심지어 배움 그 자체를 의미하지도 않는다. 공자에겐 더 깊은 뜻이 있다. 바로 도덕적 자기 수양이다. 우리는 교육받은 내용을 배운다. 수양한 것은 흡수한다. 작은 친절이라는 것은 존재하지 않는다. 연민에서 나온 행동 하나하나는 곧 삼나무 씨앗에 물을 주는 것과 같다. 그 나무의 키가 어디까지 자랄지는 아무도 알 수 없는 일이다.

◆

공자에게 묻고 싶은 것이 하나 있다. 정말로 인간 본성이 원래 선한 것이라면 왜 세상은 이토록 잔인할까? 칭기즈칸에서 히틀러까지, 인류의 역사는 피로 쓰여왔다. 지금도 마찬가지라는 걸, 텔레비전을 틀거나 노트북을 열면 공자님도 아실 거라고요. 뉴스에는 온통 나쁜 소식뿐이다. 테러 공격과 자연재해, 정치 싸움. 친절은 휴업 중이다. 또는, 우리 눈에 그렇게 보인다.

친절은 우리가 발견하든 발견하지 못하든 늘 그 자리에 있다. 하버드 대학의 고생물학자 스티븐 제이 굴드는 이 현상에 "거대한 비대칭"이라는 이름을 붙였다. 그는 이렇게 말했다. "사람들의 눈길을 끄는 한 번의 악랄한 사건은 1만 번의 친절한 행동으로 상쇄될 것이다."[9] 우리는 길가에서, 집에서, 뉴욕시 지하철에서 이런 친절한 행동을 매일매일 목격한다. 한 나이 많은 여성이 11월의 추위를 이겨내고 동네 다람쥐들에게 먹이를 준다. 회의 시간에 늦은 회사원이 가던 길을 멈추고 싱글맘의 장 본 짐을 차로 옮겨준다. 한 손에 스케이트보드를 든 10대가 주차요금 징수기의 시간이 끝나가는 것을 보고 25센트 동전 하나를 밀어 넣는다. 뉴스거리가 되지 않는다고 해서 이런 평범한 친절이 존재하지 않거나 영웅적이지 않은 것은 아니다.

"이런 셀 수 없이 많은 작은 친절의 힘을 기록하고 귀하게 여기는 것"이 우리의 의무이자 거의 성스럽기까지 한 책무라고, 굴드는 말한다. 냉철한 과학자인 굴드는 선함을 기록하는 데 실용적인 이유가 있다고 보았다. 친절은 귀하게 여기면 더욱 늘어난다. 친절에는 전염성이 있다. 도덕적인 행동을 목격하면 신체적이고 감정적인 반응이 촉발되어 흘러넘친다. 친절한 행동을 목격한 사람은 더욱 친절하게 행동하게 된다.[10] 최근 있었던 여러 연구에서 증명된 현상이다.

나도 친절의 전염성을 몸소 체험한다. 친절한 행동에 주의를 온통 집중하며 F 노선을 탔던 1주일 이후 나는 더 친절한 사람이 되었다. 나는 다른 사람들을 위해 문을 잡아준다. 쓰레기를 줍는다. 바리스타에게 고맙다고 말하고 그가 보지 않을 때 팁을 놓아둔다. 이런 작은 행동으로 노벨상을 타거나 성인군자가 되지는 못한다는 걸 안다. 하지만 이건 시작이다. 삼나무 씨앗에 떨어지는 몇 방울의 물이다.

◆

F 노선을 오래 타다 보면 어떤 패턴을 발견하게 된다. 내가 지
금 그러고 있다. 친절한 행동은 끊임없이 이어지지 않는다. 밀려
왔다 사라진다. 한창 사람이 없는 시간에는 친절한 행동이 비교
적 적다. 하지만 러시아워가 되면 많아진다. 근육질의 젊은 남자
가 나이 든 여자에게 자리를 양보하고, 여기서 "실례합니다", 저
기서 "죄송합니다" 하는 소리가 들려온다. 오후 5시보다 정오에
사람들의 마음이 덜 친절한 것이 아니다. 당연한 이야기다. 그저
친절할 기회가 더 적은 것이다. 친절은 필요에 알맞게 확장한다.
    러시아워에 그 필요는 막대한 크기로 부풀어 오른다. 브루클린
에 가까워질수록 매 정거장에서 점점 더 많은 사람이 탑승한다.
유니언스퀘어역에 도착하자 열차는 사람으로 가득 찬다. 나는 이
제 단 한 명도 더 올라탈 수 없을 거라고 생각한다. 하지만 사람들
은 올라탄다.
    모든 것이 더 빠른 속도로 발생한다. 사람들은 빈자리를 향해
더 빠르게 달려가고, 더 빠르게 주위를 스캔한다. 심지어 기관사
의 안내방송도 속도가 빨라진다. 코니아일랜드행F노선입니다문에
가까이서지마세요.
    "뉴욕 사람들은 예의가 없는 게 아냐." 내가 F 노선에서 친절을
찾겠다는 내 계획을 말하자 뉴욕 토박이인 친구 애비가 말했다.

"그냥 빠른 거야."

애비 말에 일리가 있을 수도 있다. 나는 궁금하다. 친절한 행동을 빨리 하는 것이 가능할까? 아니면 친절하려면 반드시 느려져야 하는 걸까? 천천히 만든 요리는 패스트푸드보다 더 맛있고, 지금껏 살펴보았듯이 좋은 철학에도 시간이 필요하다. 열차가 이스트리버 아래를 덜커덩덜커덩 지나는 동안 나는 속도와 친절의 관계에 대해 곰곰이 생각해본다. 속도를 높이면 친절함은 줄어들까? 공자는 그렇게 생각하는 듯하다. 그는 어진 사람은 "행동거지가 수수하고 말을 느리게 한다"라고 말한다.

나는 잘 모르겠다. 물론 빠른 속도로 움직이는 사람은 곤경에 처한 사람을 그만큼 잘 발견하지 못할 수 있지만 가끔은 빨리 움직이는 것이 더 친절한 행동일 수 있다. 집에 화재가 났다면 굼벵이 같은 소방관과 발 빠른 소방관 중에 누가 더 필요하겠는가? 아플 때 꾸물거리는 응급실 의사가 필요한가, 재빨리 움직이는 의사가 필요한가? 만약 내가 과도한 생각이 일으킨 병을 시름시름 앓다 여기 F 노선에서 쓰러진다면, 승객들이 천천히가 아니라 신속하게 나를 도와주길 바랄 것이다.

최근 한 친구가 뉴욕 지하철에서 일어난 응급 상황을 목격한 일화를 들려주었다. 열차가 역에 진입하고 있는데 열차 안에 있던 한 여자가 바닥에 쓰러졌다. 열차에 같이 타고 있던 승객들은 반사적으로 행동에 나섰다. 한 사람은 열차가 역에서 출발하지 못하도록 문을 붙잡았고, 다른 사람은 기관사에게 연락을 취했으며, 또 다른 사람은 응급 처치를 했다. 맹자는 이렇게 반사적으로 드러난 연민의 마음을 보고 흐뭇해했을 것이다. 친절함은 자연스럽게 우러나온다. 잔인함은 학습되는 것이다.

나는 친절한가? 궁금하다. 물론 인도에서 카일라스를 도왔을 때 나는 공자의 인, 인간다운 마음을 드러냈다. 하지만 내가 카일라스를 찾아 나선 것은 아니다. 카일라스가 나를 찾았다. 카일라스는 우물가에 서 있는 아이였다. 먼지 쌓인 방 안에서 재채기를 하는 사람이 칭찬을 들을 이유가 없듯, 카일라스를 도운 나의 반사적 반응도 좋은 평가를 받을 이유가 없다. 이 세상에는 반사적인 친절뿐만 아니라 더 적극적인 친절이 그 어느 때보다도 더 필요하다.

◆

여자를 보기도 전에 여자의 목소리가 들린다. 녹슨 칼처럼 나를 베어내는, 상처 입은 구슬픈 목소리다. "제 얼굴도 원래는 앳되었어요." 여자가 우리 모두를 향해 혼잣말을 한다. "무슨 일이 일어난 거죠? 내 얼굴은 원래 앳되었는데. 왜죠?"

여자는 누더기 같은 옷을 걸치고 있다. 여자가 휘청인다. 돌풍에 휘날리는 것처럼 여자의 커다란 몸이 흔들거린다.

여자의 발밑에서 여자가 불안정한 이유를 (이유 중 하나를) 발견한다. 처음 봤을 때 나는 여자가 낡은 신발을 신고 있다고 생각했지만 그건 사실이 아니었다. 여자는 맨발이다. 부어오른 기형의 두 발이 기괴하다. 인간의 발 같지 않다.

여자는 오랫동안 그 자리에 서서 휘청거린다. 돈도, 그 어떤 종류의 친절함도 구하지 않는다. 그 부분이 가장 최악이다. 이 애매모호함. 나는 깜짝 놀라고 측은한 마음을 느끼지만 뭘 어떻게 해야 하는지 알지 못한다.

친절은 힘든 것이다. 우리는 돕고 싶어도 어떻게 해야 할지를 모른다. 아무것도 안 하는 게 낫다고, 우리는 스스로에게 말한다. 다른 승객들도 뉴욕만의 미묘한 방식으로 불편해하고 있다. 어떤 사람은 여자가 지나갈 수 있도록 옆으로 비켜선다. 어떤 사람은 더욱더 빤히 앞을 쳐다본다. 나는 공자의 책에 얼굴을 파묻는다.

여자가 열차 맨 끝으로 간다. 더 이상 보이지 않지만 여전히 목소리는 들린다. "옛날에는 내 얼굴도 앳되었어요."

그러다 여자가 사라진다. 모두가 참고 있던 숨을 내쉰다. 또는, 내가 그렇게 상상한다. 고개를 들고 방금 일어난 일을 생각해본다. 이런 고통을 만나면 무엇을 해야 하나? 물론 나는 여자를 도와줄 수 있었다. 하지만 말했듯이 어디서부터 시작해야 할지 몰랐다. 열차 안의 그 누구도 몰랐다. 그럴 때 친절은 어떻게 전염될 수 있는가? 누군가는 시작을 해야 한다.

친절은 힘든 것이다. 친절에는 감정 이입이 필요하지만 그것만으로는 충분치 않다. 유교 의례가 필요하다. 결혼과 졸업, 죽음처럼 인생에서 가장 중요한 순간에 우리가 의식을 치르는 데에는 이유가 있다. 이러한 사건들은 너무 강렬한 감정을 불러일으켜서 일이 계획대로 진행되지 않을 수 있다. 의례는 우리를 하나로 모아준다. 의례는 우리의 감정을 담을 그릇을 제공한다. 슬픈 여자가 F 노선 열차에 올라탔을 때 우리 승객들에게는 그러한 그릇이 필요했다. 아아, 하지만 그릇은 없었고, 우리는 아무것도 하지 않았다.

공자는 이렇게 말했다. "짐은 무겁고 갈 길은 멀다." 친절은 힘든 것이다. 가치 있는 모든 것들이 그러하다.

10

세이 쇼나곤처럼
작은 것에 감사하는 법

How to Appreciate the Small Things Like
Sei Shonagon

"순식간에 사라지는 삶의 작은 기쁨을 즐기려면
느슨하게 쥐어야 한다."

오전 11:47.
재팬 레일 동일본 318번 열차를 타고
도쿄에서 교토로 향하는 중.
속도: 시간당 300킬로미터.

속도는 주의력의 적임을 배웠다. 빠른 속도는 우리의 의식을 산산이 조각내고 파악할 수 없을 만큼 작은 수백만 개의 파편으로 쪼개버린다.

그렇다면 아름다움은? 속도가 빨라지면 아름다움도 줄어드나? 아니면 속도에는 고유의 흐릿한 아름다움이 있나? 1초에 여든 번 퍼덕이는 벌새의 날개. 번쩍이며 하늘에 호를 그리는 번개. 도시와 도시 사이를 쏜살같이 달리는 일본 신칸센, 또는 탄환열차의 조용한 소음.

도쿄의 반짝이는 시나가와역에서 지금 타고 있는 신칸센

에 처음 탑승했을 때 나는 헉 하고 깜짝 놀라야 할지 웃어야 할지 알지 못했다. 수영선수의 탄탄한 몸에 납작한 오리너구리의 코가 달린 것 같은 모습이 우스꽝스럽다. 그리고 아름답다. 신칸센은 열차계의 로빈 윌리엄스다. 뻔뻔하게 물리 법칙을 무시하지만, 그 무시를 넘이 나갈 듯한 속도로 해버려서 모든 게 다 용서되는 부조리함.

로빈 윌리엄스가 다른 코미디언과 경쟁하지 않았듯이 신칸센도 다른 열차와 경쟁하지 않는다. 신칸센은 항공사와 경쟁한다. 재팬 레일은 최선을 다해 기내의 분위기를 모방했다. 바다에 착륙하는 있을 법하지 않은 상황에서 어떻게 해야 하는지를 알려주는 녹음 방송과 좌석 벨트는 없지만, 꼭 에어버스에 타고 있는 것 같다.

열차가 정시에 시나가와역에서 출발하자 비행기에 탄 것 같은 느낌이 더욱 강해진다. 점점 높아지는 소음, 나를 등받이 방향으로 부드럽게 미는 중력 가속도. 하지만 암트랙 같은 떨림과 덜컹거림 없이 아주 부드럽다.

만약 모든 것이 계획대로 된다면 (일본에서는 모든 것이 거의 언제나 계획대로 된다) 우리는 시속 300킬로미터의 속도로 두 시간 8분이라는 짧은 시간 내에 도쿄에서 교토로 이동하게 된다. 우리는 날고 있다. 아니, 날고 있지 않다. 창문 밖을 내다볼 때에만 (지평선이 아니라 근처 주택과 철도 건널목이 보인다) 극도로 빠른 속도를 어렴풋이 느낀다. 속도는 상대적이다. 비교할 다른 기준점 없이 속도는 무의미하다.

승무원이 걸어와서 누군가가 떨어뜨린 (그래, 나다) 젓가락 파편을 줍는다. 내 기준에서 그 파편은 쓰레기로서의 자격을 얻기엔 너무 작다. 승무원은 다르게 생각한 것이 분명하다. 내가 떨어뜨린 나무 쪼가리는 열차의 미적 조화를 망쳤다. 일본에서 모든 것은 딱 좋거나 완전 나쁘거나, 둘 중 하나다.

작은 검은색 수첩을 꺼낸다. 영국에서 잃어버린 나의 보물은 아니고(그 무엇도 그 수첩을 대신할 수 없다) 더 평범한 수첩이다. 내 생각을 붙잡아주는 수첩 고무줄을 끄른다. 가능성으로 텅 비어 있는 새 페이지를 펼치고 목록을 적기 시작한다. 나는 목록을 좋아한다. 목록 만들기는 상당히 철학적인 활동이라고 생각한다. 나만 그렇게 생각하는 게 아니다. 플라톤에게 한번 물어보라. 플라톤도 목록을 작성했다. 플라톤은 철인왕과 좋은 삶의 특징을 목록으로 만들었다. 플라톤의 제자 아리스토텔레스는 스승을 능가했다. 아리스토텔레스는 철학계의 독보적인 목록 제작자였다. 골치 아픈 현실에 질서를 부여하고 싶었던 아리스토텔레스는 범주와 하위범주를 층층이 만들었다.[1]

그로부터 약 2000년 후, 수전 손택은 끝없이 목록을 만드는 자신에 대한 변명으로 다음과 같이 유려하고 개성 있게 이지적인 말을 남겼다. "나는 가치를 인식하고, 가치를 부여하고, 가치를 창출하고, 심지어 존재를 창출한다(또는 보장한다). 이와 같은 이유로 내가 강박적으로 '목록'을 만드는 것이다."[2] 움베르토 에코는 더 간결하게 표현했다. "목록은 문화의 기원이다."[3]

나의 목록 작성은 절대로 이만큼 위대하지 않다. 내 목록은 존재를 보장하거나 문화를 이룩하지 않는다. 내가 아는 한 나의 목록은 가치를 인식하지는 않지만 내가 생각을 통제할 수 있도록 도와준다. 나의 목록은 내가 세상을, 나 스스로를 이해할 수 있게 도와준다. 이보다 더 철학적인 것이 어디 있겠는가?

좋은 목록 작성의 비결은 범주를 제대로 세우는 것이다. 범주는 다양한 항목을 아우를 수 있을 만큼 커야 하지만 생각을 잘 감쌀 수 있을 만큼 작아야 한다. '역대급 음악'은 범위가 너무 넓은 반면 '1930년대 시카고의 폴란드계 미국인이 작곡한 역대급 폴카 음악'은 범위가 너무 좁다.

방금 수첩에 적은 목록을 바라본다. "내가 살아본 해외 국가." 항목이 세 개뿐인 짧은 목록이지만 나의 사고방식과 정체성 형성에 그 어떤 것보다도 큰 영향을 미친 목록이다.

목록에 적힌 각 국가들은 설령 의도치 않았을지언정 내게 중요한 교훈을 가르쳐주었다. 인도는 카오스 속에서 고요함을 찾는 법을 가르쳐주었다. 이스라엘은 사브라너트savlanut, 즉 인내의 중요성을 가르쳐주었다. 모두 귀중한 교훈이지만 일본에 비할 바는 못 된다. 일본은 내게 한 책의 주인공이자 이야기와 이야기하는 사람들을 사랑한 무거운 머리의 광팬, 그리고 5분 동안 입 닥치고 다른 존재 방식을 경험하는 방법에 대해 가르쳐주었다. 일본은 내가 사물의 철학에, 아름다운 작은 것들의 철학에 눈뜨게 해주었다.

◆

《베갯머리 서책》. 거의 20여 년 전 이 책의 존재를 처음 알았을 때 정말 이상한 제목이라고 생각했다. 당시 나는 NPR 해외통신원으로 일하며 도쿄에 살고 있었다. 제목에 흥미가 동했다. 밤의 소품에서 제목을 따온, 1000년 전 교토의 잘 알려지지 않은 궁녀가 쓴 이 기이한 책은 도대체 뭘까? 어떻게 이 책은 1000년이 지나도록 독자의 마음을 끄는 것일까?

이렇게 시작된 내 궁금증은 거기서 바로 끝이 났다. 나는 일본의 경제와 고령화에 대한 보고서를 쓰고, 비행기를 타고 멀리 떠나 인도네시아나 파키스탄에서 곧 터질 것 같은 갈등을 취재하느라 너무 바빴다. 특별할 것 없는 내용의 1000년 전 책을 읽을 시간이 (솔직히 말하면 마음이) 없었다. 하지만 그 책은, 그 책에 대한 생각은 줄곧 내 안에 있었다. 내 뇌의 변두리 지역으로 밀려나, 시내로 향하는 길이 트이길 인내심 있게 기다리면서.

◆

적절하게 베개를 벤 자세로 《베갯머리 서책》에 얼굴을 파묻는다. 나는 도쿄 시부야의 한 호텔방에 있다. 비록 일본의 '방'에 대해서는 견해 차이가 있을 수 있지만 말이다.

방이라고 주장하는 이 공간은 양식과 규모 면에서 배의 선실을 떠올리게 한다. 공간 효율의 걸작이라 할 수 있는 이 방은 세 명이 잘 수 있다고 하지만, 문제가 하나 있다. 그 세 명은 반드시 가만히 누워 있어야 한다. 조금이라도 움직이려면 대통령 방문이나 혼전 섹스에나 필요할 법한 사전 협의가 필요하다. 이 공간은 방이라기보단 구석에 더 가깝다.

구석은 마땅한 대우를 받지 못하고 있다. 적어도 어른들에겐 그렇다. 아이들은 아늑한 구석을 좋아한다. 아이들은 본능적으로 구석을 찾아 들어가고, 구석이 없으면 만들어낸다. 우울한 다섯 살 시절, 내가 볼티모어에 있던 우리 집 거실을 구석이 가득한 미로처럼 만들어놓았던 것이 기억난다. 담요와 이불보 10여 개를 연결해서 걸칠 수 있는 모든 것(의자, 소파, 개)에 걸쳐놓은 것이다. 내 동기를 분명히 설명하기엔 너무 어린 나이였지만 이제는 그때 내가 무엇을 원했던 건지 안다. 내가 원한 것은 오직 구석만이 줄 수 있는, 아늑함과 경이감, 좁음과 광활함, 안정과 모험 사이의 절묘한 조화였다.

나는 지금도 구석이 좋다. 나는 밀실공포증의 반대격인 질환을 앓고 있다(앓는다는 말이 적당한 표현이라면). 나는 좁은 공간에 이끌리고, 그 안에 있는 것을 즐긴다. 아마도 그래서 내가 일본을 그토록 좋아하는 것인지도 모른다. 일본인만큼 좁은 공간에 사는 사람은 없다. 구석 인간들이다. 이들은 지하철 칸과 술집과 호텔방이라 주장하는 공간에 스스로를 밀어 넣는다. 놀랍게도, 그 와중에 누구도 서로를 죽이지 않는다.

첫 페이지를 펼친다. 《베갯머리 서책》은 개인의 일기처럼 보이는데, 그럴 만한 이유가 있는 게, 진짜로 개인의 일기이기 때문이다. 저자인 세이 쇼나곤은 "개인적 즐거움을 위해 내가 생각하고 느낀 것을 적었을 뿐"이라고 말한다. 그녀는 다른 사람이 자신의 글을 읽을 것이라고 전혀 생각지 않았는데, 바로 그 점이 사람들이 쇼나곤의 글을 그토록 재미나게 읽는 이유다. 세이 쇼나곤은 보통 익명의 저자나 죽어가는 저자에게서나 나타나는 투명한 솔직함으로 《베갯머리 서책》을 썼다.

베개를 고쳐 베고 페이지를 넘기면서 점점 쇼나곤의 세상에 빨려 들어간다. 그녀의 대담함에, 소소한 것들을 향한 사랑에, 뜻밖의 장소에서 아름다움을 찾아내는 능력에 매료된다.

"베갯머리 서책"이라는 제복은 미스터리다. 왜 베개지? 어쩌면 쇼나곤은 베개처럼 침대 밑에 원고를 두었을 수도 있다. 어쩌면 쇼나곤은 사람들이 자신이 가장 좋아하는 베개에서 위안을 찾듯 이야기에서 위안을 얻었을지 모른다. 진실은 아무도 모른다.

《베갯머리 서책》은 적어도 전통적 의미에서는 책이 아니다. 서술의 맥락도, 반복해서 등장하는 인물도, 심오한 주제도 없다. 《베갯머리 서책》은 크고 (대개는) 작은 관찰을 섞은 잠발라야(고기, 해산물, 채소 등을 쌀과 볶다가 육수를 붓고 끓이는 미국 남부의 요리-옮긴이)다. 마쿠라노소시, 즉 《베갯머리 서책》을 영어로 옮긴 메러디스 매키니는 "짤막한 글과 생각과 일화를 누빈 불규칙한 퀼트"[4]라고 말한다.

책이 아닌 이 책은 297개의 글로 이루어져 있으며 각 글은 한 문장에서 수 쪽까지 길이가 다양하다. 어떤 글은 교토의 황궁에서 있었던 일화를 들려주며, 어떤 글은 그저 자기 생각을 고집스레 담은 목록에 불과하다. 그 목록들이 내가 가장 좋아하는 부분이다. 쇼나곤에게서 나와 비슷한 면을 발견한다. 목록 작성을 좋아하는 부류.

쇼나곤은 한 길에만 머무르길 거부한다. 그녀는 "세련되고 우아한 것들"에서 "가치 없는 것들"로 방향을 꺾었다가 다시 "진정으로 훌륭한 것들"로 돌아온다. 쇼나곤이 길을 잃은 거라고 생각할 수도 있다. 하지만 그건 사실이 아니다. 쇼나곤은 "붓 가는 대로 따라간다"는 뜻의 즈이히츠隨筆를 하고 있다. 즈이히츠는 일본의 글쓰기 기법 아닌 글쓰기 기법으로, 내 눈엔 책이 아닌 책을 쓰기에 완벽한 방식으로 보인다. 즈이히츠를 실천하는 작가는 주저하지 않고 자신의 느낌을 따라가 지적 가려움을 긁은 다음, 다시 돌아오기도 하고 돌아오지 않기도 한다. 글에 구조를 부여한다기보다는 구조가 스스로 나타나게 한다.

나는 우리 모두가 조금 더 즈이히츠를 활용해도 좋겠다고 생각한다. 글쓰기에만 해당되는 말이 아니다. 분명한 목표를 설정하고 그 목표에 도달하기 위해 모든 에너지를 쏟아부어야 한다고, 자기계발서들은 조언한다. 이런 접근법은 우리가 여행을 시작하기 전에 이미 목적지를 파악하고 있다고 가정한다. 하지만 인생은 그런 식으로 흘러가지 않는다. 가끔 우리는 우리가 어디로 가는지 모르는 채로 움직이기 시작한다. 그러니 움직일 것. 지금 있는 곳에서부터 움직이기 시작할 것. 일단 붓을 들고 붓이 어디로 향하는지 지켜볼 것.

쇼나곤은 세상을 묘사하지 않는다. 자기만의 세상을 묘사한다. 중립적인 관찰은 없다. 쇼나곤은 자신이 뭘 좋아하고 뭘 싫어하는지를 안다. 쇼나곤은 몇 세기 후 니체가 발전시킨 철학 이론인 관점주의를 따른다. 진실은 하나가 아니라 여러 개다. 그중 하나를 선택하라고, 쇼나곤은 말한다. 너만의 것으로 만들어.

누군가는 이 말에 반대할지도 모른다. 우리가 괴로운 것은 의견이 부족해서가 아니라 너무 넘쳐나서라고 말이다. 소셜미디어 덕분에 이제는 언제든지 모두가 모든 것에 자기 의견을 내보일 수 있다. 하지만 이런 의견들은 친구들에게, '전문가'들에게, 그리고 가장 교활한 알고리즘에 크게 영향받는다. 그 결과 우리는 희뿌연 렌즈를 통해 세상을 바라보게 되었다. 우리의 신념은 종이처럼 얄팍하다. 당신은 새로 생긴 스시집을 좋아하는가? 아니면 그저 사람들이 별점을 다섯 개 줬기 때문에 좋다고 생각하는 것인가? 타지마할은 정말로 아름다운가? 아니면 인스타그램 속 황홀해하는 사진들을 보고 타지마할이 아름답다고 생각하게 된 것인가? 세이 쇼나곤은 자기 렌즈가 투명하고 깨끗할 수 있도록, 자신의 생각이 온전히 자신만의 생각일 수 있도록 치열하게 노력했다.

쇼나곤은 좋아하는 것 하나마다 불쾌하고 불편하고 역겨운 것, 최악으로는 짜증나기 그지없는 것이 세 가지쯤 있다. 예를 들면 이런 것들이다. "빨리 해야 할 것이 있을 때 찾아오는 손님. 입을 다물지 않고 계속 지껄이면서 미친 사람처럼 활짝 웃는 지극히 평범한 사람. 몰래 기어 들어오는 은밀한 애인을 발견하고 짖어대는 개. 벼룩. 말하고 있는데 불쑥 끼어들어서 잘난 체하며 자기가 이야기를 끝내는 사람(어른 아이 할 것 없이 말을 끊고 끼어드는 사람은 정말 짜증나기 그지없다). 파리들. 졸려서 막 잠자리에 누웠는데 그 가늘고 작은 소리로 자신의 존재를 알리는 모기 한 마리. 12월 31일에 하루 종일 내리는 비."

쇼나곤은 고집스럽지만 융통성 있게 고집스럽다. 꽃이 만개한 배나무를 떠올려보자. 일본인은 배꽃이 못생겼다고 생각해서 "그 남자는 배꽃처럼 얼굴이 못생겼다"처럼 사람을 모욕하는 데 썼다. 하지만 중국인은 배꽃을 사랑했다. 쇼나곤은 그러므로 "배꽃에는 뭔가가 있는 게 분명하다"라고 말한다. 과연, 깊게 생각해본 쇼나곤은 배꽃에 나름의 아름다움이 있다는 결론을 내린다. "호의를 가지고 주의 깊게 쳐다보면, 꽃잎 끝에 꽤나 사랑스러운 광채가 아주 희미하게나마 있음을 발견할 수도 있다."

간디처럼 쇼나곤도 까탈스러운 사람이었다. 다음 기록을 보자. "나는 살짝 누렇게 변한 흰색 셔츠를 입은 사람을 참을 수 없다." 보통 이런 종류의 결벽은 나를 무척 짜증나게 하지만, 나는 점점 쇼나곤을 이해하게 된다. 쇼나곤은 까다로운 사람이라기보다는 민감한 사람이다.

에피쿠로스처럼 쇼나곤에게도 쾌락의 분류 체계가 있다. 쇼나곤은 그냥 즐거운 것과 진정한 오카시이, 즉 진정으로 기쁜 것⁵을 구분한다. 평범한 즐거움과 달리 진정한 기쁨에는 놀라움, 예상치 못한 전율이 있다. 또한 진정한 기쁨은 평범한 즐거움과 달리 쓰디쓴 뒷맛을 남기지 않는다. 진정한 기쁨은 오는 줄도 몰랐던 것이기에 사라져도 그립지 않다.

쇼나곤이 보기에는 작디작은 요소가 균형을 무너뜨릴 수 있다. 쇼나곤은 세 겹 부채는 좋아하지만 다섯 겹 부채는 용납하지 않는다(다섯 겹 부채는 "너무 두껍고 밑 부분이 못생겼다"). 공기 중에 눈이 올 듯한 기운이 감도는 것은 기쁘지만 "비가 올 기미로 무겁게 내려앉은 하늘은 그날의 분위기를 망친다." 딱좋아주의 철학이다. 모든 것은 딱 좋거나 완전 글렀거나 둘 중 하나다. 1센티미터 삐끗하는 것은 1킬로미터 삐끗하는 것과 마찬가지다. 수소는 이마에 흰색 털이 약간 섞여 있어야 하지만 고양이는 반드시 새까만 색이어야 한다. "하지만 고양이의 배는 예외인데, 배만은 새하얘야 한다." 음악 연주는 마음을 기쁘게 하지만 오로지 "사람들의 얼굴을 볼 수 없는" 밤에만 그러하다.

쇼나곤이 진정한 기쁨이라 선언하는 것은 완벽할 필요는 없지만 반드시 알맞아야 한다. 분위기와 계절에 어울려야 한다. 본질에 들어맞아야 한다. 그러므로 "여름은 극도로 더울 때가 최고이며, 겨울은 지독히 추울 때가 최고다."

쇼나곤은 자신의 모든 감각을 활용하지만 그중에서도 후각을 가장 많이 쓴다. "소가죽으로 만든 안장 끈의 낯선 냄새가 불현 듯 풍길 때"와 "한낮에 희미한 땀 냄새가 나는 살짝 폭신한 기모노를 걸치고 몸을 웅크린 채 낮잠을 잘 때" 기쁨을 느낀다. 옷에 향을 입힐 수 있도록 나무로 특별 제작한 "향 옷걸이"를 사랑하고, 누가 가장 좋은 향을 만드는지를 치열하게 겨루는 "향 대결" 을 즐긴다.

대부분의 철학자들은 냄새를 무시한다. 수많은 책이 시각적 아름다움이나 음악의 철학을 논하지만, 향에 관한 내용은 거의 없다(칸트는 감각에 그 어떤 미적 지위도 부여하지 않았다). 하지만 냄새는 가장 뿌리 깊은 감각이다. 생후 6주밖에 안 된 아기들도 다른 여성의 냄새보다 자기 엄마의 냄새를 훨씬 선호하는 경향을 보인다. 냄새는 다른 감각으로는 불가능한 강렬한 향수를 불러일으킨다. 슬프게도, 이제 냄새는 질 나쁜 감각 취급을 받는다. "냄새가 난다"라는 말은 곧 나쁜 냄새가 난다는 뜻이다. 사람들은 무언가가 의심스러울 때도 "냄새가 난다"라고 표현한다.

소로가 가르쳐주었듯이, 우리는 볼 준비가 된 것만 본다. 그리고 우리 대부분은 작은 것을 볼 준비를 갖추지 못했다. 하지만 쇼나곤은 그렇지 않았다. 쇼나곤은 삶이 수만 가지 작은 기쁨의 총합 그 이상도 이하도 아니라는 사실을 잘 알았다. "달콤한 시럽을 뿌려 반짝이는 금속 그릇에 담아낸 빙수. 수정으로 만든 묵주. 등나무꽃. 매화꽃 위에 내려앉은 눈. 딸기를 먹는 사랑스러운 어린아이. 연못에서 꺾은 작은 연잎."

그때나 지금이나 많은 일본인이 그렇듯 쇼나곤은 사쿠라, 즉 벚꽃을 무척 좋아했다. 벚꽃은 순식간에 져버리는 것으로 유명하다. 이삼 일쯤 만개했다가 다 떨어져버린다. 다른 꽃(예를 들면 매화)은 훨씬 오래 피어 있다. 어째서 그렇게 연약한 것을 피우려고 그토록 애를 쓰는 것일까?

그 실마리는 불교 개념인 무상에서 찾을 수 있다. 인생은 덧없는 것이다. 우리가 알고 사랑한 모든 것은 언젠가 죽어 없어지고, 그건 우리 자신도 마찬가지다. 대부분의 문화는 이 사실을 두려워한다. 일부 문화는 감내한다. 일본 문화는 찬양한다.

"삶에서 가장 소중한 것은 그 불확실성이다."[6] 14세기 승려 요시다 겐코吉田兼好가 말했다. 그는 사람들이 만개한 꽃보다 막 꽃이 피어나려는 나뭇가지, 시든 꽃잎이 떨어진 정원에 관심을 더 많이 쏟는다고 말한다. 벚꽃은 그 짧은 수명에도 불구하고가 아니라 바로 그 짧은 수명 때문에 사랑스럽다. 일본 연구자인 도널드 리치는 "아름다움은 덧없기 때문에 아름다운 것"[7]이라고 말한다.

순식간에 사라지는 삶의 작은 기쁨을 즐기려면 느슨하게 쥐어야 한다. 너무 세게 붙잡으면 부서져버린다. 사람들이 소로에 대해서 한 말은 쇼나곤에게도 똑같이 적용된다. "소로는 대상에 관심을 기울이지만 그것을 꽉 붙잡거나 이용하거나 남김없이 파악하려 하지는 않는다."[8]

나는 그러한 능력을 타고나지 못했다. 나는 너무 세게 쥔다. 언제나 대상을 파악하려 하고, 존재하거나 존재하지 않는 숨겨진 의미를 찾아내려 한다. 무상은 나를 두려움에 떨게 한다.

◆

쇼나곤은 여러 물건을 사랑하지만 그중에서도 특히 종이를 좋아한다. 쇼나곤은 프랑스 부르고뉴의 와인 전문가처럼 글을 쓰면서 "미치노쿠 지방에서 만든 종이"에 손을 올렸던 때를 떠올린다. 당시 사람들은 종이와 나무에 카미, 즉 신적인 영혼이 깃들어 있다고 믿었다. 장인들은 나무로 가장 소중한 물건을 만들었다. 경전 두루마리를 담는 금박 상자, 자개를 박은 백단향나무 함, 병풍, 거울, 붓, 잉크 받침대, 악기, 바둑판. 오늘날에도 일본에서는 종이와 나무, 밀짚 같은 평범한 소재가 금이나 귀한 보석 같은 호화로운 소재 못지않은 (때로는 더 큰) 관심과 귀한 대접을 받는다.

쇼나곤의 종이 사랑은 내 안에도 있다. 도쿄에 갈 때마다 긴자에 있는 이토야에 들른다. 이토야는 문구점인데, 이 말은 요요마가 첼리스트라는 말이나 마찬가지다. 엄밀하게는 사실이지만 턱없이 부적절한 표현이라는 뜻이다. 건물 두 개의 18개 층에 걸쳐 있는 이토야는 수직으로 우뚝 솟은 아날로그를 향한 찬가다. 이탈리아제 가죽 플래너와 감탄이 절로 나오는 노트, 정교한 펜들. 쇼핑하는 사람과 직원 모두가 이런 촉감 사랑을 공유한다. 아무도 재촉하지 않는다. 마음껏 만져봐도 좋다. 나는 이토야에서 몇 시간(아니 며칠!)이나 보낼 수 있다. 그리고 쇼나곤도 그럴 거라 확신한다.

얼룩 없이 깨끗한 것에만 쇼나곤이 기쁨을 느끼는 것은 아니다. 쇼나곤이 찬미하는 많은 물건은 오래되고 낡았으며, 심지어 더럽다. 쇼나곤은 정성 들여 관리한 연못보다 "버려져서 수초가 잔뜩 떠 있는 연못"을 더 좋아한다. "그런 연못에서는 표면에 반사된 달빛 그림자가 초록색 사이사이로 하얗게 빛난다."

이런 불완전함을 향한 사랑을 일본인들은 와비라고 부른다. 와

비는 해진 기모노와 땅에 쓸쓸히 떨어진 벚꽃 이파리, 희곡 한두 개가 빠진 셰익스피어 '전집'이다. 찢어진 청바지나 낡은 가죽 가방을 구매한 적이 있다면 와비를 따른 적이 있는 것이다.

◆

타인의 매력과 결함에 밝은 빛을 비춰 그 사람을 빠르게 들춰낸 사람치고 세이 쇼나곤은 책 속에 자기 정체를 별로 드러내지 않았다. 우리에게는 기본적인 정보만 주어진다. 쇼나곤은 966년에 태어나 데이시 중궁의 궁녀가 되었다. 쇼나곤은 데이시 중궁이 바라는 일이나 필요로 하는 일, 미래에 바라거나 필요로 할 수도 있는 일을 전부 수행했다. 그리고 그 대가로 교토에 있는 황궁에서 숙식을 해결하며 아름다움의 세계를 만났다. 꽤나 괜찮은 거래다.

쇼나곤의 세상은 매우 한정적이었다. 지리적으로는 황궁 벽과 황궁 주위를 둘러싼 정원으로 막혀 있었고 사회적으로는 귀족과 평민을 나누는, 눈에 보이지는 않지만 결코 만만치 않은 벽에 둘러싸여 있었다. 이런 좁은 세상이 그 안에 있는 사람들의 감각을 둔하게 만들 거라 생각할 수도 있지만 오히려 정반대였다. 좁은 세상은 사람들의 인식을 더욱 예리하게 만들었다. 쇼나곤은 구석에 살았다. 아름다운 구석에.

택시를 타고 황궁으로 향하는 중이다. 일찍 내려서 몇 블록은 걸어가기로 한다. 루소처럼 집중해서 걷고 있다고 말하고 싶지만 그건 거짓말이다. 머리와 발이 따로 놀며 아무 생각 없이 걷고 있다.

황궁 벽과 그 주위를 둘러싼 정원 안으로 들어간다. 10세기 때와 마찬가지로 오늘날에도 무척 아름답다. 부지가 매우 넓다. 늘어선 벚나무와 오렌지나무를 따라가면 주변 환경과 자연스레 어우러진 삼나무 건물들이 나온다.

여름의 태양이 목 뒤를 덥히고 셔츠가 땀으로 젖어든다. 걸으면서 세이 쇼나곤이 살던 세상을 상상해본다. 쇼나곤은 헤이안 시대를 살았다. 헤이안은 '평안平安'이라는 뜻이다. 파벌을 나누어 싸우던 이들은 칼을 칼집에 집어넣고 서예가의 붓을 집어 들었다. 역사가 이반 모리스는 794년에서 1185년까지 이어진 이 시기를 "미를 향한 숭배"[9]라 칭한다.

저 말이 마음에 든다. 내가 무언가를 숭배하는 컬트 집단에 들어간다면 (유토피아에 이끌리는 내 성향과 앞에서 이미 입증된 순진함을 고려해보면 충분히 가능한 일이다) 바로 미를 숭배하는 집단일 것이다. 르네상스 시기의 이탈리아 정도를 제외하면 헤이안 문명만큼 아름다움을 높이 평가하고 최선을 다해 아름다움을 만들어낸 문명은 없다. 헤이안 시대 사람들은 시를 썼다. 음악을 연주했다. 몹시 아름다운 정원을 가꾸었다. 오늘날에는 코나 커피를 내리거나 온라인 축구 게임을 하는 사람들에게나 나타나는 집중력과 성실함으로 향을 조합했다.

헤이안 시대의 일본인은 예술적 충동을 눈에 보이지 않게 내면화했다. 잘 설계된 건물에서는 서까래와 기둥 같은 구조물이 눈에 보이지 않는 것과 마찬가지였다. 삶이 곧 예술이었고 예술이 곧 삶이었다. 예술과 삶은 너무 밀접하게 연결되어서 떼어놓기가 불가능했다. 이 시대의 일본인은 관념적인 추론보다 미적 경험을 더욱 귀하게 여겼다. 보는 방식, 듣는 방식, 그리고 당연히, 냄새 맡는 방식이 무엇을 아는가보다 더 중요했다.

헤이안 일본은 모든 예술을 높이 쳤지만 그중에서도 시가 가장 으뜸이었다. 인생의 모든 중요한 사건에는 늘 시가 있었다. 출생과 연애, 심지어 죽음까지도. 헤이안 시대의 존경받는 신사는 작별의 시를 남기고 세상을 떠났다. 훌륭한 시를 쓰는 사람은 사랑하는 이의 마음을 얻거나 높은 자리에 오를 수 있었다. 시를 못 쓰는 사람은 무자비하게 조롱당했다.

아름다운 시를 쓰는 것만으로는 충분하지 않았다. 포장도 아름답게 해야 했다. 당신이 970년의 교토에 살고 있다고, 그리고 누군가에게 편지를 보내고 싶다고 상상해보자. 어떻게 하겠는가?

먼저 종이를 골라야 한다. 아무 종이나 골라선 안 된다. "전하고자 하는 정서뿐만 아니라 계절, 심지어 그날의 날씨와 잘 어울리는 적절한 두께와 크기, 디자인, 색깔"[10]의 종이여야 한다. 그다음에는 다양한 구성과 붓질을 실험하며 초안을 여러 번 써본다. 내용과 글씨가 마음에 든다면 널리 쓰이는 여러 방법 중 하나를 이용해 종이를 접고, 그에 어울리는 나뭇가지나 꽃잎을 동봉한다. 마지막으로 "똑똑하고 잘생긴 전달자"[11]를 불러 올바른 주소로 보내고, 답장을 기다린다. 감사가 돌아올지 조롱이 돌아올지는 알 수 없다. 최악의 경우 무시당할 수도 있다. '읽씹'은 21세기의 발명품이 아니다.

이 정교한 의식을 알게 되니 변변치 못한 우리의 이메일 의례와 비교하지 않을 수 없다. 물론 나는 폰트를 고르고, 어쩌면 이모티콘도 한두 개 골라 넣는다. 하지만 지금까지 내 이메일에서 나는 향이나 내가 보낸 메시지의 아로마를 문제 삼는 사람은 아무도 없었다. 이메일은 편리하지만 편리함은 대가 없이 얻어지는 것이 아니다. 편리함에는 언제나 눈에 보이지 않는 비용, 즉 '편리세'가 있으며, 잃어버린 친밀함과 박탈당한 아름다움이 바로 그 비용이다. 의식적으로든 아니든 우리는 기꺼이 편리세를 지불한다. 헤이안 시대의 일본인들은 그렇지 않았다.

그 시대의 일본인은 우리의 영혼 없고 향도 없는 편지를 미적으로 부족할 뿐만 아니라 윤리적으로도 의심스럽다고 판단할 것이다. 부도덕이다. 당시 일본에서 아름다움은 윤리적 덕목으로 여겨졌다(오늘날에도 어느 정도는 그렇다). 도덕적으로 뛰어난 사람은 곧 미적으로도 조화로운 사람이다. 아름다움은 좋은 삶의 필수 요소일 뿐만 아니라 좋은 사람의 필수 요소이기도 하다. 세상을 조금 더 아름답게 만드는 것은 너그럽고 이타적인 행동이다. 용감한 군인의 기백이나 현명한 판사의 연민, 또는 시몬 베유의 믿음처럼 주의를 기울이는 사람의 다정한 마음과 다르지 않은 윤리적 태도다.

세이 쇼나곤은 분명 재치 있고 통찰력 있는 작가이지만, 과연 철학자였을까? 역사상 가장 뛰어난 철학자들을 다룬 그 어떤 철학 개론서에서도 쇼나곤의 이름은 발견할 수 없다. 당연하다. 쇼나곤은 철학 체계를 구상하지도, 우주와 그 안에서 우리가 점하는 위치에 관한 이론을 전개하지도 않았다. 쇼나곤은 개념 그 자체에는 별 관심이 없었다. 쇼나곤의 마음을 사로잡은 것은 사람들과 사물들, 아름다운 사물들이었다.

하지만 한 학자의 말처럼 철학자의 일이 "사물을 다른 방식으로 보여주는 것"[12]이라면 쇼나곤은 확실히 철학자다. 쇼나곤은 우리에게 세상을, 자신의 세상을 보여주며 이렇게 말한다. 이것 좀 봐. 정말 놀랍지 않니? 너무 작고 너무 아름다워. 만약 니체의 말처럼 철학자의 일이 "삶을 더욱 좋아하도록 만드는 것"이라면, 쇼나곤은 철학자다. 쇼나곤의 글을 몇 시간 읽고 나면 색채가 더욱 선명해 보이고 음식은 더 맛있어진다.

쇼나곤의 철학에 함축된 의미는 다음과 같다. 우리의 정체성은 자기 주위에 무엇을 두기로 선택하느냐에 크게 좌우된다. 주변에 무엇을 두느냐는 선택이다. 철학은 우리가 내리는 눈에 보이지 않는 선택을 겉으로 드러내 보인다. 어떤 것이 자신의 선택임을 깨닫는 것은 더 나은 선택으로 향하는 첫걸음이다. 독일 작가 헤르만 헤세가 말했듯, "일하는 동안 곁에 두기 위해 처음으로 작은 꽃을 꺾은 사람은 인생의 기쁨에 한 발짝 다가간 것이다."[13]

지금 나는 버몬트에 있는 책상 앞에 앉아 글을 쓰고 있다. 매년 여름마다 오는 곳이다. 늘 같은 물건으로 둘러싸인 같은 집이다. 책상 위에는 내 노트북이 있다. 노트북에는 백라이트로 거의 천상의 불빛을 발하는 키보드가 달려 있고, 타이핑을 할 때마다 키보드에서 만족스러운 딸깍 소리가 난다. 커피를 담은 컵도 있다. 머그컵의 만족스러운 무게감, 계절에 맞지 않는 쌀쌀한 여름날에 머그컵이 내 손을 따뜻하게 데우는 느낌을 만끽한다. 컵을 입가로 들어 올릴 때 안에 든 커피가 부드럽게 움직이는 것을 느끼고, 컵의 테두리가 입술에 닿는 느낌과, 따뜻하고 기분 좋게 쌉쌀한 커피의 맛을 느낀다.

그리고 책상이 있다. 단단하고 근사한 책상이다. 책상을 제작한 이의 의도가 나무 안에 깊숙이 박혀 있어서, 그 사람의 손길이 어떤 목적과 어떤 방식으로 책상을 써야 하는지를 알려준다. 책상에는 역사가, 책상만의 일대기가 있는데, 사물에도 모두에게 들려줄 이야기가 있기 때문이다. 책상에는 이 책상을 만든 장인과 이 책상을 소유했던 사람, 책상을 이곳으로 날라준 사람, 일요일마다 책상을 깨끗하게 닦아준 친절한 여성의 존재감이 어려 있다. 물론 이건 그냥 책상 하나일 뿐이지만, 그 안에는 많은 것들이 담겨 있다.

◆

《베갯머리 서책》을 읽는다. 수 세기를 뛰어넘어 쇼나곤과 나는 서로에게 시선을 고정한다. 쇼나곤은 강철 같은 눈빛으로 나를 응시한다. 나를 재보고 있다. 내 벗겨진 머리와 고질병인 각화증, 안 어울리는 옷을 바라본다. 내가 어떤 목록에 들어갈지 상상이 간다. 내가 바라지 않는 것들. 맙소사가 절로 튀어나오는 짜증나는 것들. 물론 쇼나곤은 큰 생각과 씨름하길 좋아하는 나의 정신도 꿰뚫어보지만 별로 감명받지는 않는다. 눈앞에 있는 남자에게는 미적 충동이 결여되어 있기 때문이다.

쇼나곤의 판단은 옳다. 나는 디테일을 챙기는 사람이 아니다. 그 루밍은 얄팍한 사람들이 하는 것이다. 생각 깊은 나 같은 사람은 그런 하찮은 짓을 할 시간이 없다. 나는 내 단정치 못함에 이상한 자부심이 있는데, 지적 깊이는 단정함과 반비례한다고 믿기 때문이다. 나의 정신은 더 중요한 것을 선호한다. 광각 렌즈를 장착한 카메라처럼 디테일은 넘어가고, 웅장하고 보편적인 것을 추구한다.

이런 사이즈주의는 내 인생 구석구석에 영향을 미친다. 나는 반찬통을 여는 것은 잘하지만(큼) 닫는 것은 까먹는다(작음). 개에게 먹이 주는 것은 기억하지만(큼) 고양이 먹이 주는 것은 까먹는다(작음). 책을 쓰지만(큼) 글씨는 끔찍하게 못 쓴다(작음). 나는 내 사이즈주의에 대해 깊이 생각해본 적이 없었다(그런 사소한 문제에 신경 쓸 시간이 어디 있는가?). 지금까지는 말이다. 나는 사소한 것에 부주의한 내 성향이 그 대가를 치르고 있음을 깨닫는다. 이런 성향은 나를 방해하고 통제한다. 한번은, 거의 나를 죽일 뻔했다.

10대 때 비행 교습을 받은 적이 있다. 나는 곧잘 했다. 어느 정도까지는.

"넌 큰 건 제대로 하는데 작은 건 못해." 어느 날 교습이 끝나고 강사가 내게 말했다. 칭찬인지 욕인지 알 수 없었다. 아마 작은 것을 얼마나 중요하게 생각하는지에 따라 다를 것이다. 강사는 중요하게 여겼다. 나는 아니었다.

수업 시간이 끝나고 비행기를 천천히 램프에 세운 뒤 엔진을 껐다. 안전벨트를 풀고 있는데 강사가 태연하게 말했다. "난 내릴 테니까 혼자서 조종해보는 게 어때?"

"뭐라고요?"

"할 수 있어."

"제가요?"

"응, 할 수 있어."

첫 단독 비행이었다. 나는 열여섯 살이었고 자동차도 혼자서 운전한 적이 없었다. 나는 꿀꺽 소리를 내며 침을 삼켰다.

"에릭, 할 수 있어." 누군가가 내게 말했다. 놀라우리만큼 익숙한 목소리였다. 바로 내 목소리.

"그래, 난 할 수 있어." 내가 나 자신에게 대답했다.

"나도 그렇게 생각해." 강사가 말했다. "하지만 먼저 나부터 내려줄래?"

"아, 네. 그래야죠."

강사가 비행기에서 내렸고, 오른쪽 빈자리가 으스스하게 느껴졌다. 지상 관제탑에 통신을 보내 이륙 허가를 요청했다.

"라저. 14번 활주로로 이동하십시오." 사무적인 목소리가 응답했다.

나는 천천히 이동하다 활주로가 얼마 안 남은 지점에서 비행전 점검 목록을 확인했다.

고양력장치? 확인.

연료? 확인.

고도? 확인.

모든 것이 괜찮아 보였다. 관제탑에 통신을 보냈다. 이륙 허가를 받고 천천히 조종간을 올렸다. 대기 속도가 올라갔다. 엔진 출

력도 문제없었다. 잠깐, 이 덜컹거리는 소리는 뭐지?

뭔가가 이상했다. 계속 활주로를 달릴 것인지 이륙을 중단할 것인지 결정해야 했다. 속도가 올라갈수록 덜컹거리는 소음도 더욱 커졌다. 슬쩍 옆을 봤더니 문의 잠금장치가 열림 쪽을 향해 있었다.

이런 망할. 새까맣게 잊은 것이다, (이걸 전문 용어로 뭐라고 하지?) 문 닫는 것을. 한 손으로는 조종간을 붙잡고 다른 한 손을 뻗어 문 잠금장치를 잠갔다. 몇 초 후 나는 하늘에 떠 있었다. 나머지는 모든 비행이 마땅히 흘러가야 하는 대로 흘러갔다. 즉 별 사건이 없었단 뜻이다. 나는 문제없이 착륙에 성공했다.

다시 천천히 램프로 이동하는데, 항공교통관제사가 평소와 달리 냉담한 침묵을 깨고 한마디를 보내왔다. "에릭, 축하해."

"고맙습니다." 내가 말했다. 그리고 내내 생각했다. 몰라서 하시는 소리예요. 몰라서 그러시는 거예요.

그날 저녁 집으로 돌아오면서 머릿속으로 그 사건을 다시 재생해보았다. 작은 실수였지만, 그저 문 잠금장치일 뿐이었지만 큰 참사로 이어졌을 수도 있는 문제였다. 강사의 말이 옳았다. 나는 작은 것을 제대로 못한다. 작은 것이 목숨을 앗아갈 수도 있다. 또한 내 목숨을 구할 수도 있다.

세이 쇼나곤은 이 사실을 누구보다 잘 알았다. 어느 날 쇼나곤이 잘 짜인 다다미 위에서 즐거워하는 것을 보고 데이시 중궁이 말했다. "정말 별것 아닌 사소한 것이 네게 위안을 주는구나. 그렇지 않느냐?" 쇼나곤이 어떤 대답을 했는지는 쓰여 있지 않지만, 그때 무슨 생각을 했을지 상상이 간다. 예, 왕비마마. 정말 위로가 됩니다. 하지만 마마께서 생각하시는 만큼 사소하지는 않답니다.

슬픔은 무척 무겁게 느껴지지만 어쩌면 그건 환상이다. 어쩌면 슬픔은 우리 생각보다 가벼울 수 있다. 어쩌면 꼭 용감무쌍한 행동이 필요한 것은 아닐 수도 있다. 어쩌면 삶에서 흔히 사소하다고 여겨지는 것들, 작은 것들의 위대한 아름다움이 우리를 구할 수도 있다. 어쩌면 구원은 보기보다 가까울 수 있다. 우리가 해야 하는 건 그저 손을 뻗어서 문을 닫는 것뿐이다.

◆

일본의 '미를 향한 숭배'는 오늘날에도 남아 있을까? 황량한 고층 건물들과 콘크리트로 덮은 강가를 본 사람은 그렇지 않다고 결론 내릴 것이다. 그 자리에서 보면 맞는 말이다. 커다란 일본은 못생겼다.

하지만 작게 들어가면 모든 것이 달리 보인다. 처음 현미경을 들여다보고 언제나 그 자리에 숨어 있었던 세계에 감탄하는 열 살짜리가 된 기분이다. 어디서나 작은 아름다움이 보인다. 자동판매기에서 새어 나오는 은은한 불빛, 한입 깨물 때까지 김이 계속 바삭하도록 특별 포장한 삼각형 모양의 오니기리, 완벽한 나무 상자에 담긴 사케 한 잔.

다시 신칸센에 올라 도쿄로 쏜살같이 날아가면서, 기차역의 점원이 챙겨준 쇼핑백에서 도시락을 꺼낸다. 종이로 만든 쇼핑백이 아름답다. 손잡이가 튼튼하다. 앞면의 디자인이 멋지다. 친절한 점원에게 감사하며 조심스럽게 도시락 뚜껑을 연다.

점심을 먹은 후 공책을 꺼내 대문자로 쓴다. "일본 탄환열차: 목록." 좋은 시작이다. 하지만 너무 광범위하다. 더 구체적일 필요가 있다. 더 작게 들어가야 한다. 일본 탄환열차에서 나를 즐겁게 한 것들. 더 낫다.

1. 승무원이 복도를 미끄러지듯 걸어왔다가 몸을 회전하고, 승객을 만나자 인사하는 모습. 2. 하이힐을 신고 복도를 걸어오던 젊은 여성이 아주 살짝 휘청했다가 발레리나처럼 우아하게 중심을 잡는 모습. 3. 고통스럽지 않은 기분 좋은 따뜻함을 내뿜는 단단하고 두꺼운 스티로폼 커피 컵의 감촉. 4. 컵에 영어로 "Aroma Express Café"라고 쓰여 있고, "Aroma"의 "o"가 커피 원두 모양으로 그려져 있는 것. 5. 도쿄에 가까워질수록 풍경이 점점 도시로 바뀌는데, 그 변화가 점진적이어서 도시가 급작스럽게 나타난다기보다는 서서히 드러나는 모습. 6. 얼룩 하나 없이 깨끗한 화장실. 7. 기대하지 않았는데 언뜻언뜻 보이는 바다. 8. 반대 방향 기차가 정면충돌을 걱정할 새도 없이 빠른 속도로 지나가면서 내는 소음. 9. 창문 위로 작은 개울과 지류들을 만들면서 마치 자기 의지가 있는 것처럼 민첩하게 움직이는 빗방울들.

일본 탄환열차에서 나를 낙심하게 한 것들. 1. 후지산을 발견하고 순간 흥분했는데 사실은 후지산이 아니라 특별할 것 없는 다른 산이라는 걸 깨닫고 찌르는 듯한 실망감을 느낀 것. 2. 옆자리가 빈 줄 알았는데 휴가 나온 스모 선수처럼 보이는 남자가 출발을 몇 분 남기고 옆자리에 앉았던 것. 3. 낡은 아쿠아블루색 시트. 4.

조용한 열차 칸이 아닌데도 열차에 타고 있는 모든 사람이 찍소리도 내지 않고 조용히 있다는 사실.

질 좋은 종이 위에 내 목록을 적었다. 미치노쿠산 종이는 아니지만 그래도 훌륭한 종이다. 중성지이므로 오랜 시간 보존될 것이다. 몇 세기 정도, 어쩌면 더 오래. 하지만 영원히는 아니다. 결국 나의 목록은 분해되어 무상의 피해자 대열에 합류할 것이다. 슬프지만 충격적이진 않다. 이 슬픔은 이삿짐을 실은 트럭에서, 고등학교 졸업식에서, 은퇴 기념 파티에서 느껴지는 그런 슬픔이다. 늦가을의 어느 날, 돌풍에 휩쓸린 낙엽이 춤을 출 때 느껴지는 그런 슬픔이다.

◆

제시간에 도쿄에 도착한다. 훌륭하다. 바에서 친구 준코를 만나기로 했는데 늦고 싶지 않기 때문이다. 우리가 만나기로 한 바는 평범한 바가 아니다. 오타쿠 바다. 오타쿠는 괴짜라는 뜻이다. 괴짜의 나라 일본에서는 다른 곳에 비해 이 단어에 비난의 기미가 덜하다. 어떤 집단에서 오타쿠는 명예의 훈장이다.

이 바는 기차 오타쿠 바다. 기차를 좋아하는 괴짜들을 위한 바. 방 한가운데에서 기차 모형이 신칸센처럼 시간을 엄수하며 운행 중이다. 이런 것들은 그저 눈길을 끌려는 허울뿐인 장식이 되기 십상이지만 이곳에서는 그렇지 않다. 기차(그리고 기차가 지나가는 초소형 마을)는 자연스러워 보이고, 커다란 오카시이, 즉 기쁨을 준다. 이 자그마한 기차 마을을 디자인한 사람에게는 그 어떤 요소도 너무 작거나 너무 사소하지 않다. 자그마한 가게 앞에 달린 작은 간판도, 작은 주차장에 있는 작은 자동차도, 작은 도로를 따라 심어진 작은 나무들도 결코 하찮지 않다. 바 자체도 작다. 한가운데에 있는 기차를 둘러싸고 예닐곱 개의 의자가 놓여 있다. 방이 아니라 구석이다.

준코는 맥주를, 나는 산토리 위스키를 주문한다. 내 위스키는 차분한 우아함을 내뿜는 견고한 유리잔에 담겨 나온다. 웃는 얼굴의 바텐더는 다비드상을 조각하는 미켈란젤로처럼 얼음을 정교하게 조각해놓았다.

바텐더가 자기 일을 하는 동안 그에게 기차에 관해 (그밖에 물어볼 게 뭐가 있겠는가?) 물었다. 바텐더는 어렸을 때 자기 방 창문으로 열차가 지나가는 모습을 지켜봤는데, 그 열차가 평탄치 않았던 어린 시절에 자기 옆을 지켜준 든든한 존재였다고 말한다. 대부분의 아이들은 나이가 들면서 기차에 흥미를 잃는다. 바텐더는 그렇지 않았다. 불행한 회사원 시절에 바텐더는 시간이 나면 기차를 타고 아무데로 향하곤 했다. "기차를 타면 차분하고 행복해져요." 그가 말한다. "기차에서는 인생에 대해 더 명확하게 생각할 수 있죠."

나는 고개를 끄덕이며 위스키를 한 모금 마신다. 제대로 만든 유리잔의 단단함과 그럭저럭 괜찮은 위스키의 맛, 은은하게 달콤한 아로마에서 기쁨을 느낀다. 그러는 내내 눈앞에 펼쳐진 자그마하고 아름다운 세상을 바라본다.

3부

황혼

11

니체처럼
후회하지 않는 법

How to Have No Regrets Like
Nietzsche

"우리는 확실성이 아닌 정반대에서
즐거움을 찾기로 선택할 수 있다."

오후 2:48.

스위스 알프스의 어딘가. 스위스 연방철도 921번 열차를 타고
취리히에서 모리츠로 향하는 중.

간이 테이블이 견고하고 만족스러운 딸깍 소리를 내며 고
정된다. 나이스nice. 창밖으로 우뚝 솟은 산봉우리와 에메랄
드빛 들판의 하이디스러운 풍경이 펼쳐진다. 나이스. 몇 분
후 이상한 생각이 허락도 없이 내 상념에 무단 침입한다. 이
모든 게 나이스하긴 한데, 지나치게 나이스해.

지나치게 나이스하다고? 그게 가능한 건가? 모두가 나이
스한 것을 좋아한다. 미국인은 특히 더 그렇다. 우리 미국인
은 '나이스'하단 말을 파프리카처럼 대화 곳곳에 집어넣는
다. 가끔은 길게 늘여 말하기도 한다. 나아아아이스. 나이스
에 충분함이란 없다. 우리가 반사적으로 "해브 어 나이스 데

이"Have a nice day"라고 말할 때 "지나치게 나이스하게는 말고요"라고 덧붙이는 일은 없다. 지나친 나이스함은 지나친 초콜릿 아이스크림이나 지나친 사랑과 같다. 이론적으로는 가능하지만 그 누구도 경험해본 적 없는 것이란 뜻이다.

바로 지금까지는 그랬다. 몇 시간 동안 나이스함이 쉬지 않고 이어지자 기개와 난폭함, 더러운 때가 간절해진다.

어쩌면 여행을 너무 오래 해서, 한 친구가 말한 대로 길 위에서 정신이 나가버린 '코코-넛츠'가 된 걸지도 모른다. 기차가 나이스한 터널(여태껏 터널이 나이스할 수 있다는 걸 몰랐다)에 진입할 때, 어쩌면 내가 잠복해 있던 나의 피학성을 일깨운 것은 아닌지, 곧 완전히 루소처럼 되어 바지를 내리고 엉덩이를 제대로 한 대 때려달라 청하게 되는 건 아닌지 궁금해진다.

하지만 머리를 완벽하게 다듬은 승무원이 완벽한 페이스트리와 완벽하게 내린 커피로 가득 찬 완벽한 카트를 밀고 들어와 내 여행을 더 나이스하게 만들기 위해 해드릴 것은 없냐고 물을 때, 또 다른 가능성이 머릿속에 떠오른다. 승무원의 질문에 대해 생각해보면서, 어쩌면 고통이 좋은 삶의 필수 요소일 수도 있겠다는 생각이 든다. 어쩌면 고통은, 나름의 뒤틀린 방식으로, 나이스한 것일 수도 있다.

"뭐 필요하신 건 없으신가요?"

네, 있어요. 나는 생각한다. 저를 조금만 두드려 패주세요. 더럽고 지저분한 것으로 저를 떡칠해주세요. 저를 해쳐주세요. 저를 고통스럽게 해주세요, 부탁드려요.

1세기도 더 전에 스위스 열차를 타고 여행하던 또 한 사람이 비슷한 생각을 했다. 실패한 작곡가이자 시인, 산속에 살기 위해 이른 나이에 거둔 성공에서 도망친 학계의 신동, 웃음과 춤을 찬미하고 "위험한 삶을 살아라!"를 모토로 삼았던 "정신의 비행사." 그 사람 또한 고통을 갈망했다.

◆

〈사랑의 블랙홀〉은 내 최애 영화다. 압도적 최애다. 아마 수십 번은 봤을 것이다. 〈사랑의 블랙홀〉은 내 최애 영화다. 압도적 최애다. 아마 수십 번은 봤을 것이다. 〈사랑의 블랙홀〉은 내 최애 영화다. 압도적 최애…….

나는 그저 영화를 본 게 아니었다. 영화와 깊이 교감하고, 영화의 에토스를 빨아들였다. 1993년 처음 개봉했을 때에도 이 영화를 좋아했다. 사람들이 대화에서 '밈meme'이라는 단어를 쓰기 전에, 이 영화가 문화적 밈이 되기 전에도, 이 영화를 좋아했다. 나는 지금도 이 영화를 좋아한다. 그 어느 때보다 더.

영화의 주인공은 필 코너스라는 이름의 심술궂은 텔레비전 기상캐스터다. 필은 매년 열리는 성촉절 축제를 취재하기 위해 펜실베이니아의 펑서토니에 와 있다. 올해도 또. 필은 이 임무에 몹시 불만이 많으며, 기회만 있으면 다른 성실한 직원들 앞에서 불만을 잔뜩 티 낸다. 필은 성촉절 취재를 마치고 잠자리에 든다. 다음 날 아침, 잠에서 깨어난 필은 오늘이 또 성촉절이라는 사실을 깨닫는다. 그다음 날도, 그다음 날도. 필은 평범하기 그지없는 평서토니 마을에 갇혀 똑같은 날을 살며 똑같이 재미없는 기사를 취재하는 운명을 반복한다. 이런 곤경에 대한 필의 반응은 불신, 탐닉, 분노, 기만, 절망을 거쳐 마침내 수용에 이른다.

〈사랑의 블랙홀〉은 로맨틱코미디로 분류되지만 나는 이 영화가 지금껏 나온 영화 중 가장 철학적인 영화라고 생각한다. 필 코너스가 영원히 반복되는 하루라는 축복이자 저주와 씨름할 때, 그는 철학의 주요 주제와 씨름하고 있는 것이기도 하다. 무엇이 도덕적 행위인가? 우리에겐 자유의지가 있는가, 아니면 정해진 운명대로 사는가? 다 큰 성인 남자가 폭발하지 않고 블루베리 팬케이크를 얼마나 많이 먹을 수 있는가?

이 영화가 독일 철학자 프리드리히 니체가 1세기도 더 전에 내놓은 너무나도 매력적이고 놀라운 이론과 상당히 유사하다는 사실을 알게 되었을 때 나는 반가워는 하지만 놀라지는 않는다. 니체는 서양철학의 나쁜 남자다. 너무 똑똑하고 선견지명이 가득해서 무시할 수 없는 날라리다. 사람들은 니체를 미친 사람이나 반灭유대주의자, 또는 잘못된 것에 현혹된 사람으로 보고 싶어 하지만 니체는 이 중 그 무엇도 아니었다. 니체는 가장 매혹적이고 가장 설득력 있는 철학자였고, 그건 지금도 마찬가지다.

◆

나는 니체보다 124년 늦게 실스마리아에 도착한다. 왜 니체가 이곳을 좋아했는지 알 것 같다. 생강쿠키로 만든 집과 똑같이 생긴 사랑스러우면서도 우직한 집들, 맑고 차가운 공기, 그리고 눈돌리는 곳마다 하늘을 향해 높이 솟은 알프스 산맥이 보인다. 만약 스위스에 더러운 때라는 것이 있다 해도 여기에서는 그 증거가 전혀 보이지 않는다. 쓰레기통조차 얼룩 하나 없이 깨끗하다.

호텔에서 나와 니체가 살았던 작은 집을 향해 몇 미터를 걷는다. 당시 이 집 1층에는 찻잎과 향신료와 여러 곡물을 팔던 가게가 있었다. 니체는 2층에 있는 방에 세 들어 살았다. 그대로 보존된 니체의 방에는 가구가 별로 없다. 니체가 살았을 때처럼 좁은 침대 하나와 작은 책상 하나, 동양풍 카펫 하나, 석유램프 하나가 전부다.

내가 일본에서 배웠듯 단순한 것이 꼭 부족함을 의미하는 것은 아니다. 단순한 것도 아름다울 수 있으며, 니체의 방에는 우아하고 미적으로 쾌적한 느낌이 있다. 니체는 자기 방 벽지를 직접 골랐다. 세이 쇼나곤처럼 니체도 작은 것에서 아름다움을 발견했다. 니체는 이렇게 썼다. "우리는 자기 삶의 시인이 되고 싶어 한다. 가장 사소하고, 가장 일상적인 것에서부터."

니체는 일상의 규칙을 간절히 필요로 했다. 그는 아침 일찍 일어나 차가운 물로 목욕을 하고 자리에 앉아 날달걀과 차, 아니스씨 비스킷으로 수도사처럼 아침 식사를 했다. 낮에는 글을 쓰고 산책을 했다. 저녁 7시에서 9시 사이에는 어둠 속에 가만히 앉아 있었다. 감탄이 나올 정도로 엄격한 규칙이지만 영웅적인 면은 별로 없다. 궁금해진다. 철학계의 무법자, 정신의 비행사는 어디에 있단 말인가?

벽에 걸린 흑백사진이 증명해주듯 니체는 신체적으로도 슈퍼히어로가 아니었다. 사진 속에는 인간이라기보단 콧수염에 가까운 사람이 있다. 니체의 커다랗고 검은 눈은 사람들에게 깊은 인상을 남겼는데, 니체의 가슴을 찢어놓은 매혹적인 러시아 작가이자 인습 타파주의자였던 루 살로메만큼 깊은 인상을 받은 사람은 없었다. 루 살로메는 니체의 눈에 "근시가 있는 많은 사람들의 거슬리는 특징처럼 주위를 두리번거리거나 눈을 깜빡이는 특징이 전혀 없었다"[1]라고 회상했다. 그리고 나쁜 시력이 "그의 얼굴에 마법과도 같은 특별함을 부여해주었는데, 외부에서 받은 느낌을 나타내는 대신 내면 깊은 곳에서 일어나는 일을 드러냈기 때문이다"라고 말했다. 비스마르크처럼 텁수룩한 콧수염은 니체가 구축한 알 수 없는 느낌을 더욱 강화했다. 턱수염은 사람들이 니체를 니체가 아닌 다른 사람으로 여기게끔 만들었다.

니체는 건강을 미덕으로 찬양한 몇 안 되는 철학자 중 한 명이었지만 본인은 건강을 거의 누리지 못했다. 니체는 열세 살부터 편두통을 앓았고, 편두통과 더불어 여러 다른 질병이 평생 니체를 괴롭혔다. 시력은 시간이 갈수록 점점 더 나빠졌다. 가끔은 발작처럼 몇 시간 동안이나 구토를 하기도 했다. 어떤 날에는 아예 침대에서 나오지 못했다.

니체는 여러 치료법을 시도해보았고, 다른 면에서는 매우 의심이 많았던 사람치고는 돌팔이에게 너무 쉽게 속아 넘어갔다. 한 의사는 여러 가지의 무無를 처방했다. "물도, 수프도, 채소도, 빵도 먹지 말 것." 즉 의사가 니체의 귓불에 붙인 거머리를 제외하면 아무것도 하지 말란 뜻이었다.

니체는 죽음의 그림자를 예민하게 느꼈다. 니체의 아버지는 서른여섯 살에 사망했다. 의사는 "뇌 연화증" 때문이라고 했다(아마도 암이었을 것이다). 니체는 비슷한 운명이 자신을 기다리고 있다고 생각했다. 죽음이 곧 임박했다는 말이 니체의 편지 곳곳에 쓰여 있다. 니체의 책들은 살날이 얼마 남지 않았다고 생각한 사람의 긴박한 문체로 쓰였다.

니체는 거의 초인적이라 할 수 있을 만큼 많은 책을 썼는데, 1872년에서 1889년 사이에 열네 권의 책을 출판했다. 그리고 예외 없이 모든 책이 거의 팔리지 않았다. 어떤 책은 니체가 직접 인쇄비를 내기도 했다. 세상은 아직 '실스의 은둔자'가 하는 말을 들을 준비가 되지 않았던 것이다.

나라면 세 번째 실패 이후 전부 관뒀을 것이다. 니체는 아니었다. 니체는 계속되는 거절과 육체적 질병에도 불구하고 계속, 심지어 속도를 늦추지도 않고 고집스럽게 글을 썼다. 어떻게 그럴 수 있었을까? 도대체 무엇을 알았기에?

니체가 살던 집에는 작은 도서관이 있는데, 이곳에는 니체가 쓴 책과 니체에 관한 책이 있고, 그의 실패한 음악적 야망을 보여주는 악보도 몇 개 있다. 그중에서도 가장 흥미로운 것은 편지들이다. 니체는 편지에 날씨 이야기를 많이 썼고, 날씨의 미묘한 차이에 극도로 예민했다. 어딜 가든 그곳의 기온과 기압을 언급했고 강우량과 이슬점을 기록했다. 구름 낀 날은 니체를 우울하게 했다. 그는 "영원히 상쾌한 하늘"을 갈망했다.

그리고 실스마리아에서 그런 하늘을 찾았다. 만약 어떤 장소가 한 사람의 인생을 구할 수 있다면, 실스마리아는 니체의 삶을 구했다. 물론 니체는 여전히 두통과 소화불량으로 고생했지만 증세가 한층 약해졌다. 또한 알프스산의 맑은 공기가 니체의 신경을 가라앉혔다. 니체는 이곳에서 다시 숨 쉴 수 있었다.

니체는 이곳에서 여러 대담한 발상을 떠올렸다. 여기 실스마리아에서 "신은 죽었다"라며 철학에서 가장 뻔뻔한 주장을 했다. 또한 실스마리아에서 춤추는 예언자이자 자신의 또 다른 자아, 자기 지혜를 인류와 나누기 위해 산에서 내려온 가상의 페르시아 예언자 차라투스트라를 만들어냈다. 자신의 가장 위대한 사상("사상 중의 사상")이 상상하지 못한 흉포함으로 니체를 덮친 곳 또한 실스마리아였다.

1881년 8월이었다. 니체는 평소처럼 "인간과 시간에서 6000피트(약 1830미터-옮긴이) 떨어진 저편"에 있는 실바플라나 호숫가를 산책 중이었다. 눈앞에 "피라미드처럼 거대한 바위"가 막 나타났을 때 예상치 못한 사상 중의 사상이 떠올랐다. 빌 머레이와 앤디 맥도웰이 주연한 메이저 영화처럼, 우주와 그 안에서의 우리 위치를 다시 생각하게 만드는 지진과도 같은 생각이었다. 그 생각은 니체를 세게 내리쳤고, 점점 뜨거워지며, 상상 불가능한 규모로 커졌다. 그리고 시간이 흐른 뒤에야 열기가 식으며 다음 문장의 형태로 굳어졌다.

깊은 밤 한 악마가 찾아와 네게 이렇게 말한다고 상상해보라. "네가 지금 살고 있고 지금껏 살아온 삶을 반복해서 수없이 되풀이해야 한다. 그 삶에 새로운 것은 전혀 없고, 모든 고통과 기쁨과 생각과 한숨, 네 인생의 크고 작은 일 하나하나가 전부 똑같은 순서로 되돌아온다. 이 거미도, 나무 사이로 비치는 달빛도, 이 순간도, 나 자신도 전부 다. 존재의 영원한 모래시계는 끝없이 다시 뒤집힐 것이다. 그 안에 있는 모래알 중 하나인 너 자신도!"

니체는 환생을 말하고 있는 게 아니다. 같은 정신이 다른 신체에 돌아오는 것이 아니다. 되풀이해서 돌아오는 것은 "지금 그대로의 당신"이다. 〈사랑의 블랙홀〉 속 필 코너스와는 달리 삶이 반복된다는 사실을 인식하지도 못한다. 필처럼 반복되는 삶을 조금씩 수정해볼 수도 없다. 전에 있었던 모든 일이 빠짐없이, 정확히 똑같이, 영원히 반복된다. 전부 다. 심지어 중학교 1학년 시절도.

니체는 이렇게 묻는다. 당신이라면 악마에게 무어라 말하겠는가? "이를 악물고 이런 말을 한 악마를 저주할 것인가? 아니면 악마 앞에 머리를 조아리고 '당신은 신이며, 이보다 더 신적인 이야기는 들어본 적이 없습니다!'라고 말할 것인가?"

니체는 이 생각에 영원회귀라는 이름을 붙였다. 이 생각은 니체의 마음을 송두리째 사로잡았다. 그를 겁먹게 했다. 니체는 실스마리아에 있는 소박한 방으로 다시 돌아왔다. 아니, 거의 뛰어왔다. 그리고 몇 달간 극심한 두통과 안통에도 불구하고 그 밖의 다른 것은 거의 생각하지 못했다.

◆

실스마리아에서의 또 하루가 밝았다. 어제처럼 이를 닦고 얼굴에 차가운 물을 끼얹는다. 면도를 하고, 또다시 볼에 상처를 내고, 아침을 먹으러 아래층으로 내려온다. 니체가 주로 식사를 했던 바로 그 공간이다. 어제처럼, 그저께처럼 주인을 만나고, 주인은 알아듣기 힘든 나의 구텐 모르겐을 다시 한번 참아준 뒤 같은 창문 옆에 있는 같은 테이블로 나를 안내한다.

조식 뷔페의 메뉴도 동일하다. 똑같은 얄스버그 치즈 덩어리와 똑같이 한 겹 한 겹 벗겨지는 크루아상, 똑같이 완벽한 반원 모양으로 담아놓은 과일 샐러드. 어제와 그저께 그랬듯 커피를 주문하고 정확히 똑같은 양의 우유를 섞는다. 식사를 마치고 자리에서 일어나자 주인이 어제와 그저께 그랬듯 다시 한번 "해브 어 나이스 데이"라고 말한다. 나는 네, 하지만 너무 나이스하겐 말고요라고 생각하지만 입 밖으로 말하지는 않는다.

또다시 프런트데스크를 지나며 어제와 그저께처럼 오늘도 알프스 지방의 전통 복장인 가죽 반바지를 입고 있는 로라에게 인사를 한다. 건물 밖으로 나와 어제와 그저께처럼 완벽한 스위스에서의 하루를 맞이하고, 근처에 있는 하이킹 코스 중 한 곳으로 향한다. 어제 갔던 곳과는 다른 코스이며, 〈사랑의 블랙홀〉에서 매우 분노한 주인공이 말하듯, 다른 것은 좋은 것이다. 나에게는 사명이 있다. 신이 주신 사명이 아니라 (우리는 신을 죽였다고, 니체가 내게 다시 상기시킨다) 니체의 춤추는 예언자인 차라투스트라가 내린 사명이다. 나는 니체가 처음으로 영원회귀 개념을 떠올린 곳, 그 거대한 바위를 찾을 작정이다. 그 바위를 보고 만짐으로써 그날 니체가 생각했던 것을 생각할 수 있기를, 아니, 그날 니체가 느꼈던 것을 느낄 수 있기를 희망한다.

나는 루소처럼 걷는다. 마치 이 세상의 시간을 전부 다 가진 것처럼. 내 발소리가 만들어내는 리듬도 기분이 좋지만, 실바플라나 호수를 따라 늘어서 있는 소나무 아래를 지나갈 때마다 햇빛과 그늘이 번갈아 나오는 것도 즐겁다. 발아래의 땅은 부드럽고 푹신하다. 꼭 땅이 나와 대화를 나누고 있는 것 같다.

걷고 또 걷는다. 다리가 아프다. 하지만 걷는다. 그 고통에도 불구하고, 바로 그 고통 때문에 걷는다. 니체라면 내가 나의 "권력에의 의지"를 단련하고 장애물을 극복하며 위버멘시(말 그대로 '초인')에 한 걸음씩 다가서고 있음을 알아차리고 기꺼워했을 것이다.

멈춰서 니체를 읽고 싶은 마음이 들지만 니체가 나를 만류한다. "최소한 하루의 3분의 1을 정념과 사람들, 책 없이 보낼 수 없다면 어떻게 사상가가 될 수 있겠는가."

니체의 나쁜 시력은 아무도 모르는 축복이었다. 덕분에 니체는 책의 횡포에서 자유로울 수 있었다. 니체는 책을 읽지 못할 때 걸었다. 한 번에 몇 시간씩, 엄청난 거리를 걸었다. "바깥 공기를 마시며 자유롭게 이동할 때 탄생하지 않은 생각은 그 어떤 것도 믿어선 안 된다." 니체가 말했다. 우리는 손으로 글을 쓴다. 발로는 더 좋은 글을 쓴다.

◆

"모든 진실은 구불구불하다." 니체가 말했다. 모든 삶도 마찬가지다. 우리는 모든 것이 지난 후에야 과거를 돌이켜보며 서사를 매끄럽게 다듬고 패턴과 의미를 부여한다. 하지만 그 당시에는 모든 것이 지그재그다. 여백도 있다. 과거의 자신을 막 모습을 드러낸 미래의 자신과 갈라주는 텍스트 사이의 빈 공간. 이 여백은 무언가가 누락된 것처럼 보인다. 하지만 사실은 그렇지 않다. 여백은 무언의 과도기이며, 우리 삶의 흐름이 방향을 바꾸는 지점이다.

니체에게는 그런 분기점 중 하나가 일찍 찾아왔다. 라이프치히 대학에서 신학을 공부하던 니체는 어느 날 고서점에 잠깐 들르게 된다. 그는 어떤 책 한 권에 특히 마음이 이끌렸다고 회상했다. 바로 쇼펜하우어의 걸작, 《의지와 표상으로서의 세계》였다. 보통 니체는 책을 구입하기 전 고민을 많이 했다. 이번에는 그렇지 않았다.

집에 돌아온 니체는 소파에 몸을 던지고 "그 정력적이고 음울한 천재가 나에게 영향을 미치도록 두었"다. 니체는 기뻤다. 그리고 큰 충격을 받았다. "여기서 나는 병과 건강을, 망명과 피난처

를, 지옥과 천국을 보았다." 그로부터 얼마 지나지 않아 니체는
신학이었던 전공을 언어와 문학을 연구하는 문헌학으로 바꾸었
다. 그리 대단한 변화처럼 보이지 않을 수 있지만 루터교 목사의
아들이자 손자였던 니체에게는 저항의 행동이었다.

니체는 잘나갔다. 스물네 살의 나이에 스위스 바젤 대학의 고
전문헌학 교수로 지명되었다. 하지만 이 행복한 시기는 길지 않
았다.

니체의 첫 번째 책인 《비극의 탄생》은 학계의 규범을 무시했
다. 각주도, 건조하고 차분한 문장도 없었다. 한 나이 든 스승은
이 책을 "피해망상을 앓는 사람이 쓴, 미학의 가면을 썼지만 전혀
학술적이지 못한 종교적 신비주의"[2]라고 칭했다. 신동의 광채는
빛을 잃었다. 학계는 오로지 영리한 반항아만 좋아한다.

두 번째 분기점은 1879년에 찾아왔다. 니체의 건강이 악화되
었다. 때때로 니체는 앞이 거의 보이지 않아서 학생들에게 대신
책을 읽어달라고 부탁할 정도였다. 니체의 새로운 열정, 철학 분
야에서 교수가 되려는 노력은 실패로 끝났다. 대부분의 사람들은
되는 대로 계속 나아가면서 더 좋은 의사를 찾고 학과장들과의
관계를 개선하고 학계라는 안온한 새장과 손잡을 것이다. 유럽에
서 가장 명망 높은 대학 중 한 곳의 종신 교수직을 박차고 나가는
사람은 없다.

하지만 니체는 떠났다. 그는 신변을 정리하고 출판사에 짧은
편지 한 장을 보냈다. "나는 절망하기 직전이며 그 어떤 희망도
거의 남아 있지 않습니다." 니체는 이렇게 말하고 대문자로 서명

을 했다. "반쯤 눈이 먼 남자."

이런 극적인 행동으로 니체는 교수의 안정적인 생활을 방랑하는 철학자의 삶과 맞바꾸었다. 자신을 제외한 그 누구에게도 해명할 필요가 없고 그 어디에도 속박되지 않은 독립적인 삶이었다. 믿을 수 없을 정도로 용기 있는 행동, 혹은 어리석은 행동이었다. 작가 슈테판 츠바이크는 이렇게 말한다. "아마 니체만큼 과거의 삶을 멀리 내던진 사람은 없을 것이다."[3]

루소처럼 니체도 여기저기를 떠돌아다녔다. 루소와 달리 니체의 방랑에는 패턴이, 리듬이 있었다. 니체는 여름에는 스위스에, 겨울에는 이탈리아나 남프랑스에 있었다. 니체가 가진 것이라곤 옷, 글을 쓸 종이, 옷과 종이를 담은 커다란 가방이 전부였다.

니체는 기차를 타고 이동했다. 하지만 니체는 기차를 싫어했다. 난방이 안 되는 객차를 싫어했다. 기차가 흔들리는 것을 싫어했다. 니체는 구토를 많이 했고 하루를 여행하면 3일은 쉬어야 했다.

니체는 기차를 갈아탈 때 정신을 차리지 못했다. 때로는 잘못된 방향으로 가는 기차를 타기도 했다. 한번은 작곡가 리하르트 바그너를 만나러 가다가 기차역에 가방을 두고 왔다. 가방 안에는 니체가 소중히 여긴 랠프 월도 에머슨의 여러 에세이와 바그너가 친필 사인한 오페라 〈니벨룽겐의 반지〉 복사본이 들어 있었다. 헤밍웨이와 T. E. 로런스처럼 니체도 이 사고에서 그나마 좋은 점을 전혀 찾지 못했다. 때때로 상실은 그저 상실일 뿐이다.

◆

아직도 니체의 "피라미드처럼 거대한 바위"를 찾지 못했고, 멈춰서 니체의 책을 읽기로 한다. 이 저항의 행위를 니체도 분명히 이해하리라 믿는다. 벤치를 발견한다. 벤치에 앉아 가끔 즐거운 지혜라고 번역되기도 하는 니체의 책《즐거운 학문》을 펼친다. 몇 문장을 읽자마자 니체가 내게 말을 걸고 있지 않다는 것을 깨닫는다. 니체는 내게 고함을 치고 있다! 소크라테스가 물음표의 철학자라면 니체는 느낌표의 철학자다. 니체는 느낌표를 사랑한다! 가끔은 두세 개씩 붙여 쓰기도 한다!!!

니체는 읽기 즐거우면서 동시에 읽기 버겁다. 니체가 읽기 즐거운 것은 문장의 명료함과 상쾌한 단순함이 쇼펜하우어에 맞먹기 때문이다. 니체는 중요한 할 말이 있는 10대의 당당한 패기로 글을 쓴다. 온 삶이 글쓰기에 달린 것처럼 글을 쓴다.

니체는 철학이 재미있어야 한다고 생각했다. 니체는 장난기 넘치고, 통렬하게 웃기다. 니체는 모든 진실에는 최소한 한 번의 웃음이 따라와야 한다고 말했다. 그는 생각을, 문학적 장치를 가지고 논다. 아포리즘과 동요와 가곡을 쓰고, 자신의 가장 유명한 발명품인, 성서 속 인물을 가장한 차라투스트라의 목소리로 글을 쓴다. 니체의 짧고 간결한 문장은 트위터와 너무나도 잘 어울린다.

니체가 읽기 버거운 것은 소크라테스처럼 니체도 확고한 신념에 의문을 품으라고 요구하기 때문이며, 그것은 결코 유쾌한 일이 아니기 때문이다. 나는 늘 철학이 명백한 근거와 냉정한 논리로 움직인다고 생각했다. 루소가 그러한 믿음에 흠집을 냈다면, 니체는 그 믿음을 분쇄해버린다. 충동과 비이성을 조용하게 (그리고 종종 조용하지 않게) 찬양하는 목소리가 책 속에 스며 있다. 니체에게 감정은 방해가 되는 것도, 논리로 향하는 길의 우회로도 아니다. 감정은 목적지다. 고결한 사람은 비이성적이며, 누구보다 가장 숭고한 사람은 "자신의 충동 앞에 굴복하며, 최고의 순간에 그의 이성은 완전히 소멸된다."

루소는 마음을 받아들였다. 니체는 더 깊은 곳을 겨냥한다. 니체는 내장의 철학자다. 로버트 솔로몬은 인간의 내장에서 "의심과 저항이 자라난다. 내장은 타당한 주장이나 교수의 권위로는 쉬이 길들여지지 않는 신체 부위다"[4]라고 말한다.

니체는 오로지 추상적이기만 한 생각을 좋아하지 않았다. 니체는 그런 모호한 생각으로는 절대 영감을 주어 행동을 이끌어낼 수 없다고 주장했다. 니체는 이렇게 말했다. "우리는 다르게 생각하는 법……다르게 느끼는 법을 배워야 한다." 니체는 일종의 정서적 공감각 증세를 앓았다. 니체가 생각하는 방식은 대부분의 사람들이 감각을 느끼는 방식과 같았다. 니체의 생각은 본능적이었고, 본인이 온전히 통제할 수 없을 정도로 흉포했다. 니체는 사상을 세우지 않았다. 몸으로 사상을 낳았다.

나는 니체의 간결한 문장에 푹 빠져 '몰입' 상태가 되기 직전이다. 그때 한 존재가 느껴진다. 고개를 드니 나비 한 마리가 보인다. 나비가 니체 위에 내려앉아 207쪽 위에서 황갈색 날개를 흔들고 있다. 어떻게 해야 할지 모르겠다. 사진을 찍고 싶지만 그렇게 하면 나비가 겁을 먹을 것 같다. 게다가 순간을 기록하는 것은 순간을 경험하는 것에 한참 못 미치는 형편없는 대체재로 보인다.

나비는 "한 학술서를 보고"라고 시작되는 문단 위에 앉아 있다. 훌륭한 선택이다. 전형적인 니체다. "책과 인간, 음악의 가치에 관한 우리의 첫 번째 질문은 다음과 같다. 그것은 걸을 수 있는가? 아니, 그보다 춤을 출 수 있는가?"

어떤 철학자는 충격을 준다. 많은 철학자는 논증을 한다. 일부 철학자는 영감을 준다. 오직 니체만이 춤을 춘다. 니체에게 패기와 아모르파티, 즉 운명애를 이보다 더 잘 보여주는 것은 없었다. "나는 춤추는 법을 아는 신만을 믿을 것이다." 니체는 말했다. 니체의 차라투스트라는 미친 것처럼 열렬히, 일말의 자의식도 느끼지 않고 춤을 춘다.

니체는 모든 훌륭한 철학자의 영혼은 춤추는 사람의 영혼과 같다고 말했다. 춤을 꼭 잘 춰야 할 필요는 없다. 니체는 "변변찮게 걷는 것보다 서투르게 춤추는 편이 낫다"라고 말했고, 실제로 그렇게 했다. 니체는 댄스플로어 위에서 그럴듯한 스텝을 조금도 밟지 못했다. 그러면 어떤가. 훌륭한 댄서처럼 훌륭한 철학자도 기꺼이 자신을 웃음거리로 만든다.

니체의 철학은 멋들어지게 춤을 춘다. 춤에 리듬이 있다. 페이지 위에서 깡충깡충 뛰고 으스대며 걷는다. 때로는 문워크를 한다. 춤에 아무런 목표가 없듯이 (춤 자체가 목적이다) 니체의 철학도 마찬가지다. 니체가 보기에 춤추는 것과 생각하는 것은 비슷한 목표를 향한다. 바로 삶의 찬미다. 니체는 그 무엇도 입증하려 애쓰지 않는다. 그저 독자가 세상을 바라보기를, 자기 힘으로, 전과는 다르게 바라보기를 원할 뿐이다.

마치 예술가처럼, 니체 같은 철학자는 우리에게 안경 하나를 건네주며 말한다. "이 안경을 쓰고 세상을 바라보시오. 내가 보이는 게 당신 눈에도 보입니까? 정말 기적 같지 않습니까?" 과학적인 측면에서는 우리가 보는 것이 사실일 수도, 사실이 아닐 수도 있지만 중요한 건 그게 아니다. 니체는 과학자가 아닌 예술가나 소설가의 진실을 보여준다. '마치 그런 것처럼' 접근법이다. 마치 눈에 보이는 표면 아래에 실재의 다른 차원, 예지체가 있는 것처럼 세상을 바라보라. 마치 인생이 끝없이 반복되는 것처럼 삶을 살아라. 무슨 일이 일어나는지 보라. 이런 식으로 세상을 바라보는 것이 너의 세상을 환히 밝혀주는가? 좋다. 그렇다면 나름의 가치가 있는 것이다. 세상을 다른 식으로 (그것이 허리를 굽혀서 다리 사이로 세상을 바라보던 소로처럼 '부정확'한 방식일지라도) 바라보는 것은 우리의 삶을 더욱 풍성하게 만든다.

나비가 떠난다. 황갈색 날개가 나비를 하늘로 들어 올린다. 나도 호숫가를 다시 걷기 시작한다. 공기가 가볍고 상쾌하다. 왜 니체가 이곳의 공기를 그토록 좋아했는지 알겠다. 따뜻한 공기는 정신을 둔하게 만든다. 차가운 공기는 정신을 날카롭게 한다. 몇 킬로미터나 걸었지만 니체의 거대한 바위는 보일 기미가 없다. 온갖 곳을 찾아본다. 바위가 있어야 할 곳과 없어야 할 곳을 찾아본다. 아무것도 없다. 왔던 길을 두 번이나 다시 돌아간다. 같은 길을 되돌아가는 걸 싫어하는데도. 여전히 아무것도 없다. 완전히 지쳐서 다 그만두고 싶지만 안 된다. 인내해야 한다. 니체의 권력에의 의지가 인내할 것을 요구한다. 니체는 사랑하는 이에게 거부당하고 독자에게 무시당해도 멈추지 않았다. 나도 멈추지 않을 것이다.

◆

우주가 똑같이 반복된다는 주장을 니체가 처음 한 것은 아니었다. 그리스 철학자 피타고라스는 그보다 약 2500년 전에 비슷한 발상을 내놓았고, 인도 경전인《베다》는 그보다 더 빨랐다. 니체도 분명히 이 사실을 알았을 것이다. 마르쿠스 아우렐리우스처럼 니체 역시 먼 곳까지 두루 살피며 지혜를 찾아 헤맸다.

니체는 그 아이디어를 한 단계 더 끌어올리고자 했다. 니체는 영원회귀를 신화가 아닌 과학으로 만들고 싶었다. 며칠, 몇 주간 니체는 종이 위에 여러 가능한 '증거'들을 휘갈겨 썼다. 그중 하나에서 니체는 우주를 한 쌍의 주사위에 비유한다. 나올 수 있는 조합은 한정되어 있고, 결국에는 모든 경우의 수가 다 나오게 될 것이다. 틱택토 게임(서양식 오목으로 칸이 총 아홉 개라는 점만 다르다-옮긴이)의 경우 나올 수 있는 경우의 수는 2만 6830개로 훨씬 더 많다.[5] 큰 숫자지만 역시 유한하다. 결국 가능한 모든 게임이 다시 반복된다. 체스는 가능한 경우의 수가 10의 120제곱으로 훨씬 더 많다(1 뒤에 0이 120번 붙는다).[6] 아찔한 숫자지만 여전히, 유한하다. 아주 오랜 시간이 걸리겠지만 두 명의 체스 플레이어는 가능한 움직임의 조합을 전부 두게 될 것이고, 나올 수 있는 모든 경우의 게임을 마치게 될 것이다. 결국에는 모든 것이 반복된다.

하지만 니체의 믿음은 그저 고대 신화에 근거한 가정, 매력적이지만 수상쩍은 통계적 확률일 뿐이었다. 니체에게는 이 내용을 출간해도 되겠다는 자신감이 없었다. 오늘날에도 대부분의 물리학자는 영원회귀를 과학이 아닌 허구로 여긴다.

하지만 니체는 또 하나의 가능성이 있다고 말한다. 어쩌면 증명은 중요치 않을 수도 있다. 과학적 증거가 부족하다고 영원회귀가 (이 '불가능한 가설'이) 매력을 잃는 것은 아니다. 니체는 영원한 지옥이라는 기독교 개념을 들며 "어떤 가능성을 생각하는 것만으로도 우리는 부서지고 변화할 수 있다"고 말한다. 지옥은 실재하지 않을 수 있지만 지옥이라는 개념은 사람들의 행동 동기가 된다. 영원회귀를 증명하지 않아도 마치 진짜인 것처럼 행동할 수 있다. 그리고 나서 무슨 일이 일어나는지를 보는 것이다.

로버트 솔로몬의 사례를 보자. 1960년대에 솔로몬은 미시간 대학의 "불행한 의대 1학년생"이었다. 솔로몬은 충동적으로 '문학 속의 철학'이라는 제목의 강의를 수강했다. 그리고 교수가 니체의 영원회귀 개념을 소개했을 때 큰 충격을 받았다. 영원회귀는 감정과 생각의 "회오리바람"을 일으켰다. 회의도 일었다. 나는 정말로 이 불행한 삶을 영원히 반복해서 살고 싶은가? 솔로몬에게 이 생각은 특히 끔찍한 지옥으로 느껴졌다.

수업이 끝난 뒤 솔로몬은 의대를 중퇴하고 철학자의 삶을 추구해, 결국에는 세계 최고의 니체 연구자 중 한 명이 되었다. 솔로몬은 한 번도 이 결정을 후회한 적이 없다.

영원회귀는 사고실험이다. 실존적 스트레스 테스트다. 인생의 즐거운 순간에 우리는 이 테스트를 쉽게 통과한다. 우리는 기쁜 마음으로 저 아이스크림을 다시 먹고, 버저가 울리는 순간 승리를 결정하는 3점 슛을 다시 넣을 것이다. 〈사랑의 블랙홀〉에서 빌 머레이가 연기한 필 코너스는 펑서토니에서의 고난에 절망해 이렇게 읊조린다. "버진아일랜드에 간 적이 있었어. 거기서 여자를 만났지. 우린 로브스터를 먹고 피냐콜라다를 마셨어. 해 질 녘엔 해달처럼 사랑을 나눴지. 그날은 정말 좋은 하루였어. 그 하루가 반복될 순 없는 거야?"

영원회귀는 그렇게 돌아가지 않는다. 전부냐 전무냐, 둘 중 하나다. 인생이 하나의 패키지다. 당신의 삶은 정확히 똑같이 반복된다. 니체는 이렇게 말한다. "앞으로도, 뒤로도, 영원토록, 다른 것은 하나도 없다." 편집은 불가능하다. 모든 결함과 지루한 대화가 그대로 들어 있는 이 삶을 다시 살아야만 한다. 감독판이다. 니체는 이 시나리오가 당신을 당황시키고 부끄럽게 하리란 걸 안다. 당신이 몇 개 장면은 삭제하고, 다른 장면을 집어넣고, 컴퓨터로 몇 가지 더 바꾸고, 몸매 좋은 대역배우를 써서 삶을 수정하고 싶어 하리란 걸 안다.

나는 처음으로 단독 비행을 했던 그날로 돌아가고 싶다. 이번에는 이륙을 시작하기 전에 반드시 문을 닫을 것이다. 그리고 시카고에서의 따뜻했던 어느 저녁으로 다시 돌아갈 수만 있다면 무엇이든 할 것이다. 그때 나는 여섯 살 난 딸과 함께 여행 중이었다. 밤늦은 시간이었다. 딸아이는 졸려 했고, 아이들이 졸릴 때면 가끔 마음속에 묻어둔 두려움이 모습을 드러낸다. 길을 걷고 있는데 딸아이가 나를 쳐다보며 물었다. "아빠가 내 진짜 아빠야?"

입양한 아이를 둔 부모로서 사랑을 듬뿍 담아 아이의 불안을 달래주는 말을 할 수도 있었다. 하지만 지금도 여전히 이해할 수 없는 어떤 이유로 나는 거침없이 냉담하게 대답했다. "당연하지." 그리고 쏘아붙였다. "그런 걸 왜 물어보는 거야?" 상처받은 아이의 두 눈에 눈물이 차올랐다. 내가 다 망쳐버린 것이다. 그 순간을 다시 살 수만 있다면 이번에는 아이의 질문에 사랑을 담아 대답할 텐데.

아니, 니체는 말한다. 편집은 안 돼. 집중 안 하지? 아주 작은 것 하나하나까지 네 삶의 전부를 받아들이거나, 전부 잃거나 둘 중 하나야. 예외는 없어.

니체가 영원회귀를 "가장 무거운 짐"이라 칭한 것도 놀라운 일이 아니다. 영원보다 더 무거운 것은 없다. 만약 모든 것이 무한히 되풀이된다면, 인생에 가벼운 순간이나 사소한 순간은 없다. 아무리 보잘것없더라도 모든 순간이 동일한 무게와 질량을 갖는다. "모든 행동은 똑같이 크고 작다."

영원회귀를 매일 스스로를 돌아보는 기준으로 삼아보라. 당신은 지금 자신이 원하는 삶을 살고 있는가? 정말로 그 데킬라를 다 마시고 영원한 숙취에 시달리고 싶은가? 영원회귀는 자기 삶을 무자비하게 검사할 것을 요구한다. 그리고 다음과 같이 질문하게 한다. 영원히 가치 있는 일은 무엇인가?

영원회귀를 더 잘 이해할 수 있는 방법 중 하나는 한 학자가 말한 "결혼 테스트"[7]를 해보는 것이다. 긴 결혼 생활 끝에 막 이혼을 마쳤다고 상상해보라. 지금 아는 것을 알고 있다면, 전 파트너의 청혼에 다시 "네"라고 답할 것인가?

이것도 괜찮은 테스트지만 다른 테스트를 만들어보았다. 바로 10대 테스트다. 나는 집에서 딸아이와 저녁을 먹고 있었다. 과학 숙제와 축구 연습 일정에 관해 이야기하다가 딸아이에게 니체의 영원회귀 개념을 설명해주었다. 아이는 뭐라고 생각할까? 기꺼이 받아들일까?

소냐는 좋아하는 것과 싫어하는 것이 분명한 아이이며, 니체의 영원회귀 개념을 싫어한다. 아이는 영원회귀가 "소시오패스의 아이디어"라고 단언했다. 자신의 삶이 평생 되풀이되는 것을 결코 원하지 않았다. "얼마나 비참할지 생각해봐. 무한 루프에 갇히는 거야. 다들 살면서 커다란 실수 하나쯤은 해. 난 아직 안 했지만, 언젠간 하리란 걸 알아. 그 실수를 계속 반복한다고 상상해봐. 아니면, 도끼 살인마한테 살해된다고 상상해봐. 그걸 계속 반복하고 싶어? 만약에 암에 걸리면? 그걸 되풀이하고 싶어?"

"일리 있는 말이야." 나는 이렇게 말하고 니체를 변호하기 시작했다. "하지만 인생에는 좋은 것들도 있잖아. 콘서트나 친구들이나 치킨 같은 것. 그런 좋은 것들이 나쁜 일을 보상해주진 않아?"

"응." 아이가 조금도 주저하지 않고 말했다. "그 누구의 삶도 그만큼 좋지는 않아. 내 삶의 그 어떤 것도 내게 일어날 수 있는 나쁜 일들을 되풀이하고 싶게 만들진 못해."

나는 내게 익숙지 않은 상태, 즉 침묵에 빠졌다. 아이의 말을 받아치지 못했다. 실제로 삶의 나쁜 순간들은 좋은 순간들보다 더 무거운 것으로 보인다. 항암 치료의 고통과 비교하면 초콜릿 아이스크림이 주는 기쁨은 별게 아니다. 혹시 니체는 소냐(그리고 우리 모두)가 모르는 무언가를 알고 있는 걸까?

◆

완전 쇼펜하우어처럼 되어 우리가 "가능한 최악의 세계"에 살고 있다고 결론 내릴 만한 사람이 있다면 그건 바로 프리드리히 니체였다. 하지만 니체는 힘들고 너무 짧았던 자기 삶의 끝을 향해 다가가면서 인생 전체에 감사한다고 공표하고 쾌활한 다 카포![8]를 덧붙인다. 다시 한번.

고통은 피할 수 없는 것이다(철학자가 아니어도 알 수 있는 사실이다). 하지만 어떻게, 무엇을 고통스러워하는가는 우리 생각보다 더 중요하다. 우리는 니체가 말한 "본질적인 고통"을 경험하는가, 아니면 다른 것, 그에 못 미치는 것을 경험하는가? 우리는 그저 고통을 참아내고 있나? 아니면 고통을 그 자체로 소중하게 여기는가?

니체는 마조히스트가 아니었다. 니체는 고통을 좋은 삶의 구성 요소로, 배움의 수단으로 여겼다. "오로지 고통만이 지식으로 이어진다." 니체는 말했다. 고통은 청하지 않았지만 반드시 답해야 하는 부름이다. 우리는 자신을 마비시킴으로써 그 부름에 답하는가, 아니면 쇼펜하우어의 제안처럼 예술과 금욕으로 숨어드는가? 아니면 우리는 이 세상에 더욱 깊이, 심지어 맹목적으로 참여함으로써 고통에 답하는가? 니체는 이 마지막 선택지를 와인과 연극과 삶을 사랑한 그리스 신의 이름을 따서 디오니소스적 방식이라 칭했다. 니체는 말했다. "나는 반드시 필요한 것을 아름다운 것으로 보는 법을 앞으로 더욱더 배우고 싶다. 그렇게 나는 세상을 아름답게 만드는 사람이 될 것이다." 고통에도 불구하고 인생을 사랑하지 말라고, 바로 그 고통으로 말미암아 인생을 사랑하라고, 니체는 말한다.

니체는 1883년 여동생에게 다음과 같은 편지를 쓴다. 나는 여기서 니체가 고통이 인생에서 맡는 역할을 가장 솔직하게 설명했다고 생각한다. "내가 겪은 그 끔찍한 신체적 고통의 의미는 그 고통 덕분에 내 업적에 대한, 거짓일 뿐만 아니라 너무나도 수준 낮은 평가에서 떨어져 나올 수 있었다는 데 있다. 나에게 다시 나를 상기시키기 위해서는 그런 지독한 수단이 필요했다. 이것은…… 가장 높은 수준의 자기 극복 행위다."

'나에게 다시 나를 상기시킨다'라는 표현이 특히 마음에 든다. 니체는 의미를 찾기 위해 자기 바깥을 바라볼 필요가 없다고 말한다. 자기 내면을 들여다볼 필요도 없다. 올려다보라. "진정한 자신은 당신의 내면 깊숙한 곳에 감춰져 있는 것이 아니라 헤아릴 수 없을 만큼 높은 곳에, 그게 어디든 당신이 평소 '나'라고 여긴 것보다 훨씬 높은 곳에 있다."

영원회귀는 우리의 환상을 벗겨내고 우리의 성취가 거짓임을 드러낸다. 큰 거래를 성사시키고, 책을 쓰고, 승진을 했는가? 축하한다. 하지만 이제 그 모든 것이 사라지고 다시 처음부터 시작해야만 한다. 몇 번이고 처음부터 다시. 영원히. 우리는 모두 시시포스다. 신이 내린 형벌로 영원히 바위를 산꼭대기로 밀어 올렸다가 그 바위가 다시 굴러 내려가는 모습을 지켜봐야 했던 가여운 그리스신화 속 인물. 뉴저지 몽클레어의 발코니와 친구 제니퍼의 질문을 다시 생각해본다. "성공은 어떤 모습이야?" 나는 니체가 이 질문에 어떻게 답할지 안다. 성공의 모습은 자기 운명을 철저하게 받아들이는 것이다. 성공의 모습은 시시포스의 행복이다.[9]

◆

다른 많은 철학자들처럼 니체도 지혜를 직접 실천하는 것보다 널리 알리는 데 더 능했다. 니체는 "제때 죽어라"라고 말했지만 자신은 그러지 못했다. 니체는 너무 일찍, 그리고 너무 늦게 죽었다.

1889년 이탈리아의 토리노에서 니체는 한 마부가 말에게 채찍을 휘두르는 것을 보았다. 니체는 말에게 달려가 말을 끌어안고 그대로 쓰러졌다. 의식을 잃기 전 니체가 마지막으로 한 행동은 다른 존재의 고통을 덜어주려는 시도였다. 의식을 되찾았을 때 니체는 더 이상 제정신이 아니었다. 편지에 자신이 "디오니소스"라고 서명했고, 본인이 신이라고 주장했다.

이를 염려한 친구들의 도움으로 니체는 고향 독일로 되돌아왔다. 매독으로 추정되는 병 때문에[10] 정상적인 생활을 할 수 없었던 니체는 겨우 마흔네 살이었음에도 더 이상 한 글자도 쓰지 못했다. 그로부터 10년 동안 가족들이 니체를 돌봤다. 처음에는 어머니가, 어머니가 돌아가신 후엔 여동생이. 아무 말도 못 하는 상태였지만 니체의 유명세는 해가 갈수록 더 커졌다. 슬프게도 여러 사진 속에 영원히 박제된 니체는 이 시기의 병들고 망가진 니체이며, 야심 넘치는 반유대주의자였던 여동생에게 이용당한 것도 이때다. 여동생은 니체의 유산을 오용했고, 이는 히틀러가 니체를 자기 입맛대로 받아들이는 결과로 이어졌다.

정신을 잃고 쓰러질 당시 니체는 모든 가치의 재평가라는 제목의 책을 집필 중이었다. 투박한 제목이지만 심오한 생각을 담고 있던 이 책은, 만약 니체가 끝까지 완성했더라면 영원회귀에 관한 중요한 통찰을 제공했을지도 모른다. 만약 우리의 삶이 (아니, 온 우주가) 실제로 되풀이된다면 우리는 무엇을 통제할 수 있는가? 니체는 우리가 통제할 수 있는 것은 행동이 아니라 태도라고 생각했다. 니체 철학의 핵심에는 "완벽한 불확실성의 세계에서 자신의 방향성을 바꾸려는 시도"[11]가 있었다. 보통 우리는 불확실성에서 도망쳐 확실성을 향해 달려간다. 니체는 그것이 불변의 사실이 아니라고 말한다. 그것은 가치이며, 우리가 가치를 부여하는 모든 것은 재평가가 가능하다.

우리는 확실성이 아닌 정반대에서 즐거움을 찾기로 선택할 수 있다. 일단 그렇게 하면, 삶(외부인의 관점에서는 전과 똑같은 삶)은 꽤나 다르게 느껴진다. 불확실성에서 즐거움을 찾으면 낮에 회사에서 있었던 심란한 일은 하루의 끝에 이를 갈며 와인 한 잔을 더 마셔야 할 일이 아닌 축하할 일이 된다. 불확실성에서 즐거움을 찾으면 질병마저도, 신체적 고통이 계속될지라도, 더 이상 두렵지 않다. 이러한 관점의 변화는 미묘하지만 그 영향력이 엄청나다. 세상이 전과 달라 보인다. 니체 또한 이러한 방향 전환이 쉽지 않음을 인정하지만, 불가능한 일은 아니다. 게다가 지금까지 아무도 생각하지 못한 가능성을 탐험하는 것이 바로 철학이 아니고 무엇이겠는가?

◆

나의 산책은 실패로 끝난다. 계속 찾아 헤맸지만, 심지어 왔던 길을 되돌아가기까지 했지만 피라미드처럼 생긴 바위를 발견하지 못한다. 에이 뭐, 언제나 내일이 있으니까. 그때 〈사랑의 블랙홀〉 속 필 코너스의 대사가 떠오른다. "만약 내일이 안 오면? 오늘도 내일이 안 왔는데."

영원회귀에서 모든 내일은 오늘이고 모든 오늘은 내일이다. 나는 이 똑같은 길을 끝없이 반복해서 걷게 될 것이다. 할리우드 버전이라면 다른 길을 선택하고 크고 작은 수정을 거쳐, 결국에는 바위를 찾고 여자도 만나고 모든 것이 잘 끝날 것이다. 그리고 올라가는 엔딩크레딧.

니체 버전의 영원회귀에는 그런 해피엔딩이 없다. 나는 한 치의 벗어남 없이 똑같은 길을 걷고 또 걸을 것이다. 똑같은 벤치에 앉아 똑같은 나비를 만날 것이고, 니체의 바위를 찾아 헤매지만 결국 찾지는 못할 것이다. 매번. 영원히.

이 끝없는 실패를 받아들일 수 있는가? 니체는 묻는다. 아니, 받아들이는 것을 넘어 기꺼이 끌어안을 수 있는가? 사랑할 수 있겠는가?

바위를 찾지 못한 것에 대해서라면, 물론 그럴 수 있죠, 프리드리히. 하지만 인생에서 더 실망스러웠던 일, 예를 들면 망친 면접과 서투른 부모 노릇, 변덕스러운 친구들에 관해서라면, 나도 잘 모르겠다. 체념할 수는 있다. 어쩌면 받아들일 수도 있다. 하지만 사랑하라고? 그건 지나친 요구다. 아직 거기까진 가지 못했다. 어쩌면 온 우주와 내가 얼마나 많이 되풀이되든 상관없이 거기까진 영원히 못 갈 수도 있다.

〈사랑의 블랙홀〉이 코미디인 이유가 있다. 똑같은 삶을 똑같은 방식으로 영원히 반복해서 살아야 한다면, 웃는 것 외에 달리 무엇을 할 수 있겠는가?

더 나은 것이 있다. 춤추는 것. 춤춰야 할 이유를 기다리지 말 것. 그냥 춤출 것. 마치 아무도 보고 있지 않은 것처럼 내키는 대로 흥겹게 춤을 출 것. 삶이 행복해도 춤을 추고, 삶이 괴로워도 춤을 출 것. 그리고 시간이 다 되어 춤이 끝나면 이렇게 말할 것. 아니, 외칠 것. 다 카포! 처음부터 다시 한번.

에픽테토스처럼
역경에 대처하는 법

*How to Cope Like
Epictetus*

"삶의 많은 것들이 우리의 통제 바깥에 있지만,
우리는 가장 중요한 것을 지배할 수 있다."

오후 4:58.
메릴랜드의 어디쯤. 암트랙의 캐피톨 리미티드 열차를 타고
워싱턴 D.C.에서 시카고를 거쳐 덴버로 향하는 중.

열차가 출발하고 30분도 지나지 않아 다시 멈춘다. 우리
는 기다린다. 계속 기다린다. 나는 안절부절못하며 기다린
다. 시몬 베유가 실망하리란 걸 알지만 진정이 안 된다.

짜증이 나는 이유는 기다림 자체보다는 왜 기다려야 하는
지를 모른다는 데 있다. 선로 위에 나무가 쓰러져 있었나?
화물열차가 먼저 지나가야 하나? 핵 공격이 임박했나? 나는
휴대전화를 들여다본다. 마치 그 안에 답이 있는 것처럼(그
안에 답은 없다). 몸을 들썩인다. 시계를 본다. 몸을 조금 더 들
썩인다.

여기서 몇 시간이나 서 있어야 할까 봐 무섭다. 그러면 시

카고에서 환승을 하지 못할 것이다. 좋지 않다. 전혀 좋지 않다. 나는 마땅히 조바심쳐야 할 상황이라는 판단을 내린다. 그리고 조바심친다.

창밖으로 아름다운 풍경이 펼쳐져 있다는 것은 안다. 떡갈밤나무와 만개한 층층나무가 C&O 운하를 따라 늘어서 있고, 그 위로 풍성하고 새파란 하늘이 떠 있다. 하지만 나는 경치를 즐기지 못한다. 조바심치는 데 방해가 되기 때문이다. 나는 도움이 필요하다. 스토아 캠프가 필요하다.

광고를 본 순간 내게 스토아 캠프가 필요하다는 것을 알았다. 요란한 광고는 아니었다. 화려한 이미지가 하나도 없는 흑백 광고였다. 광고에는 "스노위 산맥 발치에 있는 캠프로 오시면 '스토아철학의 차분함'을 얻을 수 있습니다"라고 쓰여 있었다.

열차가 다시 움직이기 시작한다. 내 걱정은 아무 쓸모가 없었던 걸지도 모른다. 아니, 어쩌면 결코 사소하지 않은 내 걱정의 에너지가 열차를 다시 움직이게 한 것일지도 모른다. 나는 언제나 내 조바심이 세상을 돌아가게 한다고, 만약 내가 조바심치기를 잠시라도 멈추면 온 우주가 소멸할 거라고 믿어왔다.

시카고에서 무사히 열차를 갈아탄다. 얼마 지나지 않아 나는 서쪽으로, 덴버를 향해, 와이오밍의 스노위 산맥을 향해 가는 중이다. 암트랙은 여러 곳을 다니지만 와이오밍의 래러미에는 가지 않는다. 여행의 마지막 구간은 버스로 이동해야 한다. 덴버의 유니언스테이션에 도착했는데 버스가 코빼기도 보이지 않는다. 나는 반사적으로 최악의 상황을 상상하고 조바심친다. 버스가 나를 두고 떠났다. 어쩌면 애초에 버스는 존재하지 않았을지도 모른다. 과거에도, 미래에도.

몇 시간 같았지만 사실은 12분 남짓이 흐른 뒤 버스가 도착한다. 버스에 기어올라 뒷좌석에 자리를 잡는다. 버스가 움직이기 시작하고, 기차처럼 공간을 가로지른다. 하지만 기차와 똑같지는 않다.

◆

흔히들 아는 스토아학파의 권고는 "자연에 순응하는 삶을 살라"는 것이다. 스토아 캠프 주최 측은 이 조언을 말 그대로 실천한다. 캠프 부지는 와이오밍의 빽빽한 숲속에 파묻혀 있으며 가장 가까운 마을에서 수 킬로미터 떨어져 있다. 사실 그 마을도 마을이라 할 수 없다. 주유소 하나와 술집 세 개가 다다.

우리 캠프 참가자들은 본관 역할을 하는 오두막에 모여 오리엔테이션을 기다린다. 천장이 높은 널찍한 공간이다. 한쪽 끝에는 진짜 벽난로가 있는데, 5월 하순인 지금도 무척 필요하다. 눈 소식이 있다. 박제된 거대한 엘크가 한쪽 벽에 매달려 우리를 내려다보고 있다. 세간이라곤 서로 안 어울리는 소파와 딱딱한 플라스틱 의자가 뒤죽박죽 섞여 있는 게 다다. 세이 쇼나곤이 상당히 불쾌해할 만한 부조화다. 스키 오두막과 최소 보안 교도소를 합쳐놓으면 이런 모습일 것 같다.

우리는 구성이 기이하다. 뉴욕에서 디지털 기업가로 일한다는 30대 언저리의 그레그가 있고, 쾌활한 독일인 컨설턴트인 알렉산더와, 와이오밍 대학의 대학원생 몇 명이 있다. 진지한 젊은 남녀인 이 학생들은 존재에, 존재에 대한 생각에 고통받고 있는 듯 보이며, 쉬는 시간이 되면 날씨가 어떻든 우르르 밖으로 나가 담배를 피운다. 그리고 "반백의 노인"이라 불리는 우리들이 있다. 딱 좋은 시기에 스토아철학에 이끌린 사람들이다.

우리는 철학 토론과 그룹 상담의 보편적 기하학 구조인 원형으로 모여 스티로폼 컵에 담긴 커피를 마시고 있다. 땅딸막하고 얼굴이 통통한 남자가 모임의 시작을 알린다. 롭 콜터는 인상적인 복부와 회색 염소수염, 빠르고 면밀한 눈을 가진 중년 남성이다. 꼭 나이 든 힙스터 산타처럼 생겼다. 롭은 뭔가 심오한 말을 할 때면 (자주 있는 일이다) 자기 수염을 부드럽게 쓰다듬는다.

"반갑습니다." 롭이 무미건조한 목소리로 말한다. "일기예보를 보신 분이라면 우리의 스토아적 능력이 시험대에 오르게 되리란 걸 아실 겁니다." 5월 말이지만 숲에는 여전히 눈이 쌓여 있다. 그것도 엄청나게. 걱정스럽다. 나는 겨울이 아닌 봄 날씨에 맞게 짐을 꾸렸고, 캠프가 끝난 후 타고 돌아갈 비행기도 예약해두었다.

롭은 자신이 사랑하는 철학만큼 모순적인 인물이다. 롭은 고대 그리스어를 읽을 줄 아는 동시에 물속에 직접 들어가서 플라이낚시를 한다. 건강한 아웃도어 라이프를 즐기면서 한편으로는 "중국식 패스트푸드 중독"에 빠져 있다고 고백한다. 철학을 깊이 이해하고 있으면서도 자신의 무지를 고백하는 데 주저함이 없다. 롭은 까다로운 질문을 받으면 이렇게 말한다. "저도 몰라요. 더 생각해봐야겠어요." 나는 롭이 좋다.

몇 년 전 롭은 스토아학파에 급격한 관심이 생겼다. "그래서 생각했죠. 스토아학파의 모토는 '자연에 순응하는 삶을 살라는 것' 인데, 주변엔 자연이 넘쳐나잖아?" 롭은 와이오밍 대학의 동료 철학자들에게 이 스토아 캠프 아이디어를 들려주었고, 동료들은 다음과 같은 철학적 답변을 내놓았다. "말도 안 돼. 절대 생각대로 굴러가지 않을 거야. 하지만 한번 해봐." 그래서 롭은 그렇게 했다. 그렇게 우리는 이곳에 모이게 되었다.

롭이 자기가 어떻게 스토아철학을 사랑하게 되었는지를 이야기해준다. 때는 1990년대였다. 롭은 "플라톤 철학의 진정한 본고장"인 시카고에서 철학을 공부하고 있었다. 롭 역시 플라톤과 그의 제자인 아리스토텔레스를 연구했는데, 그들의 사상이 좋아서라기보다는 그것이 진정한 철학도가 하는 일이었기 때문이었다. "그때는 플라톤과 아리스토텔레스가 진정한 철학자였어요, 젠장." 롭이 강조를 위해 주먹을 두드리며 말한다. 물론 롭은 다른 철학 사상도 알고 있었다. 에피쿠로스, 견유학파, 그리고 당연히, 스토아학파도. 하지만 이들은 "진정한" 철학자가 아니라고, 롭은 생각했다.

여러 다양한 철학은 각기 다른 시기에 각기 다른 사람들에게 호소한다. 소로의 저항 정신은 10대의 마음을 끈다. 니체의 불꽃

같은 강렬한 아포리즘은 젊은이들을 끌어들인다. 자유를 강조하는 실존주의는 중년의 마음을 사로잡는다. 스토아철학은 나이든 사람을 위한 철학이다. 몇 번의 전투를 이겨내고, 패배도 몇 번 해보고, 상실도 경험해본 이들을 위한 철학이다. 크고 작은 인생 역경의 시기를 위한 철학이다. 고통과 질병, 거절, 짜증나는 상사, 건조한 피부, 교통체증, 카드빚, 공개적 망신, 지연되는 열차, 죽음 같은 것들. 스토아학파를 낳은 철학자 디오게네스는 철학에서 무엇을 배웠냐는 질문에 이렇게 답한다. "모든 행운에 준비되는 법."

믿기 힘들게도 난파된 배에서 시작된 스토아철학은 고대 그리스의 대격변 시기에 탄생해 로마 제국이라는 혼란스러운 세상에서 크게 번성했다. 유명한 스토아철학자들은 대개 망명하거나 처형되거나 불구가 되거나 조롱당했다. 하지만 스토아학파였던 마르쿠스 아우렐리우스가 보여주듯 스토아철학자들은 큰 성공을 거두기도 했다.

스토아철학을 지지하는 최근 인물 중에는 전쟁 영웅과 대통령도 있다. 스토아철학의 흐름은 미국 역사를 관통한다. 조지 워싱턴과 존 애덤스를 포함한 건국의 아버지들에게서 시작해[1] 프랭클린 루스벨트는 "우리가 두려워해야 할 유일한 것은 바로 두려움 그 자체"라는 스토아 사상의 정수를 드러내는 유명한 말을 남겼으며, 빌 클린턴은 마르쿠스의 《명상록》을 지혜가 가득한 경이로운 작품으로 여기고 가장 사랑하는 책으로 삼았다.

'지혜'는 모두가 알지만 아무도 그 뜻을 정의 내리지 못하는 단어다. 심리학자들은 지혜의 정의에 대해 수십 년간 합의를 이루지 못했다. 1980년대에 일련의 연구자들이 최종 합의를 보기 위해 베를린에 있는 막스플랑크 인간 발달과 교육 연구소에 모였다. 이 베를린 지혜 프로젝트는 지혜를 규정하는 다섯 가지 기준을 제시했다. 사실적 지식, 절차적 지식, 인생 전체에 걸친 맥락주의, 가치 상대주의, 불확실성을 관리하는 능력이 그것이다.

나는 그중에서도 가장 마지막 기준이 가장 중요하다고 생각한다. 우리는 삶의 불확실성과 혼란을 관리해주겠다고 약속하는 알고리즘과 인공지능의 시대를 살아간다. 하지만 알고리즘과 인공지능은 그 약속을 지키지 못하고 있다. 오히려 삶은 그 어느 때보다도 더 예측 불가능하고 혼란스럽게 느껴진다.

스토아철학은 이 지점에서 빛을 발한다. 스토아철학의 핵심 교리(바꿀 수 있는 것을 바꾸고 바꿀 수 없는 것은 받아들여라)는 격동의 시기에 더욱 매력을 뿜낸다. 나는 마르쿠스의 책을 읽었기에 이 사실을 알고 있었다. 하지만 이 철학이 얼마나 많은 것을 요구하는지, 그리고 얼마나 즐거운지는 알지 못했다.

◆

어려운 시기의 철학인 스토아철학은 재앙 속에서 태어났다. 기원전 300년경 제논이라는 이름의 페니키아 출신 상인이 배를 타고 아테네의 피라에우스 항구로 향하다 난파되었고, 자색 염료를 실은 귀중한 화물을 전부 잃었다. 목숨을 건진 제논은 파산한 채 아테네에 발이 묶였다. 그러던 어느 날 제논은 우연히 오래전에 죽은 소크라테스의 전기를 읽게 되었다.

"어딜 가야 이런 사람을 만날 수 있소?" 제논이 책을 판매한 상인에게 물었다.

"저기 보이는 사람을 따라가시오." 상인이 우연히 그 옆을 지나고 있던 허름한 옷차림의 아테네인을 가리키며 대답했다.

그 사람은 견유학파인 크라테스였다. 견유학파는 고대의 히피들이었다. 이들은 아주 조금만 먹었고 아무것도 소유하지 않았으며 권위에 도전했다. 제논은 견유학파의 고집스러움을 존경했다. 하지만 하나의 학파를 이루기엔 부족하다고 생각했고, 그래서 자신이 직접 학파를 세웠다.

제논은 **스토아 포이킬레**stoa poikile('여러 가지 색으로 칠해진 주랑'이라는 뜻이다)에 자리를 마련했다. 스토아 포이킬레는 양옆으로 기둥이 늘어선 주랑으로, 이곳에서 사람들은 장을 보고 사업을 하고 잡담을 나누었다. 제논은 실제 전투와 신화 속 전투를 그린 벽화 사이를 힘차게 걸어 다니며 제자들을 가르쳤다. 스토아학파가 주랑, 즉 스토아에서 모였기에 이 철학자들은 스토아학파라는 이름으로 알려지게 되었다.

정원 벽 뒤에 편안하게 자리 잡은 에피쿠로스학파와 달리 스토아학파는 모두가 지나다니고 상인들과 사제들과 매춘부들이 다 보는 앞에서 공개적으로 철학을 설파했다. 스토아학파에게 철학은 공적인 행위였다. 이들은 결코 정치에서 물러나 있지 않았다.

말년을 맞이한 제논은 다음과 같은 농담을 즐겼다. "배가 난파

됐을 때 난 정말 좋은 항해를 했어."² 이 말은 훗날 스토아학파의 핵심 주제가 된다. 바로 고난을 통해 강해지고 성장할 수 있다는 것. 로마의 정치가이자 스토아 철학자였던 세네카는 이렇게 말했다. "바람에 수없이 시달리지 않은 나무는 땅에 튼튼하게 뿌리박지 못한다. 바람에 흔들려야 땅을 더욱 강하게 움켜쥐고 안정적으로 뿌리내릴 수 있기 때문이다. …… 고난은 덕을 함양할 수 있는 기회다."³

◆

스토아 캠프의 첫 번째 날, 스토아철학에 대한 내 생각이 전부 틀렸음을 깨닫는다. 인정머리 없고 냉정한 스토아철학의 이미지는 에피쿠로스학파의 식도락가 이미지만큼이나 사실과 거리가 멀다. 스토아학파는 차가운 사람들이 아니다. 강렬한 감정을 억누르지도, 안으로는 벌벌 떨면서 겉으로만 용감한 표정을 짓지도 않는다. 이들은 모든 감정을 다 내던지지 않는다. 불안, 두려움, 질투, 분노, 그 밖의 다른 '정념'처럼 오직 부정적인 감정만 내던진다(정념이라는 의미의 pathe는 '감정'과 가장 가까운 고대 그리스어 단어다).

스토아학파는 기쁨을 모르는 로봇이 아니다. 미스터 스팍도 아니다(영화〈스타트랙〉속 감정을 절제하는 캐릭터-옮긴이). 윗입술을 꽉 깨물고 삶의 고난을 버텨내는 사람들이 아니다. 성격 나쁜 쇼펜하우어와는 달리 스토아학파는 우리가 가능한 최선의 세상, 유일하게 가능한 세상에 살고 있다고 믿는다. 스토아학파는 유리잔에 물이 반이나 차 있다고 생각하는 데서 끝나지 않는다. 이들은 자신에게 유리잔이 있다는 사실을 기적으로 여긴다. 정말 아름다운 유리잔이 아닌가? 수백 조각으로 산산이 부서진 유리잔의 끝을 예상하고 유리잔이 있음에 더욱 감사해한다. 애초에 유리잔을 가져본 적 없는 삶을 상상한다. 친구의 부서진 유리잔과 그때 자신이 줄 수 있는 위로를 상상한다. 아름다운 자기 유리잔을 타인과 함께 나누는데, 다른 사람들 역시 로고스, 즉 합리적 질서의 일부이기 때문이다.

"즐거워하는 스토아학파"는 모순적인 표현이 아니라고, 라이트 주립대학의 철학 교수이자 스토아철학을 실천하는 윌리엄 어빈이 말한다. 그는 이렇게 설명한다. "스토아철학을 실천하면 작은 기쁨을 더 섬세하게 느끼게 된다. 우리는 뜬금없이 우리가 우리라서, 우리가 우연히 살게 된 이 우주 안에서 우리가 지금 살고 있는 삶을 살고 있어서 기쁨을 느낀다." 고백하자면, 매우 솔깃하다.

스토아학파는 이기적이지 않다. 이들은 다른 사람을 돕는다. 감상벽이나 동정심 때문이 아니라, 손가락이 손을 돕듯이 그렇게 하는 것이 합리적이기 때문에 돕는다. 그리고 그 과정에서 겪는 불편, 심지어 고통까지도 기꺼이 감내한다.

스토아학파의 이타주의는 가끔 냉정해 보이지만 상당히 효과적이다. 내게는 캐런이라는 친구가 있다. 본인은 그 사실을 모를지언정 캐런은 스토아학파다. 나는 캐런을 예루살렘에서 처음 만났다. 우리 둘 다 예루살렘에서 저널리스트로 일하고 있었다. 예루살렘에는 다른 어느 곳보다 길고양이가 많다. 털이 뭉치고 상처가 휜히 벌어진 그 꼬질꼬질한 고양이들을 보고 있으면 마음이 찢어졌다. 너무 안쓰러웠다. 바로 거기까지가 내 '도움'의 전부였다. 나는 고통스러워함으로써 고양이들의 고통에 대응했다. 마치 고통스러워하는 것이 고양이를 돕는 한 형태인 것처럼.

캐런은 아니었다. 캐런은 행동에 나섰고, 주인 없는 태비 한 마리와 다리를 저는 오리엔탈숏헤어 한 마리를 집으로 데려왔다. 밥을 주고 동물병원에도 데려갔다. 그리고 새 주인을 찾아주었다. 캐런은 감정을 느끼는 데서 멈추지 않았다.

◆

롭이 한 명 한 명에게 스토아 캠프의 워크북이자 고대 그리스에서 쓰인 얇은 텍스트 하나를 나눠준다. 텍스트라기보다는 팸플릿에 더 가깝다. 총 열여덟 쪽밖에 안 된다.《엔키리디온》, 즉 안내서라는 뜻이다. 로마의 노예였다가 철학자로 변신한 에픽테토스의 가르침이다. 스토아 사상의 본질을 뽑아낸 정수다.

첫 번째 페이지의 첫 번째 줄에서부터 시작한다. 롭이 소리 내어 읽는다. "어떤 것들은 우리에게 달렸고 어떤 것들은 우리에게 달려 있지 않다." 너무나도 참인 동시에 너무나도 명백한 문장이다. 당연히 어떤 것들은 우리에게 달렸고 어떤 것들은 그렇지 않다. 내가 이 말을 들으려고 수천 킬로미터를 달려왔던가?

하지만 이 문장은 스토아철학의 정수를 보여준다. 우리는 모든 것이 본인에게 달렸다고 말하는 시대를 살고 있다. 자신이 더 똑똑하거나 더 부유하거나 더 날씬하지 않은 것은 충분히 노력하지 않았기 때문이다. 몸이 아픈 것은 본인이 먹거나 먹지 않은 것 때문이거나 받지 않았거나 받았던 건강 검진 때문이거나 하지 않았거나 지나치게 많이 한 운동 때문이거나 먹거나 먹지 않은 비타민 때문이다. 메시지는 분명하다. 우리는 자기 운명의 통제권을 갖는다. 하지만 정말로 그런가? 우리가 통제할 수 있는 것은 정확히 무엇인가?

네가 지금 생각하는 것은 아니라고, 스토아학파는 답한다. 대부분이 자기 통제하에 있다고 생각하는 것은 사실 우리의 통제 밖에 있다. 부도 명성도 건강도 통제할 수 없다. 본인의 성공과 자식의 성공도 마찬가지다. 뭐, 규칙적으로 운동할 수야 있겠지만 헬스장에 가는 길에 버스에 치일 수도 있다. 몸에 좋은 음식만 먹을 수야 있겠지만 그렇다고 해서 반드시 오래 사는 것도 아니다. 사무실에서 하루 열네 시간씩 일할 수도 있겠지만 어쩌면 상사가 당신을 싫어해서 당신의 커리어를 방해할 수도 있다.

스토아철학은 이처럼 우리의 통제를 벗어나는 상황과 성과를 "무관한 것"이라 칭한다. 이런 무관한 것들은 우리의 인성이나 행복에 티끌만큼도 보탬이 되지 않는다. 무관한 것들은 좋지도 나쁘지도 않다. 그러므로 스토아철학은 무관한 것들에 '무관심'하다. 에픽테토스는 이렇게 말한다. "몸이 아픈데도 행복하고, 위험에 처했는데도 행복하고, 죽어가고 있는데도 행복하고, 나쁜 평판을 듣는데도 행복한 사람이 있다면 내게 보여라. 그런 사람이 있다면 내게 데려오라! 신들의 이름으로, 그렇다면 나는 스토아철학자를 보게 될 것이다!"

적이 우리의 몸을 해할 수는 있어도 우리 자신을 해할 순 없다. 스토아철학을 공부한 간디는 "누구도 나의 허락 없이 나를 해칠 수 없다"라고 말했다. 폭군에게 고문하겠다는 위협을 당한다고 해서 반드시 평온함과 고귀함을 잃게 되는 건 아니라고, 에픽테토스는 덧붙인다. 이런 에픽테토스의 가르침은 비행기가 격추되어 북베트남에 추락한 뒤 감옥에 갇혀 고문당하며 7년이라는 긴 시간을 견딘 미국의 항공장교 제임스 스톡데일에게 도움이 되었다.[4]

이 가르침은 롭 콜터에게도 도움이 되었다. 당시 롭은 뉴질랜드에서 즐거운 마음으로 학생들을 가르치길 기다리고 있었다. 그때 배에 통증이 느껴지기 시작했다. 처음에는 긴 비행 때문에 살짝 배탈이 난 거라고 여기고 무시했다. 하지만 통증은 점점 심해졌고, 훨씬 더 심해졌다. 롭은 이렇게 회상한다. "모르핀으로도 가라앉지 않는 그런 고통이었어요." 병원에서 의사들은 장폐색 진단을 내렸다. 목숨을 잃을 수도 있는 위험한 상태였다.

고통이 밀려드는 와중에 롭은 간신히 에픽테토스의 말을 떠올릴 수 있었다. "넌 내게 아무것도 아니다." 롭은 이 말을 되뇌고 또 되뇌며 밀려드는 고통을 다스렸다. 넌 내게 아무것도 아니야. 전보다 나았다. 큰 차이는 아니었지만, 그래도 조금은 더 나았다. "내 몸은 나의 통제하에 있지 않습니다. 내가 내 몸을 통제한다는 환상을 전부 제거했어요."

롭의 세상이 병동과 의사, 간호사, 그리고 고통으로 줄어들었다. 몸에 튜브 다섯 개가 달려 있었다. 6일 연속으로 씻지 못했다. 어려운 수술을 앞두고 있었다. 수술이 잘못되면 남은 평생 장에 주머니를 달고 살아야 할 수도 있었다. 롭은 스토아식 방법으로, 이성적인 결정을 내렸다. "이 수술을 받지 않으면 나는 죽게 될 거야, 그러니 수술 받자."

수술은 성공적이었다. 주머니를 달지 않아도 되었다. 느렸지만 꾸준히 건강을 회복했다. 보험회사에서 집으로 돌아오는 1등석 티켓 비용을 대주었다. 스토아철학은 이런 사탕을 "선호되는 무관한 것들"이라 칭한다. 가끔 즐기면 좋지만 우리 행복의 중심에 있지는 않은 것들이다.

지난 일을 돌아보면 이런 스토아적 태도가 결과를 바꾸진 않았음을 롭도 안다. 하지만 이런 태도는 롭이 고통을 견디는 방식을 바꿔주었다. 롭은 고통스러웠지만 삶이 다르게 흘러가면 좋았을 거라고 생각하면서 자신의 고통을 더하진 않았다.

◆

에픽테토스는 기원후 55년에 오늘날 터키 지역에서 노예로 태어났다. 로마 황제의 고문이었던 에픽테토스의 주인은 그를 때렸다. 에픽테토스는 태연하게 고통을 참았다. 이야기에 따르면 하루는 에픽테토스의 주인이 그의 다리를 비틀며 고문하기 시작했다. "계속 그렇게 하면 다리가 부러질 겁니다." 에픽테토스가 차분하게 말했다. 주인은 계속해서 에픽테토스의 다리를 비틀었고 결국 다리가 부러졌다. 에픽테토스가 무미건조하게 말했다. "다리가 부러질 거라고 내가 말하지 않았습니까?" 그때부터 에픽테토스는 평생 다리를 절었다.

결국 노예에서 해방된 에픽테토스는 로마로 건너가 철학을 공부했고, 곧 헌신적이고 실력 좋은 선생이라는 평판을 얻었다. 93년 도미티아누스 황제가 로마에서 모든 철학자를 추방하라는 명령을 내리자 에픽테토스는 그리스 서부의 번성한 해안 도시인 니코폴리스로 이동했다. 니코폴리스에서는 학생을 더 많이 끌어모았는데, 그중에는 훗날 황제가 된 하드리아누스처럼 유명한 학생도 있었지만 대부분은 고향을 떠나 니코폴리스에 정착한 평범한 젊은이들이었다. 많은 학생이 향수병을 앓았다. 모두 배우고자 하는 의지가 상당했다.

에픽테토스는 소크라테스를 존경했고, 많은 면에서 그를 모방했다. 소크라테스처럼 에픽테토스도 작은 오두막에 매트리스 한 장만 놓고 간소하게 살았다. 소크라테스처럼 에픽테토스도 형이상학에는 관심이 없었다. 에픽테토스의 철학은 철저하게 실용적이었다. 소크라테스처럼 에픽테토스도 무지를 진정한 지혜로 향하는 길에 반드시 필요한 단계로 여겼다. 철학은 "우리 자신의 나약함을 의식하는 것"에서 시작한다고, 에픽테토스는 말했다.

삶의 많은 것들이 우리의 통제 바깥에 있지만, 우리는 가장 중요한 것을 지배할 수 있다. 바로 우리의 생각과 충동, 욕망, 혐오감, 즉 우리의 정신적·감정적 삶이다. 우리 모두에게는 헤라클레스의 기운과 슈퍼히어로의 파워가 있지만 그것은 우리의 내면세계만을 제어할 수 있다. 내면세계를 지배하라, 그러면 "천하무적"이 될 것이라고, 스토아철학은 말한다.

우리는 너무 자주 자신의 행복을 타인의 손에 맡긴다. 고압적인 상사나 변덕스러운 친구, 인스타그램 팔로어 같은 타인의 손에. 노예였던 에픽테토스는 이런 고난을 스스로 부여한 속박에 빗댄다. 원하는 것이 아무것도 없는 사람만이 자유로울 수 있다.

에픽테토스는 모르는 사람에게 자기 몸을 맡기는 상황을 상상해보라고 말한다. 터무니없지 않나? 하지만 그것이 바로 우리가 매일 마음속에서 하는 일이다. 우리는 우리의 주권을 타인에게 이양해 그들이 우리의 마음을 지배하게 만든다. 그들을 몰아내야 한다. 지금 당장. 그리 어려운 일은 아니다. 세상을 바꾸는 것보다 스스로를 바꾸는 것이 훨씬 쉽다. 대학 캠퍼스에서 흔히 보이는 트리거 워닝trigger warning(트라우마를 유발할 수 있는 내용이 포함되어 있음을 알리는 사전 경고-옮긴이)의 문제 중 하나가 바로 이것이다. 이런 경고문은 대학생들이 충격적일 수 있는 내용에 대한 자신의 반응을 통제할 수 없을 것이라는 가정을 더욱 강화한다. 학생들의 힘을 과소평가한다. 스토아식 방법은 아니다.

키케로는 궁수를 떠올려보라고 말한다. 궁수는 자기 능력이 허락하는 한 가장 훌륭하게 활시위를 당기지만 시위를 놓고 나면 화살의 궤적이 더 이상 자기 손에 달려 있지 않음을 알고 숨을 내쉰다. 스토아철학은 이렇게 말한다. "해야 할 일을 하라. 그리고 일어날 일이 일어나게 두라." 우리는 외부의 목표를 내면의 목표로 바꿈으로써 실망의 공격에 대비해 예방접종을 놓을 수 있다. 테니스 경기에서 이기려 하지 말고 자신이 할 수 있는 최선의 경기를 펼칠 것. 자기 소설이 출간되는 것을 보고 싶어 하는 대신 자신이 쓸 수 있는 가장 훌륭하고 진실한 소설을 쓸 것. 그 이상도 이하도 바라지 말 것.

◆

벽난로의 불이 뜨거운 재로 변하고 커피는 점점 더 차가워지지만 누구도 알아채지 못한다. 우리는 스토아철학에 무릎을 담갔고, 더 깊이 들어갈 준비가 되었다. 에픽테토스의 안내서 속 날카로운 문단들을 하나하나 읽어 나간다. 어떤 문단은 긴 토론을 벌일 만하고, 어떤 문단은 가벼운 끄덕임만으로 충분하다. 그러다 이 문장이 나타난다. "사람들을 화나게 하는 것은 문제 자체가 아니라 그 문제에 대한 그들의 판단이다." 우리는 침묵 속에서 가만히 자리에 앉아 심오하면서 동시에 너무나도 명백한 2000년 전의 생각을 받아들인다.

스토아학파는 우리의 감정이 이성적 사고의 산물이라고 믿지만 그 사고에는 결함이 있다고 본다. 사고방식을 바꿈으로써 자신의 느낌도 바꿀 수 있다. 스토아철학의 목표는 아무것도 느끼지 않는 것이 아니라 정확하게 느끼는 것이다. 이 말이 이상하게 들린다는 것을 나도 안다. 우리는 자기 감정이 정확하다거나 부정확하다고 생각하지 않는다. 감정은 그냥 감정이다. 우리는 감정을 통제하지 못한다.

스토아학파는 그렇지 않다고 말한다. 감정은 해변에 밀려드는 파도처럼 우리에게 밀려오는 것이 아니다. 감정이 드는 데에는 타당한 이유가 있다. 고전 연구자 A. A. 롱은 이렇게 설명한다. "우리는 보통 아무 이유 없이 화가 나거나 질투를 느끼지 않는다. 자신이 나쁜 대접을 받고 있다고 생각하거나, 내 것이어야 할 성취를 다른 사람이 가져갔다고 생각하기 때문에 그런 감정을 느낀다."[5] 우리 생각과 행동의 책임이 우리에게 있듯 우리 감정에 대한 책임도 우리에게 있다. 감정은 우리가 내리는 판단의 결과이며, 이 판단은 틀린 경우가 많다. 우리가 잘못 이해했거나 갈피를 못 잡는다는 뜻이 아니다. 스토아학파는 그런 판단이 말 그대로 실제 경험과 다르다고 말한다.

꽉 막힌 도로를 상상해보자. 앞뒤로 서 있는 차에 각각 운전자가 앉아 있다. 한 명은 신경이 날카롭게 곤두서서 화를 내며 운전대를 두드리고 욕을 한다. 다른 한 명은 차분하게 앉아서 NPR을 들으며 얼마 전 맛있게 먹었던 로브스터 라비올리를 떠올린다. 스토아철학은 두 사람 다 "옳을" 수 없다고 말한다. 그리고 실제로 두 사람 다 옳지 않다. 화를 내는 운전자는 부정확하다. 이 운전자가 부정확한 것은 2 더하기 2가 3이라는 말이 부정확한 것과 같다. 삶이 지금과 다르길 바라는 것은 이성의 지독한 실패를 보여준다.

틀린 감정이 어떻게 생겨나는지 살펴보자. 먼저 외부 사건(스토아식 표현으로는 "인상")에 대한 반사 반응("전前 감정" 또는 "최초 정념"

이라 불린다)에서 시작된다. 우리는 발가락을 찧으면 소리를 지른다. 도로가 막히면 욕을 한다. 자연스럽다. 어쨌거나 우리는 결국 인간이다. 이 최초의 충격은 감정이 아니라 당황했을 때 얼굴이 빨개지는 것과 같은 반사 반응이다. 이러한 반응은 우리가 그것에 "동의"할 때에만 감정이 된다고, 스토아학파는 말한다. 우리는 우리의 반응에 동의함으로써 반사 반응을 정념의 지위에 올려놓는다.

이 모든 과정은 순식간에, 눈 깜짝할 사이에 발생하지만 이 중 그 무엇도 우리의 허락 없이 일어나지는 않는다. 이 부정적인 최초의 정념을 존중하고 증폭시키기를 선택할 때마다 우리는 불행하기를 선택하고 있는 것이다. 스토아철학은 묻는다. 도대체 왜 그러고 싶어 하는가?

인상에서 동의로 이어지는 끈을 잘라내야만 한다. 바로 이 지점에서 소크라테스식 멈춤(나는 이를 "위대한 멈춤"이라 부른다)이 도움이 된다. 에픽테토스는 이렇게 말한다. "선명한 인상에 빠져들지 말고 이렇게 말하라. '인상이여, 잠시 기다리게. 네가 무엇인지, 무엇을 나타내는지 살펴보게 해주게. 너를 따져보게 해주게.'" 고난에 대한 우리의 반응이 자동으로 따라오는 것이 아니라 우리가 내리는 선택임을 깨달아야만 더 나은 선택을 내리기 시작할 수 있다.

하지만 꽉 막힌 도로에 갇히거나 발가락을 찧으면 다들 화가 나지 않나? 롭은 모두가 그런 것은 아니라고 말한다. 그리고 덧붙인다. "발가락을 찧었을 때 많은 사람들이 화를 낸다고 해서 나도 그래야 하는 것은 아니죠." 우리는 언제나 자유롭게 동의를 거둘 수 있다. 이것이야말로 온전히 우리에게 달린 일이다.

최초 정념에 반드시 동의해야 한다면 다른 방향으로 동의해보라고 에픽테토스는 제안한다. 정념에 다른 이름을 붙여라. 홀로 있을 때 느끼는 고독에 평온함이라는 이름을 붙여라. 사람들로 붐비는 장소에 가면 그 상황에 축제라는 이름을 붙이고 "모든 것을 만족스럽게 받아들여라." 정신 승리라고? 물론 그렇지만, 이건 도움이 되는 정신 승리다. 어차피 우리의 정신은 늘 현실에 농간을 부린다. 그런 농간을 잘 활용하면 좋지 않겠는가?

영화 〈아라비아의 로렌스〉의 한 장면에서 피터 오툴이 연기한 로렌스는 엄지와 검지로 태연하게 성냥불을 끈다.

동료 장교가 똑같이 하려다 고통에 소리를 지른다. "아야, 이거 엄청 뜨거운데요." 동료가 말한다.

"물론 뜨겁지." 로렌스가 대답한다.

"어떻게 한 거예요?"

로렌스가 말한다. "비결은 뜨겁다는 데 마음을 쓰지 않는 거야."

로렌스의 대답은 스토아철학을 잘 보여준다. 당연히 로렌스는 고통을 느꼈지만 그 고통은 날것의 감각, 반사적 반응에 그쳤다. 이 반응은 본격적인 감정으로 발달하지 않았다. 로렌스는 말 그대로 고통에 마음을 쓰지 않았다. 몸이 경험한 것을 마음이 경험하고 증폭시키도록 두지 않았다.

◆

스토아 캠프는 그저 와이오밍 숲속에 자리한 철학 살롱이 아니다. 이곳은 실험실이다. 우리 캠프 참가자들은 기니피그다. 수많은 실험이 진행 중이다. 예를 들면 이런 것. 삶을 안락하게 해주는 여러 가지 물건(베개와 담요, 싱글몰트 위스키 등)에 익숙해진 중년 남성 한 명을 데려와 악취가 나는 대학원생 열다섯 명과 함께 통나무집에 담근다. 침구와 싱글몰트 위스키는 뺀다. 끝없는 소음을 넣고, 눈부신 형광등 불빛을 추가한다. 자주 저어준다. 밤새 냉동시킨다.

징징대는 것은 나의 본성이다. 이름부터가 와이너다Weiner(징징대는 사람이라는 뜻의 Whiner와 발음이 같다-옮긴이). 투덜거리고 끙끙거리고 불평하고 푸념하고 투정을 부리고 싶다. 하지만 스토아철학의 격언을 떠올리며 꾹 참는다. "훌륭한 사람은 탄식하지도, 한숨을 쉬지도, 불평하지도 않는다." 마르쿠스도 불평불만이 고통을 줄여주지 않고 오히려 악화시킬 수 있다는 것을 내게 상기시킨다. 그는 이렇게 말한다. "어느 면에서든 불평은 하지 않는 것이 가장 좋다."

건의함을 찾아본다. 건의는 엄밀한 의미에서 불평이 아니라고 생각한다. 하지만 건의함은 없다. 그렇겠지. 스토아 캠프인데. 그래서 그만둔다. 멈춘다. 위대한 멈춤은 아니고 초미세 멈춤에 더 가깝지만, 어쨌거나 멈춘다. 마음을 가라앉히고 스스로에게 묻는다. 이 상황에서 나에게 달린 것이 뭐가 있지? 난방이 안 되고 담요가 없는 것은 내 소관이 아니다. 그건 내 통제 밖에 있는 일이다. 싱글몰트 위스키가 마시고 싶다면 5킬로미터를 걸어서 마을로 가면 된다. 그건 내 선택이다. 하지만 난방과 담요처럼 스카치 위스키는 무관한 것이다. 비록 내가 선호하는 무관한 것이긴 하지만. 무관한 것들은 내 통제하에 있지 않다. 하지만 나의 태도는, 내가 동의하느냐 마느냐는 내 통제하에 있다. 에픽테토스는 우마차에 묶인 개를 비유로 든다. 우마차는 움직이고 있고, 무슨 일이 있어도 계속 움직일 것이다. 개에게는 선택지가 있다. 땅에 질질 끌려갈 것이냐, 우마차를 따라 달릴 것이냐. 나는 달리기를 시작해야 한다.

게다가 나는 스토아철학에서 자발적 박탈이라 부른 것을 실천하고 있다(그래 맞다, 사실 지금 난 그리 자발적이진 않다). 세네카(로마인 중에서도 가장 부유한 사람 중 하나였다)는 매달 며칠씩 가난을 실천할 것을 권했다. 그는 "가장 값싼 최소한의 음식"을 먹고 "거칠고 투박한 옷"을 입으라고 조언했다. 자발적 박탈을 실천하는 스토아주의자는 어떤 면에서는 "자연에 순응하는 삶을 살라"는 스토아철학의 격언을 고수하고 있는 것이다. 더우면 땀을 흘리고, 추우면 몸을 떨며, 굶주렸을 때는 극심한 배고픔을 느낀다. 하지만 자발적 박탈의 목표는 고통이 아니라 기쁨이다. 때때로 삶을 편안하게 해주는 것들을 스스로 거부함으로써 우리는 그것들에 더욱 감사하게 되고, 덜 얽매이게 된다.

자발적 박탈은 자제력을 길러주며, 자제력을 키우면 여러 좋은 점이 있다. 저 초콜릿케이크 한 조각을 먹지 않고 참으면 스스로

에게 만족감을 느끼게 된다. 기쁨을 포기하는 것은 삶에서 가장 큰 기쁨 중 하나다.[6]

자발적 박탈은 용기를 길러준다. 또한 그리 자발적이지 않을 수도 있는 미래의 박탈에 대비해 예방 주사를 놔준다. 지금은 따끔한 고통을 경험하지만 미래의 고통은 훨씬 줄어든다.

내가 지난 수년간 일종의 자발적 박탈을 실천해왔음을 깨닫는다. 하지만 나는 그 경험에 다른, 더 명랑한 이름을 붙였다. 바로 간헐적 사치다. 이런 습관은 NPR 해외통신원으로 일할 때 처음 생겨났다. 나는 사담 후세인이 집권하던 시기에 이라크로 여러 번 취재를 갔다. 유엔의 제재로 비행이 금지된 상태였다. 그 말은 곧 요르단 암만에서 바그다드까지 기나긴 육로 여행을 해야 한다는 뜻이었다.

내게는 정해진 순서가 있었다. 먼저 암만에서 며칠 머물면서 이라크 비자를 신청하고 필수품(초콜릿, 화학물질 보호복, 싱글몰트 위스키)을 비축해놓는다. 요르단에 있는 호텔은 괜찮았다. 세계 최고는 아니지만 괜찮았다. 에피쿠로스학파라면 충분히 좋다고 말할 것이다. 비자도 나오고 필수품도 다 챙겼으면 바디아 사막을 열두 시간 동안 달려줄 운전사를 고용했다. 바그다드에 있는 알라시드라는 이름의 으스스한 호텔은 별로 괜찮지 않았다. 방에선 곰팡이 냄새가 났고 사담 후세인 쪽에서 도청장치를 달아놨을 것 같았다.

몇 주 뒤 다시 암만으로 돌아오면 그 '충분히 괜찮은' 호텔은 꼭 궁전처럼 느껴졌다. 침대는 더 포근했고, 음식은 더 맛있었다.

심지어 수압도 더 강해진 것 같았다. 바뀐 건 호텔이 아니었다. 나였다.

그로부터 몇 년 후 마이애미에 살 때, 나는 여름인데도 가끔씩 차의 에어컨을 껐다. 몇 초 지나지 않아 차 안은 점점 더워졌고 땀에 젖은 피부가 폭스바겐의 가죽시트에 들러붙기 시작했다. 하지만 나는 그걸 즐겼다. 더위가 어떤 느낌인지를 상기하고, 현대식 에어컨을 발명한 윌리스 캐리어에게 변치 않는 깊은 고마움을 다시 한번 느낄 수 있었기 때문이다. 이게 자발적 박탈일까? 그럴 수도. 하지만 나는 이것을 자발적 박탈이 아닌 간헐적 사치라 생각하고 싶다. 예상치 못한 1등석으로의 좌석 업그레이드, 모두가 가고 싶다고 말하는 레스토랑에서 돈을 펑펑 쓰는 것, 1주일간의 캠핑 여행에서 돌아와 뜨거운 물로 샤워하는 것.

그래서 나는 이 불편한 환경에 대해 그만 징징대기로 한다(속으로 징징대는 것도 징징대는 거니까). 이름에 "스토아"와 "캠프"가 떡 하니 붙어 있는 곳에 오면서 도대체 뭘 기대한 걸까? 네가 하려는 일을 알라고, 에픽테토스는 조언한다. 만약 공중목욕탕에 간다면 "그곳에는 물을 튀기는 사람들, 거칠게 떠미는 사람들, 욕을 하는 사람들, 물건을 훔치는 사람들이 있다는 사실"을 기억해야 한다. 몸이 물에 젖는다고, 누가 물건을 훔쳤다고 놀라선 안 된다. 에픽테토스의 말이 맞다. 스토아 캠프의 시설이 바그다드 호텔과 비슷한 수준이라고 놀라야 할 이유가 어디 있겠는가? 바뀌어야 하는 것은 이 숙소가 아니라 나의 태도다. 게다가 스토아철학은 상황이 언제나 더 악화될 수 있음을 상기시킨다.

스토아 진료실에서 놔주는 또 다른 백신은 프리메디타치오 말로
룸premeditatio malorum, 즉 '최악의 상황에 대한 예상'이다. 세네카는
인생이라는 화살이 어디로 날아갈지를 예상해보라고 말한다. 최
악의 시나리오를 상상하고 "유배, 고문, 전쟁, 난파 사고를 머릿
속에서 반복 재생"[7]하라는 것이다.

스토아철학은 미래의 고난을 상상하는 것은 미래의 고난에 대
해 걱정하는 것과는 다르다고 말한다. 걱정은 모호하고 애매한
것이다. 하지만 고난을 예상하는 것은 구체적인 행위이며, 더 구
체적일수록 좋다. '나는 재정난을 겪는 모습을 상상한다'보다, '집
과 차, 그동안 모은 가방 전부를 잃고 다시 어머니 집에서 살게 되
는 모습을 상상한다'가 더 좋다. 에픽테토스는 큰 도움이 되는 또
다른 제안을 한다. 네가 말하고, 듣고, 걷고, 숨쉬고, 삼키는 능력
을 잃었다고 상상해보라.

최악의 시나리오를 상상함으로써 우리는 미래의 고난이 가진
영향력을 빼앗고 지금 가진 것에 더욱 감사할 수 있다. 예상한 대
로 대재앙이 닥쳤을 때 스토아주의자들은 무화과나무에 무화과
가 열리거나 조타수가 맞바람을 만날 때처럼 태연하다고, 에픽테
토스는 말한다. 예상된 고난은 힘을 잃는다. 구체적으로 표현된
두려움은 그 크기가 줄어든다. 최소한 스토아철학은 그렇다고 말
한다.

우리 딸은 그렇게 생각하지 않는다. 스토아철학의 최악의 상황
에 대한 예상 개념을 설명해주자 딸아이는 그것이 "멍청한 짓"이
며 니체의 영원회귀 개념보다도 더 멍청하다고 분명히 말한다.

딸아이는 미래의 고난에 대해 숙고하는 것이 우울할 뿐만 아니라 불필요한 일이라고 본다. "나쁜 일이 일어나면 어차피 걱정하게 되어 있어. 왜 걱정을 사서 하는 거야?" 일리가 있다. 하지만 아이는 겨우 열세 살이다. 역경의 철학인 스토아철학의 타깃 고객은 아니다. 아이에게 시간을 더 주자고, 나는 속으로 생각한다.

◆

스토아 캠프의 세 번째 날이 되자 반복되는 일상이 생긴다. 아침에는 에픽테토스의 안내서를 읽는다. 오후가 되면 작은 그룹으로 나뉘어 마르쿠스 아우렐리우스를 논한다. 대학원생들은 이 철학자이자 황제였던 인물을 이해하는 데 어려움을 겪는다. 마르쿠스는 너무 무르다. 붙잡을 것도, 해부할 것도 없다. 마르쿠스는 그 무엇도 옳거나 그르다고 증명하려 들지 않는다. 아무것도 상정하지 않는다. 마르쿠스는 고질적 자기 회의와 싸우고, 인간으로 사는 것이 어떤 의미인지를 파악하고자 하는 사람일 뿐이다.

우리는 이곳에 고립되어 있다. 우리를 방해하는 것이 전혀 없다. 텔레비전도, 와이파이도 없다. 휴대전화 신호는 미약하고 오락가락한다. 하지만 조용한 기쁨이 퍼져 있다. 마음 맞는 사람들이 힘을 합쳐 악천후에 대항할 때 느끼는 기쁨이자, 동시에 인간으로서 중대하고 긴급한 문제를 붙들고 고심할 때 느끼는 흔치 않은 기쁨이다. 고향에서 멀리 떨어져 가진 거라곤 서로와 서로의 철학뿐이었던 에픽테토스의 제자들도 이런 기쁨을 느끼지 않았을까 상상해본다.

우리 스토아주의자들은 서로 결합한다. 난롯불 주위에 모여 마시멜로를 구워 먹으며 의연하게 추위에 맞선다. 우리는 바보 같은 스토아식 농담을 한다. 대화는 보통 이런 식으로 흘러간다.

"저기, 지금 마을로 가서 여섯 팩짜리 선호하는 무관한 것 사오려고 하는데, 뭐 필요한 거 있는 사람?"

"난 됐어. 자발적 박탈을 실천하는 중이거든."

"그래. 금방 돌아올게. 운명이 허락한다면."

저 마지막 문장, "운명이 허락한다면"에는 "스토아철학의 유보 조항"이라 불리는 것이 잘 나타나 있다. 롭이 처음 이 개념을 언급했을 때 나는 무슨 어려운 법률 용어(아마도 서명해야 하는 각서 같은 것)인 줄 알고 걱정했지만 그건 오해였다. 유보 조항은 법률 용어가 아니라 치료 요법이다. 삶의 불확실성에 대처하는 스토아철학의 또 다른 기술이다.

스토아철학의 핵심에는 깊은 숙명론이 있다. 우주는 내가 쓰지 않은 대본에 따라 움직인다. 언젠가는 직접 연출을 하고 싶겠지만, 포기하는 게 좋다. 우리는 연기자다. 자기 역할을 받아들여야 한다. 에픽테토스는 "내가 나이팅게일이라면 나는 나이팅게일의 역할을 연기할 것이다. 내가 백조라면 백조의 역할을 연기할 것이다"라고 말한다.

다른 역할을 간절히 원해봤자 아무 소용이 없으며 우마차에 끌려가는 개처럼 불필요한 고통을 겪게 될 뿐이다. 스토아철학은 "지금 가진 것을 욕망하는 법"을 배워야 한다고 말한다. 이상하게 들린다는 거 안다. 욕망한다는 것은 지금 내게 없는 것을 바란다는 뜻 아닌가? 어떻게 이미 가진 것을 욕망할 수 있지? 내가 보기엔 니체가 이 질문에 가장 훌륭하게 답할 수 있을 것 같다. 운명에 체념하지 마라. 운명을 그저 받아들이지 마라. 운명을 사랑하라. 운명을 욕망하라.

"유보 조항"은 우리가 직접 쓰지 않은 대본을 따라 움직인다는 사실을 상기시키는 역할을 한다. 사건은 그저 "운명이 허락하는 대로" 펼쳐진다. 시카고행 열차에 올라타는 스토아주의자는 스스로에게 이렇게 말할 것이다. "나는 내일 아침 시카고에 도착해 있겠지, 운명이 허락한다면." 승진 물망에 오른 스토아주의자는 스스로에게 운명이 허락한다면 승진하게 될 거라고 말할 것이다. 이 유보 조항은 이슬람교의 인샬라(신의 뜻이라면)나 유대교의 비에스랏 하샴b'ezrat hashem(신의 도움으로)에서 종교적 색채를 벗겨낸 것과 유사하다.

캠프에 온 모든 사람이 스토아철학의 결정론을 믿는 것은 아니다. 철저한 논리로 무장한 대학원생들이 특히 회의적이다. 만약 모든 운명이 정해져 있다면 인간의 주체성은 어디에 있는가? 그렇다면 굳이 무언가를 할 필요가 어디 있는가? 아침에 왜 침대에서 나와야 하는가? 나도 같은 생각이며, 롭이 자신의 염소수염을 바삐 쓰다듬는 게 보인다. 롭이 무어라 반박할지 빨리 듣고 싶다.

롭의 반박은 비유의 형태를 띤다(스토아학파는 비유를 좋아한다). 사람들은 언덕을 굴러 내려가는 원기둥과 같다고, 롭이 눈을 깜박이며 말한다. 모든 원통은 결국 언덕 밑에 도착할 것이다. 그건 정해진 사실이다. 하지만 이 원통들이 여기저기 부딪치며 힘들게 굴러갈지 부드럽게 굴러갈지는 원통에 달려 있다. 이 원통들은 매끈하게 다듬은 완벽한 형태의 원통인가? 아니면 거칠고 울퉁불퉁한 원통인가? 즉 이 원통들은 도덕적인 원통인가? 언덕이나 중력은 우리가 통제할 수 있는 것이 아니지만 우리가 어떤 종류의 원통이 될 것인가는 통제할 수 있다. 중요한 것은 바로 그것이다.

◆

내 침대가 흔들린다. 격렬하게. 잠에서 덜 깬 상태로 생각한다. 지진이다! 미리 예상치 못했으나 예상했으면 좋았겠다고 생각하는 그런 고난. 그런데 지진이 아니다. 진동이 너무 규칙적이다. 이건 사람이 만들어낸 진동이다.

"자연에 순응하는 삶을 살 시간입니다." 어느 목소리가 말한다. 눈을 뜨고 힐끗 시계를 본다. 아침 5시다. 도대체 무슨 일이 일어나고 있는 거지?

아 맞다, 마르쿠스. 마르쿠스는 새벽에 일어나 별을 보고 떠오르는 해를 맞이하는 것이 얼마나 좋은지를 장황하게 늘어놓았다. "삶의 아름다움을 곱씹어라. 별을 관찰하라. 별과 함께 움직이는 스스로를 보라." 나는 마르쿠스가 새벽에 일어나지도, 별과 함께 달리지도 않았을 거라고 확신하지만 롭은 이 철학자이자 황제의 말을 믿고 해가 떠오르기 전에 일어나는 것이 우리 스토아학파

꿈나무들에게 필요한 자양강장제라는 결론을 내렸다.

비틀비틀 화장실로 걸어 들어가 얼굴에 차가운 물을 끼얹고 동료 캠프 참가자들과 합류한다. 몇 번이나 넘어질 뻔하면서, 내내 오들오들 떨면서 산을 기어오른다. 나는 와이오밍이 아닌 메릴랜드의 봄 날씨에 맞춰 옷을 챙겨왔다.

우리의 새벽 운동에는 합리적 이유가 있다. 스토아철학에는 신체적 특징이 있었다. 스토아학파를 처음으로 세운 제논은 몸이 탄탄한 것으로 유명했는데, 아마 주랑 사이를 격렬하게 오간 결과였을 게 분명하다. 제논의 후계자인 클레안테스는 전직 권투 선수였고, 클레안테스의 후계자인 클리시포스는 장거리 달리기 선수였다. 이들이 이처럼 몸을 단련한 것은 메달을 따기 위해서도, 심지어 건강을 얻기 위해서도 아니었다. 스토아철학의 모든 것이 그렇듯 신체 단련은 덕, 구체적으로는 자제력과 용기, 인내를 실천하는 하나의 방법이었다.

바람이 살을 에는 듯 차갑다. 나는 징징대고 있다. 이번에는 속으로가 아니다. 언덕을 오르는 사람은 나를 포함해 세 명뿐이다. 다른 사람들은 어디 있지? 궁금해진다.

그때 이미 산마루에 자리 잡은 사람들이 보인다. "저기요." 내가 롭에게 말한다. "스토아학파는 다른 사람이 뒤처지게 두면 안 되는 거 아닙니까?"

"안내서에 그런 말은 없는데요." 롭이 무표정하게 말한다.

나는 전략을 바꿔서 마르쿠스라면 이 매서운 추위에 대해 무어라 말했을 것 같은지 묻는다.

"남자답게 굴라고 했겠죠." 롭이 대답한다.

스토아철학은 힘들다. 스토아철학은 쉽지 않으며 쉬운 척하지도 않는다. 그리스의 중용 사상은 거의 들어 있지 않다. 전부 아니면 전무의 철학이다. 사람은 고결하거나 고결하지 않거나 둘 중 하나다. 자연에 순응하는 삶을 살거나 그렇지 않거나 둘 중 하나다.

에피쿠로스학파처럼 스토아학파도 철학을 영혼을 위한 약으로 여겼다. 쓰디쓴 약. 에픽테토스는 철학자의 학교를 의사의 진료실에 비유하며 "고통스러워하며 이곳을 떠나야지, 즐거워하며 떠나선 안 된다"라고 덧붙인다. 그리고 진료실을 방문하는 목적은 의사에게 의존하기 위해서가 아니라 스스로를 치유하기 위해서, 자기 자신의 의사가 되기 위해서라고 말한다.

이런 자립심에 대한 강조는 왜 스토아철학이 미국 건국의 아버지들과 오늘날의 많은 군인들에게 호소하는지를 설명해준다. 스토아철학은 우리 어깨 바로 위에 자기 행복에 대한 책임을 지운다. 어린 제자가 코가 나온다며 불평하자 에픽테토스는 이렇게 답한다. "네게는 손이 없느냐? 직접 코를 닦아라. 그리고 신을 탓하지 말거라."

우리 모두는 각자 조금씩 로고스를 지니고 있다. 스토아철학에 따르면 로고스는 전 세계에 스며 있는 신적 지성이다. 이성은 우리에게 주어진 가장 큰 축복이며 유일하고도 진정한 행복의 근원이다. 우주에는 신적이면서도 전적으로 합리적인 지성이 스며 있다. 이성적으로 행동할 때마다 우리는 이 지성과 악수를 나눈다.

스토아학파에게 '이성적' 행동은 냉정한 행동을 뜻하지 않는다. 이성적 행동은 우주와 조화를 이루는 행동이며 거기에는 냉정한 점이 조금도 없다. 롭은 "우리는 신적인 섭리를 따르는 대리인"이라고 말한다. 롭의 말이 진심이라는 것을 알 수 있다.

그러므로 자연에 순응하는 삶을 사는 것은 곧 이성의 왕국과 동맹을 맺는 것이다. 우리는 어디에서나 그런 삶을 살 수 있다. 롭은 "맨해튼에서도 어렵지 않게 자연에 순응하는 삶을 살 수 있습니다"라는 말로 내가 와이오밍 시골 바닥의 이 칠흑 같은 어둠 속에서 덜덜 떨면서 왜 이러고 있는지 의문을 품게 만든다.

그때 하늘이 점점 밝아지고 지평선 위로 해가 고개를 든다. 아름답다. 나는 추위와 형편없는 숙소는 전부 잊고 내가 여기서 뭘 하고 있는지도 더 이상 궁금해하지 않는다. 점점 밝아지는 하늘을 바라보고 있는데 일전에 롭이 한 말이 떠오른다. "이 세상은 꽤나 넓고, 나는 아주 작은 존재이지요."

그때 롭은 스토아철학의 "위에서 내려다보기" 개념을 설명하고 있었다. 당신이 지구 위 높은 곳을 맴돌며 당신의 작은 세상을 내려다보고 있다고 상상해보라. 별것 아닌 교통체증과 더러운 그릇과 옹졸한 말다툼과 잃어버린 노트들. 전부 무관한 것들이다. 우리는 아무것도 아니다. 우리는 모든 것이다.

◆

고난의 다른 이름은 상실이며, 스토아철학은 여기에 대해서도

해줄 말이 많다. 다행이다. 나도 그 분야에서 도움을 좀 받을 수 있을 것이다. 에픽테토스는 먼저 작은 상실을 극복한 다음 더 큰 상실로 넘어가자고 제안한다. 코트를 잃어버린 적이 있는가? 그렇다면 그건 당신이 코트를 가지고 있었기 때문이다.

하지만 스토아철학의 세계관에서 당신은 사실 코트를 잃어버리지 않았다. 반납한 것이다. 도서관에 책을 반납하거나 호텔에서 체크아웃을 할 때보다 더 충격받을 이유가 없다. 내가 영국에서 잃어버린 애정하던 노트? 잃어버린 게 아니다. 반납한 것이다. 에픽테토스는 이렇게 말한다. "무언가를 잃어버렸을 때 그 자리에서 즉시 그 사실을 받아들이고, 그것을 가질 수 있었던 시간에 감사해라. 네 유모와 어머니 앞에서 훌쩍훌쩍 우는 게 더 낫다고 생각하는 게 아니라면!" 남자답게 굴어야 한다.

우리는 종종 자신의 것과 그렇지 않은 것을 혼동한다. 스토아철학은 헷갈릴 필요가 없다고 말한다. 간단하다. 내 것은 아무것도 없다. 내 몸조차도 내 것이 아니다. 우리는 늘 빌릴 뿐, 절대로 소유하지 않는다. 해방감이 느껴진다. 잃어버릴 것이 없다면 잃어버릴까 봐 두려워할 것도 없다.

나는 최근 모자 하나를 잃어버렸다. 산 지 며칠밖에 안 된 모자였고, 잃어버려서 무척 속이 쓰렸다. 딸아이에게 모자를 잃어버렸다고 이야기할 때 나는 내 마음을 온전하게 표현해보려고 했다. "그 모자가 있어서 행복했어. 그래서 모자를 잃어버렸을 때 나의 행복도 같이 사라졌어." 내 반응을 소리 내어 말하니 매우 유치하고 터무니없게 들렸다. 나는 모자를 잃어버린 것이 아니다. 반납한 것이다. 게다가 모자는 그저 무관한 것일 뿐이다.

일본인처럼 스토아철학도 "만물은 소멸한다"는 사실을 안다. 스토아철학은 많은 사람들처럼 이 사실을 슬픔의 원인으로 보거나 일본인처럼 찬미의 대상으로 보지 않고 그저 어쩔 수 없는 현실로 여긴다. 이성적으로 생각해보면 그에 대해 우리가 할 수 있는 것은 아무것도 없다. 그러니 걱정하지 않는 것이 최선이다. 마르쿠스는 우리가 소중히 여기는 모든 것이 언젠가는 나무의 이파리처럼 사라질 것이므로 "기쁨 때문에 그것을 너무 소중히 여기다 그것이 사라졌을 때 마음의 평화가 깨지지 않도록 주의"해야 한다고 말한다.

그렇다면 더 큰 상실은 어떻게 해야 할까? 사랑하는 이의 죽음보다 더 큰 상실은 분명히 없을 것이다. 그런 슬픔은 자연스러운 감정이므로 스토아철학도 장려할 것이다. 그렇지 않은가? 틀렸다. 스토아철학은 슬픔의 필요성은 인정하지만 지나친 슬픔은 인정하지 않는다. 세네카는 사랑하는 사람을 잃은 친구에게 이렇게 말했다. "눈물이 흐르게 두라. 하지만 동시에 멈추게 하라."[8] 한번은 아들의 죽음을 슬퍼하느라 손자 손녀와 더 좋은 시간을 보내지 못한다며 한 여성을 꾸짖기도 했다. 스토아철학에 따르면 어린아이가 죽었다는 소식을 들었을 때 가장 적절한 반응은 다음과 같다. "나는 내가 언젠가는 죽을 인간을 낳았다는 사실을 이미 알고 있었다."

이 지점에서 나는 스토아철학을 이해할 수 없다. 슬픔을 억압하면 그와 함께 기쁨도 억압하게 되는 것이 아닌가? 슬픔을 포함한 인간성의 모든 스펙트럼에 마음을 열어야 하는 것이 아닌가?

나는 롭 또한 스토아철학의 이러한 주장을 받아들이기 어려워할 거라고 생각한다. 그리고 스토아 캠프가 끝날 무렵 롭이 한 이야기를 들려줄 때 내 의심은 사실로 드러난다. 벽난로 속 불은 활활 타고 있다. 바깥은 춥고 구름이 가득하다. 눈이 내리려 하고 있다.

롭의 딸은 어린 나이에 귀를 뚫었고, 이후에 피어싱도 여러 개 했다. 아이는 열세 살 때도 귀를 뚫었는데, 이번에는 피가 멈추지 않았다. 롭은 아이를 주치의에게 데려갔고 "혈구 수치가 엉망"이라는 것을 알게 되었다. 여러 검사에 들어갔다. 그리고 나쁜 소식이 찾아왔다. 롭의 딸은 재생불량성 빈혈이라는 희귀병 판정을 받았다. 피를 응고시키는 세포인 혈소판을 골수에서 더 이상 만들어내지 못하고 있었다.

재생불량성 빈혈은 치료가 무척 힘든 질환이다. 한 의사는 롭에게 "이 병에 비하면 암은 가벼운 병"이라고 말했다. 롭의 가족은 이 질환을 앓던 친구가 죽는 모습을 지켜보았다. 롭은 구글에서 이 병을 앓는 환자의 수명을 검색해보았다. 16년이었다.

"그래서." 롭은 차분하고 흔들림 없는 목소리로 말을 이어나간다. "제게 스토아철학의 가치는 여기에 있습니다. 스토아철학이 진가를 발휘하는 곳이 바로 여기예요. 솔직하게 말하겠습니다. 쉽진 않아요. 내 딸을 두고 '이 아이는 그저 현상일 뿐이다'라고 말하는 것은 쉬운 일이 아니에요. 하지만 제가 반드시 해야만 하는 것이 있습니다." 롭은 스스로에게 물었다. 이 상황에서 내가 할 수 있는 것은 뭐가 있지? 대답은, 최선을 다해 좋은 아빠가 되는 것이었다. "그 모든 분석과 증명은 아주 조금도 중요치 않아요. 내가 더 좋은 아빠가 되지 못한다면요. 좋은 아빠가 된다는 건 뭘까요? 내가 아이를 병원에 데려다주는 사람이 되는 것, 아이에게 약을 먹이는 사람이 되는 것입니다. 정신줄을 놓지 않는 사람이 되는 거예요." 롭은 스토아주의자로서 더 도움이 되는 아빠, 더 나은 아빠가 되었다. 그리고 스토아철학에서 거의 사용하지 않는 단어이긴 하지만, 더 다정한 아빠가 되었다.

◆

스토아 캠프의 마지막 날, 잠에서 깨어나니 폭설이 내리고 있다. 눈이 수 센티미터나 쌓였고 앞으로도 계속 내릴 예정이다. 눈이 온다. 5월 말에. 자연 자신도 자연에 순응하는 삶을 살지 않는 것 같지만, 내가 뭘 알겠는가?

덴버로 향하는 길이 막혔는지 아닌지 알 수 없다. 나는 파리행 비행기 티켓을 예약해두었다. 사람들이 걱정하고 있다. 여기서 사람들이란 나를 의미한다. 롭이 진정하라고 말한다.

"상황을 파악할 수 있는 앱 같은 게 있으면 좋겠어요." 내가 말한다.

"거기 있잖아요." 롭이 대답한다. "당신 손안에요."

"내 아이폰에요?"

"아뇨, 다른 손에요. 안내서요. 에픽테토스의."

그렇겠지. 난 스토아 캠프에서 도대체 뭘 배운 거지? 실제로 역경에 부딪치자 동의 거두기, 유보 조항, 고난 미리 예상하기 같은 그 모든 훌륭한 개념들이 머릿속에서 전부 증발되어버린다. 그리 큰 역경이랄 수도 없다. 롭이 뉴질랜드에서 겪은 건강 문제나 롭의 딸이 앓는 질환에 비하면 여행을 망치는 것쯤은 아무것도 아니다.

심호흡을 하고 두 눈을 감는다. 그리고 높은 곳에서 내 상황을 내려다보는 상상을 한다. 약간 도움이 되긴 하지만 큰 도움은 안 된다. 머릿속에서 파리행 비행기가 나 없이 날아가는 모습이 보인다.

세네카에게 기대본다. 세네카는 내가 당면한 고난(이자 내가 평생 해온 일)인 휴양 여행을 즉시 비난한다. "여행을 한다고 기술 중의 최고 기술인 지혜를 얻을 수 있을 거라 생각하나? 내 말을 들어라. 그 어떤 여행도 너의 성질머리와 두려움에서 너를 꺼내줄 순 없다."[9] 로마의 개자식 같으니.

에픽테토스에게 기대본다.[10] 에픽테토스는 나를 더 격려해준다. 그는 여행자를 "지적인 우주의 관객"으로 여긴다. 훨씬 낫다. 에픽테토스는 5월의 눈폭풍에 대해 별 조언을 해주지 않으므로 내가 대신 생각해본다. 이 상황에서 내가 통제할 수 있는 건 뭐지? 눈도 아니고 끊긴 도로도 아니며, 내 철학 여행도 아니다. 나는 이 여행에 너무 집착하고 있다. 에픽테토스의 말에 따르면 나는 좋은 호텔을 발견하고 그 호텔에서 절대로 떠나려 하지 않는 여행자와 같다. "네 애초의 의도를 잊었느냐? 너는 이곳으로 여행을 온 게 아니다. 이곳을 통해서 여행을 하려는 것이지.”

나는 나의 불안이 다가올 상실에 대한 반응임을 깨닫는다. 나는 비행기를 놓칠 것이고 그러면 시간을 잃을 것이고 그러면……그러면 뭐?

잘 모르겠다. 비행기를 놓치면 어떤 결과가 발생할지 깊이 숙고해보지 않았다. 지금 생각해보니, 잃을 것이 극히 적다. 비행기 티켓은 무관한 것이다. 내 행복은 비행기 티켓에 달려 있지 않다. 아주 조금도. 나에겐 비행기를 반드시 타야 할 권리가 없다. 잃어버릴 수 있는 나의 것이 아니다. 나는 지나가다 잠시 머무는 사람일 뿐이다. 게다가 내가 파리에 갈 수 있느냐 없느냐는 내가 어찌할 수 있는 일이 아니다. 도로가 끊겼다면 그걸로 끝이다.

이름을 다시 붙이는 게 좋을 것 같다는 생각이 든다. 나는 내가 처한 곤경을 짧은 휴가이자 동료 스토아주의자들과 더 많은 시간을 보낼 수 있는 기회로 명명한다. 파리는 수 세기 동안 그 자리에 있었다. 아마 좀 더 기다려줄 수 있을 것이다. 눈은 평생 내리지 않을 것이다. 그 무엇도 영원하지 않다. 눈은 곧 멈출 것이고, 나는 남쪽으로, 스노위 산맥을 지나, 와이오밍의 널따란 하늘 아래 덴버 국제공항으로 이동해 결국은 파리의 환한 불빛 아래 설 것이다. 그래, 나는 곧 파리에 있게 될 것이다. 운명이 허락한다면.

13

보부아르처럼
늙어가는 법

How to Grow Old Like
Beauvoir

"꺼져가는 빛에 분노하는 것이 아니라
그 빛이 다른 이들의 삶 속에서 계속 타오를 것임을 믿는 것."

오후 1:42.

테제베 8534번 열차를 타고 보르도에서 파리로 향하는 중.

창문 밖으로 흐릿한 초록의 물결(아마도 농지인 듯하다)이
이어진다. 지평선 위에 서 있는 거대한 흰색 풍차가 덥고 바
람 없는 대기 속에서 느릿느릿 돌아간다. 내 앞에는 "현실은
구리다"라고 쓰인 추리닝을 입은 10대 여자아이가 앉아 있
다. 아, 그런데 현실이 뭔가요? 이렇게 묻고 싶다. 프랑스어
를 할 수만 있다면.

주위를 둘러보다 눈에 보이는 사람 중 내가 가장 나이가
많다는 사실을 깨닫는다. 요즘 이런 일이 자주 일어난다. 이
렇게 갑자기 주위에 젊은이들이 많아지다니 당혹스럽다. 이
유를 설명할 수 없다. 하지만 확실한 건 나와는 아무런 관계
도 없다는 거다. 나는 늙지 않았다.

몇 주 전, 대학가에 있는 한 카페에서 글을 쓰기로 했다. 큰 실수였다. 나는 반짝반짝 빛나는 젊음의 바다에 빠졌다. 완벽한 치아와 완벽한 머리카락, 활짝 열린 완벽한 미래를 가진 완벽한 인간들. 젊은이들은 무심한 듯 추리닝을 걸치고 값비싼 헤드폰을 낀 채 서로서로 격렬하게 주먹 인사를 나누었다.

이런 염병. 나는 거의 이렇게 생각할 뻔하다 겨우 자신을 추슬렀다. 왜냐하면 이건 정확히 고약한 늙은이가 할 법한 생각이고, 나는 늙지 않았기 때문이다. 젊고 발랄한 바리스타가 내 얼그레이 티가 준비되었다고 외쳤지만 나는 실존주의와 플라톤에 대해 생각하느라 듣지 못했고, 바리스타는 티가 나왔다고 다시 한번 외쳐야 했다. 바리스타가 내가 늙었다고 생각할까 봐 걱정스러웠다. 나는 늙지 않았는데. 나는 <뉴욕타임스>(종이 신문이라니!)를 한 부 달라고 한 저 영감탱이와는 다르다. 바리스타는 무슨 포르노 잡지처럼 카운터 아래 깊숙한 곳에서 한 부를 꺼내주었다. 나는 무슨 고대 유물처럼 자기 테이블 위에 계산기(계산기라니!)를 올려둔 저 가련한 인간과는 다르다. 나는 절대로 저런 사람이 아니다. 나는 늙지 않았다.

우리가 탄 파리행 열차는 도착이 지연되고 있다. 승무원은 처음에는 20분이 늦는다고 했지만 20분은 한 시간이 되고 한 시간은 두 시간이 된다. 열차에 탄 젊은이들은 점점 안절부절못하며 강박적으로 시계를 확인한다. 마치 그렇게 하면 더 일찍 도착할 수 있을 것처럼. 나이 든 승객들은 시계를 확인하지 않는다. 승무원이 애석하다는 듯 도착이 더 늦어 진다고 알리자 나는 내 손목을 들어 분명하게 내 시계를 바라본다. 다들 봤지? 나는 늙지 않았다고.

◆

노년은 고정되어 있는 거대한 물체이며, 보이는 것보다 가까이에 있다. 노년과의 만남은 절대로 부드럽게 이뤄질 수 없다. 우리는 노년을 스쳐 지나가지 않는다. 옆구리를 살짝 부딪치지 않는다. 우리는 노년과 정면으로 충돌한다.

어느 날 아침 시몬 드 보부아르는 매일 아침 그렇게 하듯 거울을 들여다보고 웬 낯선 사람이 자신을 바라보고 있는 것을 발견한다. 이 사람은 누구지? 거울 속 여자는 "눈썹은 눈 위로 흘러내렸고, 눈 밑에 다크서클이 깔렸으며, 광대는 지나치게 툭 튀어나오고, 주름 때문에 입가에 슬픈 기운이 감돌았다." 저 여자는 자신일 수 없었다. 하지만 저 여자는 내가 맞았다. "내가 여전히 나이면서 다른 존재가 될 수 있는 것인가?" 보부아르는 궁금했다.

저 글을 쓸 무렵 보부아르는 쉰한 살이었고 아름다웠다. 하지만 보부아르가 노년에 관한 자신의 저서에서 주장했듯이 나이는 보는 사람의 눈 속에 있다. 보부아르는 자기 앞에 있는 사람들의 눈이 눈앞의 모습을 좋아하지 않을까 봐, 더 나쁘게는 아무것도 보지 못할까 봐 걱정스러웠다. 보부아르는 스무 살의 젊은이들에게 자신이 "이미 오래전에 죽은 미라"로 보일 거라 생각했다. 이 거울 일화가 있고 나서 얼마 지나지 않아 강력한 마지막 한 방이 날아왔다. 길거리에서 한 젊은 여자가 보부아르를 멈춰 세우고 이렇게 말했다. "꼭 저희 엄마 같으세요."

보부아르는 혼란스러웠고 배신감을 느꼈다. 한때는 친구였던 시간이 이제는 자신이 모르는 음모를 꾸미고 있었다. 보부아르는 언제나 다음 프로젝트나 탐험을 계획하며 앞을 향해, "미래로 뻗어 나가는" 삶을 살았다. 하지만 이제 보부아르는 어깨 너머로 과거를 돌아보며 뒤로 되돌아가고 있었다. 자기 나이와 충돌한 것이다.

보부아르가 이 충돌을 미리 예상했을 거라고 생각할 수도 있다. 보부아르는 젊었을 때부터 노화에 집착했다. 죽음보다도 노년을 더 두려워했다. 보부아르는 죽음은 "절대적 무"이기에 이상하게 위로가 된다고 생각했다. 하지만 노년은? 노년은 "삶의 패러디"다.

보부아르의 오래된 파트너이자 철학자인 장 폴 사르트르는 노년을 "이해할 수 없는 것"이라 했다. 이해할 수 없다는 것은 우리가 살아가고 있지만 절대로 온전히 내면화할 수 없는 상태, 오직 다른 사람들만이 이해하는 상태를 의미한다. 우리가 늙어 보이고, 늙은 사람처럼 행동하고, 누가 봐도 늙었을 수는 있다. 하지만 우리는 절대로 자신이 늙었다고 느끼지 않는다. 우리는 자신의 노화를 절대로 이해하지 못한다. 그렇기에 자기 나이와 충돌하고 12년이 지났을 무렵 보부아르는 이렇게 말한다. "나는 예순셋이다. 그리고 나는 여전히 이 사실이 낯설다."

◆

　노화에 대한 지침은 별로 많지 않으며, 따를 만한 롤모델은 그보다도 더 적다. 물론 젊은이 흉내를 내는 노인들은 수없이 많지만 그 사람들은 젊은이 흉내를 내는 노인들의 롤모델이다. 나이드는 데 지침이 되어줄 사람은 없다.

　소설가이자 철학자, 페미니스트 영웅인 시몬 드 보부아르가 예상 밖의 롤모델 후보자임을 인정한다. 보부아르가 노년에 관해 쓴 글은 암울하다. 보부아르는 우아하게 나이 들지 않았다. 나이와 싸우면서 마지못해 억지로 나이 들었다. 보부아르는 불빛이 꺼져감에 분노하고 또 분노했고, 자신의 분노를 거부하는 사람들에게도 분노했다. 하지만 결국 보부아르는 노화와 평화로운 관계를 맺고 노화를 받아들였으며, 본인은 아마 부정하겠지만 나이 듦을 사랑하게 되었다.

　나에게도 롤모델이 필요하다. 충돌이 임박했음을 느끼고 있기 때문이다. 적신호가 켜졌다. 오늘 아침만 해도 왼쪽 볼에 작은 갈색 반점이 나타나 오른쪽 볼에 있는 쌍둥이 반점과 머리에 있는 형제 반점들, 목에 있는 먼 친척뻘 반점들과 합류했다. 어제는 없었던 것이다. 어제는 없었다고 생각한다. 솔직히 말하면 나는 거울 속 내 모습을 그리 자주 들여다보지 않는다. 거울을 본다 해도 제대로 들여다보기보다는 눈을 가늘게 뜨고 대충 휙 보는 것에 더 가깝다. 내가 물리적 우주에 여전히 존재한다는 사실은 증명해주지만 새로 생긴 반점 같은 불편한 진실은 보여주지 않는, 딱 그만큼의 시각적 정보만이 거울에서 내 뇌로 전달된다. 그러고 보니 나는 몇 년간 내 모습을 제대로 들여다본 적이 없다.

이런 나를 비난할 텐가? 나는 확실하게 나이 든 남자가 아니라 애매하게 나이 든 남자다. 젊은이보다는 늙었지만 진짜 늙진 않았다. 사이에 낀 이런 곤란한 시기를 무어라 불러야 할까? '중년 후반'은 '후반'이라는 말 때문에 별로지만 '노년 초반'보다는 훨씬 나은데, '노老'라는 단어가 들어 있기 때문이다. 그리고 나는 늙지 않았다.

나는 진짜로 나이 든 사람을 볼 때 보부아르가 타자他者라 부른 것을 본다. 너무 낯설어서 하나의 "사물이자 불필요한 것"으로 보이는 사람. 저 사람 늙었네, 나는 이렇게 생각한다. 나는 늙지 않았는데. 그리고 이 말에는 나는 절대로 늙지 않을 것이라는 의미가 숨어 있다. 나도 이 말이 거짓말임을 안다. 하지만 유용한 거짓말이다. 이런 생각 덕분에 마르쿠스처럼 매일 아침 침대에서 나와 싸움을 계속할 수 있기 때문이다.

지는 싸움이라는 것, 나도 안다. 이미 후퇴가 시작되었다. 내 수염이 처음 회색으로 변했을 때 나는 수염이 하얗게 센 노인이 되지 않기 위해 매주 수염을 갈색으로 염색했다. 하지만 염색을 하는 간격은 나도 모르는 사이 1주일에서 2주일로, 3주일로 늘어나고 있다. 결국 내가 흰 수염에 굴복하는 날을 상상할 수 있다. 충돌이 다가오는 것이 보인다. 하지만 지금은 아니다. 아직은 아니다. 나는 늙지 않았다.

나의 자기기만 능력은 수염 몇 가닥이 처음으로 하얗게 셌을 때 생긴 것이 아니다. 로마의 철학자 키케로가 말했듯이 우리가 노화 탓으로 돌리는 많은 결점은 사실 인성의 문제다. 노화는 새로운 성격 특성을 만들어낸다기보다는 기존의 특성을 더욱 증폭한다. 우리는 나이 들수록 더 강렬한 형태의 자기 자신이 된다. 이러한 변화는 보통 긍정적이지 않다. 돈 쓰는 데 신중한 젊은 남성은 늘 투덜대는 늙은 수전노가 된다. 감탄할 만큼 의지가 강한 젊은 여성은 짜증날 만큼 고집 센 할머니가 된다. 이런 성격의 강화는 늘 부정적인 쪽으로만 흘러가야 하는 걸까? 나이 들면서 그 궤도의 방향을 꺾을 수는 없는 걸까? 더 나은 모습의 나이 든 내가 될 수는 없을까?

◆

대부분의 철학자는 기이할 만큼 노년에 침묵한다. 내가 기이하다고 말한 것은 나이 듦이 인생에서 매우 중요한 부분을 차지하기 때문이기도 하지만 수많은 철학자들이 끝까지 생산적인 삶을 살며 장수를 누렸기 때문이기도 하다. 플라톤은 여든에 죽을 때에도 여전히 열심히 일하고 있었다. 소크라테스는 아흔아홉까지 살았고 아흔넷에 자신의 가장 유명한 작품을 썼다. 고르기아스는 두 사람을 한참 어린애로 보이게 하는데, 그는 백일곱 살까지 살았고 죽는 날까지 일에 매진했다.

그들에겐 잘된 일이지만, 우리에게 정말로 나이 듦의 철학이 필요할지 궁금할 수 있다. 어쨌거나 '성공적인 노화'(정말 터무니없는 단어다. 아, 이제 나는 나이도 성공적으로 들어야 하는 거야? 좋네 좋아. 무능하다고 느낄 만한 일이 또 하나 생겼군)에 관한 과학 연구는 결코 부족하지 않다. 다이어트와 운동법, 예방의학에 관한 책도 부족하지 않고, '노인 요양 시설'에서의 삶이 얼마나 좋은지를 홍보하는 광택이 흐르는 안내 책자도 부족하지 않다. 철학이 여기에 무엇을 더 보태줄 수 있을까?

보태줄 수 있는 것이 꽤나 많다. 철학은 우리에게 생각할 내용이 아닌 생각하는 방법을 알려주며, 우리에게는 나이 듦에 대한 새로운 사고방식이 필요하다. 사실 우리는 노화에 대해 별 생각을 안 한다. 젊음을 유지하는 것만 생각한다. 우리에게는 나이 듦의 문화가 없다. 나이 든 사람들이 절박하게 매달리는 젊음의 문화만 있을 뿐이다.

노화는 질환이 아니다. 병이 아니다. 비정상이 아니다. 문제가 아니다. 노화는 연속체이며, 우리 모두 그 연속체 위에 있다. 우리 모두가 언제나 늙어가고 있다. 이 글을 읽고 있는 지금도 당신은 늙고 있다. 갓 태어난 아기나 할아버지보다 더 빠르지도 느리지도 않은 똑같은 속도로.

철학은 우리가 소크라테스처럼 단어의 뜻을 명확히 정의 내리도록 도와준다. '늙었다'라는 말은 무슨 의미인가? 나이를 말하는 게 아니다. 나이에는 아무 의미도 없다. 나이는 그 사람에 대해 아무것도 말해주지 않는다고, 노화를 연구한 철학자 얀 바스는 말한다. "나이는 그 무엇의 원인도 아니다."[1]

◆

고대 그리스에는 시간을 의미하는 단어가 두 개 있었다. 바로 크로노스chronos와 카이로스kairos다. 크로노스는 일반적인 시간이다. 시계 속의 분, 달력 속의 달이다. 카이로스는 딱 맞는 적절한 때를 의미한다. 무르익은 기회다. "지금이 아니면 안 된다"나 "지금은 때가 아니다"라고 말할 때 우리는 카이로스를 의미하는 것이다.

지금이 아빠와 딸이 함께 여행을 떠나기 적절한 때로 보였다. 이제 내 딸은 더 이상 내 농담을 재미있다고 여기지 않으며(본인은 한 번도 내 농담이 재미있었던 적 없다고 주장한다) 더 이상 나와 포옹하지도 않지만 그래도 여전히 우리는 대화를 나눈다. 이 불확실한 세계에서 우리의 대화가 언제까지 이어질지 누가 알겠는가?

우리 아이들은 수목관리사가 나무의 나이를 잴 때 확인하는 나이테와 같다. 시간이 흘렀음을 보여주는 경험적 증거다. 아이들은 자라고 변화하며, 우리는 아이들만큼 명백하게 드러나지는 않지만 우리 또한 변하고 있음을 안다. 나이 든 아빠인 나에게 이 나이테는 더욱 중요하다. 나는 점점 더 굵어지는 아이들의 나이테를 그 어느 때보다 더 통렬하게 감지한다. 나는 기쁨을 뒤로 미루고 싶은 유혹에 저항한다. 파리에 가면 왜 안 돼? 지금, 청소년기라는 급류가 아이를 휩쓸기 전에 파리에 가면 왜 안 돼? 더 확실한 건 나와 달리 소냐가 프랑스어를 할 줄 안다는 것이다. 이게 카이로스가 아니라면 무엇일지 나는 모르겠다.

나는 사전에 모든 그림을 그려놓았고, 소크라테스가 경고했듯이 그건 언제나 위험한 일이다. 내 머릿속에서 이것은 부녀의 감동적인 파리 여행이었다. 나는 우리가 보부아르가 자주 방문한 장소들을 거니는 모습을 상상했다. 센 강가에 있는 카페에서 샤르도네와 스프라이트를 홀짝홀짝 마시며 실존주의의 계율을 논하는 모습을 상상했다. 나와 열세 살 난 내 딸이 서로를 더 잘 알게 되는 모습을 상상했다.

이 여행은 나의 '기투企投'였다. 기투는 내가 가장 좋아하는 실존주의 용어다. 기투는 우리가 일상의 환경을 초월하게 해주고 자기 자신을 넘어설 수 있게 해준다. 하지만 보부아르는 우리의 기투가 영원히 다른 사람들의 기투와 부딪칠 거라고 경고했다. 나의 자유는 타인의 자유와 뒤얽혀 있다. 우리는 타인이 자유로운 만큼만 자유롭다. 나의 기투(부녀간의 사랑 넘치는 프랑스 여행)는 소냐의 기투와 정면충돌했다. 소냐의 기투는 맥도날드에서 햄버거를 먹고 고향에 있는 친구들과 문자를 주고받는 것이었다.

◆

나는 지하철역의 승차권 자동판매기 앞에서 애를 먹고 있다. 언어의 문제가 아니라 디지털의 문제다. 올바른 버튼을 올바른 순서대로 누르지 못하고 있는 것 같다.

"할아버지, 내가 할게." 소냐가 말한다. 소냐는 나를 할아버지라고 부르기 시작했다. 예를 들면 "할아버지, 우리 너겟 좀 먹자" 같은 말을 한다. 소냐는 농담을 하고 있다. 나는 늙지 않았다. 소냐의 손가락이 화면 위를 날아다닌다. 붕붕. 티켓이 출력되고 우리는 순식간에 개찰구를 통과한다.

우리의 목적지에 도착한다. 소르본 대학이다. 실존주의는 어렴풋하고 알쏭달쏭한 철학이다. 단단히 붙잡을 무언가가 필요하다. 그래서 장소의 인간인 나는 시몬 드 보부아르가 수학한 일류 대학을 목적지로 정했다.

소냐는 한 번 둘러보고는 "커다란 미색 건물"이 별로 인상적이지 않다고 선언한다. 게다가 목적 없는 방문객은 입장이 불가능하다고 한다. 몇 분 동안 우리는 비가 부슬부슬 내리는 추운 바깥에 서서 사탕 가게가 문을 열기를 기다리는 아이들처럼 건물 안을 들여다본다. 적어도 나는 안을 들여다보고 있다. 소냐는 눈알을 굴리고 있다.

가방에 손을 뻗어 종이 한 뭉치를 꺼낸다. 시몬 드 보부아르의 파리를 안내하는 안내서다. 두께가 얇다. 보부아르는 프랑스의 철학 영웅인 사르트르보다 훨씬 적은 관심을 받는다. 하지만 센강에 보부아르의 이름을 딴 보행자 전용 다리가 있다. 조짐이 좋다. 내 경험상 다리는 몸을 상쾌하게 하고 정신을 자극한다. 또한 훌륭한 은유가 되어주기도 한다.

"우리는 시몬 드 보부아르 다리로 간다!" 나는 마치 파리 해방을 선포하는 드골처럼 선언한다. 소냐의 대답은 비언어적이다. 미묘하면서도 날카로운 눈알 굴리기.

우리는 봄에 어울리지 않는 차가운 공기에 겉옷을 여미며 센 강가를 걷는다.

"아빠." 소냐가 말한다. "나 질문 있어."

질문! 모든 철학의 씨앗. 궁금함의 뿌리. 어쩌면 소냐는 세상이 전부 환상일 뿐인지, 아니면 진정성 없는 시대에 어떻게 하면 진정성 있는 삶을 살 수 있을지 궁금해하고 있는지도 모른다. 어쩌면 칸트의 정언 명령(고결한 사람은 상황이나 동기와 상관없이 윤리적으로 행동한다는 개념)이 소냐의 흥미를 끌었을지도. 질문이 뭐든 간에 나는 무척 기쁘고, 아버지로서 지혜를 전해줄 작정이다.

"그래, 소냐야. 질문이 뭔데?"

"언제부터 머리가 벗겨지기 시작했어?"

"음, 스물네 살 때쯤인 것 같은데."

"왜 그냥 다 밀어버리지 않았어?"

"희망을 놓지 못한 것 같아."

"다 부질없다는 거 알잖아, 아빠."

"그래, 그렇지."

흠, 플라톤의 《대화편》과는 사뭇 다른 대화로군. 하지만 이게 시작이겠지.

계속 걸으면서 내가 먼저 나선다. 나는 실존주의에 대해 아빠스플레인(남자man와 설명하다explain를 합친 단어로 상대가 원치 않는 설명을 남자가 구구절절 늘어놓는다는 뜻의 맨스플레인에서 맨을 아빠로 바꾼 것-옮긴이)을 늘어놓는다. 이름에서 알 수 있듯이 실존주의는 실존에 초점을 맞춘 철학이며, 삶의 문제를 해결하는 철학의 본래 목적으로의 회귀를 보여준다고 설명한다. 실존주의는 무엇이 아니라 어떻게를 다룬다. 어떻게 하면 우리는 더 진정성 있고 의미 있는 삶을 살 수 있는가?

실존주의자들은 이 질문의 답이 오로지 자신에게 달려 있다는 좋은 소식을 전한다. 그 답은 신이나 인간 본성에 있지 않다. 하나의 인간 본성이란 존재하지 않으며, 오로지 각기 다양한 특성들이 있을 뿐이다. 또는 보부아르가 말했듯이, "본성이 없는 것이 인간의 본성이다."

이러한 주장은 믿을 수 없을 만큼 큰 힘을 인간에게 쥐여주며, 동시에 겁을 주기도 한다. 사르트르의 유명한 말처럼 우리는 "자유를 선고받았다." 우리는 자유를 갈망하면서 동시에 두려워하는데, 진정으로 자유롭다면 자기 불행에 대한 책임을 온전히 스스로 져야 하기 때문이다.

실존주의자들에게 사람은 곧 그 사람이 하는 행동이다. 더 이상의 반박은 없다. 우리는 온전히 실현한 기투, 그 이상도 이하도 아니다. 추상적인 개념의 사랑이란 없으며, 오로지 사랑하는 행동만이 있을 뿐이다. 천재란 없고, 천재적인 행동만이 있다. 우리는 자신의 행동을 통해 한 번에 한 붓질씩 자기 자화상을 그린다. 사르트르는 우리가 곧 그 자화상이며 "오로지 그 자화상일 뿐"이라고 말한다. 더 이상 스스로를 찾기 위해 노력하지 말 것. 스스로를 그려나가기 시작할 것.

나는 다시 아빠스플레인을 시전한다. 우리는 원하는 모든 것이 될 수 있단다. 사르트르가 사용한 가장 유명한 예를 들자면, 네가 카페 웨이터라고 해서 언제까지나 웨이터로 남아 있어야 하는 건 아니야. 너에게는 선택권이 있고, 의식적으로 선택을 내리고 열심히 추구함으로써, 바로 그 선택을 통해 자기 본질을 만들어나가는 거야.

아빠스플레인을 끝내고 소냐 쪽을 쳐다본다. 소냐는 말없이 내 말을 듣고 있었다. 좋은 징조로 받아들인다(아빠스플레인이 먹혔어!). 하지만 소냐의 눈을 보니 내 말에 동의하지 않는다는 것을 알겠다.

"그러니까 내가 뭐든 될 수 있다는 거잖아? 선택만 하면?"

"그렇지."

"만약에 내가 닭이 되고 싶다면? 내가 그런 선택을 내린다고 해서 닭이 될 수 있는 건 아니잖아. 하루 종일 알을 품고 닭처럼 울 수야 있겠지만 그래도 닭이 되진 못해. 나한테서 깃털이 나오는 것 같아?"

"아, 그건 아니지. 하지만 그건 닭이 될 수 없는 게 너의 사실성이기 때문이야."

"사실성?"

사실성facticity은 또 다른 실존주의 용어다. 사실성은 우리가 선택하지 않는 삶의 요소를 의미한다. 우리는 이 시기에 이 나라에서 이 부모에게 태어나기로 선택하지 않았다. 우리는 사실성을 통제할 수 없다. 나는 다시 설명을 시작한다. 좋은 소식은, 우리가 사실성을 초월할 수 있고 자신의 사실성, 즉 자기 자신을 넘어설 수 있다는 거야.

446

"사실성? 진심? 시몬 드 보부아르라는 사람 너무 과대평가되어 있네. 그럼 셰익스피어는?"

"셰익스피어가 왜?"

"셰익스피어는 새 단어를 엄청나게 많이 발명했다고. '눈알eyeball'이나 '끝내준다awesome' 같은 단어들 말이야. 셰익스피어가 없었다면 '자식, 눈알이 끝내주는데' 같은 말도 못 했을걸. 한번 생각해보란 말이야."

"일리가 있네."

"맞지? 내가 차세대 시몬 드 보부아르가 될 수도 있는 거야."

"그럴 수 있지. 그런데 그러려면 철학 용어가 있어야 해. 진정한 철학자들은 다 자기만의 철학 용어가 있거든. 어디 보자. '끝내줌성'은 어때?"

"그게 무슨 뜻인데?"

"음, 끝내주는 상태를 말하는 거야. 모두들 약간의 끝내주는 면은 있다는 개념이지."

"그럼 어떤 사람들은 다른 사람보다 끝내주는 점이 더 많아?"

"아니, 그건 아냐. 하지만 어떤 사람들은 다른 사람보다 자신의 끝내주는 면을 더 잘 알아. 자신의 끝내주는 점 저장소에 가닿는 것, 그게 바로 끝내줌성이야."

소냐는 아무 말도 하지 않는다. 눈알도 굴리지 않는다. 극찬이다.

걷는 동안 햇빛이 구름 사이를 뚫고 나온다. 그때 방금 우리가 철학을 했다는 생각이 든다. 철학을 읽은 것도 공부한 것도 아닌 철학을 한 것이다. 우리는 우리가 공유하는 인간성(끝내주는 점을 경험하는 것)의 중요한 측면에 관해 치열한 대화를 나누었고 그러한 측면을 명확하게 나타내는 용어를 만들었다. 끝내줌성이 플라톤의 이데아론이나 칸트의 정언 명령만큼 멋지지 않다는 것은 알지만 이건 시작일 뿐이다. 이 대화가 어디로 흘러갈지 누가 알겠는가?

결국 우리는 시몬 드 보부아르 다리에 도착한다. 극도로 철학적인 다리라는 생각이 든다. 보행자는 서로 높이가 다른 세 개의 경사로 중 하나를 이용해 다리로 진입한 뒤 센강을 건너 또 다른 세 개의 경사로 중 하나를 이용해 다리에서 내려온다. 들어갈 때와 나올 때 꼭 같은 높이의 경사로를 선택하지 않아도 된다. 매번 다른 높이의 경사로를 선택할 수 있다.

다시 아빠스플레인을 펼친다. 인생은 이 다리처럼 일련의 끝없는 선택으로 이루어져 있어. 처음에 어떤 방향을 선택한다 해도 언제나 자유롭게 방향을 바꿀 수 있지. 우리는 언제까지나 멈추지 않고 우리가 이용할 경사로를, 우리의 본질을 선택하고, 마치 그게 아닌 척 구는 것은 우리의 주체성을 포기하는 행위야. 이 다리는 강철로 구현된 실존주의야.

"아빠?"

"응."

"상상 임신이 뭔지 알아?"

"음, 아니." 나는 소녀가 무슨 얘길 하려는지 이해하지 못하고 대답한다.

"임신했을 때 나타나는 신체 증상은 다 나타나는데, 임신은 아닌 거야. 그냥 임신했다고 생각만 한 거지."

"흥미롭네. 근데 그게 이거랑 무슨—."

"아빠도 상상 생각을 하고 있는 거야. 아빠는 저 쿨하게 생긴 다리가 무슨 대단한 생각에 대한 은유라고 생각하지만 내가 보기엔 저건 그냥 쿨하게 생긴 다리야."

철학자들은 도를 잘 넘는다. 심오한 생각이 너무 하고 싶어서 지적 환영에 빠질 위험을 감수한다. 때때로 희미하게 빛나는 저 빛은 오아시스가 아니라 머릿속에서 만들어낸 장난일 뿐이며, 때로는 가장 단순한 설명이 가장 좋은 설명이다. 그래서 소크라테스도 둘씩 짝을 이뤘을 때 철학을 가장 잘 실천할 수 있다고 믿었다. 2인조 방식이다. 지나치게 멀리 가지 않도록 나를 붙잡아줄 다른 사람, 다른 정신이 필요하다. 소냐는 내 소크라테스다. 소냐는 내 가정에 의문을 제기한다. 의심을 심는다.

◆

카페를 사랑한 시몬 드 보부아르는 카페 위에서 태어났다. 보부아르 가족이 살던 아파트에는 발코니가 하나 있었는데, 그 발코니에서 카페 드 라 로통드Café de la Rotonde가 내려다보였다. 어느 날 부모님이 나가고 집에 안 계실 때 보부아르는 여동생에게 아래층으로 몰래 내려가 카페 크림café crème(크림 커피-옮긴이)을 마시자고 했다. 동생 엘렌은 그때를 이렇게 회상한다. "그 엄청난 대담함! 그 뻔뻔함이라니!"[2]

자신의 설명에 따르면 보부아르는 "우두머리 역할을 하는 여자아이"였다. 호기심도 많았다. 보부아르는 걸신들린 듯 책을 탐독했다. 종류를 가리지 않았지만 그중에서도 특히 여행 이야기를 좋아했는데, 이때 생긴 방랑벽이 평생 사라지지 않았다. 그러던 어느 날 학교 선생님이 보부아르에게 철학을 공부해보는 게 어떻겠느냐고 제안했다. 바로 그거였다. 보부아르는 철학에 푹 빠졌다.

어린 나이에, 실존주의자가 되기도 전에, 실존주의자라는 용어가 생겨나기도 전에 보부아르는 "내 삶은 현실이 될 아름다운 이야기, 내가 살아가면서 스스로 만들어낼 이야기가 될 것이다"라고 말했다. 이게 바로 실존주의다. 따라야 할 각본도, 지문도 없다. 우리는 우리 삶이라는 이야기의 저자이자 감독이자 배우다.

보부아르는 스물두 살에 최연소로 그 어려운 철학 교수 자격시험을 통과했다. 사르트르에 뒤이은 차석이었다. 보부아르가 어찌나 근면하고 유머가 없었는지, 한 친구는 보부아르에게 카스토르 Castor, 즉 비버(비버는 부지런하고 성실한 동물로 유명하다-옮긴이)라는 별명을 붙여주었다. 이 별명은 평생 보부아르를 따라다녔고, 보부아르는 이 별명을 명예의 훈장으로 여겼다. 보부아르의 전기를 쓴 프랑스 전기 작가는 이렇게 말한다. "일이라는 단어에는 무슨 마법이 깃들어 있는 것 같다. 이 단어는 특별한 광휘, 특별한 분위기를 내뿜는다. 보부아르에게 일은 삶의 암호와도 같았다."[3]

보부아르는 언제나 일을 하고 있었고, 동시에 여러 가지 일을 하는 경우도 많았다. 자동차 사고가 크게 나서 병원에 입원했을 때도 보부아르는 일을 했다. 사르트르가 오래 병을 앓는 동안 보부아르는 노화에 관한 책을 집필했다. 보부아르는 이렇게 말했다. "내 방어 수단은 일이다. 그 무엇도 내가 일하는 것을 막을 수 없다."

◆

앞에서 말했듯이 철학은 노년이라는 주제에 별 관심이 없었지만 주목할 만한 예외가 하나 있었으니, 바로 키케로다. "노년에 관하여"라는 제목의 군더더기 없이 깔끔하고 낙관적인 에세이를 썼을 때 그는 예순두 살이었고 끔찍한 통증에 시달리고 있었다.

키케로는 말한다. "모두가 오래 살고 싶어 하지만, 막상 나이가 들면 대부분의 사람들이 불만을 토로한다."[4] 왜일까? 노년은 그리 나쁘지 않다. 나이가 들면 우리 목소리는 더 듣기 좋아지고 우리가 나누는 대화는 더욱 즐거워진다. "지식과 배움에 시간을 쏟는 한가한 노년보다 인생에서 더 만족스러운 것은 없다." 키케로는 결론 내린다.

보부아르는 이렇게 말한다. 개소리. 보부아르는 키케로의 쾌활한 평가를 참을 수 없었다. 그래서 눈 한번 깜빡하지 않고 노년을 똑바로 바라보기로 결심한다. 그 결과가 바로 읽기 쉽지 않은 585페이지짜리 책,《노년》이다. 다음은 이 책의 한 문단이다.

제한된 미래와 얼어붙은 과거. 이게 바로 노인들이 맞이하는 상황이다. 많은 경우 이 상황은 노인들을 마비시킨다. 모든 계획이 이미 수행되었거나 폐기되었고, 삶은 스스로 제 문을 닫는다. 그 무엇도 자신의 존재를 필요로 하지 않는다. 노인들은 더 이상 그 무엇도 할 것이 없다.

책의 내용은 갈수록 더 암담해진다. 보부아르는 노인이 "가난과 노쇠, 비참함, 절망을 선고받은…… 걸어 다니는 송장"이라고 말한다. 그리고 남비콰라족에게는 '젊고 아름다운'이라는 뜻을 동시에 가진 단어와 '늙고 추한'이라는 뜻을 동시에 가진 단어가 있음을 언급하며 인류학으로 자신의 암울한 주장을 뒷받침한다. 역사도 보부아르의 편이었다. 나이 든 사람들은 나이 든 사람과 이들을 조롱할 젊은이가 존재하는 한 늘 조롱의 대상이었다.

여기서 사고실험 하나. 무인도에서 홀로 나이 먹는 여성을 상상해보자. 이 여성은 늙을까? 언젠가는 주름이 생길 것이고, 건강 문제도 피할 수 없을 것이다. 점점 노쇠할 것이다. 하지만 이게 늙는 걸까? 보부아르는 그렇게 생각하지 않았다. 보부아르가 보기에 노화는 타인이 내리는 문화적·사회적 판결이었다. 배심원이 없으면 판결도 없다. 무인도의 여성은 생물학적 노쇠를 경험하겠지만 나이 들지는 않을 것이다.

노화에 관한 보부아르의 암울한 논문은 분명 본인이 처한 상황의 영향을 받았을 것이다. 이 책을 쓸 당시 보부아르는 예순 살이었고 그때까지 "당혹스러울 정도로 우수했던" 건강이 나빠지기 시작했다. 걷는 속도가 느려졌고 종종 숨이 가빴다. 누군가가 "노년은 인생의 황금기"라고 말할 때마다 보부아르는 코웃음을 쳤다. 보부아르는 노년을 "그럴듯하게 포장하지 않은" 글을 쓰기로 결심했다.

나는 보부아르가 흄의 기요틴과 비슷한 인지적 함정에 빠졌다고 생각한다. '존재-당위'의 함정이 아니라, 내가 '그럴 수도-반드시' 문제라고 부르는 함정이다. 내가 루소처럼 사람들 앞에서 엉덩이를 깔 수도 있다고 해서 반드시 그렇게 해야 하는 것은 아니다. 노인들이 절망에 빠질 수도 있다고 해서 반드시 그들이 절망에 빠져야 하는 것은 아니다. 나이 든 사람에게는 선택지가 있다. 보부아르 같은 실존주의자들이라면 이러한 선택지를 인정할 것이다.

마사 누스바움 같은 현대 철학자들이 보부아르의 암울한 운명론을 거부하는 것도 당연하다. 누스바움은 나이 듦에 관한 저서에서 이렇게 말한다. "나의 경험이나 또래 친구들의 경험은 이 책과 전혀 다르다."[5]

내 생각에 보부아르는 키케로의 밝음을 지나치게 만회하려 했던 것 같다. 보부아르는 로마인의 장밋빛 렌즈를 새까만 선글라스로 바꾸었다. 선글라스는 해로운 광선에서 눈을 보호해주지만 빛을 차단하기도 한다. 그리고 빛은 엄연히 존재한다. 보부아르의 말처럼 노년이 천천히 죽어가는 암울한 시기여야 하는 것은 아니다. 노년은 커다란 기쁨을 느끼고 창의적 결과물을 내는 시기일 수 있다. 가장 좋은 사례가 누구냐고? 바로 시몬 드 보부아르다.

◆

저녁에 소냐와 너켓을 먹으며 이 주제를 꺼낸다. 열세 살짜리에게 나이 듦에 대해 이야기하는 것은 인어에게 등산 이야기를 하는 것과 같다.

"별로 관심 없는데." 소냐는 늙는 것이 마치 파칭코를 하거나 발레를 배우는 것처럼 선택 가능한 문제인 듯이 말한다. 마음이 동하면 할 수도 있겠지만 전혀 마음이 동할 것 같지 않은 무언가처럼.

나는 소냐에게 너도 나처럼 똑같이 나이 들고 있다는 사실을 짚어준다.

"맞아, 하지만 아빠는 나쁘게 나이 들고 있는 거고 나는 좋게 나이 들고 있어."

"좋게 나이 들어?"

"응, 조금만 있으면 나는 고등학교에 들어갈 거고 운전도 할 수 있잖아."

"그러니까 좋게 나이 드는 거랑 나쁘게 나이 드는 거랑 정확히 다른 점이 뭔데?"

"좋게 나이 드는 건 자유에 더 가까워지는 거야. 나쁘게 나이 드는 건 죽음에 가까워지는 거고."

다른 종류의 질문을 던지기로 한다. 먼저, 내가 노화의 긍정적인 면을 찾아보려 노력하고 있음을 설명한다. 분명히 긍정적인 면도 있을 거야. 안 그래?

"아니, 사실 없어." 소녀가 말한다.

"지식은? 노인들은 아는 게 많잖아."

"꼭 그렇지도 않아. 사실 젊은 사람들이 아는 게 더 많아. 젊은 이들은 노인들이 아는 지식에 더해서 새로운 지식까지 알잖아."

다시 전략을 바꾼다. "추억은? 노인들은 젊은이보다 추억이 더 많아. 넷플릭스에서 고를 영화가 훨씬 더 많은 거랑 비슷한 거지. 그건 확실히 좋은 일이잖아."

"모든 영화가 볼 가치가 있는 건 아니에요, 할아버지."

그러다 내 절망을 감지한 소녀가 대충 위로의 말을 건넨다.

"어려운 일인 거 알겠어. 우아하게 나이 드는 법에 관해 쓰고 있는데 어떻게 우아하게 나이 들 수 있는지를 모르는 거지? 주제를 살짝 바꿔서 쓰는 건 어때? 예를 들면 나이 들지 않는 법에 대해 쓰는 거야. 신체적으로가 아니라 정신적으로."

쉬운 일은 아니지. 소녀가 순순히 인정한다. 젊은 사람이 체크 무늬 바지를 입거나 LP를 들으면 "레트로"라고 하지만 늙은이가 10대처럼 옷을 입으면 "애처롭다"고 한다.

그래서 다시 묻는다. 만약 나이 드는 데 좋은 점이 한 개도 없고 잔인하게 조롱당하지 않고는 젊은이처럼 굴 수도 없다면, 도대체 뭘 어떻게 하란 말이야?

"어떻게 해야 하냐면, 받아들여야 해."

"받아들이라고?"

"응, '나이 드는 것을 받아들이는 방법' 같은 거나 써야겠네."

우리 아이가 뭔가를 찾아낸 것 같다.

"나이 드는 건 어떻게 받아들일 수 있어? 너라면 뭐라고 조언해줄래?"

"흐름에 맡겨야겠지. 뇌파에 혼란을 주지 말고."

"뇌파?"

"비유적으로 그렇다는 거예요, 할아버지. 비유적으로. 뇌에서 '이봐, 우린 늙었어. 진정하자고'라고 말하면 진정해야 하는 거야."

소냐의 말은 매우 스토아적이다. 스토아학파의 믿음처럼 내가 통제할 수 있는 것과 그렇지 않은 것을 구분하는 것, 전자는 바꾸고 후자는 받아들이는 것이 지혜의 핵심이라면, 노년은 스토아철학의 지혜를 연습할 수 있는 완벽한 훈련장이다. 나이가 들면 통제에서 수용의 방향으로 무게중심이 이동한다. 수용은 체념과 다르다. 체념은 수용을 가장한 저항이다. 무언가를 받아들이는 척하는 것은 누군가를 사랑하는 척하는 것과 같다.

'수용'은 보부아르의 작업에서 자주 등장하는 단어가 아니다. 우리의 비버는 무언가를 선택하고 무언가가 되고 열심히 기투하는 데 너무 바빠서 그저 존재할 시간이 별로 없었다. 하지만 기투에는 여러 형태가 있다. 비버 같은 근면성실함이 필요할 때도 있지만 늘 그런 것은 아니다. 받아들이는 법(체념이 아닌 있는 그대로를 받아들이는 진정한 수용)을 배우는 것은 그 자체로 하나의 기투이며, 어쩌면 가장 중요한 기투일지 모른다.

◆

나는 센강 좌안에 있는 카페 드 플로르에 있다. 내가 이곳에 있는 두 가지 강력한 이유가 있다. 먼저, 나는 르 맥도날드를 먹을 만큼 먹었다. 더 이상은 힘들다(소냐는 디지털 기기와 너겟을 즐기라고 호텔방에 두고 왔다). 두 번째 이유는, 이곳이 보부아르와 사르트르가 가장 사랑한 카페이기 때문이다. 두 사람은 이곳에서 대화를 나누고 음료를 마시고 깊은 생각에 빠졌다.

보부아르와 사르트르는 이곳에서 책도 썼다. 처음에는 두 사람이 살던 전후 시대 아파트와는 달리 이 카페가 난방이 된다는 이유에서였지만, 나중에는 그냥 카페에서 글 쓰는 게 좋아졌기 때문이었다. 실존주의는 직접 살아낸 삶에 바탕을 둔 철학이며, 파리의 카페만큼 사람들이 삶을 살아내고 있는 곳은 없다. 카페는 인간의 실패와 가능성을 관찰할 수 있는 가장 좋은 실험실이다. 보부아르가 살던 시기에도 그랬고, 오늘날에도 마찬가지다. 카페에 있는 사람들을 한 번만 훑어봐도 온갖 모습의 삶들을 볼 수 있다. 에스프레소의 맛에 감탄하는 젊은 커플과 지적 난투극에 휘말린 노인들, 우아하게 차려입고 샤도네이를 마시며 혼자 생각에 푹 빠져 있는 여성.

그렇다 보니 이러한 카페 라이프는 어쩔 수 없이 보부아르와 사르트르의 철학에 스며들었다. 사르트르는 진정성의 중요성을 설명한 문단에서 웨이터를 사례로 든다.

웨이터가 웨이터인 것은 유리잔이 유리잔인 것이나 펜이 펜인 것과는 다르다. 웨이터를 웨이터로 만드는 본질 같은 것은 없다. 그가 어느 날 자리에서 일어나 "나는 카페에서 일하는 웨이터야"라고 말한 것이 아니다. 그는 웨이터로서의 삶을 선택했고, 자발적으로 관습을 따른다. 그는 매일 오전 5시에 일어날 필요가 없다. 웨이터 일에서 잘리긴 하겠지만, 그래도 침대에서 나오지 않을 수 있다. 웨이터라는 직업이 선택이 아니라고 보는 것은 스스로를 기만하는 것, "그릇된 신념"에 따라 행동하는 것이다.

사르트르는 웨이터를 더 자세히 관찰한다. 그는 훌륭한 웨이터다. 약간 지나치게 훌륭하다. 내 딸이라면 약간 "과하다"라고 말할 것이다. 사르트르는 "그의 움직임은 재빠르고 날렵하다. 약간 지나치게 정확하고, 약간 지나치게 신속하다"라고 말한다. "그는 약간 지나치게 열심히 허리를 구부린다. 그의 목소리와 그의 눈은 손님의 주문에 약간 지나친 배려를 표한다."[6] 사르트르는 그가 카페의 웨이터가 아니라는 결론을 내린다. 그는 카페 웨이터를 연기하고 있다.

많은 사람들이 이처럼 반쯤 잠든 채로 인생을 살아간다. 우리는 사회적 역할과 자신의 본질을 혼동한다. 사르트르는 우리가 "타인에게 사로잡혀 있"으며 타인의 시선대로 스스로를 바라본다고 말한다. 우리는 자유를 박탈당했으며 진정성이 없다(진정성 authenticity이라는 단어는 독립적으로 행동하는 사람이라는 뜻의 그리스어 아우텐테스authentes에서 나왔다).

나는 노인들이 특히 이렇게 자유를 포기한다고 생각한다. 사람들은 노인을 무력하고 하찮은 존재로 바라보고, 노인들도 곧 스스로를 그런 식으로 바라보기 시작한다. 노인들은 노인을 연기한다. 일찍 도착하는 손님을 위한 할인 메뉴를 주문하고 카리브해로 크루즈 여행을 떠나며 우측 깜빡이를 켜놓은 채로 5킬로미터를 달린다. 왜냐하면 그게 바로 노인들이 해야 하는 행동이기 때문이다. 사르트르는 잠깐 기다려보라고 말한다. 일찍 온 손님을 위한 특별 메뉴를 정말 좋아하는 게 맞습니까? 그건 의식적으로, 의도적으로 내린 선택입니까, 아니면 자기도 모르는 사이에 그렇게 행동하게 된 건가요?

꼭 그렇게 행동해야 할 필요는 없다. 은퇴에 대해 생각해보자. 사람들은 특정 역할(은행원, 기자, 웨이터)로 평생을 살다가 급작스럽게 이 정체성을 빼앗긴다. 그렇다면 나는 누구지? 우리는 톨스토이의 소설 속 주인공 이반 일리치처럼 자신의 삶 전체가 거짓말이었음을, 심지어 자신이 스스로에게 한 거짓말이었음을 깨달을지도 모른다. 자신의 유한성에 직면한 사람은 공연이 끝나자마자 배역에서 빠져나오는 배우처럼 자신의 역할을 더욱 기꺼이 폐기한다. 어쩌면 이반 일리치처럼 우리도 해방의 순간을 경험할 수 있을지 모른다. 그 순간이 너무 늦게 왔다 하더라도.

◆

보부아르의 《노년》을 다시 읽어보기로 한다. 어쩌면 그리 암울한 책이 아닐 수도 있다. 이번에는 노인은 망했다bummer는 내용에는 'B', 한 가닥 희망glimmer of hope이 비치는 부분에는 'G'라고 표시해가며 읽는다. 책을 다 읽은 후 표시한 글자를 세어본다. 'B'가 'G'보다 압도적으로 많다. 상황 종료다. 안 그런가?

아직은 아니다. 나는 올바른 신념에 따라 행동하는 자유롭고 진정성 있는 존재다. 무엇에 초점을 맞출지 스스로 선택할 수 있다. 선택하지 않는 것은 불가능하다. 그러므로 나는 'G'에 초점을 맞추기로 선택한다.

G를 전부 합치면 길이는 훨씬 짧지만 훨씬 명랑한 내용의 책이 된다. 그밖에 보부아르의 전기 여러 권뿐만 아니라 직접 쓴 네 권 분량의 회고록도 전부 읽는다.

나는 이야기 속의 이야기를 발견한다. 마치 보이지 않는 잉크로 쓴 메시지 같다. 평소에는 눈에 보이지 않지만 특정 종류의 빛 앞에 대면 보이는 그런 잉크. 빛 아래서 보부아르를 비춰보니 매우 훌륭하게 나이 든 사람이 보인다. 노년에 대한 보부아르의 두려움은 점점 흐릿해지다 고요한 수용, 심지어 즐거움으로 바뀐다.

프랑스의 자랑스러운 지식인인 보부아르는 '잘 늙어갈 수 있는 열 가지 방법' 같은 목록은 절대로 만들지 않을 것이다. 자랑스러운 사람도 아니고 프랑스인도 아닌 나에게는 그런 거리낌이 없다.

1. 과거를 받아들일 것

과거를 어찌해야 할까? 이 질문은 나이에 상관없이 모든 사람에게 까다롭지만 노인에게는 특히 더 까다롭다. 노인은 다른 사람들보다 과거가 더 많다. 눈 돌리는 곳마다 과거와 부딪치고 과거에 걸려 넘어진다. 과거는 벽장 속에서 너무 많은 공간을 차지한다. 노인은 자신의 과거를 버리거나 자선단체에 기부해버리고 싶은 유혹을 느낄지 모른다. 하지만 그건 실수다. 과거는 두 가지 측면에서 나름의 가치가 있다. 하나는 치유의 측면이고, 다른 하나는 창조적 측면이다.

"추억에는 일종의 마법, 나이에 상관없이 느낄 수 있는 마법이 있다." 보부아르는 말한다. 그 마법의 뿌리는 과거에 있지만 마법이 꽃을 피우는 것은 현재다. 얼마나 오래전의 일이든 상관없이 우리가 과거를 경험하는 것은 언제나 현재다.

과거는 현재에 생기를 불어넣는다. 보부아르는 풍성한 과거가 없는 현재의 삶을 상상할 수 없었다. "만약 우리가 지나온 세계가 황폐하다면 음침한 사막 말고는 거의 아무것도 볼 수 없을 것이다."

회상은 다시보기가 아니다. 기억은 선택적이다. 과거는 기억해야 하지만 까먹을 필요도 있는데, 그러지 않으면 낙마 사고 이후 모든 것을 상세히 기억할 수 있게 되어 끔찍하게 고통받는 보르헤스의 소설 속 가여운 주인공 푸네스처럼 될 것이기 때문이다.

실존주의자들은 우리가 어떤 기억을 끄집어낼지를 자유롭게 선택할 수 있다는 사실을 상기시킨다. 좋은 기억을 회상하면 왜 안 되는가? 회상의 기쁨을 표현하는 단어들은 있지만 그와 비슷한 부정적 단어, 예를 들면 죄책감이나 후회를 의미하는 단어는 하나도 없었던 고대 그리스인처럼 살면 왜 안 되는가?

창조적 측면의 회상도 있다. 나는 이러한 회상을 '위대한 정리'

라고 부른다. 노인은 인생의 꼭대기 가까이에 서 있기에 더 멀리 내려다볼 수 있다. 이들은 과거의 희미한 윤곽과 어렸을 때는 파악하지 못했던 인생의 흐름을 분간하고, 자신의 삶을 온전히 조망한다. 또한 이들은 상서로운 우연을 알아채기 시작한다. 보부아르는 이를 "여러 선이 한곳에서 만나는 지점"이라고 말한다.

나 또한 인생의 흐름을 되짚어보기 시작하고 뜻밖의 행운을 발견한다. 친구가 가장 필요했을 때 눈앞에 나타난 새로운 친구. 꼭 알맞은 때에 나타난 꿈의 직업과, 그리 꿈 같지 않았던 뒤이은 해고. 힐마르라는 이름의 한 아이슬란드 작곡가가 내게 했던 말이 떠오른다. "나는 내가 만나야 할 사람들을 내가 만나야 했던 때에 전부 다 만났어요." 인생을 어느 정도 살아온 사람만이 할 수 있는 지혜로운 관찰이다.

우리는 위대한 정리를 통해 그저 인생의 흐름만 되짚어보는 것이 아니다. 우리는 한 번에 하나씩 추억을 재구성한다. 보부아르는 마치 수공업자처럼 이 과정을 촉각적으로 설명한다. "현재 나는 내 삶을 회복하려 하고 있다. 잊어버린 기억을 되살리고, 지식의 불완전한 조각들을 다시 읽고, 다시 보고, 깎아내고, 간극을 메우고, 모호한 것을 명확히 하고, 산산이 흩어져 있는 요소들을 하나로 붙이고 있다."

하지만 지나친 회상은 좋지 않다. 과거의 자신에게 얽매여 영원히 용감한 군인이나 아름다운 아가씨로 남게 될 위험이 있다. 이런 종류의 과거는 얼어붙은 과거이고, 얼어붙은 과거는 죽은 과거다.

회상의 또 다른 위험(얼마간 보부아르의 발목을 붙잡은 위험)은 '만약에 함정'이다. 보부아르는 과거를 되돌아보며 자신이 내리지 않은 선택, 택하지 않은 길에 대해 곰곰이 생각한다. 만약 다른 시대에, 다른 가족에게 태어났다면 어땠을까? 몸이 아팠을 수도 있고 공부를 끝까지 마치지 못했을 수도 있다. 사르트르를 안 만났을 수도 있다. 마침내 보부아르는 이런 생각들에 아무런 쓸모도 없다는 것을 깨닫는다. 그리고 흘려보낸다. 보부아르는 "나는 내 운명에 만족하며 내 운명이 어떤 식으로든 변하길 원치 않는다"라고 말한다. 그리고 니체의 악마 앞에서 다 카포를 소리 높여 외친다. 처음부터 다시 한번.

2. 친구를 사귈 것

최근 연구들은 2000년 전에 에피쿠로스가 한 말이 사실임을 증명해준다. 바로 우정이 행복의 가장 큰 원천 중 하나라는 것. 우리가 맺는 관계의 질은 행복 방정식의 가장 중요한 변수다. 보부아르는 이 사실을 본능적으로 알았다. 보부아르는 자신의 회고록 《모든 것이 끝나고All Said and Done》에서 "내가 타인과 맺는 관계, 나의 애정과 우정은 내 삶에서 가장 중요한 위치를 차지한다"라고 말한다.

젊은이들에게 친구는 중요하다. 나이 들면 친구는 더욱더 중요해진다. 공통의 관심사를 나누고 친구의 어깨에 기대어 울 수 있는 등의 일반적인 장점 외에도, 친구는 현재의 우리 자신과 과거의 우리 자신을 연결해준다. 그렇기에 나이 들었을 때 친구를 잃는 것이 특히 더 고통스러운 것이다. 우리는 친구와 함께 과거의 일부까지 잃어버린다. 자기 자신의 일부까지도.

반세기 동안 이어진 보부아르와 사르트르의 우정은 보부아르의 삶에서 가장 중요한 관계였지만 그에 못지않게 중요한 관계가 시간이 훨씬 흐른 뒤에 보부아르에게 다시 찾아온다.

보부아르는 빈틈없이 자기 시간을 보호했지만 학생들의 요청 앞에서는 마음이 약해졌다. 그래서 브르타뉴에서 철학을 공부하던 열일곱 살 학생 실비 르 봉에게서 편지가 왔을 때 보부아르는 기꺼이 만날 약속을 잡았다.

두 사람은 즉시 서로를 알아보았고 곧 떨어지지 못하는 사이가 되었다. 두 사람은 거의 매일 만났다. 같은 책을 읽고 같은 공연을 보았으며 주말이면 프랑스 외곽으로 함께 긴 드라이브를 떠났다. 시즌 단위로 함께 오페라 티켓을 구매했고 함께 유럽 여행을 떠나기도 했다.

보부아르는 자기보다 약 마흔 살 어린 이 여성과의 우정을 통해 활기가 되살아나는 기분을 느꼈다. "우리의 교류가 너무 대단했기 때문에 나는 내 나이를 잊었다. 실비는 나를 자신의 미래로 이끌었고, 현재가 잃어버린 차원을 되찾는 때도 있었다." (보부아르는 두 사람이 연인이 아니냐는 의견에 발끈했다. 그녀는 이렇게 말했다. "우리는 아주 아주 아주 좋은 친구예요.")

실비는 보부아르가 부정적 평가를 받았을 때 기운을 북돋아준 사람이었다. 보부아르가 젊은이들이 주도하는 영young페미니즘의 세계를 헤쳐 나갈 수 있게 도와준 사람이었다. 또한 실비는 사르트르의 죽음 이후 절망에 빠진 보부아르를 구해준 사람이었다.[7]

보부아르와 실비는 함께 노르웨이 피오르드로 크루즈 여행을 떠났다. 보부아르는 다시 글을 쓰기 시작했다. 실비는 이렇게 말한다. "보부아르는 마치 모든 것을 잊기로 한 것 같았다. 그녀는 우리 관계에 대해 이야기하며 이 관계가 삶을 즐길 수 있게 해주었다고, 살아갈 이유를 주었다고 말했다. 그리고 이렇게 말했다. '난 너를 위해 살지는 않지만 너 덕분에, 너를 통해서 살아.' 우리의 관계는 바로 이런 것이었다."[8]

3. 타인의 생각을 신경 쓰지 말 것

나이가 들면 특이하고 놀라운 일이 벌어진다. 더 이상 다른 사람의 생각에 신경 쓰지 않게 되는 것이다. 더 정확히 말하면, 애초에 다른 사람들은 내 생각을 안 한다는 사실을 깨닫는다.

시몬 드 보부아르도 마찬가지였다. 보부아르는 스스로에 대해 더 자신감이 생겼고 자신의 특이한 성격을 더 온전히 받아들이게 되었다. 더 겸손해지기도 했다. 보부아르는 "내가 세상의 중심이라는 유치한 환상"에서 벗어나는 코페르니쿠스적 순간을 경험했다.

이런 변화는 엄청난 위안이 된다. 우리 한 명 한 명은 태양이 아니라 식물이다. 빛을 흡수하고 반사한다. 빛을 만들어내지는 못한다.

이런 변화는 왜 노년에 지적 해방이 찾아올 수 있는지를 설명해준다. 보부아르는 이렇게 말한다. "기이한 모순 때문에, 나이든 사람들은 자신이 평생을 바쳐온 업적을 완벽의 경지에 올려놓은 바로 그때 그 가치를 의심하게 되는 경우가 많다." 렘브란트와 미켈란젤로, 베르디, 모네 등의 예술가들도 마찬가지였다. 더 이상 타인의 칭찬을 갈구하지 않게 된 이들은 자유롭게 자기 작업에 의문을 품을 수 있었고, 그 덕분에 보부아르의 말처럼 "스스로를 넘어섰다."

보부아르가 마지막으로 출간한 책의 운명을 떠올려보자. 짧은 이야기를 모아놓은 소설 《위기의 여자》는 보부아르의 예순 번째 생일에 출간되었고 전 세계적으로 혹평을 받았다. 평론가들은 "삶에서나 문학에서나 더 이상 아무도 원하지 않는 한 늙은 여자의 쓸쓸한 이야기"라고 비난했다. 보부아르는 동요하지 않고 계속 글을 써 나갔다.

4. 호기심을 잃지 말 것

노인들의 문제는 어린 척하려 하는 것이 아니라 충분히 어린 척을 못 하는 것이다. 이들은 사실 일곱 살을 따라 해야 할 때 스물일곱 살처럼 군다. 노년은 호기심, 더 나아가 경이를 되찾는 시기다. 결국 철학자는 뇌가 더 커진 일곱 살이 아니고 무엇이겠는가?

소로는 "열정을 잃어버린 사람만큼 늙은 사람은 없다"라고 말했다. 보부아르는 한 번도 열정을 잃지 않았다. 궁금해하기를 멈추지 않았다. 전문 평론가처럼 영화와 오페라 이야기를 했다. 꾸준히 신문을 읽었고 권위와 열의를 담아 전 세계에서 일어난 사건을 논했다. 미국에 관심을 갖기 시작했다. 로널드 레이건을 경멸했다(정력적이고 격렬한 혐오만큼 노화를 잘 막아주는 것은 없다). 학자와 기자들을 만났고 호의를 베풀었으며 자신의 트레이드마크인 빨간색 가운을 입고 친구들을 만났다.

10여 년 전에 관심을 끊었던 일이 다시 보부아르의 흥미를 끌었다. 보부아르는 쉰두 살에 "경탄할 만한 것이 남아 있지 않은" 이 세상 구경이 이제는 더 이상 재미있지 않다고 말했지만, 10년 후 "여행은 삶에 새로움을 되찾을 수 있는 몇 안 되는 일 중 하나"라고 확신하며 다시 여행길에 나섰다. 그리고 다른 국가에서 보내는 이틀은 익숙한 환경에서 보내는 30일만큼의 가치가 있다는 극작가 유진 이오네스코의 여행 공식에 동의했다. 여행을 통해 보부아르는 계속 열린 마음으로 세상을 바라볼 수 있었고 세상의 아름다움을 느낄 수 있었다. 보부아르는 여행길에서 평화를 느꼈다. 그녀는 이렇게 말했다. "나는 영원을 품은 순간을 산다. 나 자신의 존재도 잊어버린다."

5. 프로젝트를 추구할 것

보부아르는 노년에 수동성이 아닌 열정을 불러일으켜야 하며 열정은 반드시 외부로 표출되어야 한다고 믿었다. 소일거리가 아닌 프로젝트를 가져라. 프로젝트는 의미를 제공해준다. 보부아르는 이렇게 말한다. "노년이 이전 삶에 대한 터무니없는 패러디가 아닐 수 있는 유일한 방법은 자기 존재에 의미를 부여해주는 목표를 추구하는 것, 즉 개인과 집단에, 대의명분과 사회적·정치적·지적·창의적 작업에 헌신하는 것이다."

보부아르는 20대보다 70대에 정치적으로 더욱 활발히 활동했다. 수십 년간 주저해온 끝에 그녀는 여러 조직에 자기 이름을 빌려주었다. 프랑스의 인도차이나 및 알제리 전쟁과 미국의 베트남 전쟁에 항의했다. 감옥에 수감된 저항 세력과 검열당한 예술가, 쫓겨난 세입자들을 도왔다.

보부아르는 노인 행동주의라는 유구한 전통을 따른 것이었다. 책에서 그토록 대담했던 볼테르는 노년에 이르러서야 그 대담함을 행동으로 옮겼다. 영국의 철학자 버트런드 러셀은 반핵 시위에 참여했다는 이유로 여든아홉의 나이에 7일 동안 감옥에 갇혔다(치안 판사가 앞으로 제대로 처신하겠다고 약속하면 구속을 면하게 해주겠다고 제안하자 러셀은 "아니요, 그러지 않을 겁니다"라고 답했다). 미국의 유명한 소아과 의사 벤저민 스폭은 1968년에 베트남전 반대 운동 관련 혐의로 유죄 판결을 받았다. 당시 스폭은 여든 살이었다. 그는 이렇게 말했다. "이 나이에 공공연하게 항의하는 것을 두려워할 이유가 뭐가 있겠습니까?"[9] 이게 바로 노년의 장점 중 하나다. 줄 것은 더 많아지고 잃을 것은 더 적어진다. "노인의 노쇠한 신체에 깃든 두려움 없는 맹렬한 열정은 감동적인 광경이다."보부아르는 말한다.

6. 습관의 시인이 될 것

우리는 노인을 습관의 노예로 여기고 가엽게 생각한다. 하지만 정말로 그래야 할까? 보부아르는 그렇게 생각하지 않았다. 습관이 꼭 나쁜 것만은 아니며 거기에는 나름의 아름다움이 있다.

우리는 습관을 필요로 한다. 습관이 없으면 우리 삶은 수백만 개의 무의미한 파편으로 산산조각 날지 모른다. 습관은 우리와 이 세계를, 우리 자신의 세계를 하나로 이어준다. 습관이 왜 생겨났는지를 기억하고 끊임없이 그 가치를 의심하기만 한다면 습관은 유용할 수 있다. 습관이 우리를 지배하는 게 아니라 우리가 습관을 지배해야 한다.

보부아르는 매일 오후 카드게임을 하는 남자를 사례로 든다. 남자는 언제 어느 카페에서 게임을 할지 자유롭게 선택한다. 이 습관에는 의미가 있다. 하지만 어느 날 "자기" 테이블에 다른 사람이 앉았다며 화를 낸다면, 그 습관은 "생기 없는" 부담스러운 일이 되어 자유를 확장시키기보다는 제한하게 될 것이다.

습관은 틀에 박힌 일이 아니다. 그릇, 아니 괜찮다면 가방 하나를 떠올려보자. 가방은 우리 삶의 조각조각들을 들고 다닐 수 있게 해준다. 바로 그 점이 가방을 유용한 것으로 만들어준다. 곤란해지는 지점은 가방과 그 안에 든 내용물을 혼동할 때, 습관과 습관이 담고 있는 의미를 혼동할 때다.

60대가 된 보부아르는 습관이라는 시를 받아들였다. 그녀는 늘 하던 것들을 계속했다. 글을 쓰고 읽었으며 음악을 들었다. 하지만 같은 책을 읽고 같은 음악을 듣지는 않았다. "하루의 리듬과 내가 하루를 채우는 방식, 내가 만나는 사람들을 보면 나의 하루는 언제나 비슷하다. 하지만 나에게 내 삶은 전혀 침체된 것으로 보이지 않는다." 보부아르는 자신의 습관을 지배했다.

7. 아무것도 하지 말 것

활동을 위한 시간이 있다면 게으름을 피우기 위한 시간도 있다. 카이로스다. 우리 문화는 후자가 아닌 전자만 중요시한다. 보부아르와 사르트르는 왕성하게 활동한 작가였지만 가끔은 모든 일을 멈추고 쉬기도 했다. 두 사람이 로마에서 보낸 여름들은 무無를 확장하는 시간이었다. 보부아르는 자신의 여러 프로젝트와 끝없는 분투를 잠시 옆에 치워두고 로마에 "몸을 담갔다." 비버는 쉬고 있었다.

'수용'은 보부아르가 자주 쓴 단어가 아니었지만 그녀는 수용과 유사한 무언가를 이뤄냈다. 일흔다섯 번째 생일을 하루 앞둔 날 보부아르는 이렇게 말했다. "나이 드는 데에도 장점이 있다." 니체처럼 보부아르도 지난 삶을 전혀 후회하지 않았다. "나는 모든 것을 최대한 많이, 최대한 오랫동안 즐겼다."

8. 부조리를 받아들일 것

어렸을 때 우리 집 냉장고에 만화 하나가 붙어 있었다. 어머니가 그 만화를 언제 냉장고에 붙였는지는 기억나지 않는다. 내 기억 속에서 그 만화는 늘 그곳에 있었다. 만화 속의 미친 과학자는 온갖 모양과 색깔의 괴물로 가득한 방 안에 있다. 낙심한 채 커다란 레이저 기계 옆에 앉은 과학자는 자기 조수에게 이렇게 말한다. "27년간 괴물을 만들었는데, 그래서 내가 얻은 게 뭐게? 방에 가득한 괴물들이야."

알베르 카뮈라면 아마 이 만화를 보고 킥킥 웃었을 것이다. 프랑스령 알제리에서 태어난 알베르 카뮈는 부조리철학을 이끈 대표적 인물이었다. 세상은 합리적이지 않다. 이치에 맞질 않는다. 우리가 이룬 모든 성취는 시간의 가차 없는 발길질에 허물어지고 만다. 그럼에도 우리는 멈추지 않는다. 이것이 바로 부조리다. 이것이 우리의 인생이다. 텅 빈 관객석을 향해 성심성의껏 반복해서 공연하는 정성스러운 무대. 부조리주의자들은 보부아르가 틀렸다고 말할 것이다. 노년은 삶의 패러디가 아니다. 삶 자체가 삶의 패러디다. 노년은 특히 강력한 한 방일 뿐이다.

이런 부조리에 어떻게 반응해야 할까? 얼마간은 무시할 수 있다. 스마트워치와 퇴직연금은 점점 나아지고 있다는 환상, 삶이 유의미하다는 환상을 준다. 우리는 방금 태운 칼로리와 모아둔 돈을 들여다보며 어딘가로 나아가고 있다고 생각한다. 내 삶은 유의미해. 내 손목 위의 작은 스크린 속에서 의미가 환하게 빛나고 있는 게 보여. 하지만 스마트워치를 찬 시시포스의 삶은 스마트워치 없는 시시포스의 삶과 똑같이 부조리하다. 사실은 더욱 부조리한데, 스마트워치를 찬 시시포스는 나아지고 있다는 환상에 빠져 있지만 스마트워치 없는 시시포스는 그렇지 않기 때문이다. 측정된 부조리는 더 부조리하면 했지 결코 덜 부조리하지 않다.

흥미로운 생각이지만 이게 나이 드는 것과 무슨 관련이 있는 것일까? 삶은 스물다섯 살일 때나 일흔다섯 살일 때나 똑같이 부조리하지 않나? 그렇다. 하지만 일흔다섯 살은 그 부조리를 더 잘 인식하고 있다. 그동안 충분히 인정받고 돈도 충분히 모았기에 이것들이 전부 무의미하다는 것을 잘 안다. 스물다섯 살의 시시포스는 어쩌면, 어쩌면 이번에는 돌이 언덕 아래로 굴러 내려가지 않을지도 모른다는 희망을 놓지 못한다. 일흔다섯 살의 시시포스에게는 그런 환상이 없다.

시시포스의 과제, 그리고 우리의 과제는 "참담한 운명을 그에 따르기 마련인 체념 없이"[10] 받아들이는 것이라고, 카뮈는 말한다. 우리는 행복한 시시포스를 상상해야만 한다. 하지만 어떻게? 의식 있는 지적 존재가 어떻게 그렇게 단조롭고 무의미한 일에서 행복을 발견할 수 있을까?

그 무가치함에도 불구하고, 바로 그 무가치함 때문에 자신의 일에 스스로를 던지면 된다. 카뮈는 이렇게 말한다. "시시포스의 운명은 그 자신에게 달려 있다. 그의 돌은 그 자신의 것이다. ……돌 속의 작은 원자 하나하나, 어둠이 내린 산의 작은 광물 조각 하나하나가 그 자체로 하나의 세계를 형성한다. 산의 꼭대기로 향하는 그 투쟁 자체가 인간의 마음을 가득 채우기에 충분하다."

보부아르는 카뮈의 부조리주의에 온전히 동의하진 않았지만 자신이 "열렬한 영웅주의"라 부른 것을 받아들이고 일 자체가 가진 마법을 즐거움으로 삼았다. 보부아르는 괴물로 가득한 방 안에 서서 마지막까지 계속해서 더 많은 괴물을 만들어냈다.

9. 건설적으로 물러날 것

우리는 나이 들수록 더 삶에 매달린다. 하지만 놓는 법을 배워야 한다. 내가 건설적인 물러남이라고 부르는 것을 실천해야 한다. 건설적인 물러남은 만사 무관심하거나 세상에서 등을 돌리는 게 아니다. 조심스럽게 한 발 물러나는 것이다. 여전히 기차에 탄 승객이고 여전히 다른 승객을 신경 쓰지만, 부딪치고 흔들리는 것에 전보다 덜 불안해하고 목적지에 잘 도착할 수 있을지 덜 걱정하는 것이다.

아흔일곱 살까지 살았던 버트런드 러셀은 관심사의 원을 확장시켜서 "더 넓고 덜 사적인 것으로 만듦으로써 자아의 벽이 조금씩 약해지도록, 자신의 삶을 점점 더 보편적인 삶에 어우러지도록 할 것"[11]을 제안한다.

인생을 강이라고 생각해보자. 둑 사이에서 가늘게 흐르기 시작한 강물은 돌 위와 다리 아래를 지나 폭포수가 되어 떨어진다. "강은 점점 더 폭이 넓어지고 둑은 점점 낮아진다. 물은 갈수록 더 잔잔히 흐르다 눈에 띄는 커다란 변화 없이 결국 바다와 어우러지고, 고통 없이 독자성을 내려놓는다."

나는 이것이 노년의 최종 과제라고 생각한다. 우리의 물길을 좁히는 것이 아니라 넓히는 것. 꺼져가는 빛에 분노하는 것이 아니라 그 빛이 다른 이들의 삶 속에서 계속 타오를 것임을 믿는 것. 카이로스의 지혜. 모든 것에는 알맞은 때가 있다. 심지어 물러나는 것에도.

10. 다음 세대에게 자리를 넘겨줄 것

프랑스의 평론가 폴 발레리가 시에 관해 한 말은 우리 삶에도 똑같이 적용된다. 우리 삶에는 결코 끝이 없다. 그저 포기할 뿐. 끝마치지 못한 일은 실패를 의미하지 않는다. 오히려 그 반대다. 이 세상에 끝마치지 못한 일을 남기지 않고 떠나는 사람은 삶을 온전히 살아낸 것이 아니다.[12]

우리의 미래가 줄어들수록 다른 이의 미래는 더욱 커진다. 우리가 끝마치지 못한 일은 다른 사람들이 끝마쳐줄 것이다. 이런 생각은 다른 그 무엇보다도 노년을 덜 쓰라리게 해준다. 보부아르는 이렇게 말했다. "나는 젊은 사람들이 좋다. 그들의 계획 안에서 내 계획을 발견하면 내가 죽어서 무덤에 묻힌 후에도 내 삶이 이어질 것이라는 생각이 든다."

물론 보장은 안 된다. 우리가 이전 세대의 프로젝트를 망쳐놓았듯이, 젊은 세대도 우리의 프로젝트를 망쳐놓을지 모른다. 우리에겐 아무 권리도 없다. 우리는 여관에 머무는 여행자와 마찬가지

다. 그저 잠시 머물다 '담배 피우지 마시오' 규칙을 준수하고, 우리
가 처음 들어왔을 때의 상태로 방을 비우고, 어쩌면 고객 의견함
에 쪽지 한두 개를 넣어놓고 갈 수도 있는 그런 여행자.

나는 아직 내 자리를 넘겨줄 준비가 안 됐다. 아직은 아니다. 나
는 늙지 않았다. 하지만 만약 노년과 충돌한다면, 아니 노년과 충
돌할 때, 우리 딸에게 어떤 쪽지를 남겨주고 싶을까?

다시 기차를 타고 이동하면서 곧 성인이 될 딸아이를 바라본
다. 이어폰을 귀에 단단히 끼우고 손가락으로 스마트폰을 두드리
고 있는 아이는 내가 할아버지 노트와 할아버지 펜을 꺼내는 것
을 알아채지 못한다.

소냐에게.

모든 것을, 특히 너 자신의 질문을 물으렴. 경이로워하며 세상을
바라보렴. 경건한 마음으로 세상과 대화하렴. 사랑을 담아 귀를 기
울이렴. 절대로 배움을 멈추지 말렴. 모든 것을 하되, 아무것도 하지
않는 시간도 가지렴. 네가 원하는 모든 높이의 다리를 건너렴. 네가
가진 시시포스의 돌덩이를 저주하지 말렴. 받아들이렴. 사랑하렴.
아, 맥도날드는 좀 줄이려무나.

싫음 말고. 그건 너의 선택이니까.

몽테뉴처럼 죽는 법

How to Die Like
Montaigne

"죽음의 해결책은 더 긴 삶이 아니다.
절망의 해결책이 희망이 아닌 것과 마찬가지다."

오전 11:27.
테제베 고속철도 8433번 열차를 타고
파리에서 보르도로 향하는 중.

기차 밖은 회색 하늘이 부드러운 담요처럼 프랑스 시골 지역을 감싸고 있다. 기차 안은 불확실성으로 가득하다. 우리는 입석으로 기차에 탔다. 모든 역에서 사람들이 올라탈 때마다 좌석을 옮겨야 한다. 불안한 여행이다. 내 자리에 익숙해지자마자 다시 쫓겨나 처음부터 다시 시작해야 한다.

바로 이것이 좌석을 예약하지 않은 기차 여행의 방식이며, 또한 철학의 방식이기도 하다. 한 입장(예를 들면 모든 지식은 감각에서 나온다는 입장)을 편안하게 받아들이자마자 다른 무언가가 우리의 확신을 뒤엎어서 처음부터 다시 시작해야 한다. 이처럼 편안함과 확신에서 끝없이 멀어지는 것은 피곤한 일이다. 하지만 반드시 필요한 일이기도 하다.

소녀를 바라본다. 디지털 세계에 푹 빠진 소녀는 자리를 옮겨야 할 때도 그리 당황하지 않는다. 왜 나는 소녀처럼 안 될까?

이 생각에 마음을 착 감싸고 점점 편안해하던 찰나, 또다시 승객이 밀려들면서 머릿속이 뒤흔들린다. 할아버지 책들과 할아버지 펜들을 챙기고 복도를 걸으며 새 보금자리를 찾는다.

◆

거대한 수영장을 상상해보자. 70억 명을 수용할 수 있는 대형 수영장이다. 여태껏 수영장을 직접 본 사람은 아무도 없지만 수영장의 존재는 부인할 수 없다. 어느 시점이 되면 모두가 수영장 안으로 던져진다. 대부분은 나이가 들었을 때 던져지지만 중년에 던져지는 이들도 있고 일부는 아직 젊은 나이일 때 던져진다. 그때가 언제일지는 알 수 없다. 하지만 누구도 수영장에 던져지는 것을 피할 수 없다. 그 상황을 모면했다는 사람은 여태껏 나타난 적이 없다.

이 모든 사실을 고려해봤을 때 모두가 수영장에 지대한 관심을 가지리라 생각할 것이다. 질문들. 수영장은 얼마나 깊을까? 물은 따뜻할까, 차가울까? 수영장에 던져지기 전에 난 뭘 준비할 수 있지? 던져지는 것은 내가 무서워해야 할 일일까?

하지만 사람들은 수영장 이야기를 거의 하지 않으며, 한다 해도 에둘러서 말한다. 어떤 사람들은 '수영장'이라는 단어를 입에 올리지조차 않는다. "많은 양의 물"이라고 말하거나, 더 완곡하게는 "네가 아는 그 큰 것"이라고 말한다. 선생들은 학생들과 수영장에 대해 논하지 않는다. 디너파티 같은 모임에서 수영장 이야기를 꺼내는 것은 무례한 행동으로 여겨진다. 심지어 사람들은 수영장에 대해 생각하는 것도 철석같이 꺼린다. 그리고 수영장 문제는 수영장 전문가에게 맡기는 것이 낫다고 결론 내린다.

하지만 아무리 밀어내려 해도 거대한 수영장은 늘 그 자리에 있다. 마치 보이지 않는 축축한 괴물처럼 마음 한구석에 늘 자리한다. 라떼를 마실 때, 지출 품의서를 제출할 때, 아이들을 침대에 밀어 넣을 때에도, 희미하지만 부정할 수 없는 질문 하나가 의식 위로 떠오른다. 내가 수영장에 던져지는 날이 오늘일까?

◆

내가 여행에서 만난 철학자들은 전부 내게 말을 건다. 그중에는 특히 더 시끄럽게 말을 거는 사람도 있다. 그리고 미셸 드 몽테뉴만큼 시끄럽고 분명하게 말하는 사람도 없다. 이 16세기 프랑스인은 내가 가장 맥주 한 잔 같이하고 싶은 철학자다. 나는 몽테뉴 안에서 내 모습을, 내 안에서 몽테뉴의 모습을 본다. 나를 끌어당기는 것은 그의 생각이라기보다는 그가 생각에 도달하는 방식(망설이며, 빙 돌아서)이다. 몽테뉴는 나를 이해한다. 그는 나의 철학 소울메이트다.

나처럼 몽테뉴도 몸과 마음이 늘 부산하다. 나처럼 여행을 좋아하지만 집에 돌아오는 것을 더 좋아한다. 나처럼 강박적으로 밑줄을 긋고 주석을 단다. 나처럼 손 글씨가 형편없고 자기가 뭘 썼는지 잘 알아보지 못한다. 나처럼 돈 계산에 약하고 세상사에 남달리 무능하다("계약서를 꼼꼼히 읽는 것만 아니라면 그 무슨 일이라도 할 것이다"). 나처럼 요리를 못한다("내게 온갖 조리 도구를 준다 해도 나는 아마 그냥 굶는 편을 택할 것이다"). 나처럼 세상과 교류하긴 하지만 강렬하고 저항 불가능한 필요 때문에 주기적으로 세상에서 도망쳐야 한다. 나처럼 감정 기복이 심하다. 나처럼 스스로에 대해 글 쓰는 것을 불편해하면서도 어쨌거나 쓰긴 쓴다. 나처럼 몽테뉴도 죽음을 두려워한다. 그리고 나와 달리 자기 두려움에 정면으로 맞선다.

죽음은 우리 모두를 철학자로 만든다. 가장 생각 없는 사람도 어느 시점에는 반드시 궁금해한다. 죽으면 나는 어떻게 되는 거지? 죽음은 두려워할 일인가? 죽음을 어떻게 받아들일 수 있지? 죽음은 진정한 철학을 가리는 테스트다. 인생에서 가장 중대하고 겁나는 사건에 대처할 수 있게 도와주지 못한다면 철학이 다 무슨 소용인가? 몽테뉴는 이렇게 말한다. "이 세상 모든 지혜와 이론의 핵심은 결국 바로 이것이다. 우리에게 죽음을 두려워하지 않는 방법을 가르쳐주는 것."

하지만 대부분의 철학자가 죽음을 대하는 방식은 우리가 죽음을 대하는 방식과 다르지 않다. 즉 무시하거나 겁낸다. 마르쿠스 아우렐리우스는 죽음에 대해 생각할 때마다 깊은 걱정에 빠져들었다. 쇼펜하우어는 자기가 죽고 나면 역사학자들이 자신의 사상을 엉망으로 망가뜨려놓을까 봐 염려했다.

에피쿠로스는 죽음에 대해 생각하지 않는 것이 가장 좋다고 말한다. "죽음은 아무것도 아니다." 우리는 매일 아침 자신이 태어나기 전에 대해 걱정하며 잠에서 깨지 않는다. 그렇다면 죽음에 대해서는 왜 걱정하는가? 태어나기 전에 우리는 존재하지 않았고, 죽으면 다시 존재하지 않게 될 것이다. "우리가 존재할 때 죽음은 현재가 아니며, 죽음이 현재일 때 우리는 존재하지 않는다."

나는 이 말에 동의하지 않는다. 내가 태어나기 전의 비존재는 내가 죽고 난 뒤의 비존재와 동일하지 않다. 하나는 원래 존재하지 않았던 비존재이고, 다른 하나는 한때는 존재했던 비존재이며, 이것은 크나큰 차이를 낳는다. 공허와 빈자리는 같은 것이 아니다. 없음nothingness은 과거에 존재했던 것과 지금도 존재하는 것에 따라 정의된다.

몽테뉴는 죽음이라는 주제에 관해 에피쿠로스를 비롯한 여러 철학자들의 책을 읽었고 어디에도 만족하지 못했다. 몽테뉴는 철학자들이 이 주제를 "표면을 겨우 스치는 수준으로 얕게 건드렸다"고 말한다. 그는 자신이 직접 더 깊게 파고들기로 결심했고, 실제로 그렇게 했다. 죽음과 죽어가는 과정에 대해 미셸 드 몽테뉴만큼 솔직하고 용기 있게 글을 쓴 철학자는 없다.

보부아르가 나이 듦에 집착한 것처럼 몽테뉴는 죽음에, 더 정확히 말하면 죽어가는 과정에 집착했다. 몽테뉴는 "내가 두려운 것은 죽음이 아니라 죽기까지의 과정이다"라고 말했다. 이 생각은 아플 때나 건강할 때나, 심지어 "숙녀와 게임에 둘러싸여 있었던 내 인생 가장 방탕한 시절"에도 몽테뉴의 머릿속을 가득 채우고 있었다.

몽테뉴를 탓할 순 없다. 16세기에 죽음은 어디에나 있었다. 몽테뉴는 죽음이 "우리 목을 조르고 있다"라고 말했다. 가톨릭교도와 개신교도들은 충격적인 속도로 서로를 죽이고 있었다.[1] 게다가 전쟁은 사람이 죽는 여러 방법 중 하나일 뿐이었다. 전염병 때문에 보르도 주민의 거의 절반이 사망했다. 몽테뉴의 여섯 아이 중 살아서 유아기를 넘긴 아이는 한 명뿐이었다. 몽테뉴의 남동생 아르노는 겨우 스물세 살에 테니스공에 맞는 기이한 사고로 숨을 거두었다. 테니스공에 맞아 죽다니![2] 죽음은 터무니없다. 죽음이 우리 삶의 끝이 아니었더라면 아마 우리는 죽음을 웃어 넘겼을 것이다.

몽테뉴에게 가장 쓰라린 죽음은 친한 친구였던 에티엔 드 라 보에티의 죽음이었다. 라 보에티가 전염병으로 서른두 살에 사망했을 때 몽테뉴는 "나 자신이 반으로 쪼개지는 듯한 고통"을 느꼈다.

우리 시대에 죽음은 몽테뉴가 살았던 때만큼 긴 그림자를 드리우지 않지만 그렇다고 큰 위안은 못 된다. 짧은 그림자라고 해서 그만큼 덜 어두운 것은 아니다. 그때나 지금이나 인간이 죽을 확률은 정확히 오차범위 0의 100퍼센트다. 한 명도 빠짐없이 모두가 수영장에 던져진다.

◆

슬픔은 사람을 무너뜨릴 수 있다. 슬픔은 사람을 마비시킬 수 있다. 또한 슬픔은 원동력이 되기도 한다. 비탄에 빠진 무굴제국 황제 샤 자한이 사랑하는 아내를 추억하며 타지마할을 짓게 한 것은 슬픔이었다. 밀턴에게《실낙원》의 영감을 불어넣은 것은 (아내와 딸, 시력을 잃고 나서 찾아온) 슬픔이었다. 미셸 드 몽테뉴가 붉은 지붕을 얹은 탑 꼭대기까지 구불구불한 계단을 오르게 만든 것도 슬픔이었다. 몽테뉴는 바람 부는 언덕 꼭대기에 자리한 이 탑에서《에세》를 썼다. 커다란 아름다움은 커다란 고통에서 나온다.

소냐와 나는 몽테뉴가 450년 전에 오른 것과 똑같은 원형 계단을 오른다. 몽테뉴가 고독을 음미한 곳이다. 나는 몽테뉴가 나처럼 필요할 때는 그럴듯한 외향형처럼 굴 수 있는 내향형이었으리라 추측한다. 우리 같은 사교적 내향형들은 세상을 속일 수 있지만 거기에는 대가가 따른다. 꾸며낸 외향성은 우리를 소모시킨다. 진을 빼놓는다.

몽테뉴의 탑은 거의 변하지 않았다. 아키텐 지방의 시골 풍경을 내려다보는 기다란 창문 세 개도 그대로다. 몽테뉴가 글을 쓰던 책상과 안장도 마찬가지다. 몽테뉴는 이 탑의 모든 면을 사랑했다. 탑에서 가족의 포도밭이 내려다보이는 것을 사랑했다. 탑의 고요함을 사랑했다. 눈 돌리는 곳마다 시선 끝에 책이 보이는 것을 사랑했다.

몽테뉴의 소중한 도서관은 라 보에티의 선물에서 시작되었다. 라 보에티는 몽테뉴가 이 책들을 "친구에 대한 추억"으로 받아줘야 한다고 주장했다. 몽테뉴는 마지못해 그렇게 했다. 원형 계단으로 책을 옮기고 신중하게 책꽂이에 책을 정리했다. 몽테뉴는 점점 더 자신의 도서관을 사랑하게 되었고, 도서관도 점점 몸집이 커졌다. 사망할 무렵 몽테뉴는 1000권에 달하는 책을 모았다.

몽테뉴는 책들과 자기 생각에 파묻혀 탑에서 몇 날 며칠을 홀로 보냈다. 몽테뉴에게는 거리가 중요했다. 몽테뉴는 탑에 홀로 있으면서 저기 바깥 세상에서, 어떤 면에서는 자기 자신에게서 스스로를 분리했다. 거울을 보려면 반 발짝 물러서야 하듯이 몽테뉴도 스스로를 더 분명하게 바라보기 위해 한 발짝 뒤로 물러섰다. 우리는 자기 자신과 너무 가까이 붙어 있어서 스스로를 바라보지 못한다. "우리 모두는 스스로에게 푹 파묻혀 있으며 우리의 시야는 코의 길이밖에 안 된다." 몽테뉴가 말했다. 그러니 코를 움직일 것. 여기저기 다른 곳에 코를 들이밀 것. 외적 거리는 내적 가까움을 가능케 한다.

몽테뉴는 자신이 사랑한 이 탑에서 세상과의 대화를 끝내고 자신과의 대화를 시작했다. 그는 이렇게 말했다. "다른 사람에게 등을 돌리고 거북처럼 내 등딱지 속에 숨어야 할 때다."

위를 올려다보니 나를 내려다보고 있는 지혜들이 보인다. 서까래에 50여 개의 글귀가 새겨져 있다. 오래된 격언들 사이에 몽테뉴가 직접 적은 글귀가 보인다. 크세주$^{Que\ sais-je}$.[3] '나는 무엇을 아는가?' 이 짧은 문장은 몽테뉴의 철학과 그가 살아온 방식을 깔끔하게 압축해 보여준다.

몽테뉴는 말 그대로 회의론자였다. 일부러 사사건건 끼어들며 다른 사람의 생각을 망쳐놓는 사람이 아니라, 진실을 찾아 헤매며 늘 의심하는 사람이었다. 몽테뉴는 확신하기 위해 의심했다. 한 번에 하나씩 의심하며 자기만의 확신의 탑을 쌓았다.

몽테뉴는 인간은 절대로 절대적 진실을 알 수 없다고 생각했다. 우리가 할 수 있는 최선은 잠정적이고 임시적인 진실을 붙잡는 것이다. 진실의 조각들. 이 진실의 조각들은 고정불변하지 않고 유동적이다. 몽테뉴는 이 조각들이 "파닥거린다"고 말한다. 하지만 파닥거리면서도 먼 길을 날아갈 수 있으며, 몽테뉴는 그렇게 했다.

소로처럼 몽테뉴도 여러 각도에서 세상을 보았다. 한 생각을 집어 들고 다양한 관점에서 들여다보았다. 모든 것을, 심지어 자기 고양이도 그렇게 바라보았다. 내가 고양이와 놀아주고 있는 걸까, 아니면 고양이가 나와 놀아주고 있는 걸까? 몽테뉴는 궁금했다. 너무나도 몽테뉴다운 생각이다. 모두가 아는 것(모두가 안다고 생각하는 것)을 시험해볼 것. 가지고 놀 것. 몽테뉴는 말한다. 죽음이 무엇인지 안다고 생각하겠지만, 정말로 그러한가? 그 생각을 가지고 놀아보라.

소크라테스는 그렇게 했다. 그는 사형 선고가 내려진 뒤 어쩌면 죽음은 그리 나쁘지 않을 수도 있다고 말했다. 어쩌면 "꿈도 꾸지 않는 기분 좋은 잠"일 수도 있고, 사후 세계라는 게 존재하지 않을 수도 있다. 정말 좋지 않겠느냐고, 아테네의 잔소리꾼은 말했다. 영원히 철학을 논하며 까다로운 질문으로 사람들을 괴롭히는 자신의 모습을 상상하면서.

자신의 설명에 따르면 몽테뉴는 소크라테스처럼 "우연한 철학자"였다. 개인적인 철학자이기도 했다. 몽테뉴는 스스로를 즐겁게 하고 스스로를 짜증나게 하고 스스로를 놀라게 했다. 내가 감탄하는 지점은 그가 이런 생각들을 무분별한 공상으로 치부하지 않고 자세히 들여다봤다는 데 있다. 몽테뉴는 자기 철학이 아닌 자기 자신을 중요하게 여겼다. 그리스인들은 "너 자신을 알라"고 간청하지만 어떻게 그럴 수 있는지는 알려주지 않는다. 몽테뉴는 알려준다. 우리는 시도하고 실수하고 시시포스처럼 처음부터 다시 시작함으로써 스스로를 알 수 있다.

몽테뉴에게는 자신의 우연한 철학을 담을 문학 형식이 필요했다. 그런 문학 형식이 존재하지 않았기에 몽테뉴는 직접 하나를 만들었다. 바로 에세이다. 프랑스어로 에세이^{assay}는 '해보다'라는 뜻이다. 에세이는 실험이자 시도다. 몽테뉴가 쓴 에세이들도 하나의 거대한 시도다. 무엇에 대한 시도냐고? 스스로를 더 잘 알기 위한 시도다. 몽테뉴는 삶을 잘 살아내지 않고서 잘 죽을 수 없었고, 자기 자신에 대해 잘 알지 않고서 삶을 잘 살아낼 수 없었다.

몽테뉴는 자기 삶에서만큼이나 종이 위에서도 선처럼 흐른다. 세이 쇼나곤처럼 몽테뉴도 즈이히츠를 실천하며 자기 붓의 흐름을 따라간다. 그는 식인종과 정조에 대해, 게으름과 만취 상태에 대해, 방귀와 엄지에 대해 쓴다. 염장 고기에 대해서도 쓴다. 자신의 가려운 귀와 고통스러운 신장 결석에 관해서 쓴다. 자기 페니스에 대해 쓴다. 잠과 슬픔, 냄새, 우정, 아이들에 대해 쓴다. 섹스에 대해 쓰고 죽음에 대해 쓴다. 하지만 몽테뉴가 쓴 책의 진정한 주제는 몽테뉴다. 몽테뉴는 "나는 나에게 나 자신을 보여주었다"라고 말하며 이를 "터무니없고 말도 안 되는 계획"이라 칭한다.

인간은 불편한 진실을 거부하는 데 능하며, 죽음보다 더 불편한 진실은 없다. 나는 거울 속의 나이 든 내 얼굴을 바라보듯이, 죽음을 바라본다. 안 보거나, 본다 해도 옆으로 힐끗 본다는 뜻이다. 죽음의 공격에 맞서 스스로에게 예방주사를 놓으려는, 절박하고 헛된 시도다.

몽테뉴는 그런 회피에 너무 큰 대가가 따른다고 생각했다. 죽음을 회피하면 "다른 기쁨까지 전부 사라져버린다." 몽테뉴는 죽음을, 자기 자신의 죽음을 온전히 직면하지 않고선 삶을 온전히 살아낼 수 없다고 말한다. "죽음에서 낯선 느낌을 제거하고, 죽음을 알고, 죽음에 익숙해지자. 다른 무엇도 죽음만큼 자주 생각하지 말자. 매 순간 죽음의 모든 양상을 상상하자. 말에서 떨어질 때, 건물 타일이 떨어질 때, 아주 살짝 바늘에 찔릴 때, 즉시 이렇게 생각하자. 지금 내가 죽는다면?"

몽테뉴는 그리스 극작가 아이스킬로스가 독수리가 물고 가던 거북 등딱지에 맞아 죽었다고 말하며 죽음이 언제든 우리를 찾아올 수 있음을 상기시킨다. "우리는 언제나 장화를 신고 즉시 떠날 준비를 해야만 한다."

◆

나는 몽테뉴의 탑과 생테밀리옹 사이를 오간다. 생테밀리옹은 프랑스의 작고 완벽한 마을로, 왜 모두가 프랑스인일 수 없는지 궁금하게 만드는 곳이다. 이곳엔 나와 몽테뉴뿐이다. 소냐는 자기만의 청소년 세상에 푹 빠져 좀처럼 호텔에서 나오지 않는다. 매일 아침 나는 850쪽에 달하는《에세》를 힘겹게 들고 나와 동네 카페에서 더블에스프레소를 주문한다. 이곳은 임대료가 저렴한 동네이며 흔들리는 테이블 위에서 모닝 맥주가 넘어지지 않게 붙들고 있는 골초들이 가득하다. 카페는 싸구려 와인과 복권도 판매한다. 내게 요구하는 것도 별로 없다. 더욱 또렷하게 생각에 잠길 수 있다.

알고 보니 몽테뉴는 매우 육체적인 철학자다. 그는 걷는다. 말을 탄다. 먹는다. 섹스한다. 헨리 밀러가 헤르만 본 카이절링을 두고 한 말은 몽테뉴에게도 적용된다. "그는 온몸으로 덤벼드는 철학자, 책의 말미에서 온몸에 피를 철철 흘리며 등장하는 철학자다."[4]

몽테뉴는 자신이 빠르고 단호하게 걷고, 키가 작고 다부지다고 말한다. 몽테뉴는 밤색 머리칼과 "통통하진 않지만 동그란" 얼굴을 가졌다. 하얗고 곧은 자신의 치아를 자랑스러워한다. 시를 사랑하고, 여름의 열기를 싫어한다. 자신의 땀 냄새를 참지 못한다. 저녁을 먹은 뒤에 머리카락을 자른 적이 한 번도 없다. 늦잠 자는 것을 좋아한다. 똥 싸는 데 시간이 오래 걸리고 똥 쌀 때 방해받는 것을 싫어한다. 운동 신경이 둔한데, 승마만은 무척 능숙하다. 잡담을 싫어한다. 체스와 체커 게임을 좋아하지만 둘 다 잘 못한다. 꿈속에서 또 꿈을 꾼다. 기억력이 나쁘다. 빠른 속도로 게걸스럽게 음식을 먹어서 가끔 자기 혀를 깨물고 어떤 때는 손가락을 깨물기도 한다. 고대 그리스인처럼 와인에 물을 타서 먹는다.

몽테뉴의 철학은 조각보 철학, 빌려온 사상으로 만든 퀼트다. 몽테뉴는 거기에 자기 도장을 찍고 자신의 것으로 만든다. 몽테뉴는 우리와(나와) 달리 자신의 경험을 신뢰한다.

몽테뉴도 그러기까진 시간이 좀 걸렸다. 몽테뉴는 초기 에세이에서 "약간 다른 사람의 물건 냄새가 났다"라고 말한다. 하지만 한 페이지 한 페이지 넘어갈수록 그는 점점 자신감 넘치고 대담해진다. 어느새 나도 그를 응원하고 있다. 딴소리가 구구절절 이어질 때 딴 데 정신을 팔았다며 그가 나를 비난할 때조차 나는 응원을 멈추지 않는다("내 글의 주제를 놓치는 사람은 내가 아니라 부주의한 독자다"). 몽테뉴가 자기만의 목소리를 찾았을 때 나는 그에게 박수를 보낸다. 빌리고 구걸하라고 배웠더라도 우리 모두는 "우리 생각보다 더 풍요롭다." 몽테뉴가 말한다.

몽테뉴는 자기모순을 두려워하지 않는다. 크고 작은 문제에 입장을 번복한다. 예를 들면 무가 그렇다. 처음에 무는 몽테뉴의 입에 안 맞았다가, 맞았다가, 다시 안 맞게 된다.

죽음만큼 몽테뉴가 이랬다저랬다 한 주제도 없다. 초기 에세이에서 몽테뉴는 공부와 사색이 죽음의 공포에서 인간을 자유롭게 한다고 믿는다. "철학하는 것은 곧 죽는 법을 배우는 것"이라는 제목의 에세이도 있다. 하지만 마지막에 몽테뉴는 입장을 완전히 바꾼다. 그는 철학하는 것은 곧 사는 법을 배우는 것이라 결론 내린다. 죽음은 삶의 끝이지만 삶의 목표는 아니다.

◆

몽테뉴는 죽음을 동경하지 않았다. 삶을 동경했다. 하지만 죽음을 받아들이지 않고서는 이러한 삶에 대한 동경을 온전히 실현할 수 없음을 잘 알았다. 우리는 삶과 죽음이 순차적으로 발생한다고 생각한다. 우리는 먼저 살고, 그다음 죽는다. 하지만 몽테뉴는 사실 "죽음이 우리 삶 속에 평생 녹아들어 있다"고 말한다. 우리는 아파서 죽는 것이 아니다. 살아 있기 때문에 죽는 것이다.

몽테뉴는 내가 가능할 거라 생각지 못한 방식으로 죽음을 생각한다. 그는 죽음에 대해 숙고할 뿐만 아니라 죽음을 가지고 놀고 심지어 (이상하게 들릴 거라는 거 안다) 죽음의 친구가 된다. "죽음이 내 안락하고 편안한 삶을 함께했으면 좋겠다. 죽음은 내 삶의 커다랗고 중요한 일부다."

이해하기 힘들다. 커다랗고 중요한 일부는 고사하고, 나는 애초에 죽음이 내 삶의 일부이길 원치 않는 것 같다. 궁금해진다. 어떻게 안전한 거리에 멀리 떨어져 있으면서 죽음을 받아들일 수 있을까?

몽테뉴는 그건 불가능하다고 말한다. 죽음의 친구가 되진 못하더라도, 적어도 죽음의 날카로운 이빨은 뽑아야 한다. 사람들은 죽음을 적으로, 저기 바깥에 있는 무언가로 여긴다. 하지만 틀렸다. "죽음은 우리가 타고난 조건이다. 우리의 일부다. 죽음에서 도망치는 건 자기 자신에게서 도망치는 것이다." 우리는 죽음 쪽으로 방향을 재설정해야 한다. 죽음은 우리 밖에 있는 '무엇'이 아니며 우리는 죽음의 희생자가 아니다.

간디 같은 실험가였던 몽테뉴는 뭐든지 한 번은 시도해봐야 한다고 믿었다. 몽테뉴는 말했다. "문이 닫혔는지 알아보려면 먼저 문을 밀어봐야 한다." 죽음만큼 문이 굳게 닫힌 곳은 없다. 그럼에도 우리는 그 문을 반드시 밀어보아야 한다. 시도해보기 전에 죽음을 무시하지 말라고, 몽테뉴는 말한다.

미셸, 도대체 무슨 말을 하는 거예요? 물론 결혼식이나 바르미츠바(유대교의 성인식-옮긴이), 취업 면접 같은 경우에는 예행연습이 가능하다. 하지만 죽음은 절대 그렇지 않다. 죽음과 죽는 과정에 대한 전문가는 있지만 전문적으로 '죽는 자dier'는 없다(내 맞춤법 교정기는 죽는 자라는 단어를 인식조차 못 한다). 죽는 과정은 연습이 불가능하다. 아니, 가능한가? 몽테뉴는 가능했다.

때는 1569년이다. 몽테뉴는 집에서 멀지 않은 곳에서 말을 타고 있다. 온순하고 순종적인 말을 골랐다. 그는 이 길을 수없이 오갔고, 자신이 100퍼센트 안전하다고 생각한다. 그때 힘 좋은 말을 탄 사람이 전속력으로 몽테뉴 옆을 지나간다. "[그 사람이] 모든 힘과 무게를 실어서 마치 벼락처럼 우리와 부딪쳤고, 나는 머리부터 바닥으로 곤두박질쳤다." 몽테뉴는 회상한다.

말에서 떨어진 몽테뉴는 멍들고 피 흘리는 몸으로 바닥에 누워 있다. "마치 통나무처럼 아무런 움직임도 감각도 없다." 지나가던 사람들은 그가 죽었다고 확신했다. 하지만 그때 몸이 살짝 움직이는 게 보였다. 사람들은 몽테뉴를 일으켜 세웠고, 그는 즉시 "피를 한 양동이만큼 토해냈다."

몽테뉴는 "그때는 내 삶이 내 입술 끝에 매달려 있는 것만 같았다"고 회상한다. 이상하게도 그는 고통도 두려움도 느끼지 않았다. 그는 눈을 감고 마치 부드럽게 잠으로 미끄러지듯이 기꺼이 자신을 놓아주었다. 몽테뉴는 만약 이것이 죽음이라면 그리 나쁘지 않다고, 아니 전혀 나쁘지 않다고 생각했다.[5]

친구들이 그를 집으로 데리고 왔다. 눈앞에 집이 보였지만 알아보지는 못했다. 사람들은 그에게 여러 가지 약을 주었다. 몽테뉴는 자신이 치명상을 당했다고 확신하고 모든 약을 거절했다. 그때도 여전히 몽테뉴는 그 어떤 고통도 두려움도 느끼지 못했다. 그저 "끝없는 달콤함"만이 느껴질 뿐이었다. 몽테뉴는 그때 자신이 죽었다면 아마 "매우 행복한 죽음"이 되었을 거라고 생각했다. 그는 아무 어려움 없이 서서히 자신을 놓아주었다.

하지만 몽테뉴는 회복하기 시작했고 회복과 함께 고통이 찾아왔다. "맹렬한 충격과 함께 번개가 내 영혼에 내리친 것 같았고 다른 세계에 있다가 돌아온 것 같았다."

이 사고는 몽테뉴에게 크나큰 영향을 미쳤다. 그는 죽음은 연습이 불가능하다는 자신의 가정을 의심했다. 어쩌면 우리는 죽음을 연습할 수 있다. 어쩌면 죽음을 시도해볼 수 있다. 죽음 그 자체를 볼 수는 없지만 "적어도 죽음의 가장자리를 언뜻 일별하고 죽음에 다가가는 과정을 살필 수"는 있다.

죽음은 체스나 와인 제조처럼 통달할 수 있는 것이 아니다. 죽음은 기술이 아니다. 죽음은 하나의 지향이며, 자연과 조화를 이룬다. 몽테뉴는 "자연에 쓸모없는 것은 없으며, 쓸모없음이라는 개념 자체도 없다"라고 말한다. 죽음은 삶의 실패가 아니라 삶의 자연스러운 결과다.

몽테뉴는 천천히 죽음에 접근하기 시작한다. 그에게 죽음은 마치 나무에서 떨어지는 낙엽처럼 "재앙이 아닌 아름답고 불가피한 것"이다. 낙엽은 어떻게 떨어져야 할지 걱정하지 않는다. 우리도 그래야 한다. "어떻게 죽어야 할지 모른다 해도 걱정하지 마라. 때가 되면 자연이 전부 다 제대로 알려줄 것이다. 자연이 우리를 위해 모든 것을 완벽하게 준비해놓을 것이다. 괜히 걱정하지 마라."

정말인가요, 미셸? 정말이면 좋겠다. 자연은 지독하게 변덕스럽다. 벚꽃을 활짝 피우다가도 어느 순간 5등급 규모의 허리케인을 일으킨다. 나는 자연은 무조건 옳다는 주장에 동의하지 않는다. 바퀴벌레도 자연의 일부다. 지진도 자연의 일부다. 코털도 자연의 일부다.

◆

좋은 죽음은 어떤 모습일까? 좋은 죽음은 보통 (늘 그런 것은 아니지만) 좋은 삶의 끝에 온다. 분위기도 중요하다. 극적인 사건이 없을수록 더 좋다. 몽테뉴가 살던 시기에 죽음을 앞둔 사람은 "얼굴이 창백해져서 홀쩍홀쩍 우는 하인들과 어두컴컴한 방, 불붙인 초, 침대 옆에 서 있는 의사와 성직자, 즉 우리 주위의 모든 두렵고 무서운 것들"에 둘러싸인 경우가 너무 많았다. 오늘날 병동은 초가 아닌 형광등으로 불을 밝힌다. 하지만 의사와 성직자는 그대로고, 두려움과 공포도 그대로다.

내가 죽음을 가장 가까이에서 경험한 것은 장인어른이 돌아가실 때였다. 장인어른은 두 가지 방식으로 돌아가셨다. 천천히, 그러다가 빨리. 장인어른의 피해망상과 분노는 전측두엽 치매라는 이름의 질병 때문이었다. 뇌졸중이 온 장인어른은 병원에 입원하셨다가 요양원으로 옮기셨고, 신장이 제 기능을 못하자 다시 병원으로 돌아오셨다. 우리는 이게 끝임을 알았다. 의사도 알았다. 하지만 아무도 인정하지 않았다. 침묵하자는 무언의 모의가 입원실을 뒤덮었고, 우리 모두가 기소되지 않은 공범자들이었다. 이렇게 꾸며낸 무지의 가면이 오늘날 임종의 모습이다.

나는 위아래로 들썩거리는 장인어른의 가슴을, 마치 비행기 조종석처럼 수많은 기계가 삑삑 소리를 내는 동안 모르핀을 맞아 멍해진 장인어른의 눈을 바라보았다. 장인어른의 산소포화도를 보여주는 화면을 응시했다. 55였다가 75가 되고, 다시 40으로 떨어졌다. 그렇게 숫자가 오르락내리락하는 것을 지켜보았다. 마치 이렇게 지켜보는 게 장인어른을 살릴 수 있는 방법인 것처럼. 의료기기는 우리를 마비시킴으로써 우리에게 위안을 주고, 우리 정신을 산만하게 함으로써 우리를 마비시킨다. 기계가 삑삑 소리를 내고 모니터 화면이 번쩍이는 한, 모든 것이 괜찮다.

몽테뉴라면 용납하지 않을 것이다. 장인어른을 괴롭힌 것은 완화 치료가 아니라 죽음에 대한 부정이다. 기술은 우리를 죽음의 현실에서 멀리 떨어뜨려놓지만, 죽음은 자연 그 이상도 이하도 아니다. 우리 또한 자연의 일부이므로 우리는 스스로에게서 스스로를 멀리 떨어뜨려놓고 있는 것이다. 자기 자신으로부터의 도피. 삑 소리가 날 때마다 조금씩 더. 몽테뉴는 번쩍거리는 모니터와 삑삑 소리를 내는 심박동기와 정해진 양만큼 똑똑 떨어지는 링거를 보고 이 방에 없는 것을 단박에 알아챘을 것이다. 방에 없는 것은 바로 수용이었다.

죽음의 해결책은 더 긴 삶이 아니다. 절망의 해결책이 희망이 아닌 것과 마찬가지다. 죽음과 절망 모두 같은 약을 필요로 한다. 수용이다. 보부아르처럼 몽테뉴도 결국 받아들였다. 마지못한 수용이 아니라 완전하고 관대한 수용이었다. 죽음에 대한 수용이기도 했지만 삶에 대한 수용이자 자기 자신에 대한 수용이기도 했다. 자신의 긍정적 성격에 대한 수용이자("자신을 실제보다 낮추어 말하는 것은 겸손이 아니라 어리석은 짓이다") 자신의 결점에 대한 수용이었다. 예를 들면 게으름이 그랬다. 몽테뉴는 종종 시간을 낭비하는 자신을 질책했다. 하지만 결국 그런 질책이 얼마나 바보 같은 짓인지를 깨달았다. "우리는 정말 바보다. 우리는 '그 사람은 평생을 허송세월했어'라거나, '난 오늘 한 게 없어'라고 말한다. 아니, 그동안 살아 있지 않았단 말인가?"

남자들이 아프면 꼴사나운 환자가 된다는 것은 자명한 사실이다. 진짜 너무나도 자명한 사실이다. 나는 아프면 어린애가 된다. 몽테뉴도 마찬가지였다. 하지만 나와 달리 몽테뉴는 실제로 병을 앓았다. 고통스러운 신장 결석이 성인기 내내 몽테뉴를 괴롭혔다. 몽테뉴는 자기 아버지의 목숨을 앗아가고 이제는 자신까지 위협하는 "그 돌"을 저주했다.

질병은 자연이 우리를 서서히 죽음으로 몰고 가며 죽음에 대비시키는 방법이다. 이빨이 고통 없이 저절로 빠지듯 우리도 서서히 사라진다. 건강하던 몸에서 죽은 몸이 되는 것은 견디기 괴로운 일이지만, "고통스러운 삶에서 죽음으로의 변화는 그리 잔인하지 않다." 몽테뉴는 말한다.

몽테뉴는 "좋은 죽음"에 대해 근본적으로 다른 관점을 제시한다. 우리는 짧게 아프거나 아예 아프지 않다가 죽는 것이 좋은 죽음이라고 생각한다. 몽테뉴는 그렇지 않다고 말한다. 너무 큰 변화다. 갑자기 떨어지는 것보다 서서히 미끄러지는 것이 더 낫다.

어떤 면에서 보면 몽테뉴의 점진적 죽음 이론은 일리가 있다. 높은 곳에서 떨어지는 것보다 낮은 곳에서 떨어지는 게 더 나으니까. 하지만 중간 높이에 있는 사람에게 그렇게 말해보라. 몇 년 전부터 나는 장모님이 죽음을 향해 떨어지는 모습을 지켜보고 있다. 파킨슨병은 장모님을 서서히 앗아갔다. 제일 먼저 안정적이던 걸음걸이를 앗아갔고, 그다음에는 아예 걷는 능력을 앗아갔다. 이만큼 강탈한 것에 만족하지 못했는지, 파킨슨병은 장모님의 정신을 뒤쫓아 책 읽는 능력과 대화를 나누는 능력을 약탈해 갔다. 결국 장모님이 돌아가신다면, 그건 그리 높은 곳에서의 추락은 아닐 것이다. 하지만 그건 장모님이 아주 오래전부터 추락하고 있었기 때문이다. 질병은 자연이 우리를 죽음에 대비시키는 방법일지 모르지만, 여러 사람들의 말을 통해 내가 알기로는, 자연이 우리를 지나치게 준비시킬 때도 있다. 때로는 위험성을 전혀 알지 못한 채로 상황 속에 곤두박질치는 게 더 낫다. 때로는 높은 곳에서의 추락이 낮은 곳에서의 추락보다 낫다.

몽테뉴처럼 나도 서서히 사라지기 시작하고 있다. 내 머리카락은 빨래판 같았던 복근과 티 없이 깨끗했던 피부처럼 수십 년 전에 사라졌다. 나로서는 이걸로 이미 충분하다. 여기서 멈출 순 없나? 자연이고 뭐고, 난 죽고 싶지 않다. 나는 불멸의 삶에 적응할 수 있을 것이다. 아니려나?

시몬 드 보부아르는 소설《모든 인간은 죽는다》에서 그 질문을 탐구한다. 주인공은 레몽 포스카라는 이름의 이탈리아 귀족이다. 그는 14세기에 마신 약 덕분에 영원히 죽지 않는다. 처음에 그는 불멸을 크나큰 축복으로 여기고 좋은 곳에 쓰려고 노력한다. 자신이 돌보는 사람들의 삶을 개선하고 싶어 한다. 하지만 점차 그는 불멸을 저주로 여기게 된다. 그가 사랑한 모든 사람이 죽는다. 지루하다(심지어 꿈조차도 지루하다). 관용도 사라지는데, 불멸의 존재는 희생할 게 없기 때문이다. 그의 삶에는 긴급함과 활력이 빠져 있다. 우리는 죽음을 두려워하지만 사실은 불멸이 죽음보다 훨씬 더 나쁘다.

죽음의 존재를 인식하면 삶을 더 풍성하게 살 수 있다. 고대 이집트인은 이 사실을 알았다. 이들은 축제가 한창일 때 해골을 날라 와서 손님들에게 자기 운명을 상기시켰다. 고대 그리스인과 로마인도 이 사실을 알았다. 시인 호라티우스는 이렇게 말한다. "새로 시작되는 매일매일이 너의 마지막 날이라고 확신하라. 그 뜻밖의 시간들을 감사하는 마음으로 받아들이게 될 것이니."[6]

◆

몽테뉴는 1592년 9월 13일 자기 저택에서 쉰아홉 살의 나이로 사망했다. 늙은 나이가 아니었다. 사망 원인은 편도선이 감염되어 목에 고통스러운 농양이 생기는 편도선염이었다. 마지막 며칠간 몽테뉴는 말을 하지 못했다. 대화를 "인생에서 가장 달콤한 활동"으로 여긴 사람에게는 특히나 가혹한 고통이었다.

죽기 몇 시간 전 몽테뉴는 하인들을 전부 불러 모아 돈을 나눠 주었다. 몽테뉴의 한 친구는 그가 "죽음을 달콤하게 맛보았다"고 말한다. 그 이상은 알려진 바가 별로 없다. 그 달콤함은 몽테뉴가 낙마 사고 이후 느꼈던 "끝없는 달콤함"이었을까? 아니면 몽테뉴는 더 살 수 있었던 몇 년을 빼앗겼다고 느꼈을까?

우리가 죽음을 두려워하는 것은 공포와 더불어 욕심 때문이기도 하다. 우리는 며칠, 또는 몇 년을 더 살고 싶어 한다. 그리고 온갖 어려움을 극복하고 그 시간을 얻은 후에는 더 많은 시간을 원한다. 왜일까? 몽테뉴는 궁금했다. 하루를 살아낸 사람은 경험할 수 있는 것을 전부 경험한 것이다. "오늘과 다른 빛도, 오늘과 다른 밤도 없다. 저 태양과 저 달, 저 별, 저들이 뜨고 지는 방식, 그 모든 것은 우리의 조상이 즐겼던 것과 똑같으며, 똑같은 것이 우리의 후손을 즐겁게 할 것이다." 내가 세상을 떠날 때 몽테뉴의 이 말에 의지할 수 있기를 바란다.

아니다, 미셸이 꾸짖는다. 내 말이 아니다. 너의 말이다. 개인적이지 않은 통찰은 존재하지 않는다. 빌려온 진실은 빌려온 속옷만큼이나 잘 맞지 않으며 그만큼 기분 나쁜 것이다. 진심으로 무언가를 알거나, 아예 모르거나 둘 중 하나다. 삶을 표준화된 시험처럼 살지 말고, 간디처럼 하나의 거대한 실험으로 여겨라. 이렇게 몸소 체험한 개인적 철학의 목표는 추상적 지식이 아니라 개인적 진실이다. 어떠한 사실을 아는 것이 아니라 그냥 아는 것. 여기에는 어마어마한 차이가 있다. 나는 사랑이 인간의 중요한 감정이며 여러 건강상의 이점이 있다는 사실을 안다. 나는 내가 딸아이를 사랑한다는 걸 안다.

몽테뉴 철학의 핵심은 다음과 같다. 자신을 믿을 것. 자신의 경험을 믿을 것. 자신의 의심도 믿을 것. 경험과 의심의 도움을 받아 인생을 헤쳐 나가고 죽음의 문턱을 향해 다가갈 것. 타인과 스스로에게 놀라워하는 능력을 기를 것. 스스로를 간질일 것. 가능성의 가능성에 마음을 활짝 열 것. 그리고 몽테뉴는 동포인 시몬 베유와 손을 잡고 이렇게 말한다. 제발, 주의 좀 기울여.

◆

몽테뉴의 탑에서 다시 호텔로 돌아와 노트와 책을 붙잡고 내가 본 것을 그려보려 시도한다. 나는 빈칸을 그렸다. 종이 위에는 아무것도 없다. 나는 주의를 기울이지 않았다. "젠장." 내가 소리 내어 말한다.

"나한테 종이 줘봐." 한 목소리가 말한다.

누구지? 목소리는 방 저쪽 끝에서 들려온다. 익숙한 목소리다.

"소냐?"

"나한테 종이 한 장 달라고, 아빠."

소냐가 동면에서 깨어나 있었다. 소냐에게 종이 한 장과 연필을 건네준다. 소냐는 쓰고 그리기 시작한다. 5분 뒤 소냐가 내게 종이를 건넨다.

어안이 벙벙해진다. 소냐는 몽테뉴의 탑을 놀라울 만큼 정확하게 그려놓았다. 디테일을 놓치지 않았고 "창문 2번"과 "낡은 안장 3번"처럼 이름까지 붙여놓았다. 나는 소냐가 몽테뉴 탑 투어를 지루해한다고, 다른 데 정신을 팔고 있다고 생각했다. 처음도 아니고 마지막도 아닐 테지만, 나는 자신의 추측을 늘 의심해야 한다고 되뇌었다.

며칠 뒤 소냐가 또 다른 종이를 내게 건넨다. 몽테뉴의 탑 서까래에 새겨진 격언들을 번역한 것이다. 종이를 훑는데 짧은 인용구 하나가 눈에 들어온다. 그리스 철학자 섹스투스 엠피리쿠스의 말이다. "가능하지만 가능하지 않다."

502

오랫동안 그 문구를 응시한다. 매우 현명하거나 매우 터무니없거나 둘 중 하나인, 무슨 말인지 도통 알 수 없는 철학적 말장난 중 하나다. 어쩌면 매우 현명하면서 동시에 매우 터무니없을 수도 있다. 나는 몽테뉴식으로 직접 시도해보기로 한다. 손에 할아버지 펜을 들고 할아버지 노트에 이렇게 쓴다.

간지러운 귀를 가진 16세기의 프랑스 허풍쟁이가 우리에게 가르침을 주기란 불가능하다. 하지만 가능하다.

심기 불편한 열세 살짜리와 프랑스를 여행하면서 제정신을 유지하기란, 거기에 더해 삶과 죽음에 대해 한두 가지를 배우기란 불가능하다. 하지만 가능하다.

죽음(과 삶)을 두려움 없이 아주 가까이 직면하기란 불가능하다. 하지만 가능하다.

적어도 나는 그렇다고 생각한다. 내가 뭘 알겠는가?

도착

오후 5:42.
메트로레일 레드라인을 타고 워싱턴 D.C.의
유니언 스테이션에서 메릴랜드 실버스프링으로 향하는 중.
집으로 가고 있다.

익숙함은 경멸을 낳지 않는다. 마비를 낳는다. 우리는 가까이
있는 것의 아름다움을 보지 못하고 고향의 음악을 듣지 못한다.
주변 환경을 탓하기는 쉽다. 나는 그렇게 한다. 메트로레일은
스위스 테제베만 못하다. 알프스도 안 보이고, 웬만한 건 안 보인
다. 너무 가까이 서 있는 통근자들의 땀에 젖은 등만 보일 뿐이다.
나는 쇼펜하우어의 고슴도치들에게 둘러싸여 있다. 바늘을 곤두
세우고 모여들었다 멀어졌다, 모여들었다 멀어졌다 하는 고슴도

치들.

하지만 내가 이번 여행에서 배운 점이 있다면 그건 바로 인식은 선택이라는 것이다. 세계는 내가 만들어낸 생각이다. 그 생각을 좋은 생각으로 만들면 되지 않나?

◆

지하철에서 나와 몇 블록 걷는다. 루소처럼 천천히 거닐지도, 소로처럼 어슬렁거리지도 않는다. 나는 통근하는 사람들처럼 서둘러서 걷는다.

길모퉁이에 서서 신호등이 파란색으로 바뀌길 기다린다. 나는 외부 자극 없는 20초를 견딜 수 없기에 스마트폰을 향해 손을 뻗는다. 휴대전화를 엉성하게 쥐고 있는데(주의를 기울이지 않았다) 손에서 미끄러져 액정부터 보도 위로 쿵 떨어진다. 예감이 좋지 않다.

아니나 다를까 액정이 깨졌다. 밑에서부터 왼쪽 위의 모서리까지 거미줄처럼 금이 가 있다. 유리 조각이 튀어나왔다. 아내에게 문자를 보내려다 손가락에서 피가 줄줄 나서 몇 글자 쓰지 못하고 그만둔다.

인생의 사소한 좌절을 침착하게 처리하는 사람들이 있다. 지금쯤이면 아마 추측 가능할 텐데, 나는 그런 사람이 아니다. 나는 깨진 액정이 무언가를 나타내는 조짐이며, 좋은 조짐은 아니리라 결론 내린다. 그리고 계산한다. 액정이 아래쪽을 향해 떨어질 확률은 겨우 50퍼센트인데, 그 50퍼센트의 확률이 내게 일어났다. 사건 종료. 온 우주가 나를 괴롭히고 있다. 깨진 액정은 마치 기관차처럼 우울과 불안을 줄줄이 끌고 온다. 박살 난 휴대전화는 박살 난 인생을 상징한다. 나를 포함해 자기 앞에 있는 모든 것을 게걸스레 집어삼키는 쇼펜하우어의 의지가 작동하고 있다. 소로가 말한 "무한한 세상에서의 나의 몫"은 도대체 어디 있단 말인가?

잔뜩 나온 입으로 욕을 하고 박살 난 휴대전화로 구글에 "깨진 액정"을 검색하며 몇 분을 보낸다. 피를 0.5리터는 흘린 게 분명하다.

그때 깜짝 놀랄 일이 발생한다. 나는 멈춰 선다. 소크라테스식 위대한 멈춤은 아니지만(작은 멈춤에 더 가깝다) 어쨌든 하나의 시작이다. 멈춤이 질문과 궁금증을 불러일으킨다. 역사상 가장 훌륭한 사상가 열네 명이 제시한, 삶을 고양시키는 시를 흡수하며 몇 년을 보냈는데 왜 그들에게 기댈 생각을 하지 못했는지 궁금해진다. 내가 이 작은 위기를 헤쳐 나가는 데 철학이 도움을 주지 못한다면 이게 다 무슨 소용이란 말인가?

목소리가 들려온다. 위로하는 목소리. 꾸짖는 목소리. 어진 목소리. 소크라테스는 당장 멈춰 서서 나의 생각을 의심하라고 재촉한다. 나는 스마트폰이 나의 행복에, 나의 에우다이모니아에 꼭 필요하다고 생각한다. 하지만 정말 그런가? 나는 그 어느 때보다 빠른 속도로, 그 어느 때보다 더 광범위하게 세계와 연결되려고 애쓰고 있지만 멈춰 서서 그러한 연결과 속도가 본질적으로 좋은 것인지 의심한 적은 없다. 그게 정말 좋은 것인지 아닌지 나는 모른다고, 소크라테스가 내게 상기시켜준다. 내 스마트폰의 사망은 정말 크나큰 재앙일까? 그럴 수도 있고, 아닐 수도 있다.

에피쿠로스는 이른바 나의 위기에 침을 뱉는다. 나의 휴대전화는 자연스러운 욕망도, 반드시 필요한 욕망도 아니었다. 오히려 사라져서 다행이다. 세이 쇼나곤은 벚꽃처럼 휴대전화도 영원한 것이 아님을 짚어준다. 그 사실을 받아들여라. 찬양하라. 스토아학파는 물론 나를 전혀 측은해하지 않는다. 내가 미래의 고난을 미리 예상했더라면 이런 일이 일어나리라는 걸 알았을 것이다. 내 휴대전화를 박살 낸 사건은 내가 통제할 수 없지만, 내 반응은 내가 통제할 수 있다. 나는 "최초 정념"에 동의할 수도 있고, 하지 않을 수도 있다. 골을 낼 수도 있고, 내지 않을 수도 있다. 그건 내 선택이다. 남자답게 굴어!

너무 많은 목소리가 들려온다. 그 목소리들이 내 목소리를 압도하려 하고 있다. 나는 카페로 피신한다. 특별할 것은 없지만 충분히 좋은 카페다. 소로가 "쉽게 사라지는 순간"이라고 부른 이런 흩어진 시간의 조각들을 한데 모아 깨진 액정 위에 시선을 고정한다. 정확히 말하면 액정을 더 자세히 들여다보고 있지는 않다. 나는 액정을 다르게 바라보고 있다. 처음에는 이 각도로, 그다음엔 다른 각도로. 나는 고장 난 휴대전화를 들여다본다기보다는 휴대전화와 대화를 나누고 있다. 보는 것은 곧 대화를 나누는 것이다. 보통은 따분한 대화지만, 이따금 이런 대화가 시적인 특징을 띨 때도 있다. 눈의 언어에 유창한 소로 같은 사람에게 삶은 끊임없이 이어지는 한 편의 시였다.

몇 분 후 나는 (이상하게 들릴 거라는 거 알지만) 예술을 본다. 뉴욕 현대미술관에 있을 만한 예술은 아니지만 어쨌든 예술이다. 금 간 액정에 형태와 패턴이 있다. 삼각형과 직사각형, 마름모도 있다. 전체적으로 보면 언젠가 피렌체에 있는 교회에서 봤던 스테인드글라스와 닮았다. 바로 내 눈앞에 우연한 아름다움이 있다.

나의 휴대전화를, 나의 아름답게 박살 난 휴대전화를 주머니에 넣고 방금 경험한 시각적 시에 감사하며 집으로 걸어간다. 나의 시는 온전한 시 한 편은 아니다. 시의 한 연 정도. 그래도 괜찮다. 마침내 무한한 세상에서의 나의 몫이 생겼으니까.

뭐가 바뀌었지? 내 휴대전화는 아니다. 액정은 여전히 깨져 있다. 자연의 법칙도 아니다. 자연 법칙은 고정불변이다. 바뀐 것은 내가 나 자신과 나눈 대화다. 나는 다르게 생각했고, 그래서 다른 것을 보았다. 작디작은, 정말 사소한 관점의 변화지만, 세이 쇼나곤이 알려주었듯이 작은 것에는 위대한 힘이, 아름다움이 있다.

집으로 걸어오는 길, 목소리 하나가 점점 커진다. 목소리는 내게 말하고 있지 않다. 소리치고 있다! 니체다. 니체는 내가 똑같은 이 길을 걷고 또 걷게 될 거라고 말한다. 나는 다시 휴대전화를 어설프게 만지작거리다 매번 액정부터 바닥에 떨어뜨릴 것이다. 영원히. 나는 또 피를 흘릴 것이고 또 조바심칠 것이다. 영원토록. 그래도 괜찮은가? 니체가 묻는다. 이 인생을 사랑할 수 있는가?

걷는 동안 대답이 떠오른다. 짧은 두 단어다. 낯설지만 익

숙하고, 터무니없지만 타당하고, 현실보다 더 현실적인 말. 다
카포.

처음부터 다시 한번.

주

짧게 정리하기 위해 이곳에는 2차 자료의 출처만 언급했으며 이와 더불어 논란이 있는 지점을 명확히 했다.

들어가는 말

1 Gyles Brandreth, ed., *Oxford Dictionary of Humorous Quotations* (Oxford, UK: Oxford University Press, 2013), 84.

2 William Irvine, *A Guide to the Good Life: The Ancient Art of Stoic Joy*(New York: Oxford University Press, 2009), 13.(《직언》, 토네이도, 박여진 옮김)

3 Maurice Merleau-Ponty, *The Phenomenology of Perception*, trans. Donald Landes (New York: Routledge, 2012), xxxv.(《지각의 현상학》, 문학과지성사, 류의근 옮김)

4 Daniel Klein, Foreword to *Epicurus: The Art of Happiness* (New York: Penguin, 2012), viii-ix.

5 Robert Solomon, *The Joy of Philosophy: Thinking Thin versus the Passionate Life* (New York: Oxford University Press, 1999), 10.

1 마르쿠스 아우렐리우스처럼 침대에서 나오는 법

1 마르쿠스와 나는 둘 다 포르투갈의 시인 페르난도 페소아의 전철을 따른다. 페소아는 이렇게 말했다. "내 욕망의 본질은 이것뿐이다. 잠으로 평생을 보내는 것." *The Book of Disquiet*, trans. Richard Zenith (New York: Penguin, 2002), 428.(《불안의 서》, 봄날의책, 배수아 옮김)

2 Albert Camus, *The Myth of Sisyphus and Other Essays*, trans. Justin O'Brien (New York: Vintage, 1983), 3.(《시지프 신화》, 민음사, 김화영 옮김)

3 David Hume, *A Treatise of Human Nature* (New York: Penguin, 1985), Book III, Part I.(《도덕에 관하여》, 서광사, 이준호 옮김)

4 Frank McLynn, *Marcus Aurelius: A Life* (Cambridge, MA: Da Capo Press, 2009), 21.(《철인 황제 마르쿠스 아우렐리우스》, 다른세상, 조윤정 옮김)

5 Ibid. 251

6 마르쿠스가 실제로 아편을 섭취했는가, 혹은 중독되었는가에 대해서는 논란이 분분하다. Thomas Africa, "The Opium Addiction of Marcus Aurelius," *Journal of the History of Ideas 22*, no. 1 (1961): 97 - 102 참조.

7 "명상록"이라는 제목보다는 "나 자신에게"라는 제목이 더 충실한 번역이다.

8 Gregory Hays, Introduction to Marcus Aurelius, *Meditations* (New York: Penguin, 2002), xxxvii.

9 Pierre Hadot, *Philosophy as a Way of Life* (Oxford, UK: Blackwell), 251.

2 소크라테스처럼 궁금해하는 법

1 나는 "탈선하다" 같은 표현처럼 "생각의 열차"라는 표현 역시 철도 시대에 생겨 났을 거라고 생각했다. 하지만 아니었다. 이 표현은 영국의 철학자 토머스 홉스가 1651년에 만들었다. 최초의 철로가 등장하기 1세기도 더 전의 일이다.

2 Jacob Needleman, *The Heart of Philosophy* (San Francisco: Harper & Row, 1982), 7.

3 Peter Kreeft, *Philosophy 101 by Socrates* (San Francisco: Ignatius Press, 2002), 25.

4 15세기의 스님이었던 드룩파 쿤리(Drukpa Kunley)는 아마도 미친 지혜를 실천 한 사람 중 가장 유명한 사람일 것이다. 그는 자신의 페니스를 "불타는 지혜의 벼 락"이라 칭했고, 악령을 쫓아내기 위해 건물에 남근 그림을 그리는 부탄의 관습 (오늘날에도 널리 유행하고 있다)을 최초로 도입한 것으로 유명하다.

5 Needleman, *The Heart of Philosophy*, 153.

6 Ibid, 153.

7 Karl Jaspers, *The Great Philosophers* (New York: Harcourt, Brace, 1957), 31.(《위대 한 사상가들》, 책과함께, 권영경 옮김)

8 Carl Sagan, *The Demon-Haunted World: Science as a Cradle in the Dark* (New York: Ballantine, 1996), 323.(《악령이 출몰하는 세상》, 김영사, 이상헌 옮김)

9 Paul Johnson, *Socrates: A Man for Our Times* (New York: Penguin, 2002), 81 - 82. (《그 사람, 소크라테스》, 이론과실천, 이경아 옮김)

10 Solomon, *The Joy of Philosophy*, 14.

11 수백 년 후, 랠프 월도 에머슨은 "궁금해하는 것, 그것이 바로 과학의 씨앗이다"라 고 덧붙였다.

12 James Miller, *Examined Lives: From Socrates to Nietzsche* (New York: Farrar, Straus & Giroux, 2011), 42.(《성찰하는 삶》, 현암사, 박중서 옮김)

13 Kreeft, *Philosophy 101 by Socrates*, 63.

14 Ibid., 37.

15 Diogenes Laertius, *Lives of the Eminent Philosophers*, trans. Pamela Mensch (New York: Oxford University Press, 2018), 71.(《그리스철학자열전》, 동서문화사, 전양

범 옮김)

16 Karen Armstrong, *The Great Transformation: The Beginning of Our Religious Traditions* (New York: Random House, 2006), 307.(《축의 시대》, 교양인, 정영목 옮김)

17 Leo Tolstoy, *The Death of Ivan Ilyich*, trans. Louise and Aylmer Maude (Bulgaria: Demetra, 1886), 88.(《이반 일리치의 죽음》, 창비, 이강은 옮김)

18 Michel de Certeau, *The Practice of Everyday Life* (Berkeley: University of California Press, 1984), 115.

19 Solomon, *The Joy of Philosophy*, 76.

20 John Stuart Mill, *Autobiography* (CreateSpace, 2018), 49.(《존 스튜어트 밀 자서전》, 문예출판사, 박홍규 옮김)

3 루소처럼 걷는 법

1 Wolfgang Schivelbusch, *The Railway Journey: The Industrialization of Time and Space in the 19th Century* (Oakland: University of California Press, 2014), 55.(《철도 여행의 역사》, 궁리, 박진희 옮김)

2 Schivelbusch, *The Railway Journey*, 58.(《철도 여행의 역사》, 궁리, 박진희 옮김)

3 Robert Louis Stevenson, *Robert Louis Stevenson's Thoughts on Walking* (London: Read Books, 2013), 5.

4 Leo Damrosch, *Jean-Jacques Rousseau: Restless Genius* (New York: Houghton Mifin, 2005), 4.(《루소》, 교양인, 이용철 옮김)

5 Joseph Amato, *On Foot: A History of Walking* (New York: New York University Press, 2004), 257.(《걷기, 인간과 세상의 대화》, 작가정신, 김승욱 옮김)

6 Maurice Merleau-Ponty, *The World of Perception*, trans. Oliver Davis (New York: Routledge, 2004), 63.(《지각의 현상학》, 문학과지성사, 류의근 옮김)

7 Rebecca Solnit, *Wanderlust: A History of Walking* (New York: Penguin, 2000), 20.(《걷기의 인문학》, 반비, 김정아 옮김)

8 John Ayto, *Word Origins: The Secret History of English Words from A to Z* (London: A. & C. Black, 1990), 539.

9 이건 추측이다. 인류학자들은 영장류가 정확히 언제부터, 왜 두 발로 서기 시작했는지 확실히 알지 못한다. 연구의 개요를 살펴보려면 다음을 참고하라. Erin Wayman, "On Becoming Human: The Evolution of Walking Upright," *Smithsonian*, August 6, 2012. https://www.smithsonianmag.com/science-nature/becoming-human-the-evolution-of-walking-upright-13837658/.

10 Amato, *On Foot*, 3.(《걷기, 인간과 세상의 대화》, 작가정신, 김승욱 옮김)

11 Solnit, *Wanderlust*, 18.(《걷기의 인문학》, 반비, 김정아 옮김)

12 Damrosch, *Jean-Jacques Rousseau*, 485. (《루소》, 교양인, 이용철 옮김)

13 알베르트 아인슈타인, 〈새터데이이브닝포스트〉와의 인터뷰, 1926년 10월 26일.

14 Abraham Heschel, *The Sabbath* (New York: Farrar, Straus & Giroux, 1951), 17.(《안식》, 복있는사람, 김순현 옮김)

4 소로처럼 보는 법

1 Kathryn Schulz, "Pond Scum," *New Yorker*, October 12, 2015.

2 나는 피치버그 라인을 타고 있다. 피치버그 라인은 소로가 월든 호수에 있는 오두막집으로 이사하기 딱 13개월 전인 1844년 6월에 콩코드에 깔렸다.

3 Henry James, *Collected Travel Writings: Great Britain and America* (New York: Library of America, 1993), 565.

4 이 구절이 1775년 4월 19일 콩코드의 노스브리지에서 있었던 소규모 충돌을 의미한다는 데 대부분의 역사학자들이 동의한다. 렉싱턴 콩코드 전투에서 영국 병사들이 처음으로 패배한 곳이다. 하지만 총성은 그날 렉싱턴에서 더 먼저 울렸고, 두 마을은 미국 독립전쟁이 어디에서 처음 시작되었는지를 두고 지금도 계속 논쟁을 벌이고 있다.

5 Sandra Petrulionis, ed., *Thoreau in His Own Time: A Biographical Chronicle of His Life, Drawn from Recollections, Interviews, and Memoirs by Family, Friends, and Associates* (Iowa City: University of Iowa Press, 2012), xxiv.

6 "어디에도 속하지 않는 시각"은 현대 철학자 토머스 나이절(Thomas Nagel)이 처음 만든 용어이자 그의 1986년 저서의 제목이다. 하지만 소로는 객관적인 과학적 관찰 개념과 그에 대한 비판을 분명 인식하고 있었다.

7 Roger Scruton, *Beauty: A Very Short Introduction* (New York: Oxford University Press, 2011), 55.(《아름다움》, 미진사, 이진영 옮김)

8 동물권 옹호론자이자 소로의 전기 작가인 H. H. Salt, Arthur Versluis, *American Transcendentalism and Asian Religions* (New York: Oxford University Press, 1993), 135.

9 콩코드 주민 조지프 해머(Joseph Hammer)의 말이다. *Versluis, American Transcendentalism and Asian Religions*, 102.

10 Petrulionis, *Thoreau in His Own Time*, 57.

11 존 러스킨의 말이다. 소로는 러스킨의 글을 읽었고 본다는 것에 대한 그의 사상에 지대한 영향을 받았다. John Ruskin, *The Elements of Drawing* (Mineola, NY: Dover, 1971), 27 참조.(《존 러스킨의 드로잉》, 오브제, 전용희 옮김)

12 19세기 스코틀랜드의 물리학자 제임스 맥스웰(James Maxwell)의 말이다. "철저하게 의식적인 무지는 모든 진정한 지식의 발전으로 이어지는 서곡이다." Stuart

Friedman, "What Science Wants to Know," *Scientifc American*, April 1, 2012.

13 Walter Harding, "The Adventures of a Literary Detective in Search of Thoreau,"
    Virginia Quarterly Review, Spring, 1992.

14 망막 주변부에 있는 간상세포가 빛에 더 민감하게 반응하기 때문이다.

15 소로는 보는 능력이 탁월했지만 모든 것을 보려고 하지는 않았다. 머리 둘 달린
    송아지를 보러 오라는 한 농부의 초대를 소로는 거절한다. 소로는 이렇게 말했다.
    "우리는 재미를 위해 사는 게 아닙니다."

16 비트겐슈타인은 이렇게 말했다. "심층은 *표층 위에* 있다."

17 모든 철학자들이 훑어보는 것을 좋아한 것은 아니었다. 칸트는 이를
    herumtappen, 즉 "암중모색"이라며 비판했다.

18 영국의 시인 윌리엄 블레이크와 헷갈리지 않도록.

5 쇼펜하우어처럼 듣는 법

1 Nigel Warburton, *Philosophy: The Basics* (London: Routledge, 1992), 100.(《철학의
   주요문제에 대한 논쟁》, 간디서원, 최희봉 옮김)

2 Bryan Magee, *The Philosophy of Schopenhauer* (New York: Oxford University Press,
   1983), 164.

3 쇼펜하우어의 말년에 영국의 한 신문이 그의 에세이에 호의적 서평을 실었고, 곧
   이 에세이는 모든 유럽 중산층의 커피 테이블에 반드시 올려두어야 하는 장식품
   이 되었다. 하지만 쇼펜하우어의 명성은 너무 늦게 찾아왔고, 너무 늦게 나온 식
   사처럼 쇼펜하우어는 그 명성을 충분히 즐기지 못했다.

4 Julian Young, *Schopenhauer* (New York: Routledge, 2005), 1.

5 David Cartwright, *Schopenhauer: A Biography* (New York: Cambridge University
   Press, 2010), 43 - 44.

6 Rüdiger Safranski, *Schopenhauer and the Wild Years of Philosophy* (Cambridge, MA:
   Harvard University Press, 1989), 53.(《쇼펜하우어: 쇼펜하우어와 철학의 격동시
   대》, 이화북스, 정상원 옮김)

7 William Styron, *Darkness Visible: A Memoir of Madness* (New York: Random House,
   1990), 66.(《보이는 어둠》, 문학동네, 임옥희 옮김)

8 Kil-Byung Lim et al., "The Therapeutic Effect of Neurologic Music Therapy and
   Speech Language Therapy in Post-Stroke Aphasic Patients," *Annals of Rehabilitation
   Medicine* 74, no. 4 (2016): 556 - 62.

9 Helen Thomson, "Familiar Music Could Help People with Brain Damage,"
   New Scientist, August 29, 2012, https://www.newscientist.com/article/dn22221-
   familiar-music-could-help-people-with-brain-damage/.

10 쇼펜하우어는 다음과 같이 말했다. 철학적 글쓰기는 무릇 "탁하고 맹렬한 급류가
아닌, 그 평온함으로 깊이와 투명함을 결합한 스위스의 호수와 같아야 한다. 이러
한 호수는 바로 그 투명함을 통해 자신의 깊이를 드러낸다."

11 Magee, *The Philosophy of Schopenhauer*, 7.

12 Paul Strathern, *Schopenhauer in 90 Minutes* (Lanham, MD: Ivan R. Dee, 1999), 11.

13 커다란 귀를 가진 철학자 쇼펜하우어는 말년에 청력 대부분을 상실했을 것이다.
처음에는 한쪽 귀가, 나중에는 다른 한쪽 귀가. 그가 그토록 싫어했던 소음은 사
라졌지만, 쇼펜하우어에게는 별 위안이 되지 않았다. 소음과 함께 음악도 사라졌
기 때문이다.

14 Lisa Goines and Louis Hagler, "Noise Pollution: A Modern Plague," *Southern
Medical Journal* 100, no. 3 (2007): 287–94.

15 Stephen Stansfeld and Mark Matheson, "Noise Pollution: Non-Auditory Effects
on Health," *British Journal of Medicine* 8, no. 1 (2003): 244.

6 에피쿠로스처럼 즐기는 법

1 Jeri Quinzio, *Food on the Rails: The Golden Era of Railroad Dining* (London: Rowan &
Littlefeld, 2014), 30.

2 얼마 전 암트랙은 식당 칸의 서비스를 축소하겠다고 발표했다. Luz Lazo,
"The End of an American Tradition: The Amtrak Dining Car," *Washington Post*,
September 21, 2019.

3 David Cooper, *A Philosophy of Gardens* (New York: Oxford University Press, 2008),
6.

4 Klein, *The Art of Happiness*, 82. 하지만 디오게네스는 이런 소문들을 일축했다. 그
는 이렇게 썼다. "비난하는 사람들은 전부 미쳤다."

5 에피쿠로스학파였던 필로데무스는 네 가지 치료법을 다음과 같이 요약한다. "신
에게서 두려워할 것은 아무것도 없고, 죽음에 대해 걱정할 것도 아무것도 없다.
선은 쉽게 얻을 수 있고, 악은 쉽게 견뎌낼 수 있다." Tim O'Keefe, *Epicureanism*
(New York: Routledge, 2010), 6.

6 O'Keefe, *Epicureanism*, 120.

7 Ad Bergsma et al., "Happiness in the Garden of Epicurus," *Journal of Happiness
Studies* 9, no. 3 (2008): 397–423.

8 Hadot, *What Is Ancient Philosophy*, 115.

9 James Warren, ed., *The Cambridge Companion to Epicureanism* (Cambridge, UK:
Cambridge University Press, 2009), 1.

10 Klein, *The Art of Happiness*, ix.

7 시몬 베유처럼 관심을 기울이는 법

1 기차 여행이 출현하기 전에 육로로 이동하면서 책을 읽는 사람은 거의 아무도 없
   었다. 빠른 속도로 이동하면서 책을 읽는다는 참신함이 쉬지 않고 책을 읽는 대중
   의 상상력을 사로잡았고, 1840년대가 되자 영국의 서적상들은 기차역에 책 가판
   대를 설치했다. 어떤 이는 가판대를 이렇게 광고했다. "기차에서 읽는 책—견실
   한 정보와 순수한 재미를 얻을 수 있습니다."

2 시인 장 토르텔(Jean Tortel)의 말로 다음 책에서 인용했다. Francine du Plessix
   Gray, *Simone Weil* (New York: Viking Penguin, 2001), 168.

3 William James, *The Principles of Psychology* (Cambridge, MA: Harvard University
   Press, 1983), 428.(《심리학의 원리》, 아카넷, 정양은 옮김)

4 이 중에서 가장 유명한 연구는 보이지 않는 고릴라라고 불리는 연구다. 대니얼 사
   이먼스와 크리스토퍼 차브리스는 실험 참가자들에게 사람들이 농구공을 패스하
   는 영상을 보게 하고 패스하는 횟수를 세어달라고 부탁했다. 영상 중간쯤 고릴라
   분장을 한 여성이 나타나 가슴을 두드리고 다시 걸어 나간다. 영상이 끝난 후 참
   가자 절반은 영상에서 특이한 점을 기억하지 못했다. 심리학자들은 이러한 현상
   을 "무주의 맹시"라고 부른다. 우리는 자신이 보리라 예상한 것만을 본다. Chabris
   and Daniel Simons, *The Invisible Gorilla: How Our Intuitions Deceive Us* (New York:
   Crown, 2009) 참고.(《보이지 않는 고릴라》, 김영사, 김명철 옮김)

5 Mihaly Csikszentmihalyi et al., *The Art of Seeing: An Interpretation of the Aesthetic
   Encounter* (Los Angeles: J. Paul Getty Museum, 1990), 19.

6 Mihaly Csikszentmihalyi et al., eds., *Optimal Experience: Psychological Studies of Flow in
   Consciousness* (New York: Cambridge University Press, 1998), 220.

7 Francis Bradley, "Is There a Special Activity of Attention?" *Mind* 11, no. 43 (1886):
   305 – 23.

8 James, *The Principles of Psychology*, 170.(《심리학의 원리》, 아카넷, 정양은 옮김)

9 그 예로 다음을 참고할 것. David Sanbonmatsu et al., "Who Multi-Tasks and
   Why? Multi-Tasking Ability, Perceived Multi-Tasking Ability, Impulsivity, and
   Sensation Seeking," *PLOS One*, January 23, 2013.

10 Alan Allport, "Attention and Integration," in *Attention: Philosophical and Psychological
    Essays*, ed. Christopher Mole et al. (New York: Oxford University Press, 2011), 29.

11 Simone de Beauvoir, *Memoirs of a Dutiful Daughter* (New York: HarperCollins, 1958),
    239.

12 Alfred Meyer, Schivelbusch, *The Railway Journey*, 189.(《철도 여행의 역사》, 궁리, 박
    진희 옮김)

13 John Hellman, *Simone Weil: An Introduction to Her Thought* (Eugene, OR: Wipf &

Stock, 1982), 1.

14 Simone Pétrement, *Simone Weil: A Life* (New York: Pantheon, 1976), 39.

15 Sarah Schnitker, "An Examination of Patience and Well-Being," *Journal of Positive Psychology* 7, no. 4 (2012): 263 – 80.

16 Iris Murdoch, *The Sovereignty of Good* (New York: Routledge & Kegan Paul, 1970), 82.(《선의 군림》, 이숲, 이병익 옮김)

17 A. Rebecca Rozelle-Stone and Benjamin David, "Simone Weil," *Stanford Encyclopedia of Philosophy*, March 10, 2018.

18 Pétrement, *Simone Weil*, 492.

19 ibid., 514.

20 Ibid., 521.

21 Mary Karr, Twitter: @marykarrlit, July 8, 2019.

22 실의에 빠진 헤밍웨이는 친구 에즈라 파운드에게 이렇게 썼다. "내 모든 작품 중에서 남은 거라곤 연필로 쓴 형편없는 시의 초고 세 편과······ 편지 약간과······ 기자로 일하면서 쓴 기사의 복사본 약간뿐이라네."

8 간디처럼 싸우는 법

1 일부 학자는 수메르나 바빌로니아 같은 다른 문화에서 0의 개념을 먼저 발명했을지 모른다고 생각한다. 여러 다양한 논의의 요약본을 보고 싶으면 다음을 참조. Jessica Szalay, "Who Invented Zero," *Live Science*, September 28, 2017, https://www.livescience.com/27853-who-invented-zero.html.

2 Louis Fischer, *Gandhi: His Life and Message for the World* (New York: New American Library, 1954), 149.

3 심지어 간디의 반대편에 있는 사람들도 그의 용기에 감탄했다. 간디가 트란스발 정부의 요구 중 하나를 철회시키자 한 남아공 신문은 "진정한 남자다움에 대한 가르침"이라는 헤드라인을 내걸었다.

4 Fischer, *Gandhi*, 28.

5 *The Bhagavad Gita*, trans. Eknath Easwaran (Tomales, CA: Nilgiri Press, 1985), 53.(《바가바드기타》, 당대, 이현주 옮김)

6 Rajmohan Gandhi, *Why Gandhi Still Matters: An Appraisal of the Mahatma's Legacy* (New Delhi: Aleph, 2017), 133.

7 간디는 비폭력 저항에 새로운 이름을 붙일 때 다른 이의 도움을 받았다. 남아공에 머물던 당시 간디는 남아공에서 발행되던 신문 〈인디안 오피니언〉에서 이름을 공모했다. 그리고 1등상을 받은 이름을 살짝 수정해 *사티아그라하*라는 이름을 만들었다.

8   Homer Jack, ed., *The Gandhi Reader: A Sourcebook of His Life and Writings* (New York: Grove Press, 1956), 250 – 51.

9   Erica Chenoweth and Maria Stephan, *Why Civil Resistance Works: The Strategic Logic of Nonviolent Resistance* (New York: Columbia University Press, 2011), 9.

10   간디는 자신의 생각과 유클리드 기하학 간의 관계에 대해 이렇게 말했다. "유클리드의 선은 폭이 없는 선이다. 이제껏 아무도 이 선을 그리지 못했고 앞으로도 그럴 것이다. …… 인간의 힘으로는 절대 그릴 수 없는 것인 유클리드의 주장에 불멸의 가치가 있다면, 나의 이상에도 인류의 삶을 위한 가치가 있다."

11   Mark Juergensmeyer, *Gandhi's Way: A Handbook of Conflict Resolution* (Los Angeles: University of California Press, 1984), 4.

12   최근 정말로 이것이 간디가 남긴 마지막 말이었는지 의혹이 생겼다. 간디의 개인 비서였던 벤키타 칼리아남(Venkita Kalyanam)은 10년 전에 간디가 아무 말도 하지 않았다고 주장했다. 더욱 최근에 그는 〈프레스 트러스트 인디아〉에서 이렇게 말했다. "간디지가 '헤이 람'이라 말하지 않았다고 한 적은 없다. 간디가 '헤이 람'이라고 말하는 걸 나는 듣지 못했다고 말한 것이었다." "Never said 'Hey Ram' Weren't Bapu's Last Words: Gandhi's PA," *Times of India*, January 30, 2018.

13   자기 이름을 찬드와니(Chandwani)라고 밝힌 남자다. Manuben Gandhi, *Last Glimpses of Bapu*, trans. Moli Jain (Agra: Shiva Lal Agarwala, 1962), 253.

9 공자처럼 친절을 베푸는 법

1   무엇이 공자가 쓴 것이고 무엇이 공자가 쓰지 않은 것인지의 문제에는 불확실한 면이 있다. 대부분의 학자들은 공자가 사망하고 한참 뒤에 공자의 제자들이 《논어》를 엮었다고 보고 있다.

2   Michael Schuman, *Confucius: And the World He Created* (New York: Basic Books, 2015), 27.

3   Ibid., 18.

4   Philip Ivanhoe and Bryan Van Norden, eds., *Readings in Classical Chinese Philosophy* (Indianapolis: Hackett, 2003), 121.

5   Daniel Gardner, *Confucianism: A Very Short Introduction* (New York: Oxford University Press, 2014), 27.

6   Adam Phillips and Barbara Taylor, *On Kindness* (New York: Farrar, Straus & Giroux, 2009), 105.

7   Paul Goldin, *Confucianism* (New York: Routledge, 2014), 46.

8   Armstrong, *The Great Transformation*, 304.(《축의 시대》, 교양인, 정영목 옮김)

9   Stephen Jay Gould, "A Time of Gifts," *New York Times*, September 26, 2001.

10 Lara Aknin, Elizabeth Dunn, and Michael Norton, "Happiness Runs in Circular Motion: Evidence for a Positive Feedback Loop Between Prosocial Spending and Happiness," *Journal of Happiness Studies* 13, no. 2 (2012): 347–55.

10 세이 쇼나곤처럼 작은 것에 감사하는 법

1 아리스토텔레스의 가장 유명한 작품 중 하나는 오르가논이라는 이름으로 알려진 작품에 들어 있는 〈범주론〉이다.

2 Susan Sontag, *As Consciousness Is Harnessed to Flesh: Journals and Notebooks, 1964–1980*, ed. David Rieff (New York: Farrar, Straus & Giroux, 2012), 217.(《의식은 육체의 굴레에 묶여》, 이후, 김선형 옮김)

3 움베르트 에코(Umberto Eco)가 〈슈피겔(*Der Spiegel*)〉과의 인터뷰에서 한 말. November 11, 2009, https://www.spiegel.de/international/zeitgeist/spiegel-interview-with-umberto-eco-we-like-lists-because-we-don-t-want-to-die-a-659577.html.

4 Meredith McKinney, Introduction to *The Pillow Book* (New York: Penguin, 1997), ix.

5 오늘날 일본에서 오카시이라는 단어는 '즐거운' 또는 '이상한'이라는 뜻이지만 쇼나곤이 살던 시대에는 '기쁜'이라는 뜻이었다.

6 Yoshida Kenkō, *Essays in Idleness*, trans. Donald Keene (New York: Columbia University Press, 1998), 3.

7 Donald Richie, *A Tractate on Japanese Aesthetics* (Berkeley, CA: Stone Bridge Press, 2007), 4.

8 Russell Goodman, "Thoreau and the Body," in *Thoreau's Importance for Philosophy*, ed. Rick Furtak et al. (New York: Fordham University Press, 2012), 33.

9 Ivan Morris, *The World of the Shining Prince: Court Life in Ancient Japan* (New York: Vintage, 1964), 170.

10 Ibid., 187.

11 Ibid., 188.

12 Ullrich Haase, *Starting with Nietzsche* (New York: Continuum, 2008), 25.

13 Hermann Hesse, *My Belief: Essays on Life and Art* (New York: Farrar, Straus & Giroux, 1974).

11 니체처럼 후회하지 않는 법

1 Curtis Cate, *Friedrich Nietzsche* (New York: Overlook Press, 2005), 328.

2 Friedrich Ritschl, Miller, *Examined Lives*, 326.(《성찰하는 삶》, 현암사, 박중서 옮김)

3   Stefan Zweig, *Nietzsche*, trans. William Stone (London: Hesperus), 54.(《니체를 쓰다》, 세창출판사, 원당희 옮김)

4   Robert Solomon and Kathleen Higgins, eds., *Reading Nietzsche* (New York: Oxford University Press, 1988), 4.

5   가끔은 255,168이라는 더 큰 숫자가 거론되기도 하지만 이건 가능한 순서의 경우의 수이지 게임 자체의 경우의 수는 아니다. Steve Schaefer, "MathRec Solution (Tic-Tac-Toe): Mathematical Recreations (2002)," http://www.mathrec.org/old/2002jan/solutions.html.

6   이 숫자가 어떻게 도출되는지에 대한 설명은 다음을 참고하라. David Shenk, *The Immortal Game: A History of Chess* (New York: Anchor, 2007), 69 – 70.

7   Maudemarie Clark, *Nietzsche on Truth and Philosophy* (New York: Cambridge University Press, 1990), 270.

8   다 카포는 이탈리아어에서 나온 음악 용어로, '처음부터 다시 시작'이라는 뜻이다 (직역하면 '머리에서부터'라는 뜻).

9   알베르 카뮈는 자신의 에세이 〈시시포스 신화〉에서 "우리는 시시포스의 행복을 상상해야만 한다"라고 말했다.

10   젊은 시절 성매매를 했을 때 감염된 것으로 추정된다.

11   R. J. Hollingdale, ed., *A Nietzsche Reader* (New York: Penguin, 1977), 11 – 12.

12 에픽테토스처럼 역경에 대처하는 법

1   Carl Richard, "The Classical Founding of American Roots," in Daniel Robinson and Richard Williams, eds., *The American Founding: Its Intellectual and Moral Framework* (New York: Continuum, 2012), 47.

2   Laertius, *Lives of the Eminent Philosophers*, 314.(《그리스철학자열전》, 동서문화동판, 전양범 옮김)

3   Donald Robertson, *Stoicism and the Art of Happiness: Practical Wisdom for Everyday Life* (New York: McGraw-Hill, 2013), vii.

4   James Stockdale, *Thoughts of a Philosophical Fighter Pilot* (Stanford, CA: Hoover Institution Press, 1995) 참조.

5   A. A. Long, *From Epicurus to Epictetus* (New York: Oxford University Press, 2006), 379.

6   윌리엄 어빈은 "스토아주의자들은 늘 기쁨을 포기하는 것 자체가 기쁜 일일 수 있음을 깨닫는다"라고 말한다. Irvine, *A Guide to the Good Life*, 117.(《직언》, 토네이도, 박여진 옮김)

7   세네카. Antonia Macaro, "What Can the Stoic Do for Us," in Patrick Ussher, ed.,

Stoicism Today: Selected Writing I (Stoicism Today, 2014), 54.

8 Irvine, *A Guide to the Good Life*, 154.(《직언》, 토네이도, 박여진 옮김)

9 William Stephens, "A Stoic Approach to Travel and Tourism," *Modern Stoicism*, November 24, 2018, https://modernstoicism.com/a-stoic-approach-to-travel-and-tourism-by-william-o-stephens/.

10 에픽테토스는 135년에 죽었다. 조문객들은 에픽테토스를 "신의 친구"라 칭송했다. 에픽테토스는 로마 황제에게 영향을 미쳤다. 셰익스피어에게 영감을 주었고 심리치료의 한 형태로서 오늘날에도 실행되고 있는 인지행동치료의 탄생을 불러왔다. 노예 출신으로선 나쁘지 않은 삶이다.

13 보부아르처럼 늙어가는 법

1 Jan Baars, *Aging and the Art of Living* (Baltimore: Johns Hopkins University Press, 2012), 52.

2 Claude Francis and Fernande Gontier, *Simone de Beauvoir: A Life, a Love Story* (Paris: Librairie Académique Perrin, 1985), 359.

3 Francis and Gontier, *Simone de Beauvoir*, 198.

4 Marcus Cicero, *How to Grow Old: Ancient Wisdom for the Second Half of Life*, trans. Philip Freeman (Princeton, NJ: Princeton University Press, 2016), 11.(《노년에 관하여》, 궁리, 오흥식 옮김)

5 Martha Nussbaum and Saul Levmore, *Aging Thoughtfully: Conversations About Retirement, Romance, Wrinkles & Regret* (New York: Oxford University Press), 19.(《지혜롭게 나이 든다는 것》, 어크로스, 안진이 옮김)

6 Jean-Paul Sartre, *Being and Nothingness*, trans. Hazel Barnes (New York: Washington Square Press, 1992), 101.(《존재와 무》, 동서문화사, 정소정 옮김)

7 보부아르가 자살할까 봐 걱정한 친구들은 그녀를 혼자 두지 않으려 했다. 보부아르는 육체적으로도 병이 났다. 평생에 걸친 과도한 음주에서 비롯된 간경변과 폐렴으로 한 달간 병원 신세를 졌다. 퇴원 후 보부아르는 엄격한 건강관리에 동의하고 모든 나쁜 습관을 없앴지만 스카치위스키와 보드카만은 계속 마셨다. 보부아르는 이렇게 말했다. "난 그것들이 필요해." 실비는 보부아르가 사르트르를 위해 그랬듯 아무도 모르게 조금씩 보부아르에게 위스키를 주었다.

8 Deirdre Bair, *Simone de Beauvoir: A Biography* (New York: Touchstone, 1990), 588.

9 Wayne Booth, ed., *The Art of Growing Older: Writers on Living and Aging* (Chicago: University of Chicago Press, 1992), 159.

10 Camus, *The Myth of Sisyphus and Other Essays*, 54.(《시지프 신화》, 민음사, 김화영 옮김)

11 Bertrand Russell, "How to Grow Old," in *Portraits from Memory and Other Essays* (Nottingham: Spokesman Books, 1995), 52.

12 내가 이 여행에서 만난 철학자들 대부분이, 특히 소로가 이 점에 있어서 좋은 롤 모델이 되어준다. 작가 윌리엄 케인은 이렇게 말한다. "소로는 심각한 질병에 걸릴 때까지 쉬지 않고 일기를 썼으며 임종을 앞두고서도 글을 쓰고 있었다. 꽃과 관목 기록장에 내용을 추가했고 새의 종류를 목록으로 만들었으며 자기 일기를 추렸고 일기를 토대로 다른 글을 준비했다." William Cain, ed., *A Historical Guide to Henry David Thoreau* (New York: Oxford University Press, 2000), 4.

14 몽테뉴처럼 죽는 법

1 한 번의 학살로 1만 명의 개신교도가 죽었다. 이 사건으로 전 세계는 살생을 의미하는 고대 프랑스어 단어에서 나온 대학살(*massacre*)이라는 단어를 얻게 되었다.

2 아르노는 코트 테니스라고도 불리는 코르트-폼(courte-paume)이라는 게임을 하고 있었다. 현대 테니스의 선조 격인 이 게임에서는 지금보다 더 무거운 공을 사용했다. 하지만 그렇다 해도, 테니스공에 맞아 죽다니!

3 몽테뉴가 사용했던 중세 프랑스어로는 *Que sçay-je*.

4 Henry Miller, *The Wisdom of the Heart* (New York: New Directions, 1960), 77.

5 이스라엘의 국무총리였던 이츠하크 라빈은 괴한이 쏜 총알에 치명상을 입은 후 이와 비슷한 말을 했다. 그는 죽기 직전에 이렇게 말했다. "걱정 말게, 그리 나쁘지 않아. 아니, 전혀 나쁘지 않아." Patrick Cockburn, "Assassin 'Told Guards Bullets Were Fake,'" *The Independent*, November 8, 1995.

6 Pierre Hadot, *What Is Ancient Philosophy?* (Cambridge, MA: Harvard University Press, 2002), 196.

"춤이 끝나면 이렇게 말할 것. 아니, 외칠 것.

다 카포! 처음부터 다시 한번."

옮긴이 김하현

서강대학교 신문방송학과를 졸업하고 출판사에서 편집자로 일한 뒤 지금은 번역가로 일하고
있다. 옮긴 책으로 《식사에 대한 생각》, 《우리가 사랑할 때 이야기하지 않는 것들》, 《결혼 시
장》, 《이등 시민》, 《팩트의 감각》, 《미루기의 천재들》, 《분노와 애정》, 《화장실의 심리학》, 《여성
셰프 분투기》, 《뜨는 동네의 딜레마, 젠트리피케이션》 등이 있다.

소크라테스 익스프레스

초판 1쇄 발행 2021년 4월 28일
초판 30쇄 발행 2024년 11월 29일

지은이 에릭 와이너
옮긴이 김하현
발행인 김형보
편집 최윤경, 강태영, 임재희, 홍민기, 강민영, 송현주, 박지연
마케팅 이연실, 송신아 **디자인** 송은비 **경영지원** 최윤영, 유현

발행처 어크로스출판그룹(주)
출판신고 2018년 12월 20일 제 2018-000339호
주소 서울시 마포구 동교로 109-6
전화 070-5080-4113(편집) 070-7564-0279(영업) **팩스** 02-6085-7676
이메일 across@acrossbook.com **홈페이지** www.acrossbook.com

한국어판 출판권 ⓒ 어크로스출판그룹(주) 2021

ISBN 979-11-90030-92-2 03100

만든 사람들
편집 강태영 **교정** 윤정숙 **표지디자인** 양진규 **본문디자인** 송은비 **일러스트** étoffe **조판** 성인기획